HISTOIRE
DES
INSTITUTIONS POLITIQUES
DE L'ANCIENNE FRANCE

OUVRAGE DU MÊME AUTEUR

PUBLIÉ PAR LA LIBRAIRIE HACHETTE ET Cⁱᵉ

La Cité antique, étude sur le culte, le droit, les institutions de la Grèce et de Rome. 5ᵉ édition. 1 vol. in-18 jésus. . . . . 3 fr. 50

HISTOIRE
DES
INSTITUTIONS POLITIQUES
DE L'ANCIENNE FRANCE

PAR

FUSTEL DE COULANGES

MAÎTRE DE CONFÉRENCES A L'ÉCOLE NORMALE SUPÉRIEURE

PREMIÈRE PARTIE

L'EMPIRE ROMAIN
LES GERMAINS — LA ROYAUTÉ MÉROVINGIENNE

PARIS
LIBRAIRIE HACHETTE ET CIE
79, BOULEVARD SAINT-GERMAIN, 79

1875

Droits de propriété et de traduction réservés

INTRODUCTION

Nous n'avons songé en écrivant ce livre ni à louer ni à décrier les anciennes institutions de la France; nous nous sommes uniquement proposé de les décrire et d'en marquer l'enchaînement.

Elles sont à tel point opposées à celles que nous voyons autour de nous qu'on a d'abord quelque peine à les juger avec un parfait désintéressement. Il est difficile à un homme de notre temps d'entrer dans le courant des idées et des faits qui leur ont donné naissance. Si l'on peut espérer d'y réussir, ce n'est que par une étude patiente des écrits et des documents que chaque siècle a laissés de lui. Il n'existe pas d'autre moyen qui permette à notre esprit de se détacher assez des préoccupations présentes et d'échapper assez à toute espèce de parti pris pour qu'il puisse se représenter avec quelque exactitude la vie des hommes d'autrefois.

Au premier regard qu'on jette sur ces anciennes institutions, elles paraissent singulières, anormales, violentes surtout et tyranniques. Parce qu'elles sont en dehors de nos mœurs et de nos habitudes d'esprit, on est d'abord porté à croire qu'elles étaient en dehors de tout droit et de toute raison, en dehors de la ligne régulière qu'il semble que les peuples devraient suivre, en dehors pour ainsi dire des lois ordinaires de l'humanité. Aussi juge-t-on volontiers qu'il n'y a que la force brutale qui ait pu les établir, et qu'il a fallu pour les produire au jour un immense bouleversement.

L'observation des documents de chaque époque nous a amené peu à peu à un autre sentiment. Il nous a paru que ces institutions s'étaient formées d'une manière lente, graduelle, régulière, et qu'il s'en fallait beaucoup qu'elles pussent avoir été le fruit d'un accident fortuit ou d'un brusque coup de force. Il nous a semblé aussi qu'elles ne laissaient pas d'être conformes à la nature humaine; car elles étaient d'accord avec les mœurs, avec les lois civiles, avec les intérêts matériels, avec la manière de penser et le tour d'esprit des générations d'hommes qu'elles régissaient. C'est même de tout cela qu'elles sont nées, et la violence a contribué pour peu de chose à les fonder.

Les institutions politiques ne sont jamais l'œuvre de la volonté d'un homme; la volonté même de tout un peuple ne suffit pas à les créer. Les faits humains qui les engendrent ne sont pas de ceux que le caprice d'une génération puisse changer. Les peuples ne sont pas gouvernés suivant qu'il leur plaît de l'être, mais suivant que l'ensemble de leurs intérêts et le fond de leurs opinions exigent qu'ils le soient. C'est sans doute pour ce motif qu'il faut plusieurs âges d'hommes pour fonder un régime politique et plusieurs autres âges d'hommes pour l'abattre.

De là vient aussi la nécessité pour l'historien d'étendre ses recherches sur un vaste espace de temps. Celui qui bornerait son étude à une seule époque s'exposerait, sur cette époque même, à de graves erreurs. Le siècle où une institution apparaît au grand jour, brillante, puissante, maîtresse, n'est presque jamais celui où elle s'est formée et où elle a pris sa force. Les causes auxquelles elle doit sa naissance, les circonstances où elle a puisé sa vigueur et sa séve, appartiennent souvent à un siècle fort antérieur. Cela est surtout vrai de la féodalité, qui est peut-être, de tous les régimes politiques, celui qui a ses racines au plus profond de la nature humaine.

Le point de départ de notre étude sera la conquête de la Gaule par les Romains. Cet événement est le premier de ceux qui ont, d'âge en âge, transformé notre pays et imprimé une direction à ses destinées. Nous étudierons ensuite chacune des périodes de l'histoire en examinant toutes les faces diverses de la vie publique ; pour savoir comment chaque génération d'hommes était gouvernée, nous devrons observer son état social, ses intérêts, ses mœurs, son tour d'esprit; nous mettrons en face de tout cela les pouvoirs publics qui la régissaient, la façon dont la justice lui était rendue, les charges qu'elle supportait sous forme d'impôts ou de service militaire. En parcourant ainsi les siècles, nous aurons à montrer ce qu'il y a entre eux, à la fois, de continu et de divers; de continu, parce que les institutions durent malgré qu'on en ait; de divers, parce que chaque événement nouveau qui se produit dans l'ordre matériel ou moral les modifie insensiblement.

L'histoire n'est pas une science facile; l'objet qu'elle étudie est infiniment complexe; une société humaine est un corps dont on ne peut saisir l'harmonie et l'unité qu'à la condition d'avoir examiné successivement et de très-près chacun des organes qui le composent et qui en font la vie. Une longue et scrupuleuse observation du détail est donc la seule voie qui puisse conduire à quelque vue d'ensemble. Pour un jour de synthèse il faut des années d'analyse. Dans des recherches qui exigent à la fois tant de patience et tant d'effort, tant de prudence et tant de hardiesse, les chances d'erreur sont innombrables, et nul ne peut se flatter d'y échapper. Pour nous, si nous n'avons pas été arrêté par le sentiment profond des difficultés de notre tâche, c'est que nous pensons que la recherche sincère du vrai a toujours son utilité. N'aurions-nous fait que mettre en lumière quelques points jusqu'ici négligés, n'aurions-nous réussi qu'à attirer l'attention sur des problèmes obscurs, notre labeur ne serait pas perdu, et nous nous croirions encore en droit de dire que nous avons travaillé, pour une part d'homme, au progrès de la science historique et à la connaissance de la nature humaine.

LIVRE PREMIER

LA CONQUÊTE ROMAINE

CHAPITRE PREMIER

Du gouvernement et de l'état social des Gaulois.

La Gaule, avant la conquête romaine, ne formait pas un corps de nation. Ses habitants n'avaient pas tous la même origine et n'étaient pas venus en même temps s'établir dans le pays. Ils ne parlaient pas exactement la même langue et n'étaient pas régis par les mêmes lois[1]. Il y avait peut-être entre eux unité religieuse, il n'y avait pas unité politique.

On voudrait savoir si les Gaulois avaient des assemblées nationales pour délibérer sur leurs intérêts généraux. César ne signale aucune institution qui ressemble à un conseil fédératif. Nous voyons, à la vérité, dans

---

[1] César, *De bello gallico*, I, 1 : *Lingua, institutis, legibus inter se differunt*. — Strabon, IV, 1 : Ὁμογλώττους οὐ πάντας. — Ammien Marcellin, XV, 2. — Henri Martin, *Histoire de France*, t. I, liv. I et II. — Amédée Thierry, *Histoire des Gaulois*. — Laferrière, *Histoire du droit français*, t. II.

quelques occasions les députés de plusieurs peuples se réunir en une sorte de congrès pour préparer une entreprise commune[1]; mais ce que nous ne voyons jamais, c'est une assemblée régulière, qui se tînt à époques fixes, qui eût des attributions déterminées, qui fût réputée supérieure aux différents peuples et qui exerçât sur eux quelque autorité[2].

Ces peuples se faisaient la guerre ou concluaient des alliances, comme font les États souverains. Il n'y a pas d'exemple que, dans leurs entreprises, ils aient dû consulter une assemblée centrale ou recevoir d'elle des instructions. Aucun pouvoir supérieur ne s'occupait de régler leurs relations ou de mettre la paix entre eux. Parfois le clergé druidique se posait en médiateur et s'efforçait d'apaiser leurs querelles, ainsi que fit plus tard l'Église chrétienne à l'égard des souverains du moyen âge; mais son intervention était rarement efficace. Le résultat le plus fréquent des guerres qui ensanglantaient chaque année le pays, était que les peuples faibles étaient assujettis par les peuples forts. Il pouvait arriver quelquefois qu'une série de guerres heureuses plaçât un de ces peuples au-dessus de tous les autres; mais cette sorte de suprématie, qui n'était qu'un effet de la fortune des armes et qui se déplaçait avec elle, ne constituait pas une véritable unité nationale.

Le vrai groupe politique chez les Gaulois était ce que César appelle du nom de *civitas*. Ce mot ne signifiait pas une ville; notre terme de cité le traduirait inexac-

[1] César, *De bell. gall.*, I, 30; II, 4; V, 27; V, 55; VII, 1; VII, 63.
[2] Voyez, à la fin de ce volume, *Notes et Éclaircissements*, n° 1.

tement. Il signifiait, dans la langue latine du temps de César, un État organisé et souverain; c'est en ce sens qu'il le faut prendre quand cet écrivain l'applique aux Gaulois.

On pouvait compter environ 80 États dans la contrée qui s'étendait depuis les Pyrénées et la mer de Marseille jusqu'au Rhin[1]. Plusieurs d'entre eux étaient considérables; il y en avait qui pouvaient armer sans peine 50,000 soldats ou des flottes de 200 vaisseaux. Chacun d'eux possédait une capitale, plusieurs villes et un assez grand nombre de places fortes[2]. Il est digne de remarque que ces vieux États gaulois ont conservé jusqu'à une époque très-voisine de nous leur nom, leurs limites et une sorte d'existence morale dans les souvenirs et les affections des hommes. Ni les Romains ni les Germains, ni la féodalité ni la monarchie n'ont détruit ces unités vivaces; on les retrouve encore dans les *provinces* et les *pays* de la France actuelle.

La forme du gouvernement n'était pas partout la même. Ce qui dominait, en général, c'était un ensemble d'institutions républicaines et aristocratiques à la fois[3]. La monarchie n'était pas inconnue; mais elle se présen-

---

[1] On relève 60 noms de peuples dans le livre de César, mais sans comprendre la Narbonnaise; il y a aussi quelques petits peuples qu'il n'a pas eu l'occasion de nommer. Am. Thierry compte 82 peuples. Voyez Henri Martin, t. I, p. 463 de la 4ᵉ édition.

[2] La *civitas Helvetiorum* comprenait 12 *oppida* et 400 *vici;* celle des Bituriges comprenait plus de 20 villes, *urbes*, sans compter Avaricum, sa capitale (César, VII, 15). Sur le contingent militaire des États gaulois on peut voir César, II, 4, et VII, 75, en tenant compte de ce que les chiffres indiqués dans ce dernier passage ne sont que ceux d'une seconde levée.

[3] Strabon, IV, 4 : Ἀριστοκρατικαὶ ἦσαν αἱ πλείους τῶν πολιτειῶν.

tait plutôt comme un fait exceptionnel et une ressource momentanée que comme une institution régulière. Il était rare qu'elle se transmît du père au fils et qu'elle durât deux générations de suite chez un même peuple. Elle ne reposait ni sur de vieilles habitudes ni sur des principes de droit public. Elle ne surgissait que de loin en loin, par l'effet d'une usurpation violente, ou plus souvent encore par l'effet des troubles publics et des luttes des partis. Elle était plutôt une dictature révolutionnaire qu'un régime légal.

Il existait d'ailleurs chez un assez grand nombre de peuples une royauté légitime qui était fort éloignée de la monarchie absolue. Elle était élective[1]; à côté d'elle était un sénat qui avait une grande part à la direction des affaires. Dans ce régime le roi ressemblait à un magistrat viager.

Chez d'autres peuples, le pouvoir changeait de mains chaque année. Un magistrat élu, que l'on appelait *Vergobret*, était à la fois le juge suprême, l'administrateur, et le chef politique de l'État[2]. En cas de guerre, un chef militaire était nommé. Il y avait des comices pour les élections[3]; mais la décision de presque toutes les affaires appartenait au sénat.

On se tromperait beaucoup si, sous ces formes de gou-

---

[1] César mentionne plusieurs fois des personnages qui sont fils de rois, qui ne sont pourtant pas rois, et qui continuent à vivre dans leur pays natal où ils sont entourés de considération. Ces traits font supposer une royauté élective. Quelquefois l'historien montre un fils succédant à son père, en vertu d'une élection nouvelle (VI, 2; VI, 8).

[2] César, I, 16; VII, 32. Strabon, IV, 4, 3.

[3] César, VII, 32 et 33; VII, 67.

vernement, on se figurait une société démocratique. Il y avait chez les Gaulois deux classes privilégiées. L'une était la noblesse, caste héréditaire qui descendait peut-être des anciens chefs de clans. Elle était riche autant que noble; elle puisait sa force à la fois dans la possession du sol et dans la pratique des armes; ces grands propriétaires étaient en même temps des guerriers[1].

L'autre était le clergé druidique; il ne formait pas précisément une caste, car le sacerdoce n'était pas héréditaire; mais il était une corporation fortement organisée, disciplinée, unie sous un seul chef[2]. Comme il était constitué monarchiquement au milieu de la division universelle, il dominait tout. Il avait été un temps où aucune puissance n'avait pu se mesurer avec lui et où les rois et les peuples lui obéissaient[3]. Une série d'événements qui n'ont pas laissé de souvenirs dans l'histoire, avaient affaibli sa domination; mais il conservait encore d'utiles prérogatives. Les élections des magistrats n'étaient régulières que quand il les avait consacrées[4]. Il était exempt de tous les impôts. C'était lui qui jugeait

---

[1] César, VI, 15 : *Alterum genus est equitum... Hi omnes in bello versantur... Eorum ut quisque est genere et copiis amplissimus.* — I, 31 : *Omnem nobilitatem, omnem senatum, omnem equitatum.* — V, 5 : *Galliæ nobilitas.* — VII, 38 : *Omnis equitatus, omnis nobilitas.* — VII, 39 : *Summo loco natus.* — Hirtius, *De bello gallico*, VIII, 45 : *Generis summa nobilitas.*

[2] César, VI, 13.

[3] Diodore, V, 31 : Πᾶν τὸ πλῆθος ἔχουσιν ὑπήκοον.

[4] César, VII, 33 : *Magistratum qui per sacerdotes, more civitatis, esset creatus.* Il est possible que les druides eussent le même genre d'autorité dans les comices de la Gaule que les augures et les pontifes dans ceux de Rome.

les crimes et la plupart des procès. A ses grandes assises annuelles, qui se tenaient dans une forêt sacrée, toute la Gaule accourait[1]. Les contestations entre les peuples lui étaient souvent soumises. Son droit d'excommunication lui assurait un empire presque absolu : « Si un particulier ou même un chef de peuple, dit César, refuse de se soumettre aux décisions des druides, ils lui interdisent les cérémonies de la religion; c'est là le plus grand châtiment que l'on connaisse en Gaule; ceux qui en sont frappés sont regardés comme des impies et des scélérats; nul ne leur parle ni ne s'approche d'eux; on serait souillé par leur contact; ils ne peuvent exercer aucune fonction publique; ils ne sont pas même admis à demander justice aux tribunaux[2]. »

Ainsi la noblesse par sa richesse territoriale et par sa valeur militaire, le clergé druidique par son empire sur l'âme et par sa juridiction, gouvernaient la société gauloise. Les sénats n'étaient ordinairement composés que de nobles et de druides. Les magistrats étaient élus par un mode de suffrage que César ne nous fait pas connaître, mais qui n'était certainement pas le suffrage populaire. Ces républiques étaient fort loin de l'égalité. « Dans toute la Gaule, dit l'historien, il n'y a que les druides et les chevaliers qui soient comptés pour quelque chose; le reste de la population est à peu près réduit à

---

[1] César, *De bello gallico*, VI, 13 : *Considunt in loco consecrato; omnes undique qui controversias habent, conveniunt eorumque decretis et judiciis parent.*

[2] César, *ibidem*.

l'état d'esclaves et la plèbe ne prend aucune part aux affaires publiques[1]. »

Ce que l'on connaît du vieux droit des Gaulois explique cette profonde et permanente inégalité. Les lois qui réglaient la transmission de la propriété foncière visaient à conserver la possession du sol dans les anciennes familles et en rendaient l'acquisition presque impossible à de nouveaux propriétaires. D'autre part, l'homme qui ne possédait pas le sol n'avait pas, comme dans nos sociétés modernes, la ressource de l'industrie et du travail libre. Le pauvre ne pouvait vivre qu'en se mettant sous la dépendance du riche, et cette dépendance prenait facilement la forme de la servitude; l'homme livrait sa liberté et sa personne pour obtenir à ce prix la subsistance.

La législation sur les dettes menait inévitablement à l'esclavage. Dans la Gaule comme chez tous les peuples anciens, la personne du débiteur servait de gage à la créance. L'obligation se contractait même, la plupart du temps, sous la forme d'une servitude temporaire qui ne tardait pas à se changer, si la dette n'était pas payée au terme convenu, en une servitude définitive. César mentionne plusieurs fois « les troupes de débiteurs[2] » que chaque riche personnage traînait après soi.

Le nombre des esclaves de toute espèce était considérable. Diodore donne une idée de leur multitude par leur

---

[1] César, VI, 13 : *In omni Gallia eorum hominum qui aliquo sunt numero atque honore, genera sunt duo; nam plebs pœne servorum habetur loco... Nulli adhibetur consilio.*

[2] César, I, 4; VI, 13.

peu de valeur ; on en échangeait un, dit-il, contre une mesure de vin. César rappelle l'ancien usage de brûler les esclaves sur le bûcher du maître[1].

Il ne semble pas qu'il y eût une véritable classe urbaine. Les villes étaient, à la vérité, nombreuses ; mais elles étaient aussi fort petites. Si l'on en excepte quelques-unes qui servaient de rendez-vous au commerce, et deux ou trois qui étaient relativement brillantes, elles n'étaient que des forteresses ou des lieux de refuge[2]. César ne s'y arrête jamais ; il ne leur donne aucune attention et ne prend pas la peine de les décrire ; on croirait qu'il n'a rien vu de remarquable en elles que leurs murailles. Les capitales elles-mêmes n'étaient souvent que de simples bourgades où le sénat se réunissait aux jours de séance[3]. En général, les villes n'étaient pas des centres de population ; on y vivait peu ; chaque fois que César dit qu'on veut rassembler les hommes, il faut aller les chercher dans les champs[4].

D'autre part, la classe des paysans propriétaires ne paraît pas avoir été nombreuse. César signale souvent dans les campagnes des multitudes d'hommes qui ne possèdent rien et qu'il appelle des gens sans aveu, *egentes et perditi*[5]. Les riches propriétaires occupaient ordinai-

---

[1] Diodore, V, 26 ; César, VI, 19. Cet usage avait disparu au temps de César.

[2] César les désigne presque toujours par le mot *oppida*.

[3] Strabon (IV, 1, 2) dit que Vienne, alors qu'elle était déjà la capitale du puissant peuple des Allobroges, n'était encore qu'une sorte de bourg.

[4] César, I, 4 : *Quum multitudinem hominum ex agris magistratus cogerent*.

[5] César, III, 17 ; VI, 34 ; VII, 4, VIII, 30.

rement, au bord d'un cours d'eau où à l'ombre d'un bois une sorte de vaste demeure seigneuriale où ils vivaient entourés d'une domesticité nombreuse[1].

Nous pouvons d'après cela nous faire une idée de la société gauloise : beaucoup de paysans et presque pas de classe urbaine; beaucoup d'hommes attachés au sol et fort peu de propriétaires; beaucoup de serviteurs et peu de maîtres; la richesse foncière est très-inégalement répartie, et le travail libre fait à peu près défaut. Nous n'avons donc pas sous les yeux une société démocratique. Presque partout le gouvernement revêt la forme républicaine : presque partout aussi le pouvoir est aux mains des classes supérieures. La liberté politique plus que la liberté civile, et l'aristocratie plus que l'égalité forment le fond de ce régime.

Il y a un trait des mœurs gauloises qui dénote combien les rangs étaient marqués et les distinctions profondes. « Dans leurs repas, dit un ancien, ils sont assis en cercle; au milieu se place celui qui est le premier par sa valeur, par sa naissance ou par sa richesse; les autres sont placés plus ou moins loin de lui suivant leur rang; derrière chacun d'eux, debout, se tient l'écuyer qui porte ses armes; plus loin sont les serviteurs[2]. »

---

[1] César, VI, 50 : *Ædificio circumdato silva, ut sunt fere domicilia Gallorum qui vitandi æstus causa plerumque silvarum atque fluminum petunt propinquitates.* C'est dans un *ædificium* de cette nature que vivait Ambiorix, entouré de *comites* et de *familiares* qui étaient assez nombreux pour arrêter un moment toute la cavalerie de César.

[2] Posidonius, dans *Athénée*, livre IV, ch. 36.

CHAPITRE II

De la clientèle chez les Gaulois.

Ce qui caractérise la société gauloise avant la conquête romaine, c'est qu'à côté des institutions régulières et légales elle possédait tout un autre ordre d'institutions qui étaient entièrement différentes de celles-ci et qui leur étaient même hostiles.

César donne à entendre très-clairement que la constitution des États gaulois était contraire aux intérêts des classes inférieures. Il fait surtout remarquer que les faibles trouvaient peu de sécurité. L'homme qui n'était ni druide ni chevalier n'était rien dans la république et ne devait pas compter sur elle. Les lois le protégeaient mal, les pouvoirs publics ne le défendaient pas. S'il restait isolé, réduit à ses seules forces d'individu humain, il n'avait aucune garantie pour la liberté de sa personne et la jouissance de son bien.

Cette insuffisance des institutions publiques donna naissance à une coutume dont César fut très-frappé et qu'il a pris soin de signaler. Les hommes pauvres et faibles recherchaient la protection d'un homme puissant et riche, afin de vivre en paix et de se mettre à l'abri de la violence[1]. Ils lui accordaient leur obéissance en échange

---

[1] César, VI, 13, : *Plerique quum aut ære alieno aut magnitudine tributorum aut injuria potentiorum premuntur, sese in servitutem dicant nobilibus; in hos eadem omnia sunt jura quæ dominis in servos.*

de sa protection. Ils se donnaient à lui; ils lui appartenaient sans réserve. Sans qu'ils fussent précisément esclaves, cet homme avait sur leur personne presque autant de droits que s'ils l'eussent été. Il était pour eux un maître; ils étaient pour lui des serviteurs. La langue gauloise les désignait par le terme d'*ambact;* César les appelle du nom de clients, qui, dans la langue latine, exprimait l'idée d'une sujétion très-étroite[1].

Il décrit un genre d'association que toute la Gaule pratiquait. « Le but qu'on y cherche, dit-il, est que l'homme de la plèbe trouve toujours un appui[2]. » Ce n'était pourtant pas cette sorte d'association par laquelle des hommes égaux entre eux se soutiennent les uns les autres. Les faibles se donnaient, au contraire, un chef à qui ils accordaient un pouvoir absolu sur eux-mêmes; « il décide et prononce sur toutes choses, » dit l'historien[3]. Il ne semble même pas que ce chef fût choisi par voie d'élection; l'autorité était naturellement déférée à l'homme qui dans le pays jouissait de la plus haute considération et à qui sa naissance et sa richesse assuraient, de l'aveu de tous, le premier rang[4]. Comme on se préoccupait uniquement d'avoir un protecteur, il était naturel qu'on s'adressât à celui qu'on jugeait le plus capable de protéger, c'est-à dire à l'homme le plus puissant ou le plus riche du canton. En retour, on se soumettait à lui. Ses protégés étaient ses clients, c'est-à-dire ses sujets. Une

---

[1] César, VI, 19 : *Servi et clientes.* VI, 15 : *Ambactos clientesque.*

[2] César, VI, 11 : *Ne quis ex plebe auxilii egeret.*

[3] César, VI, 11 : *Earum factionum principes sunt, quorum ad arbitrium judiciumque summa omnium rerum consiliorumque redeat.*

[4] César, VI, 11 : *Qui summam auctoritatem habere existimantur.*

sorte de contrat était conclu entre eux et lui : ils lui devaient autant d'obéissance qu'ils recevaient de protection ; ils cessaient de lui obéir dès qu'il ne savait plus les défendre[1].

A côté de la subordination volontaire du faible au fort, il y avait la subordination, volontaire aussi, du soldat à un chef. Tout personnage qui était noble et riche pouvait réunir autour de soi une troupe d'hommes de guerre[2]. Ces hommes n'étaient pas soldats de l'État ; ils l'étaient de leur chef. Ils ne combattaient pas pour la patrie, mais pour sa personne. Ils ne recevaient d'ordres que de lui. Ils le soutenaient dans toutes ses entreprises et contre tous ses ennemis. Ils vivaient avec lui, partageant sa bonne et sa mauvaise fortune. Le lien qui les unissait à lui était formé par un serment religieux d'une étrange puissance : ils lui étaient « voués. » Aussi ne leur était-il jamais permis de l'abandonner ; ils sacrifiaient leur vie pour sauver la sienne ; s'il mourait, leur serment leur interdisait de lui survivre ; ils devaient mourir sur son corps, ou, comme ses esclaves, se laisser brûler sur son bûcher[3].

---

[1] César, VI, 11 : *Suos enim quisque opprimi et circumveniri non patitur, neque, aliter si faciant, ullam inter suos habent auctoritatem.* On reconnaît à ces traits la sujétion volontaire et conditionnelle du faible au fort.

[2] Diodore, V, 29 : Ἐπάγονται καὶ θεράποντας ἐλευθερούς, ἐκ τῶν πενήτων καταλέγοντες, οἷς ἡνιόχοις καὶ παρασπισταῖς χρῶνται κατὰ τὰς μάχας.

[3] César, III, 22 : *Cum devotis quos illi Soldurios vocant, quorum hæc est conditio ut omnibus in vita commodis cum his fruantur quorum se amicitiæ devoverunt... eumdem casum una ferant aut sibi mortem consciscant... Neque adhuc repertus est quisquam qui, eo interfecto cujus se amicitiæ devovisset, mortem recusaret.* — César, VI, 19 : *Clientes una cum patrono, funeribus confectis, cremabantur.* Cf. César, VII, 40. — Valère-Maxime, II, 6 : *Nefas esse ducebant prælio superesse quum is occidisset pro cujus salute spiritum devoverant.*

La puissance d'un chef gaulois se mesurait au nombre d'hommes qu'il attachait ainsi à sa personne. « Celui-là est le plus grand parmi eux, dit Polybe, qui compte le plus de serviteurs et de guerriers à sa suite[1]. » — « Ils se font sans cesse la guerre entre eux, dit César, et chacun d'eux s'entoure d'une troupe de suivants et de clients dont le nombre s'accroît avec sa richesse; ils entretiennent et nourrissent auprès d'eux de nombreux cavaliers, et c'est par là que chacun d'eux est puissant[2]. »

Plusieurs de ces personnages figurent dans les Commentaires : c'est le riche et noble helvète Orgétorix, qui un jour « rassemble les dix mille serviteurs qui composent sa maison, sans compter un nombre incalculable de clients[3] ; » c'est l'éduen Dumnorix, fort riche aussi, et qui a à sa solde une troupe de cavalerie[4]; c'est l'aquitain Adiatun qui ne compte pas moins de 600 « dévoués » autour de sa personne[5]; c'est Lucterius qui tient une ville « dans sa clientèle[6] », c'est enfin Vercingétorix qui

---

[1] Polybe, II, 17.

[2] César, VI, 15 : *Omnes in bello versantur, atque eorum ut quisque est genere copiisque amplissimus, ita plurimos circum se ambactos clientesque habent.* — I, 18 : *Magnum numerum equitatus suo sumptu semper alere et circum se habere.* — II, 1 : *Nonnulli potentiores qui ad conducendos homines facultates habebant.*

[3] César, I, 4 : *Omnem suam familiam, ad hominum millia decem, undique coegit, et omnes clientes obæratosque suos quorum magnum numerum habebat eodem conduxit.* Le mot *familia* a, dans cette phrase de César, le même sens qu'il avait déjà dans la vieille langue latine, et qu'il conservera dans tout le moyen âge jusque dans des textes du douzième siècle; il désigne l'ensemble des serviteurs.

[4] César, I, 18.

[5] César, III, 22.

[6] César, VIII, 32 : *Oppidum Uxellodunum quod in clientela fuerat ejus.*

peut déjà avec ses seuls clients se faire une armée[1].

On conçoit aisément combien cette institution de la clientèle était contraire aux institutions régulières de l'État et combien elle y portait de trouble. Des hommes si puissants étaient rarement des citoyens soumis. Ils pouvaient, comme Orgétorix, se soustraire à la justice publique et se mettre au-dessus des lois, ou bien, comme Vercingétorix, expulser un sénat par la violence et prendre possession du pouvoir[2]. Les lois et les magistrats élus avaient moins de force que ces puissants seigneurs que suivaient avec un dévouement illimité des milliers de serviteurs et de soldats[3]. Chacun d'eux était une sorte de souverain dans la république. Les Éduens avouèrent un jour à César que leur sénat était tenu dans l'impuissance par la volonté du seul Dumnorix. S'il se rencontrait chez un même peuple deux chefs également puissants, c'était la guerre civile; s'il ne s'en trouvait qu'un, il dépendait de lui de renverser la république et d'établir la monarchie[4].

---

[1] César, VII, 4 : *Vercingetorix summæ potentiæ adolescens, convocatis suis clientibus.*

[2] César, *ibidem.*

[3] César, I, 17 : *Privatim plus possunt quam ipsi magistratus.*

[4] César, I, 3; I, 18; VII, 4.

CHAPITRE III

Du parti démocratique chez les Gaulois.

Il semble qu'il y ait une contradiction dans le livre de César. Il affirme que le gouvernement était partout aristocratique, que les prêtres et les nobles étaient seuls comptés pour quelque chose et que la plèbe, presque esclave, n'avait aucune part aux affaires publiques. Il montre cependant à plusieurs reprises qu'il y avait une plèbe assez puissante, que cette plèbe s'agitait, qu'elle mettait la main aux affaires et décidait souvent des plus graves intérêts, qu'elle était presque toujours assez forte pour troubler l'État et quelquefois assez pour y régner[1].

Comment cette classe avait-elle pris naissance? Comment avait-elle grandi? L'historien ne nous l'apprend pas. Il est possible que les druides, dans leur rivalité avec les nobles, lui aient prêté leur appui. On peut croire aussi que les divisions des nobles entre eux lui furent favorables. Il semble que cette plèbe fut plutôt une population rurale qu'une population urbaine ; César en parle presque toujours comme s'il s'agissait de paysans prolétaires, et c'est toujours dans la campagne qu'on la voit se rassembler.

Nous n'avons aucun renseignement qui nous indique quelle était la nature de ses désirs ou de ses exigences. Poursuivait-elle la conquête des droits politiques ou seu-

[1] César, I, 17; V, 27; VII, 15; VII, 43.

lement celle des droits civils, qui lui manquaient encore? Voulait-elle prendre part au gouvernement ou prendre part à la richesse et à la possession du sol? L'historien ne le dit pas. Il y a pourtant une observation qu'on peut faire. D'une part, César ne lui attribue jamais l'expression d'un principe ou d'une théorie politique, et il ne la montre jamais non plus réunie en comices populaires; d'autre part, il la montre presque toujours s'attachant à un chef puissant, recevant de lui ses instructions, obéissant à ses ordres, n'agissant que pour lui et en son nom, et le portant enfin très-volontiers au pouvoir suprême.

Entre les instincts de cette plèbe et l'ambition de ceux qui voulaient régner, il y avait un lien étroit. Luern était devenu roi des Arvernes en captant la faveur de la foule par des distributions d'argent[1]. Dumnorix qui visait à s'emparer de la royauté chez les Éduens était cher à la plèbe[2]. Vercingétorix, avant de se faire nommer roi, commença par chasser le sénat de sa ville avec une armée « qu'il avait levée parmi les prolétaires et les gens sans aveu[3]. » C'était chez les Trévires et les Éburons que le parti populaire était le plus fort : l'un de ces peuples avait des rois, l'autre avait une sorte de dictature à qui il ne manquait que le nom de royauté[4]. César marque bien le caractère de ces petites monarchies démocratiques lorsqu'il met dans la bouche d'un roi gaulois cette

---

[1] Posidonius, dans *Athénée*, IV, 37 : Τὸν Λουερνὸν δημαγωγοῦντα τοὺς ὄχλους, σπείρειν χρυσὸν ταῖς ἀκολουθούσαις τῶν Κελτῶν μυριάσι.

[2] César, I, 17 et 18.

[3] César, VII, 4 : *Delectum egentium ac perditorum.*

[4] César, V, 3; V, 27.

parole : « Telle est la nature de mon autorité que la multitude n'a pas moins de droits sur moi que je n'en ai sur elle[1]. » On ne doit reconnaître là ni le régime républicain ni la liberté régulière ; il s'agit de cette sorte de régime dans lequel la démocratie, souveraine maîtresse, délègue tous ses pouvoirs à un monarque de son choix, qu'elle peut aussi renverser à son gré et qu'elle brise aussitôt qu'elle le voit s'écarter de ses volontés.

La société gauloise, telle que César l'a connue, était une société très-agitée. Elle avait, à la vérité, un régime légal et régulier qui était ordinairement la république aristocratique sous la direction de ses deux classes supérieures ; mais à travers ce régime légal se dressait la clientèle qui créait dans chaque État quelques hommes plus puissants que l'État ; en même temps il se formait un parti démocratique qui, s'attachant à celui des grands qui le flattait le plus, travaillait à fonder la monarchie ou la dictature populaire[2].

Dans le continuel conflit de ces partis ou de ces ambitions, aucune institution n'était solide, aucun gouvernement n'était assuré. Si l'on observe le détail des événements que César raconte, et si l'on cherche à démêler les pensées des hommes qui y prenaient part, on s'aperçoit que la question qui divisait le plus la Gaule, à cette

---

[1] César, V, 27 : *Sua esse ejusmodi imperia ut non minus haberet juris in se multitudo quam ipse in multitudinem.* Celui qui parle ainsi, Ambiorix, n'est pas un magistrat républicain ; César appelle son autorité *ejus regnum*, V, 38.

[2] César, VI, 11 : *Omnes civitates in partes divisæ sunt duas.* — VII, 32 : *Civitatem Æduorum esse omnem in armis, divisum senatum, divisum populum... suas cujusque eorum clientelas.*

époque, était celle de la démocratie. Toute l'attention des hommes était portée de ce côté. Il semble bien que, dans cette génération, le travail, la religion, le progrès matériel ou moral, la grandeur même du pays et son indépendance étaient choses qui préoccupaient peu les esprits. Tous les désirs, tous les efforts, tous les sentiments de l'âme étaient tendus vers le triomphe du parti. Les luttes politiques remplissaient l'existence des hommes et la troublaient.

CHAPITRE IV

Comment la Gaule fut conquise par César.

« De tous les peuples qui furent en guerre avec Rome, aucun ne fut soumis plus vite que les Gaulois[1]. » C'est Tacite qui fait cette remarque. L'Italie en effet et l'Espagne luttèrent pendant des siècles; pour soumettre le nord de l'Afrique et même la Grèce, Rome dut faire des prodiges d'énergie ou d'habileté. La Gaule fut conquise en quatre campagnes; Rome n'eut même pas à s'occuper de cette guerre dont César fit tous les frais et qu'il put entreprendre et mener à terme avec ses seules ressources de gouverneur d'une province[2].

L'extrême facilité de cette conquête n'a rien qui sur-

---

[1] Tacite, *Annales*, XI, 24 : *Si cuncta bella recenseas, nullum breviore spatio confectum quam adversus Gallos.*
[2] Dion Cassius, XLIV, 42.

prenne, si l'on observe comment les Gaulois l'envisagèrent, sous quelle forme elle se présenta à eux, quels furent leurs sentiments et le cours de leurs pensées en présence des conquérants.

Ils ne virent pas d'abord dans les Romains des ennemis; les légions entrèrent en Gaule en auxiliaires. Le pays était menacé dans sa sécurité par un déplacement des Helvètes; contre ce danger il demanda l'appui du proconsul romain qui commandait dans la province voisine, et César fit cette première campagne autant dans l'intérêt de la Gaule que dans l'intérêt de Rome[1].

Les Helvètes vaincus, les Gaulois retinrent César et ses légions. Les députés des différents états le supplièrent, « se jetant à ses pieds, les larmes aux yeux[2], » de ne pas les abandonner. Ils l'instruisirent alors des divisions et des embarras intérieurs de leur malheureux pays. Quelques années auparavant deux ligues s'étaient fait la guerre; l'une d'elles avait appelé les Germains à son aide. « C'était, disaient ces Gaulois, une race avide et convoiteuse à qui leurs dissensions avaient ouvert la Gaule. » Les Suèves d'Arioviste, appelés et sollicités par un parti, avaient passé le Rhin[3]; de jour en jour plus nombreux, ils avaient impartialement rançonné leurs adversaires et leurs alliés. Arioviste occupait en maître le bassin de la Saône et les Gaulois étaient trop divisés pour pouvoir le repousser. « Si César ne les délivrait pas

---

[1] César, 1, 30 : *Non minus ex usu Galliæ quam populi romani.*
[2] César, I, 31 : *Sese omnes flentes Cæsari ad pedes projecerunt.*
[3] César, I, 44 : *Ariovistum transisse Rhenum non sua sponte, sed arcessitum a Gallis... Nonnisi rogatus venit.*

de cette intolérable domination, il ne leur resterait plus, disaient-ils, qu'à quitter leur pays et à chercher, loin des Germains, une autre patrie et d'autres terres. »

César fit ce qu'on lui demandait de faire ; il vainquit Arioviste et refoula les bandes germaines au delà du Rhin. En cela il affranchissait la Gaule d'un maître étranger ; mais il ne lui rendait pas une indépendance depuis longtemps perdue[1]. A la domination d'Arioviste il substituait naturellement la sienne. Cela ne souleva d'abord aucune protestation et il ressort clairement du récit de César que, dès ce moment, la Gaule lui obéissait, sans qu'il lui eût fallu la conquérir.

Les Gaulois n'étaient pas une nation ; ils n'avaient ni l'unité de race ni l'unité politique ; ils ne possédaient pas un système d'institutions et de mœurs publiques qui fût de nature à faire d'eux un seul corps. Ils étaient environ quatre-vingts peuples que n'unissait ni un lien fédéral, ni une autorité supérieure, ni même l'idée nettement conçue d'une commune patrie. La seule espèce de patriotisme qu'ils pussent connaître, c'était l'amour du petit État dont chacun d'eux faisait partie. Or, cette sorte de patriotisme pouvait quelquefois conseiller l'alliance avec l'étranger. Depuis près d'un siècle, les Éduens appelaient les Romains à leur aide, tandis que les Arvernes et les Séquanes appelaient les Germains[2].

---

[1] Il n'est pas douteux qu'Arioviste n'ait été un maître : *In sua Gallia quam bello vicisset* (César, I, 34). *Provinciam suam hanc esse Galliam* (I, 44).

[2] Strabon, IV, 3, 2 : Αἰδοῦσι συγγενεῖς Ῥωμαίων ὠνομάζοντο καὶ προσῆλθον

Au début de ces événements il fut prononcé une parole qui marquait bien les pensées des hommes. Un parti, chez les Éduens, professait qu'il valait mieux subir la domination d'un autre peuple gaulois que celle des Romains; et l'autre parti réprouvait avec indignation cette manière de penser et la trouvait « séditieuse et coupable[1]. » Cela nous donne le point de vue auquel ces hommes se plaçaient pour envisager la question de l'indépendance. Pour la plupart d'entre eux il s'agissait uniquement de l'indépendance de chaque petit État. Si elle devait disparaître, ils se demandaient à quelle suprématie il convenait de se soumettre, et ils mettaient sur la même ligne celle de Rome et celle d'un autre peuple gaulois. Entre ces deux dominations la conscience publique était indécise, et chacun se croyait libre de choisir suivant ses préférences ou les intérêts particuliers de sa cité.

Dans l'intérieur même de chaque État les esprits étaient divisés. D'un côté était un parti composé des classes élevées, qui avait une prédilection pour les institutions républicaines et s'efforçait de les conserver. De l'autre, un parti populaire faisait ordinairement cause commune avec les plus puissants chefs de clientèle et joignait ses efforts aux leurs pour renverser le gouvernement légal. Ces discordes tenaient une grande place dans

πρὸς φιλίαν. Σηκοανοὶ δὲ πρὸς Γερμάνους προσεχώρουν πολλάκις... κοινωνοῦντες αὐτοῖς. — César, I, 31 : *Factum esse ut ab Arvernis Sequanisque Germani mercede arcesserentur.*

[1] César, I, 17 : *Præstat Gallorum quam Romanorum imperia perferre : seditiosa atque improba oratio.* Le mot est dans la bouche des Éduens.

toutes les existences ; les intérêts, les convoitises, les ambitions, les dévouements s'attachaient au parti plus qu'à la patrie. Il n'est pas douteux que chaque homme n'envisageât l'intervention de l'étranger suivant le bien ou le mal qu'elle devait faire à sa faction. Il en fut toujours ainsi dans toute société divisée en elle-même.

On voit en effet, dans les récits de César, que le général romain trouva dès le premier jour des alliés en Gaule ; jamais il ne cessa d'en avoir. Plusieurs peuples lui restèrent constamment fidèles ; chez ceux mêmes qui l'abandonnèrent, il y eut toujours quelques personnages qui lui demeurèrent obstinément attachés[1]. Or, l'historien ne donne jamais à entendre que ces amis de l'étranger fussent des hommes vendus. Il n'a jamais la peine de les acheter : leur zèle est spontané. Non-seulement il n'a pour eux aucun signe de mépris, mais ce qu'il dit d'eux nous donne l'idée d'hommes honorables qui étaient estimés et considérés même de leurs compatriotes. Il n'y a pas ici ce genre de trahison qui fait qu'on livre sciemment sa patrie. Ceux qui combattent Rome et ceux qui la servent se croient également patriotes ; ils comprennent seulement d'une manière opposée l'intérêt de la Gaule.

On est pour ou contre Rome suivant le parti politique où l'on se range, suivant la forme de gouvernement que l'on préfère. César indique très-clairement quels sont ses amis et quels sont ses adversaires. Il a toujours contre lui « ces hommes qui, étant assez puissants pour lever

---

[1] On peut citer l'Éduen Divitiac, l'Arverne Épasnact, le Picton Durat, *qui perpetuo in amicitia Romanorum permanserat.* César, I, 19 ; VIII, 26 ; VIII, 44.

des armées à leurs frais, visent à la monarchie, et qui savent bien que l'autorité romaine les empêchera d'atteindre ce but[1]. » L'Helvète Orgétorix, l'Éduen Dumnorix[2], l'Éburon Ambiorix, le Trévire Indutiomare, l'Arverne Vercingétorix, en un mot tous les chefs de grandes clientèles et tous ceux qui aspirent à la monarchie, sont toujours contre Rome. Il en est de même de tout le parti que César appelle « la multitude ; » soit qu'elle suive l'impulsion de ces chefs auxquels elle s'attache volontiers, soit qu'elle agisse spontanément, elle se prononce toujours contre les Romains.

Au contraire, les hommes que César appelle les principaux des cités, les hommes honorables, ceux qui composaient presque partout le sénat et qui dirigeaient le gouvernement républicain, étaient naturellement attirés vers l'alliance romaine. Il n'y a rien là qui doive surprendre ; Rome apparaissait à ces hommes comme le modèle du régime qui leur semblait le meilleur pour une société et qu'ils voulaient constituer solidement en Gaule ; elle était encore à cette époque un État républicain qu'un sénat gouvernait et où les classes élevées avaient une prépondérance incontestée. Rome qui allait bientôt perdre ce régime pour elle-même, devait pourtant, ainsi que nous le verrons plus loin, travailler à l'établir et à le consolider pour longtemps dans toutes les provinces et particulièrement dans la Gaule ; en

---

[1] César, II, 1 : *A potentioribus atque his qui ad conducendos homines facultates habebant, vulgo regna occupabantur, qui minus facile eam rem imperio nostro consequi poterant.*

[2] César, I, 18 : *Dumnorix, magna apud plebem gratia, cupidus rerum novarum, imperio populi romani de regno desperare.*

sorte que les hommes qui souhaitaient le triomphe du gouvernement municipal et des institutions républicaines dans leur pays, et qui espéraient atteindre ce but à la faveur de la suprématie et de l'hégémonie romaine, ne se trompaient pas tout à fait dans leurs calculs.

Telle était la situation des Gaulois en face de Rome; d'un côté, un parti et des ambitions qui savaient n'avoir rien à espérer d'elle; de l'autre, un parti qui attendait d'elle son complet triomphe.

Quelques exemples tirés du détail des faits mettront cette vérité en évidence. Dès le début, l'État éduen est gouverné par les classes élevées sous la forme républicaine; il appelle César; pourtant César remarque à un certain moment que les Éduens tiennent mal leurs promesses; il s'informe, et on lui apprend[1] qu'à ce moment même le parti populaire, sous la conduite d'un chef ambitieux, s'agite dans l'État, paralyse le gouvernement légal et souffle la haine contre Rome. Chez les Trévires il y a aussi deux partis : l'un, qui se compose « des principaux de l'État, » des classes élevées, de la noblesse, recherche l'amitié de Rome; l'autre, qui comprend « la plèbe » avec le puissant chef de bande Indutiomare, est l'ennemi des Romains. Indutiomare l'emporte et, dans une assemblée populaire[2], il fait en même temps condamner à l'exil le chef de la faction adverse

---

[1] César, I, 17 et 18.

[2] César, V, 56 : *In eo concilio Indutiomarus Cingetorigem hostem judicat bonaque ejus publicat.* Il s'agit ici d'un *concilium armatum*, c'est-à-dire d'une réunion de tous les guerriers; cela est fort différent de quelques assemblées que César appelle *comitia, populus*, et qui paraissent bien plus aristocratiques.

et décider la guerre contre Rome. Les hommes des classes élevées sont alors réduits à quitter le pays; la plèbe et Indutiomare y sont les maîtres[1]. Une victoire de César change la situation; l'aristocratie revient, reprend le pouvoir et renoue l'alliance avec les Romains[2]. Dans une autre partie de la Gaule, chez les Lexovii, le sénat veut garder l'alliance romaine; mais le parti populaire s'insurge, massacre les sénateurs et commence aussitôt la guerre[3].

Chaque fois qu'un peuple est vaincu, nous voyons « les principaux personnages de ce peuple » se présenter devant César, l'assurer qu'ils ont combattu malgré eux et rejeter la responsabilité de la guerre sur « la multitude. » Cette allégation se renouvelle trop souvent pour qu'elle n'ait pas un fond de vérité; et César en effet y ajoutait foi[4].

Il y a une parole qui se rencontre souvent dans les Commentaires : « Les Gaulois changent aisément de volonté; ils sont légers et mobiles; ils aiment les révolutions[5]. » C'est que César avait remarqué qu'une déclaration de guerre était ordinairement précédée d'une révo-

---

[1] Au chapitre III du livre V de César, le parti qui est favorable à Rome est désigné par les mots *nobilitas* et *principes*, l'autre parti par celui de *plebs*.

[2] César, VI, 8.

[3] César, III, 17 : *Aulerci Lexoviique, senatu suo interfecto quod auctores belli esse nolebant, portas clauserunt seque cum Viridovice conjunxerunt.*

[4] César, II, 13 et 14; V, 27; VI, 13; VII, 43.

[5] César, III, 10 : *Omnes Gallos novis rebus studere.* — IV, 5 : *In consiliis capiendis mobiles, novis plerumque rebus student.* — V, 54 : *Tantam voluntatum commutationem.*

lution intérieure. Le pouvoir se déplaçait incessamment, et l'amitié ou la haine d'une cité dépendait du parti qui régnait.

On peut remarquer encore avec quel mépris César parle des armées gauloises qui lui sont opposées. Il les représente presque toujours comme un ramassis « de vagabonds, de gens sans aveu, de voleurs et de pillards qui préfèrent la guerre et le brigandage au travail[1]. » Or, le général romain n'avait aucun intérêt à rabaisser ceux qu'il avait vaincus. Il dit les choses telles qu'il les a vues. Les armées démocratiques de la Gaule lui ont apparu comme une multitude confuse, sans organisation, sans discipline, et qui commandait à ses chefs plus souvent qu'elle ne leur obéissait[2]. C'est que les vrais soldats, la classe des chevaliers, les troupes régulières étaient pour la plupart dans le camp de César, de même que les gouvernements réguliers étaient pour la plupart dans son alliance. Son armée comptait fort peu de Romains; les Gaulois de la Cisalpine et de la Narbonnaise composaient ses légions[3]. Les Gaulois du Nord formaient ses corps auxiliaires et surtout sa cavalerie[4].

---

[1] César, III, 17 : *Multitudo undique ex Gallia hominum perditorum latronumque quos spes prædandi studiumque bellandi ab agricultura et quotidiano labore revocabat.* — V, 55 : *Indutiomarus copias cogere, exsules damnatosque tota Gallia allicere.* — VII, 4 : *Habet delectum egentium ac perditorum.* — Hirtius, De bello gallico, VIII, 30 : *Collectis perditis hominibus, servis ad libertatem vocatis, exsulibus omnium civitatum accitis, receptis latrociniis.*

[2] César, III, 18 ; VII, 20.

[3] Hirtius, VIII, 47 : *Bellum sustinuit fidelitate atque auxiliis Provinciæ.* — César, VI, 1 : *Delectum tota Provincia habere instituit.*

[4] C'est avec la cavalerie gauloise que César fit la guerre aux Germains

Pendant qu'un parti était ouvertement et franchement l'allié des Romains, l'autre ne dissimulait pas sa préférence pour les Germains. On peut remarquer en effet que toutes les fois qu'un peuple gaulois fait la guerre à César, il a commencé par envoyer des députations au delà du Rhin et il a invité les Germains à envahir la Gaule [1].

Chacun était ainsi l'allié de l'étranger ; entre les deux peuples qui convoitaient la Gaule, chaque Gaulois choisissait. Ce n'est pas que l'amour de l'indépendance ne fût au fond des âmes ; mais il était moins fort que les passions et les haines de parti. Il est probable que des deux parts on parlait également de patriotisme ; mais le vrai et pur patriotisme est le privilége des sociétés calmes et bien unies.

(César, IV, 6). — Ailleurs (V, 5), il indique qu'il avait dans son armée 4,000 cavaliers gaulois. — Ailleurs encore (II, 24 ; V, 58 ; VI, 5, 6), il mentionne ses auxiliaires sénons, éduens, atrébates, trévires, rèmes.

[1] César, III, 11 : *Germani a Belgis arcessiti.* — IV, 6 : *Missas legationes a nonnullis civitatibus ad Germanos, invitatosque eos ut ab Rheno discederent omniaque quæ postulassent ab se fore parata.* — V, 2 : *Germanos transrhenanos sollicitare.* — V, 27 : *Magnam manum Germanorum conductam Rhenum transisse.* — V, 55 : *Treveri et Indutiomarus nullum tempus intermiserunt quin trans Rhenum legatos mitterent, civitates sollicitarent, pecunias pollicerentur.* — VI, 2 : *Germanos sollicitant.* — VI, 8 et 9 : *Germani qui auxilio veniebant.* — Cf. Dion Cassius, XL, 31. — On se tromperait, d'ailleurs, si l'on croyait que ces Germains eussent une haine particulière contre Rome ; c'était la solde ou l'espoir du pillage qui les attirait en Gaule : *Germani mercede arcessebantur*, I, 31 ; *conductam manum*, V, 27 ; *pecuniam polliceri*, VI, 2. Ils n'éprouvaient aucun scrupule à rançonner les Gaulois ; un jour que César avait déclaré qu'il livrait au pillage le territoire des Éburons, il vint une foule de Germains pour prendre part à la curée. — Vercingétorix n'avait pas de Germains dans son armée ; César gardait alors avec soin la ligne du Rhin, et c'était lui, à son tour, qui prenait des Germains à sa solde (VI, 15, 65, 67).

Ce fut seulement dans la septième année de son proconsulat que César vit la Gaule presque entière se dresser contre lui. Jusque-là les Arvernes avaient été dans son alliance. C'était un des plus puissants peuples de la Gaule ; au siècle précédent, ils avaient eu un gouvernenement monarchique et ils avaient fait la guerre contre les Romains ; vaincus, ils n'avaient pas été assujettis ; Rome leur avait seulement enlevé leur royauté et l'avait remplacée par un gouvernement sénatorial. Depuis ce temps ils étaient restés constamment fidèles à l'alliance romaine ; César ne les avait jamais vus parmi ses adversaires ; leurs principaux citoyens, leurs sénateurs, Vercingétorix lui-même[1], avaient recherché son amitié.

Vercingétorix appartenait à une de ces familles que leur vaste clientèle rendait démesurément puissantes. Son père Celtill avait voulu se faire roi ; mais le sénat de Gergovie avait déjoué ses projets et l'avait mis à mort[2]. Lui-même visait à la royauté. Un jour on le vit réunir ses nombreux clients et s'en faire une armée ; le sénat de sa patrie le frappa d'un arrêt d'expulsion. On put le chasser de Gergovie, mais il n'en fut que plus fort dans la campagne. Il rassembla autour de lui les hommes que César appelle avec dédain des vagabonds et des gens sans aveu, c'est-à-dire les hommes des classes inférieures. A la tête d'une armée ainsi composée, il

---

[1] Dion Cassius, XL, 41 : Ἐν φιλίᾳ ποτε τῷ Καίσαρι ἐγεγόνει. Cet historien raconte que Vercingétorix, après sa défaite, aurait pu fuir, mais qu'il pensa que César lui ferait grâce en considération de leur ancienne amitié ; César, au contraire, lui reprocha d'avoir trahi le premier cette amitié, et ce fut le motif qu'il allégua pour le faire charger de chaînes.

[2] César, VII, 4 : *Quod regnum appetebat, ab civitate erat interfectus.*

rentra de force dans la capitale, chassa à leur tour les sénateurs, et se fit proclamer roi[1].

Le changement de gouvernement et la guerre contre Rome étaient, pour ainsi dire, deux choses qui se tenaient et qu'on ne pouvait pas séparer. L'ancien ami de César devint aussitôt son adversaire. Il chercha des alliés; il en trouva partout; le moment était propice pour une insurrection générale.

Il n'est pas douteux, en effet, que les Gaulois n'eussent un attachement très-profond pour la patrie et pour l'indépendance ; mais pendant six années, cet attachement avait été moins fort que leurs dissensions. Il n'est rien de plus efficace pour terminer les luttes intestines que l'assujettissement. Dès que les Gaulois se sentirent conquis, leurs rivalités se turent, leurs volontés se rapprochèrent. Au contact des étrangers qui mettaient garnison dans les villes, qui imposaient des tributs, qui commençaient à exploiter le pays suivant l'usage romain et s'emparaient déjà de tout le commerce[2], le regret, le remords, la honte, la haine prirent possession des âmes. On avait été divisé dans la résistance, on fut uni dans la révolte[3].

---

[1] César, VII, 4 : *Expellitur ex urbe Gergovia... In agris habet delectum egentium ac perditorum, magnisque coactis copiis adversarios suos a quibus fuerat ejectus, expellit ex civitate. Rex ab suis appellatur.*

[2] César, VII, 3; VII, 42.

[3] On a supposé, avec une grande vraisemblance, que le clergé druidique avait à ce moment prêché la guerre sainte. La chose est possible; toutefois, ni César ni aucun écrivain n'en parle. César n'indique nulle part que les druides lui fussent particulièrement hostiles. Que le signal de l'insurrection soit parti du pays des Carnutes, cela ne prouve pas que ce signal ait été donné par les druides. Le serment prêté sur les enseignes

César remarqua alors avec quelque surprise « le merveilleux accord des volontés pour ressaisir l'indépendance. » Vercingétorix, déjà roi des Arvernes, se fit accepter comme dictateur suprême par presque tous les peuples de la Gaule[1]. L'important était de donner l'unité au pays. La Gaule devint une grande monarchie pour lutter contre l'étranger. Comme un monarque absolu, Vercingétorix fixait les contingents militaires des cités et leurs contributions de guerre. Aucun pouvoir ne limitait ni ne contrôlait le sien. Juge suprême en même temps que chef d'État, il avait le droit de vie et de mort sur tous. Sa volonté était celle d'un maître[2].

L'indépendance nationale fut vaillamment défendue. César rend justice au courage des Gaulois et aux qualités militaires de leur chef; il laisse pourtant voir qu'il était à peu près impossible qu'ils réussissent. On s'aperçoit à plusieurs traits de son récit que la Gaule n'était pas aussi unanime qu'elle semblait l'être. Plusieurs peuples, tels que les Rèmes et les Lingons, restaient attachés à l'alliance romaine. D'autres, comme les Éduens, apportaient dans la coalition leurs jalousies et leur orgueil. Une autre cause de division et de faiblesse perçait sous les dehors de l'union. La monarchie démocratique

---

militaires, suivant un usage commun à beaucoup d'anciens peuples, ne suppose pas nécessairement l'intervention du clergé.

[1] César, VII, 4 : *Omnium consensu ad eum defertur imperium*. Plus tard cette dictature lui fut renouvelée par une assemblée un peu tumultuaire; César raconte comment il y fit intervenir inopinément la multitude. Il y avait apparemment un parti aristocratique qui eût désiré un autre chef. (César, VII, 63.)

[2] César, VII, 4.

de Vercingétorix soulevait des scrupules et des haines dans beaucoup d'âmes gauloises. Cet homme comptait si peu sur une obéissance volontaire qu'il exigeait que tous les États gaulois lui livrassent des otages[1]. Il ne régnait qu'à force de se faire craindre. Il prodiguait les supplices. La désobéissance à ses ordres était punie de mort; la tiédeur et l'hésitation étaient des crimes capitaux; partout se dressaient des bûchers et des instruments de torture; un régime de terreur planait sur la Gaule[2].

Ces faits montrent assez clairement que l'union des cœurs n'était pas complète. Beaucoup d'hommes redoutaient également la victoire de Vercingétorix et sa défaite. L'indépendance nationale n'était pas l'unique objet des préoccupations; on ne voulait pas de la conquête romaine, mais on sentait qu'il existait un autre danger que cette conquête. La monarchie à l'intérieur était aussi odieuse à certaines âmes que la domination de l'étranger, et l'on n'était pas sans inquiétude sur ce que deviendrait la Gaule au lendemain de la délivrance. Les partis avaient fait trêve pour lutter contre l'étranger, mais sous cette trêve, ils vivaient encore et conservaient leurs désirs et leurs craintes, leurs passions et leurs rancunes.

Vercingétorix, roi et dictateur, était entouré de

---

[1] César, vii, 4 : *Omnibus civitatibus obsides imperat.*

[2] César, VII, 4 et 5 : *Summæ diligentiæ summam imperii severitatem addit; magnitudine supplicii dubitantes cogit; majore commisso delicto, igne atque omnibus tormentis necat; leviore de causa, auribus desectis aut singulis effossis oculis, domum remittit ut magnitudine pœnæ perterreant alios. His suppliciis coacto exercitu...*

toutes les difficultés qui assiègent d'ordinaire les monarques que la démocratie a portés au pouvoir. D'une part, il avait à contenir par des supplices le parti adverse ; d'autre part, il avait à tenir tête aux exigences du sien. Soupçonneux à l'égard de ses adversaires, il était soupçonné par ses partisans. Cette même foule qui l'avait fait roi, dès son premier échec, l'accusa de trahison : « S'il avait été battu, disait-elle, c'est qu'il s'entendait avec César ; il ne visait qu'à être roi, et sans doute il aimait mieux l'être par la volonté de César que par celle de ses compatriotes[1]. » De tels discours montrent à quel point les longues divisions politiques des Gaulois avaient troublé leurs esprits. Dans un pareil état d'âme, vaincre était impossible. Il manquait à Vercingétorix ce qui est la condition du succès dans les grandes guerres ; il lui manquait de commander à une nation sans partis. Les divisions qui existent dans une société se reproduisent toujours de quelque façon dans les armées. Elles se traduisent dans l'âme de chaque soldat par l'indécision, l'indiscipline, le doute, la défiance, tout ce qui paralyse le courage ou le rend inutile. Vercingétorix put bien rassembler une armée nombreuse ; mais quelles que fussent son énergie, son habileté, sa valeur personnelle, il ne paraît pas qu'il ait réussi à donner à cette armée l'organisation et la cohésion qui eussent été nécessaires en face des légions romaines. Pendant que les troupes de César lui obéissaient sans jamais murmurer ni douter

---

[1] César, VII, 20 : *Vercingetorix, quum ad suos redisset, proditionis insimulatus quod castra propius Romanos movisset..* « *Regnum Galliæ malle Cæsaris concessu quam ipsorum habere beneficio.* »

de lui et que, non contentes d'être braves aux jours de bataille, elles savaient accomplir d'immenses travaux et endurer la faim « sans qu'on entendît sortir de leur bouche un seul mot qui fût indigne de la grandeur romaine [1], » le roi gaulois était réduit à haranguer ses soldats, à leur rendre compte de ses actes, à leur prouver péniblement qu'il ne les trahissait pas [2]. Les légions de César montrèrent durant huit années de suite « ce que pouvait la discipline de l'État romain [3]; » les grandes armées gauloises montrèrent le peu que peuvent les plus brillantes qualités pour sauver un pays quand la discipline sociale et la discipline militaire font défaut. Si le nombre des hommes et leur courage avaient suffi pour être vainqueur, Vercingétorix l'aurait été. Vaincu, il tomba en homme de cœur. Avec lui, la Gaule perdit le peu d'unité qu'il avait pu lui donner ; les résistances partielles se prolongèrent sans succès pendant une campagne encore ; puis tout se soumit.

CHAPITRE V

Si la Gaule a cherché à s'affranchir.

Il ne faut pas juger de la Gaule soumise aux Romains comme de quelques nations modernes soumises à un

---

[1] César, VII, 17.
[2] César, VII, 20.
[3] César, VI, 1 : *Docuit quid populi romani disciplina posset.*

joug étranger. Il ne faut pas la comparer à la Pologne assujettie à la Russie, ou à l'Irlande sévèrement régie par l'Angleterre. Toute comparaison de cette nature serait inexacte. Nous ne devons pas nous représenter la Gaule asservie, frémissante dans cet esclavage, et toujours prête à rompre ses fers. Les faits et les documents nous en donnent une tout autre idée.

Environ cent années après la conquête, l'empereur Claude, dans une harangue au sénat, prononçait cette parole : « La fidélité de la Gaule, depuis cent ans, n'a jamais été ébranlée ; même dans les crises que notre empire a traversées, son attachement ne s'est pas démenti[1]. » La Gaule fit partie de l'empire romain durant cinq siècles, et, dans un si long espace de temps, l'histoire ne peut pas constater qu'elle ait fait un seul effort pour se séparer de cet empire.

On compte, à la vérité, quelques tentatives de soulèvement. A les observer de près, elles ne montrent nullement que la Gaule voulût cesser d'être romaine. Sous Tibère, deux Gaulois, qui portaient les noms tout romains de Julius Florus et de Julius Sacrovir, qui avaient autrefois brigué et obtenu le droit de cité romaine[2], essayèrent une révolte en prétextant le poids des impôts. Ils tentèrent la fidélité des soldats gaulois qui servaient l'empire ; ceux-ci, à peu d'exceptions près, repoussèrent

---

[1] Discours de Claude, trouvé à Lyon : *Centum annorum immobilem fidem, obsequiumque multis trepidis rebus nostris plus quam expertum.* — Tacite, *Annales*, XI, 24 : *Continua et fida pax.* — Ammien, XV, 12 : *Gallias Cæsar societati nostræ fœderibus junxit æternis.*

[2] Tacite, *Annales*, III, 40.

leurs avances[1]. Ils ne trouvèrent d'adhérents que dans ce qu'il y avait de plus vil et de plus méprisable[2] parmi la population. Sacrovir réussit à ramasser 40,000 insurgés, foule confuse, sans organisation et presque sans armes que deux légions écrasèrent sans peine. Quant à la troupe de Florus, ce fut un autre Gaulois qui, à la tête de quelques compagnies, se chargea de la mettre en déroute[3]. Les mouvements du peuple des Andécaves furent réprimés par une seule cohorte[4] ; celle des Séquanes le fut par quelques pelotons de cavalerie[5]. Il est impossible de voir en tout cela une insurrection nationale ; c'étaient de vagues et impuissantes émeutes auxquelles Tacite dit que le gouvernement impérial faisait à peine attention[6].

Un peu plus tard, les Druides tentèrent de soulever la Gaule au nom de sa vieille religion. Ils mirent en œuvre toutes leurs forces, la prédication, les prophéties, les miracles, le fanatisme[7]. Ils ne réussirent qu'à armer 8000 paysans que les Gaulois des villes exterminèrent[8].

Caius Julius Vindex, qui se révolta ensuite, ne pensait

---

[1] Tacite, *Ann.*, III, 42 : *Pauci corrupti, plures in officio mansere.*

[2] Tacite, *Ann.*, III, 40 : *Ferocissimo quoque assumpto, aut quibus ob egestatem ac metum ex flagitiis maxima peccandi necessitudo.*

[3] Tacite, *Ann.*, III, 42.

[4] Tacite, *Ann.*, III, 41.

[5] Tacite, *Ann.*, III, 46.

[6] Tacite, *Ann.*, III, 44 : *An compererat Tiberius modica esse et vulgatis leviora ?*

[7] Tacite, *Histoires*, II, 61 : *Simulatione numinum... Deus (id sibi nomen indiderat Mariccus) fanaticam multitudinem...*

[8] *Concitis octo millibus hominum... Civitas Æduorum, electa juventute disjecit.* (Tacite, *Hist.*, II, 61.)

pas à l'indépendance de la Gaule. Ce Gaulois qui était sénateur romain et gouverneur de province, n'avait pas lieu de souhaiter le renversement de l'empire; il ne voulait que changer d'empereur. Il réunit les conjurés, les harangua; sans dire un mot de l'indépendance gauloise, il leur énuméra les crimes de Néron qui souillait, dit-il, le nom d'empereur; il les adjura « de venger le peuple romain, de le délivrer de ce monstre, et de donner l'empire à Galba[1]. »

Si la Gaule, ainsi que l'empereur Claude l'attestait, ne cessa pas d'être fidèle, ce n'était pas la force qui la retenait dans l'obéissance. On se tromperait beaucoup, si on se la figurait tremblante devant le glaive de l'étranger. Rome n'avait pas d'armée pour la contenir. Elle entretenait des légions pour en défendre les frontières contre les Germains; mais, sauf quelques cohortes à Lyon, elle n'avait pas de garnisons dans l'intérieur du pays. Les troupes de police elles-mêmes étaient composées de Gaulois, entretenues et commandées par les autorités municipales. Si la Gaule avait regretté son indépendance perdue, il lui eût été facile de se soulever tout entière avant que les légions romaines n'eussent été à portée de combattre l'insurrection. Elle fut fidèle parce qu'elle voulut l'être. Un écrivain de ce temps-là dit d'elle : « La Gaule entière, qui n'est pourtant ni amollie ni dégénérée, obéit volontairement à 1200 soldats romains[2]. »

La révolte de Civilis, au temps de Vespasien, eut quelque gravité; mais Civilis était un Batave, c'est-à-dire

---

[1] Dion Cassius, liv. LXIII.
[2] Josèphe, *Guerre des Juifs*, liv. II, ch. XVI.

un Germain[1]. C'étaient aussi des Germains qui composaient son armée : Bataves, Frisons, Cattes, Tongres, Bructères, Tenctères, Chauques, Triboques[2], c'était toute l'avant-garde de la Germanie qui courait au pillage de la Gaule[3]. Une prophétesse germaine, Velléda, leur avait promis victoire et butin[4]. Ils franchirent le Rhin, brûlant et saccageant. Civilis leur livra Cologne, ville que les Romains avaient récemment fondée pour arrêter le flot de l'invasion et qui par ce même motif était particulièrement odieuse aux Germains[5].

En tout cela il ne se pouvait agir d'affranchir la Gaule; les Germains de Civilis n'étaient pas des libérateurs. Ils étaient même plus dangereux pour la Gaule que pour l'empire. Civilis prétendit pourtant gagner les Gaulois à sa cause. Il envoya dans le pays des émissaires qui parlèrent d'indépendance nationale et assurèrent que les Germains apportaient la liberté[6]. La Gaule ne tomba pas dans un piége si grossier. Elle prit les armes, à la vérité, mais ce fut pour se joindre aux armées romaines et combattre sous les ordres des généraux de l'empire[7]. En vain le druidisme, toujours ennemi de Rome, s'agita; il répandit des prophéties qui promettaient l'empire à des

---

[1] Tacite, *Hist.*, IV, 12.

[2] Tacite, *Hist.*, IV, 16, 21, 61, 70, 79.

[3] Tacite, *Hist.*, IV, 21 : *excita ad prædam Germania.*

[4] Tacite, *Hist.*, IV, 61 : *Velleda, nationis Bructeræ.* — Id., *De moribus Germanorum*, 8.

[5] Tacite, *Hist.*, IV, 63 : *Transrhenanis gentibus invisa civitas opulentia auctuque; neque alium finem belli rebantur quam si promiscua ea sedes omnibus Germanis foret.*

[6] Tacite, *Hist.*, IV, 17.

[7] Tacite, *Hist.*, IV, 25 : *affluentibus Galliæ auxiliis.*

nations transalpines[1]. Il se trouva même quelques hommes qui parlèrent de ressaisir l'indépendance et de constituer un grand État gaulois; mais ni Civilis ni aucun des siens ne voulait reconnaître cet État[2]; ils aimaient mieux se fier aux Germains. Ils annonçaient qu'ils allaient entrer en lutte avec les Gaulois[3]; ils disaient tout haut que la Gaule n'était bonne qu'à leur servir de proie[4].

Si la Gaule avait voulu se détacher de l'empire romain, elle le pouvait en ce moment. Car l'empire était troublé et désorganisé par les luttes des différents compétiteurs; le désordre et l'indiscipline étaient dans les armées romaines; enfin le peu de légions qu'il y avait dans la région du Rhin avaient été détruites par Civilis et les Germains. Aucune force romaine ne pouvait empêcher la Gaule de se soulever. Le pays était maître de ses destinées. Alors se produisit un des événements les plus caractéristiques de toute notre histoire. Les députés des différents peuples gaulois se réunirent en une sorte d'assemblée nationale, dans la ville qu'on appelle aujourd'hui Reims[5]. Là, on délibéra avec une entière liberté

---

[1] Tacite, *Hist.*, IV, 54 : *possessionem rerum humanarum transalpinis gentibus portendi druidæ canebant.*

[2] Tacite, *Hist.*, IV, 61 : *Civilis neque se neque quemquam Batavum in verba Galliarum adegit.*

[3] Tacite, *Hist.*, IV, 61 : *Fisus Germanorum opibus.. certandum adversus Gallos de possessione rerum.*

[4] Tacite, *Hist.*, IV, 76 : *Civilis :* « *Gallos quid aliud quam prædam victoribus.* »

[5] Tacite, *Hist.*, IV, 67 : *Missis legatis, in commune consultarunt, libertas an pax placeret.* Pax était le mot dont on désignait l'Empire romain. (Pline, *Hist. nat.*, XXVII, 1, 3; Sénèque, *De Providentia*, 4.)

sur le choix entre la domination romaine et l'indépendance. Jamais question plus haute n'a été posée devant un peuple et n'a été débattue avec plus de calme. Des orateurs parlèrent pour l'indépendance nationale; d'autres orateurs parlèrent pour le maintien de la domination étrangère. Nous ne voyons d'ailleurs à aucun indice que ceux-ci aient été accusés d'être des traîtres, même par leurs adversaires, et il ne semble pas qu'ils aient été moins attachés que les autres à leur patrie. On discuta. Le grand nom de la liberté et le souvenir de la vieille gloire furent évoqués; les cœurs en furent émus. Mais quelques esprits plus froids demandèrent ce que la Gaule, à supposer qu'elle réussît à s'affranchir, ferait de son indépendance, quel gouvernement elle se donnerait, où serait sa capitale, son centre, son unité. On montra les rivalités qui allaient renaître, les prétentions et les haines, la concurrence des divers peuples et l'animosité des partis[1]. On fit entrevoir à quelles incertitudes, à quelles fluctuations serait livrée la société gauloise. On pensa surtout aux Germains qui, depuis deux siècles, avaient les bras tendus vers la Gaule, qui étaient poussés contre elle par tous les genres de convoitise[2], et qui n'attendaient que l'insurrection des Gaulois contre Rome pour inonder leur pays et le mettre à rançon. On calcula tous les avantages de la paix et de la suprématie romaine. On compara le présent à ce que

---

[1] Tacite, *Hist.*, IV, 69 : *Deterruit plerosque provinciarum æmulatio... Quam, si cuncta procederent, sedem imperio legerent? nondum victoria, jam discordia erat.*

[2] Tacite, *Hist.*, IV, 73 : *Libido atque avaritia.*

serait l'avenir, et l'on préféra le présent[1]. La conclusion de ces grands débats fut que l'assemblée déclara solennellement, au nom de la Gaule entière, qu'elle restait attachée à Rome. Elle enjoignit aux Trévires, qui s'étaient seuls soulevés, de déposer les armes et de rentrer dans l'obéissance. Puis, beaucoup de Gaulois s'armèrent spontanément pour la défense de l'empire[2]. Civilis, vaincu une première fois, se refit une nouvelle armée en Germanie[3]. Il fut vaincu encore et les Germains furent refoulés au delà du Rhin qui était leur limite. La Gaule fut sauvée de l'invasion et resta romaine.

Tacite met dans la bouche d'un général romain des paroles qui expriment avec justesse la pensée qui préoccupait le plus les hommes de ce temps-là : « Quand nos armées, disait-il en s'adressant à des Gaulois, entrèrent dans votre pays, ce fut à la prière de vos ancêtres ; leurs discordes les fatiguaient et les épuisaient, et les Germains posaient déjà sur leur tête le joug de la servitude. Depuis ce temps, nous faisons la garde aux barrières du Rhin pour empêcher un nouvel Arioviste de venir régner sur la Gaule. Nous ne vous imposons d'ailleurs d'autres tributs que ceux qui nous servent à vous assurer la paix. Vos impôts payent les armées qui vous défendent. Si l'empire romain disparaissait, que verrait-on sur la terre si ce n'est la guerre universelle? Et quel

---

[1] Tacite, *Hist.*, IV, 69 : *Pacis bona dissertans... Tædio futurorum præsentia placuere.*

[2] Tacite, *Hist.*, IV, 79 : *Multitudinem sponte commotam ut pro Romanis arma capesseret.*

[3] Tacite, *Hist.*, V, 14 : *Reparato per Germaniam exercitu.*

peuple serait en péril plus que vous, vous qui êtes le plus à portée de l'ennemi, vous qui possédez l'or et la richesse qui appellent l'envahisseur?[1] »

Il semble étonnant au premier abord que la Gaule ait eu besoin de l'empire pour se défendre contre la Germanie. Ce n'est pas que le courage et l'esprit militaire fissent défaut aux Gaulois. Il s'en faut beaucoup que les écrivains de ce temps-là les représentent comme une race amollie. « Ils sont tous d'excellents soldats, dit Strabon, et c'est d'eux que les Romains tirent leur meilleure cavalerie[2]. » César ne dédaignait pas non plus leurs fantassins ; il en enrôla beaucoup dans son armée. Ils ne cessèrent jamais, durant les cinq siècles de l'empire, de fournir de nombreux soldats et des officiers aux légions romaines, qui à cette époque ne se recrutaient plus en Italie. Les bras qu'ils mettaient au service de l'empire leur auraient suffi pour se défendre eux-mêmes. Mais, sans l'empire, la désunion se fût mise aussitôt parmi eux. Dans les grandes guerres et en présence des invasions, le courage personnel ne sert presque de rien. C'est la force des institutions publiques et la discipline sociale qui défendent les nations. Là où le lien politique est trop faible, l'invasion a pour premier effet de désorganiser le corps de l'État, de troubler les esprits, d'égarer les caractères, et dans le désordre qu'elle répand elle est infailliblement victorieuse. C'est ce qui était arrivé à la Gaule, au temps des Cimbres et au temps

---

[1] Tacite, *Hist.*, IV, 72-74.

[2] Strabon, IV, 4, 5. — Appien dit (*Guerres civiles*, II, 9) que César avait 10,000 cavaliers gaulois dans son armée.

d'Arioviste. Cela se serait reproduit encore si la domination romaine n'avait fait d'elle un corps constitué et solide. Cette domination fut pour les Gaulois le lien, le ciment, la force de résistance.

CHAPITRE VI

De quelques effets de la domination romaine.

Les Gaulois ne furent ni réduits en servitude ni dépossédés de leurs terres. On est d'abord porté à croire que la conquête romaine dut produire un grand bouleversement dans la vie publique et privée; on se figure volontiers la Gaule écrasée, mutilée, transformée. Les documents historiques ne nous montrent rien de semblable[1]. Nous n'y voyons aucun indice d'une véritable oppression de la part des vainqueurs, d'une intolérable misère chez les vaincus. Nous apercevons bien que les Gaulois se plaignent des impôts qu'il leur faut payer à Rome; mais ils s'étaient plaints antérieurement de ceux qu'il leur avait fallu payer à leurs propres cités[2].

Jugeons ces événements, s'il est possible, non d'après les idées de l'esprit moderne, mais d'après celles des générations qui les virent s'accomplir. Il n'est pas vrai-

---

[1] Hirtius, *De bello gallico*, VIII, 49.
[2] Sur le poids des impôts au temps de l'indépendance, voyez César, VI, 13 : *Quum magnitudine tributorum premuntur*.

semblable que les hommes aient regretté très-vivement leur nationalité perdue, car ils n'avaient jamais formé une nation. Ils ne concevaient guère d'autres corps politiques que leurs petits États ou leurs cités, et le patriotisme pour la plupart d'entre eux n'avait pas d'objet plus élevé. Là était l'horizon de leurs pensées, de leurs devoirs, de leurs vertus civiques, de leur amour. Leur âme ne se fût sentie déchirée que si ces corps politiques avaient été brisés par le conquérant. Non-seulement Rome ne les détruisit pas; elle leur laissa même, sauf de rares exceptions, leur organisme et toute leur vie intérieure. Il n'y eut presque aucun État gaulois qui disparut. Dans chacun d'eux, les habitudes, les traditions, les libertés même se continuèrent. La plupart des hommes, dont les pensées et les yeux ne dépassent jamais un cercle fort étroit, s'aperçurent à peine qu'il y eût quelque changement dans l'existence.

Il est vrai que chacun de ces États gaulois était désormais subordonné à une puissance étrangère. Quelques âmes élevées durent en gémir. Tenons pour certain que la foule s'accommoda volontiers de cette situation. Elle compara le présent au passé et elle fut surtout frappée de cette différence que le passé avait été plein de troubles et de souffrances et que le présent était calme et paisible. Il n'y avait plus lieu de se combattre pour des rivalités d'amour-propre. On ne parlait plus de se déchirer pour la cause aristocratique ou pour la cause populaire. L'indépendance avait été la guerre perpétuelle; l'empire romain fut la paix.

Il y a une expression qui se rencontre dans les écrivains de ce temps-là et qui semble avoir été fort usitée dans le langage ordinaire. Pour désigner l'ensemble des peuples soumis à Rome, on ne disait pas l'empire romain, on disait la paix romaine, *pax romana*[1].

A la distance où nous sommes de cette époque et en la jugeant d'une manière absolue, il semble d'abord que la Gaule échangeât un régime de dépendance contre un régime de servitude. Les hommes de ce temps-là savaient bien que, même avant que César ne les soumît, l'indépendance avait été plus rare chez eux que la sujétion, et que de tout temps les plus faibles parmi eux avaient dû se courber devant les plus forts. A-t-on compté combien il y avait en Gaule de peuples qui fussent libres, et combien il y en avait qui fussent sujets? Ces peuples-clients que César mentionne maintes fois, étaient des peuples qui avaient perdu leur indépendance. Avant d'être sous l'empire de Rome, ils étaient sous l'empire des Éduens, des Nerviens ou des Arvernes[2]. Ils leur payaient tribut,

---

[1] Pline, *Hist. nat.*, XXVII, 1, 3 : *Immensa Romanæ pacis majestate.* — Sénèque, *De Providentia*, 4 : *Omnes considera gentes in quibus Romana pax desinit.* — Plutarque appelle Rome « l'ancre qui fixe au port le monde longtemps battu par les tempêtes. »

[2] César, V, 39 : *Centrones, Grudii, Levaci, Pleumosii, Gorduni, qui omnes sub Nerviorum imperio sunt.* — IV, 6 : *Eburones et Condrusi qui sunt Trevirorum clientes.* — VII, 75 : *Cadurci, Gabali, Velauni, qui sub imperio Arvernorum esse consueverunt.* — Beaucoup de peuples étaient *stipendiarii Æduorum* (César, VII, 10); les Éburons payaient le *stipendium* aux Atuatici (César, V, 27). — Les Sagusii, les Ambivarètes, et beaucoup d'autres étaient clients des Éduens (*Id.*, VII, 75). — D'autres peuples étaient clients des Rèmes (*Id.*, VI, 12). Cette clientèle était une véritable sujétion, et ressemblait beaucoup à ce que fut la domination romaine : la cité cliente conservait l'indépendance municipale, mais perdait l'indépendance politique, payait tribut et devait fournir des soldats.

et nous n'avons pas de peine à nous figurer combien ils devaient souffrir dans leurs intérêts et dans leur orgueil et ce qu'ils avaient de haine contre leurs maîtres. Après les victoires de César, tous furent soumis à Rome comme les trois quarts d'entre eux l'avaient été à d'autres peuples gaulois. Or telle est la nature humaine qu'on éprouva probablement plus de joie à ne plus obéir à des voisins que de douleur à obéir à des étrangers. La suprématie romaine parut largement compensée par la disparition des suprématies locales. Il y eut plus d'hommes qui se crurent affranchis qu'il n'y en eut qui se sentirent subjugués[1].

Il faut se représenter ces hommes dans le cadre de leur vie réelle et avec les pensées qui occupaient leur esprit. Rome était pour eux une grandeur lointaine, fort au-dessus de leurs rancunes et de leurs passions. Ce qui était l'objet de leurs antipathies, de leurs jalousies ou de leurs craintes, c'étaient les supériorités locales et les grandeurs du voisinage; c'était l'homme qui voulait ou qu'on soupçonnait de vouloir se faire roi de la cité; c'était celui qui dans le canton ou dans le village exerçait un patronage impérieux; c'était celui qui contraignait les faibles à se mettre sous sa protection ou à redouter sa force; c'était ce riche créancier qui obligeait ses débiteurs à se faire ses esclaves; c'était ce chef de

---

[1] Beaucoup de petits peuples gaulois qui avaient été autrefois annexés à d'autres, reprirent leur rang et leur autonomie sous les Romains; par exemple, les Vellæi (habitants du Vélay?) avaient été autrefois confondus avec les Arvernes; ils recommencèrent à compter comme peuple à partir de la conquête (Strabon, IV, 2). De même Antipolis fut affranchie de Marseille (*Id.*, IV, 1, 9).

clients, qui ne nourrissait qu'à la condition d'être servi, qui ne soutenait qu'à la condition d'être obéi. Voilà les dominations qu'on redoutait ; voilà ce qui aux yeux de ces hommes était la servitude. Rome, par cela seul qu'elle mettait sa suprématie au-dessus de tous, empêchait ces petites tyrannies de surgir. En lui obéissant, on était sûr de ne pas obéir à l'homme qu'on connaissait et qu'on détestait.

Le principal résultat de la domination romaine fut de faire disparaître les clientèles. On ne vit plus « la plupart des hommes réduits par les dettes, ou par l'énormité des tributs, ou par la violence des puissants, à se mettre d'eux-mêmes en servitude[1]. » On ne vit plus quelques grands personnages entretenir autour d'eux des milliers de clients, d'*ambact*, de *dévoués*, condamner les uns à les servir et les autres à donner leur vie pour leurs querelles ou pour leur ambition. On cessa de voir aussi les druides dispenser seuls la justice, punir les fautes, adjuger les héritages[2] et disposer des propriétés, interdire la religion à quiconque ne se soumettait pas à leurs arrêts, écarter l'excommunié de la vie commune et lui refuser l'accès même des tribunaux et l'appui de la justice[3]. Voilà les grands changements que ces générations virent s'accomplir dans leur existence, et c'est par eux qu'elles jugèrent l'empire romain. Il ne se présenta pas à leur esprit comme un pouvoir oppresseur, mais comme une assurance de paix et une garantie de liberté.

---

[1] César, VI, 13. Cela ne reparut qu'à la fin de l'empire.
[2] César, VI, 13 : *De hereditate, de finibus decernunt.*
[3] César, VI, 13 : *Neque iis petentibus jus redditur.*

CHAPITRE VII

Que les Gaulois devinrent citoyens romains.

Dans les premiers temps qui suivirent la conquête, la condition légale des Gaulois fut celle de sujets de Rome. On leur appliquait officiellement les termes de *provinciales* et de *dedititii*, qui exprimaient l'extrême subordination. Mais cet assujettissement dura peu; la ligne de démarcation qui séparait les provinciaux des citoyens disparut bien vite sous les empereurs.

Le titre de citoyen romain, au temps de l'empire, ne conférait aucun droit politique, aucune liberté vis-à-vis du pouvoir. Il était précieux pourtant; il assurait la protection des lois romaines. Avec lui, la propriété était garantie; on pouvait tester et hériter, contracter et vendre. Ce titre rehaussait la valeur légale de l'homme. Il était donc un objet d'ambition; le but de tous les désirs d'un Gaulois n'était pas de s'affranchir de Rome, mais de devenir citoyen romain.

Les plus riches et les plus habiles le devinrent dès le temps de César et d'Auguste. On vit des Gaulois de la Province narbonnaise exercer dès lors de hautes fonctions à la cour du prince ou dans l'administration; on en vit qui furent préteurs et consuls. Une loi écarta d'abord du sénat et des magistratures ceux qui appartenaient à la Gaule chevelue. Cette loi fut abrogée au temps de Claude, et ce fut l'empereur qui porta la parole dans le sénat pour plaider la cause des Gaulois : il montra leur parfaite fidélité, leur inébranlable attachement; il ajouta que par leurs habitudes d'esprit, leurs mœurs, leurs arts, ils étaient devenus Romains; il fit allusion à leurs richesses et à leurs talents; il obtint enfin qu'ils pussent être, non-seulement citoyens, mais sénateurs[1].

Ces titres n'étaient donnés d'abord qu'aux plus distingués ou aux plus favorisés dans chaque ville. Le droit de cité fut accordé ensuite à des villes, à des peuples entiers. Presque toute la Gaule le reçut ou l'acheta de l'empereur Galba[2]. Plus tard Caracalla déclara que tous les hommes libres étaient citoyens romains[3].

Les Gaulois passèrent ainsi, sans beaucoup de peine, de la condition de sujets de Rome à celle de membres de l'empire. A mesure qu'ils entraient dans le vaste corps de la cité romaine, ils prenaient tous les droits, toute la fierté, toutes les ambitions des citoyens. Ils comptaient dans l'une des trente-cinq tribus de Rome. Ils figuraient, suivant leur richesse ou suivant la faveur du prince, au

---

[1] Tacite, *Annales*, XI, 24 : *Continua ac fida pax; jam moribus, artibus, affinitatibus nobis mixti, aurum et opes suas inferant potius quam separati habeant.* — Comparer le discours authentique de Claude, dont un fragment a été trouvé à Lyon, en 1528.

[2] Plutarque, *Vie de Galba*, 18. Tacite, *Histoires*, I, 8.

[3] Ulpien, au *Digeste*, liv. I, tit. V, n° 17 : *In orbe romano qui sunt, ex constitutione imperatoris Antonini, cives romani effecti sunt.* — Novelles de Justinien, LXXVIII, 5 : *Sicut Antoninus jus romanæ civitatis prius ab unoquoque subjectorum petitum... hoc ille omnibus in commune subjectis donavit...* — Dion Cassius, LXXVII, 9. — Saint Augustin, *Cité de Dieu*, V, 17 : *Factum est ut omnes ad imperium romanum pertinentes societatem acciperent civitatis et romani cives essent.*

rang des chevaliers[1] ou parmi les sénateurs. Les plus hautes classes de la société romaine leur étaient ouvertes, tous les honneurs et tous les pouvoirs leur étaient accessibles. Ils devenaient volontiers agents du prince, procurateurs, fonctionnaires de l'administration. Ils occupaient les hauts grades dans les armées[2]. Ils gouvernaient les provinces. Un Romain pouvait sans exagération dire à un Gaulois : « Vous partagez l'empire avec nous : c'est souvent vous qui commandez nos légions, vous qui administrez nos provinces ; entre vous et nous il n'y a aucune distance, aucune barrière[3]. »

A partir de ce moment, les habitants de la Gaule cessèrent de s'appeler Gaulois et s'appelèrent Romains. Le nom de Gaule resta dans la langue comme expression géographique ; celui de Gaulois fut encore employé quand il s'agit de distinguer cette population de celle des autres parties de l'empire, de la même façon que nous employons les noms de Normands, Bourguignons ou Provençaux ; mais le vrai nom national fut pour tous celui de Romains[4].

Une chose surprend d'abord dans les documents du

[1] L'inscription n° 2489 du recueil d'Orelli mentionne des *equites romani ex plebe narbonensium*.

[2] On connaît un procurateur d'Auguste en Gaule, qui était un Gaulois et s'appelait Licinius. Une inscription signale un *inquisitor census Galliarum* qui était un Carnute, et une autre inscription relative au même personnage montre qu'il devint consul. — Asiaticus, Vindex, Classicus, qui commandèrent des armées romaines, étaient des Gaulois. Tacite parle des centurions et des tribuns qui étaient nés en Gaule (*Histoires*, IV, 64).

[3] Discours de Cérialis aux Gaulois, dans Tacite, *Histoires*, IV, 74 : *Ipsi plerumque legionibus nostris præsidetis; ipsi has aliasque provincias regitis; nihil separatum clausumve*.

[4] C'est ainsi que dans Ammien (XIX, 6) les mêmes soldats sont appelés

cinquième siècle. Salvien appelle du nom de Romains ses compatriotes gaulois[1]. Une chronique désigne les habitants du bassin de la Seine par le terme de Romains[2]. On voit au temps de Clovis un homme qui est né en Gaule, Syagrius, et qui ne commande qu'à des Gaulois, s'intituler chef des Romains[3]. C'est que ce nom appartenait officiellement et depuis longtemps à toute la population de la Gaule[4] comme à celle de toutes les provinces de l'empire. Elle a continué à le porter, même après que l'empire avait disparu[5]. Le titre de citoyen romain se retrouve encore, comme un titre d'honneur, dans des actes authentiques du septième siècle[6], et la langue du pays s'appela longtemps la langue romane ou le roman[7].

Gaulois et Romains, Gaulois pour les distinguer des autres troupes de l'armée, Romains vis-à-vis de l'ennemi.

[1] Salvien, *De Gubernatione Dei*, liv. V : *Unum illic Romanorum omnium votum est.*

[2] Grégoire de Tours, *Hist. Francorum*, II, 9 : *In his partibus usque Ligerim fluvium habitabant Romani; ultra Ligerim Gothi.* — L'auteur de la *Vie de saint Sigismond* (dom Bouquet, t. III, p. 402) appelle la population indigène, *Romani Galliarum habitatores.*

[3] Αἰγίδιος ἀνὴρ ἐκ Γαλατῶν, dit l'historien Priscus (dom Bouquet, t. I, p. 608); *Ægidius ex Romanis*, dit Grégoire de Tours (II, 11); les deux expressions étaient synonymes. — *Syagrius, Ægidii filius, Romanorum rex* (Grég. de Tours, II, 27); dans cette phrase, le mot *Romanorum* désigne la population sur laquelle régna quelque temps Syagrius, c'est-à-dire la population entre Loire et Somme.

[4] Le code des Burgondes et celui des Wisigoths désignent toujours la population indigène par le mot *Romani.*

[5] Frédégaire, qui écrit au septième siècle, appelle encore *Romani* la population indigène.

[6] *Intromissus in ordine civium romanorum ingenuum se esse cognoscat.* Formules usitées dans l'empire des Francs, édit. E. de Rozière, n° 86 ; Cf. n°s 64, , 76, 85.

[7] *Lingua romana* (Nithard, III, 3). Ce qu'il faut bien remarquer, c'est que cette expression, que l'on rencontre fréquemment au moyen âge, ne

Durant cinq siècles, le patriotisme des Gaulois fut l'amour de Rome. Déjà au temps de Tacite on avait remarqué qu'ils aimaient Rome autant que pouvaient l'aimer les Romains de naissance[1]. Ce sentiment ne fit que se fortifier dans leurs âmes. Ils étaient attachés à l'empire romain comme on est attaché à la patrie. L'intérêt de la Gaule et l'intérêt de Rome se confondaient dans leur pensée. Un de leurs poëtes s'écriait en s'adressant à Rome : « Tu es la patrie unique de tous les peuples[2]. »

On a dit que la Gaule avait essayé à plusieurs reprises de se séparer de Rome. Il n'y a ni un seul fait avéré ni un seul texte authentique qui montre que la population gauloise ait eu cette pensée. Quelques usurpations de chefs militaires, quelques récriminations au sujet des impôts, quelques attaques du clergé chrétien contre une autorité encore païenne, ne prouvent nullement que la Gaule ait jamais eu la haine de Rome[3]. Il est incontestable que le lien entre Rome et la Gaule ne fut pas brisé

---

désigne jamais la langue latine. On lit dans le poëme de Garin que « plusieurs entendent mieux roman que latin, » et dans une chronique du douzième siècle « *de latino vertit in romanum.* » Le roman était la langue que la Gaule parlait. — D'ailleurs, les Espagnols, qui étaient devenus aussi romains que les Gaulois, ont aussi appelé leur langue le roman, et la langue des Grecs de Constantinople s'appelle encore le romaïque.

[1] Tacite, *Annales*, XI, 24 : *Nec amore in hanc patriam nobis concedunt.*

[2] Rutilius, I, 62 : *Fecisti patriam diversis gentibus unam.* — Sidoine Apollinaire (*Lettres*, I, 6) appelle Rome, *unica totius mundi civitas.*

[3] On a cru, d'après un passage de Zosime (VI, 5), qu'une partie de la population gauloise avait chassé les fonctionnaires romains et s'était constituée en république. Nous donnerons, à la fin de ce volume, le texte et l'explication de ce passage.

par la volonté des Gaulois; il le fut par les Germains. Encore verra-t-on dans la suite de ces études que la population gauloise garda tout ce qu'elle put de ce qui était romain, et qu'elle s'obstina à rester aussi romaine qu'il était possible de l'être.

CHAPITRE VIII

De la transformation intellectuelle des Gaulois.

Dès que la Gaule fit partie de l'empire romain, on la vit renoncer à sa religion, à ses coutumes, à sa langue, pour adopter au plus vite le culte, les coutumes, la langue du peuple victorieux.

Il y a sur cela deux remarques à faire. D'abord, la population italienne ou latine ne s'établit jamais en Gaule. Ce qu'il y vint de Romains fut imperceptible. Les fonctionnaires étaient peu nombreux, et la plupart étaient des provinciaux. Les légions elles-mêmes n'étaient pas composées d'Italiens. Ce n'est donc pas l'infusion du sang latin qui a transformé la Gaule[1].

[1] Il y eut quelques colonies d'Italiens établies dans la Narbonnaise; rien de semblable dans le reste de la Gaule. Dans toute l'Aquitaine on ne trouve qu'une seule colonie, *Lugdunum Convenarum;* encore était-elle formée de plusieurs petits peuples des environs. On n'en trouve qu'une aussi dans la vaste province lyonnaise, c'était Lyon; or Lyon a été peuplé en grande partie par des émigrés de Vienne. Les colonies de la Belgique étaient composées de Germains; celles des bords du Rhin étaient peuplées de soldats, c'est-à-dire d'hommes de toutes nations chargés de défendre la frontière.

En second lieu, Rome n'usa pas de violence pour imposer ces changements. Il aurait été contraire à toutes ses habitudes et à tous ses principes de vouloir façonner les peuples vaincus à son image. C'est là une pensée toute moderne et qu'on ne trouve jamais chez les anciens. Ni le sénat ni les empereurs n'eurent pour programme politique et ne donnèrent pour mission à leurs fonctionnaires d'assimiler les provinces à Rome. Si la Gaule s'est transformée, ce n'est pas par la volonté de Rome, c'est par la volonté des Gaulois eux-mêmes.

On est étonné de la facilité avec laquelle le druidisme fut renversé. Si l'on songe combien les religions sont en général vivaces dans l'âme humaine, on se demande comment il a pu se faire que la Gaule, après deux générations seulement, se soit couverte de temples et d'autels dédiés aux dieux romains et qui attestaient son renoncement empressé à sa vieille religion. Le clergé druidique, à qui César attribue une si grande autorité, n'en avait plus aucune quarante ans après lui. Ses velléités d'opposition politique ne firent que montrer son impuissance. Il ne semble pas que Rome ait eu besoin de faire de grands efforts pour abattre cette religion. Auguste se contenta de l'interdire à ceux d'entre les Gaulois qui devenaient citoyens romains. Claude l'interdit à tous ; il suffit d'un décret impérial pour supprimer le druidisme [1].

---

[1] *Druidarum religionem diræ immanitatis et tantum civibus sub Augusto interdictam Claudius penitus abolevit.* Suétone, *Claude*, c. 25. — *Tiberii Cæsaris principatus sustulit Druidas.* (Pline, *Hist. nat.*, xxx, 4, 13.)

On a supposé, à la vérité, que le gouvernement romain punit de mort ceux qui restaient fidèles au vieux culte; mais aucun des documents anciens ne montre rien de semblable. Il n'y a pas d'indice que Rome ait employé les moyens violents ni qu'elle ait ensanglanté la Gaule par une vaste persécution[1]. On ne voit même pas comment elle aurait pu exercer des rigueurs dans un pays où elle n'entretenait ni soldats ni bourreaux; on ne s'explique pas comment ces rigueurs auraient pu réussir pour peu que la Gaule voulût conserver sa religion. Le druidisme fut abandonné par les Gaulois eux-mêmes, parce que ceux-ci préférèrent adorer les dieux de Rome.

Il n'est même pas prouvé que la chute du druidisme doive être uniquement imputée à la conquête romaine. Il était déjà en décadence avant l'époque de César. Cette religion d'ailleurs nous est très-peu connue; ce qu'on affirme de ses dogmes est fort incertain. Il paraît bien qu'elle a été importée en Gaule du dehors; on ne sait pas si elle s'y implanta facilement ou avec peine; on ignore si elle était conforme ou contraire au génie gaulois. Ce qui est sûr, c'est que, bien avant l'arrivée des légions romaines, la Gaule avait fait un grand effort pour renverser la domination absolue du clergé druidique. Il

---

[1] Le seul fait qu'on allègue est une anecdote rapportée par Pline (XXIX, 3, 54). Un homme qui avait un procès, dit-il, fut convaincu de porter sous sa robe un talisman druidique qui avait été fort employé en Gaule, et auquel on attribuait de faire gagner les procès. L'empereur Claude, qui avait proscrit toute espèce de talismans et d'objets de sorcellerie, condamna cet homme à mort. — Cette anecdote ne prouve pas une persécution contre le druidisme; il faut noter que le fait se passait à Rome et non pas en Gaule, et que le coupable était un citoyen romain et même un chevalier. — On n'a aucun indice de rigueurs exercées en Gaule contre les druides.

y a grande apparence que beaucoup d'âmes lui étaient hostiles, qu'elles réprouvaient ses cruautés et ses sacrifices sanglants, qu'elles lui reprochaient le caractère sombre et sévère de ses doctrines, qu'elles le regardaient comme un obstacle au progrès de l'intelligence ou à l'amélioration de la vie humaine. Rome ne fit probablement que prêter son appui à ceux qui depuis longtemps aspiraient à s'affranchir du druidisme. Elle rendit facile et rapide une révolution religieuse qui, sans elle, aurait peut-être coûté beaucoup de temps et de sang[1].

Les Gaulois renoncèrent avec une extrême facilité à leurs habitudes belliqueuses. Trente années s'étaient à peine écoulées depuis la conquête, et déjà Strabon remarquait qu'ils ne pensaient plus à la guerre, que tous leurs soins se portaient vers l'agriculture et les travaux paisibles[2]. Cette transformation si rapide donne à penser

[1] On peut même douter que Rome ait réellement proscrit le druidisme. Les passages cités de Suétone et de Pline, si on les observe de près et au milieu de leur contexte, marquent seulement que le gouvernement romain interdit les sacrifices sanglants des druides. Le mot *religio*, dans la langue latine, désignait plutôt ce que nous appelons culte que ce que nous appelons religion. Nous sommes surtout frappé de voir qu'il resta encore un grand nombre de druides; Tacite parle d'eux sous Vespasien, sans dire que leur existence fût contraire aux lois; on trouve encore des druides au quatrième siècle (Lampride, *Alex. Severus*, 60; Vopiscus, *Aurelianus*, 44; *Numerianus*, 14), et rien ne marque qu'ils fussent poursuivis comme des ennemis publics. Il n'y a donc pas de preuve que le druidisme ait été absolument interdit; ce qui est plus vraisemblable, c'est que déchu de son pouvoir politique et judiciaire par l'établissement de l'autorité romaine, privé des grandes et terribles cérémonies de son culte, interdit à ceux des Gaulois qui voulaient être citoyens romains, déserté par tout ce qui faisait partie des classes élevées, il fut réduit à être la religion des plus ignorants et des plus grossiers, et tomba au rang d'une superstition insignifiante.

[2] Strabon, IV, 1 : Ἀντὶ τοῦ πολεμεῖν τετραμμένοι ἤδη πρὸς πολιτείας καὶ γεωργίας... Πρότερον μὲν ἐστράτευον, νῦν δὲ γεωργοῦσι.

que le goût de la guerre n'était pas plus inné chez la race gauloise que chez toute autre race. Elle avait été belliqueuse aussi longtemps que l'absence d'institutions fixes l'avait condamnée à la guerre perpétuelle. Elle aima la paix dès qu'elle eut un gouvernement stable. Le goût de la paix et celui de la guerre sont également au fond de la nature humaine ; l'un ou l'autre prend le dessus suivant le tour que le régime politique où l'on vit imprime à l'âme.

La Gaule adopta les usages, le mode d'existence et jusqu'aux goûts des Romains[1]. Ses villes prirent la physionomie des villes de l'Italie et de la Grèce ; elles eurent des temples, des basiliques, des forums, des théâtres, des cirques, des thermes, des aqueducs. Tous ces monuments furent élevés, non par des hommes de race romaine, mais par les Gaulois eux-mêmes, à leurs frais, d'après les décrets de leurs villes, par un effet de leur pure volonté.

L'éducation de la jeunesse fut transformée. A la place des anciens séminaires druidiques d'où l'écriture même était proscrite, il y eut des écoles où l'on enseigna la poésie, la rhétorique, les mathématiques, tout cet ensemble harmonieux d'études que les Romains appelaient *humanitas*. Ces écoles ne furent pas fondées par les Romains ; elles le furent par les Gaulois eux-mêmes. Les villes et les riches familles du pays en firent tous les frais[2].

---

[1] Strabon, IV, 1 : Οὐ βάρβαροι ἔτι ὄντες, ἀλλὰ μετακείμενοι τὸ πλέον εἰς τὸν Ῥωμαίων τύπον καὶ τῇ γλώττῃ καὶ τοῖς βίοις, τινὲς δὲ καὶ τῇ πολιτείᾳ.

[2] Strabon, IV, 1 : Σοφιστὰς ὑποδέχονται, τοὺς μὲν ἰδίᾳ, τοὺς δὲ πόλεις κοινῇ

Les esprits entrèrent alors dans une nouvelle voie. On voulut lire, et comme il n'y avait pas de livres en langue gauloise, on lut les livres latins et grecs. On conçut la notion de l'art; on visa au beau, tout au moins à l'élégant. On se plut à construire; et comme il n'y avait pas de modèles gaulois (les Druides n'avaient ni temples ni statues), on prit naturellement les modèles et les types de la Grèce et de Rome. La Gaule enfanta des écrivains, des avocats, des poëtes, des architectes et des sculpteurs.

Rien n'est plus difficile d'ordinaire à un peuple conquérant que d'imposer sa langue à un peuple vaincu. On ne voit pas d'ailleurs que Rome ait fait aucun effort ni usé d'aucune violence pour faire adopter la sienne aux Gaulois[1]. Ceux-ci s'empressèrent d'apprendre le latin et se plurent à le parler. Cela s'explique si l'on songe que la langue gauloise manquait de tous les termes que les arts et la civilisation rendaient nécessaires, qu'elle ne

μισθούμεναι. — Tacite, *Annales*, III, 43 : *Galliarum sobolem liberalibus studiis operatam.* — Saint Jérôme, *Lettres*, xcv : *Studia Gallorum florentissima sunt.*

[1] On a dit que Rome avait imposé l'usage de sa langue, et l'on s'est fondé sur une phrase de saint Augustin (*Cité de Dieu*, XIX, 7); mais il faut citer la phrase entière : *At enim opera data est ut imperiosa civitas, non solum jugum, verum etiam linguam suam domitis gentibus per pacem societatis imponeret; per quam non deesset, imo abundaret interpretum copia.* L'ensemble de cette phrase et surtout les mots *per pacem societatis* excluent toute idée de mesures violentes. L'unité de langue fut la conséquence naturelle de l'unité de société. Les juges romains rendaient leurs arrêts en latin; les justiciables qui ignoraient cette langue devaient se faire entendre devant eux par interprètes (Valère Maxime, II, 2). Il n'y a aucun passage dans les historiens ni aucun décret dans le Digeste qui marque que Rome ait fait systématiquement la guerre aux idiomes nationaux.

savait exprimer aucune des idées nouvelles et ne se prêtait pas aux goûts des générations présentes. Elle ne pouvait servir ni pour la littérature, ni pour le barreau, ni pour la conversation élégante. Le latin devint forcément la langue de la haute classe et de tout ce qui approchait d'elle, de tout ce qui était cultivé ou voulait le paraître. La volonté de Rome ne fut pour rien dans ce changement; les Gaulois prirent sa langue parce qu'ils trouvaient intérêt, profit et plaisir à l'adopter.

Ajoutons que le latin était la langue de la religion, du paganisme d'abord, plus tard du christianisme; c'était par le latin qu'on s'adressait à l'âme.

Des hautes classes le latin passa aux classes inférieures et se propagea même dans les campagnes. Non-seulement la Gaule apprit la langue des Romains, mais elle en fit sa langue habituelle, sa langue unique, et elle désapprit celle qu'elle avait parlée dans les siècles précédents.

Les populations de la Gaule devinrent ainsi romaines, non par le sang, mais par les institutions, par les coutumes, par la langue, par les arts, par les croyances, par toutes les habitudes de l'esprit. Cette conversion ne fut l'effet ni des exigences du vainqueur ni de la servilité du vaincu. Les Gaulois eurent assez d'intelligence pour comprendre que la civilisation valait mieux que la barbarie. Ce fut moins Rome que la civilisation elle-même qui les gagna à elle. Être Romain, à leurs yeux, ce n'était pas obéir à un maître étranger, c'était partager les mœurs, les arts, les études, les travaux, les plaisirs de ce qu'il y avait de plus cultivé et de plus noble dans l'humanité.

Au temps de l'indépendance, ils avaient eu des institutions sociales et une religion qui les condamnaient, à la fois, à l'extrême mobilité des gouvernements et à l'extrême immobilité de l'intelligence. D'une part, la vie politique, agitée par les partis et les ambitions, ne connaissait pas le repos et le calme sans lesquels il n'y a ni travail ni prospérité. D'autre part, la vie intellectuelle, régentée par un clergé à idées étroites et à doctrines mystérieuses, ne connaissait ni la liberté ni le progrès. On peut se demander ce que serait devenue la population gauloise si elle était restée livrée à elle-même. Ce qu'elle devint dans l'Irlande et le pays de Galles ne fait pas préjuger qu'elle aurait eu un grand avenir. On a supposé qu'elle aurait pu créer une civilisation originale ; pure hypothèse. Il ne faut pas oublier que les Gaulois appartenaient à la même grande race dont les Grecs et les Romains étaient deux autres branches. Ils avaient les mêmes goûts et les mêmes aptitudes que ces peuples. La civilisation romaine n'était pas pour eux une civilisation étrangère ; elle était celle de leur race, elle était celle de l'humanité même ; elle était la seule qui leur convînt et vers laquelle ils dussent tendre les forces de leur esprit. Le but qu'ils n'auraient atteint qu'après de longs efforts et un immense travail, fut instantanément mis à leur portée par la conquête romaine. Ils le saisirent avidement, et comme d'heureux enfants qui n'ont qu'à hériter du labeur paternel, ils mirent la main sur ce beau fruit que vingt générations de Grecs et de Romains avaient travaillé à produire.

Nous avons vu, d'ailleurs, que la possibilité même de

l'indépendance n'existait pas, et que la vraie alternative avait été entre la conquête romaine et la conquête germanique. Il faut donc se demander ce que serait devenue la population de ce pays s'il eût obéi aux Germains au lieu d'obéir à Rome, c'est-à-dire si, César n'étant pas venu, Arioviste en fût resté le maître et les Germains après lui. Il faut alors se représenter par la pensée l'absence complète de tous ces arts, de ces monuments, de ces villes, de ces routes, de tout ce travail, de toute cette prospérité, de tout ce développement d'esprit, dont les traces sont encore visibles sur le sol et plus visibles encore dans l'âme des habitants. L'invasion germanique ne se produisit que cinq siècles plus tard, c'est-à-dire à une époque où la civilisation avait jeté de si profondes racines que les barbares ne purent pas l'extirper et furent au contraire enlacés par elle. Si elle se fût accomplie au temps d'Arioviste, il en eût été tout autrement : la Gaule n'aurait jamais possédé la civilisation et n'aurait pas pu la transmettre aux Germains.

LIVRE II

L'EMPIRE ROMAIN

CHAPITRE PREMIER

La monarchie romaine.

La population gauloise qui a emprunté aux Romains leur religion et leurs lois, leurs arts et leur langue, a adopté aussi leurs idées politiques et leur manière de penser en matière de gouvernement. Rome fit l'éducation politique du pays qui devait être la France. Elle y introduisit des opinions, des habitudes, des institutions, qui devaient survivre de beaucoup à l'empire romain lui-même. Il importe donc, au début de cette histoire, d'examiner comment l'esprit romain comprenait le gouvernement des hommes.

Le peuple romain est celui qui a su le mieux obéir et le mieux commander. Il l'a emporté sur tous les autres peuples, non par l'intelligence, non par le courage, mais par la discipline. On admire sa discipline sociale, quand on observe l'ordre singulier de ses comices, la constitution de son sénat, l'organisme de ses magistratures. On admire sa discipline militaire quand on regarde les levées d'hommes, les marches, le campement, le combat. Cette discipline militaire n'était d'ailleurs qu'une partie et en quelque sorte une des faces de la discipline sociale. Savoir obéir et savoir commander furent les deux vertus qui rendirent le peuple romain incomparable et qui le firent le maître des autres peuples.

Le principe fondamental de tout le droit public était la souveraineté absolue de l'État. Ce que les Romains appelaient *Respublica* était une autorité maîtresse dont les pouvoirs n'avaient pas de limite[1]. L'esprit moderne, tout occupé de pensées qui ne furent jamais celles des anciens, est d'abord porté à croire que ce régime de la République avait été établi dans l'intérêt de la liberté. On suppose volontiers que des institutions telles que les comices ou l'élection des magistrats ont été imaginées pour garantir les droits des citoyens. C'est attribuer aux Romains des idées qui étaient fort éloignées de leur esprit. Quand on regarde de près leurs institutions, on voit qu'elles ont été combinées dans l'intérêt de l'État ; elles ont eu pour objet, non la liberté, mais l'obéissance des hommes. La République ou l'État était une sorte de monarque absolu devant qui tout pliait. La funeste et injuste maxime que le salut de l'État est la loi suprême, a été formulée par l'antiquité[2]. Tout était sous la sur-

---

[1] Le mot *respublica* n'indique presque jamais chez les anciens une forme de gouvernement. *Vocamus regnum ejus reipublicæ statum*, dit Cicéron, *De republica*, I, 26.

[2] *Salus populi suprema lex esto.* Cicéron, *De legibus*, III, 3.

veillance de l'État, même la religion, même la vie privée ; tout lui était subordonné, même la morale ; l'homme n'avait aucune garantie pour ses droits individuels.

Ces règles ont régné sur l'esprit romain durant douze siècles, et aussi bien après César qu'avant lui. La conception de la République comme d'une sorte d'être réel et de souverain maître a été celle de toutes les générations romaines jusqu'au cinquième siècle de notre ère[1]. Les institutions se sont modifiées, mais le principe est resté le même au fond des âmes ; il se retrouve, pour ainsi dire, au cœur de tous les régimes, si divers en apparence, qui se sont succédé dans ce long espace de temps.

Pour que ce pouvoir suprême fût exercé dans la pratique, l'État le déléguait à quelques hommes. Il y avait cela de remarquable à Rome que l'autorité publique, une fois qu'elle avait été commise à un personnage et quelles que fussent les mains à qui on l'eût confiée, était, dans ces mains-là, absolue, complète, presque sans li-

---

[1] Le mot *respublica* vient sans cesse sous la plume des écrivains de l'Empire. *Principem romanæ reipublicæ senatus daret* (Spartien, *Vie d'Adrien*, c. IV. — *Ita se rempublicam gesturum ut sciret populi rem esse, non propriam* (Spartien, *ibid.*, c. VIII). — *Optimi reipublicæ defensores*, dit l'empereur Constance à ses soldats, dans Ammien Marcellin, XV, 8. — *Res romana ; utilitas romana* (Ammien, XVII, 13). — Il n'est pas jusqu'aux panégyristes du quatrième siècle qui ne soient tout pleins de l'idée de la *Respublica : Quum ad restituendam rempublicam fueris invocatus*, dit Mamertin, dans le panégyrique de Maximin, c. III. — On lit encore dans Sidoine Apollinaire : *Arverni, amore reipublicæ, Sermatum provincias barbaris propinantem non timuere legibus tradere* (Sidoine, *Lettres*, VII, 7). Ainsi l'Empire n'avait pas complétement supprimé dans les esprits l'idée de la chose publique. Le sigle national fut toujours S. P. Q. R., *senatus populusque romanus*.

mites. La magistrature n'était pas une fonction, c'était un pouvoir ; on l'appelait du terme expressif d'*imperium*[1]. Celui qui en était revêtu, ne fût-ce que pour une année, était un maître, *magister populi*[2].

Cette façon de comprendre l'autorité du chef de l'État

---

[1] Le mot *imperium* ne désignait pas exclusivement le pouvoir militaire ; Cicéron montre, dans son Traité de la république, que la *lex de imperio* était faite pour le temps de paix aussi bien que pour le temps de guerre. Tite Live (XXVI, 28 ; XXVII, 22 ; XXXII, 1) emploie le mot *imperium* dans des cas où il ne peut pas s'appliquer à un commandement militaire. Il a bien le sens d'autorité civile dans cette phrase de Tacite (*Annales*, VI, 10) : *Antea profectis domo regibus, ac mox magistratibus, ne urbs sine imperio foret in tempus delegabatur qui jus redderet.* Il désigne l'autorité judiciaire dans cette phrase d'Ulpien (au Digeste, II, I, 3) : *Imperium aut merum aut mixtum est; merum est imperium habere jus gladii ad animadvertendum in facinorosos homines.* Dion Cassius explique clairement les deux significations différentes qui s'attachaient au même mot : Τὴν τοῦ αὐτοκράτορος ἐπίκλησιν... λέγω δὲ οὐ τὴν ἐπὶ ταῖς νίκαις διδομένην τισίν, ἀλλὰ τὴν ἑτέραν τὴν τὸ κράτος διασημαίνουσαν (Dion Cassius, LII, 41). Ce terme désignait tout un ensemble de pouvoirs, dans lesquels les modernes distingueraient l'autorité politique, l'autorité militaire, l'autorité judiciaire, mais qui formaient suivant les idées des Romains un faisceau indivisible. En principe, cet ensemble appartenait au peuple, *populus imperat*, dit Cicéron (*De republica*, I, 40) ; en fait, le peuple l'avait toujours confié à un homme : CUM IMPERIO EST, dit un vieux grammairien (dans Paul Diacre, p. 50) *dicebatur apud antiquos cui nominatim a populo dabatur imperium*. Varron définissait ainsi le mot *imperator* : *Imperator ab imperio populi* (*De lingua latina*, V, 87). Quant au mot *potestas*, il désignait proprement une commission particulière et spéciale : CUM POTESTATE EST *dicebatur de eo qui a populo alicui negotio præficiebatur* (Paul Diacre, *ibid.*). Les deux termes finirent toutefois par se rapprocher l'un de l'autre et par se confondre.

[2] Le titre officiel du dictateur était *magister populi.* (Cicéron, *De republica*, I, 40 ; *De legibus*, III, 4. — Varron, *De lingua latina*, V, 14.) On disait de même *magister equitum*. Le mot paraît avoir été plus usité dans les premiers siècles de Rome qu'il ne le fut au temps de Cicéron et de Tite Live ; il s'appliquait probablement à tout homme revêtu de l'autorité ; de là vient le mot *magistratus*.

comme une délégation du pouvoir absolu de la république, se retrouve dans toutes les périodes de l'histoire de Rome, sous les rois, sous les consuls, sous les empereurs, et elle explique la succession de ces divers régimes.

Les rois de Rome n'avaient jamais régné en vertu d'un droit personnel ou de l'hérédité. Ils n'avaient eu le pouvoir que par la délégation que la cité en avait faite à chacun d'eux. L'acte de délégation avait été dressé au début de chaque règne sous la forme d'une loi spéciale qui s'appelait *lex regia curiata de imperio*[1].

La révolution de 509 qui, suivant notre phraséologie moderne, substitua la république à la royauté, ne changea pas, à vrai dire, la nature de l'autorité publique. Les consuls gouvernèrent en vertu du même principe que les rois; ils furent les dépositaires du pouvoir souverain de l'État. Aussi renouvelait-on pour eux, chaque année, l'acte de délégation; cet acte continuait à s'appeler *lex regia curiata de imperio;* renouvelé pour chaque consul, il a traversé les siècles et est arrivé jusqu'à l'époque des Césars[2].

---

[1] *Numa Pompilius... ipse de suo imperio curiatam legem tulit. — Tullus Hostilius de imperio suo populum consuluit curiatim. — Servius populum de se ipse consuluit, jussusque regnare legem de imperio suo curiatam tulit* (Cicéron, De republica, II, 13, 17, 21). On sait que les mots *ferre legem* signifiaient à la fois proposer une loi et la faire accepter.

[2] *Legem curiatam consuli ferri opus est* (Cicéron, ad familiares, I, 9, 25). Le même écrivain dit (*in Rullum*, II, 11) qu'un consul devait toujours passer devant deux assemblées successives : *Majores de omnibus magistratibus bis vos sententiam ferre voluerunt... Binis comitiis voluerunt vos de omnibus magistratibus judicare.* Il y avait, en effet, pour l'établissement d'un magistrat, deux comices qui se succédaient à peu de

Comme représentants de l'État, les consuls étaient légalement des maîtres absolus. Tite Live et Cicéron ne voyaient aucune différence entre leur autorité et celle des rois[1]. Ils réunissaient dans leurs mains tous les pouvoirs de la cité. Ils étaient à la fois administrateurs et chefs d'armée. Ils présidaient le sénat et les comices, et nul n'avait la parole ni dans l'une ni dans l'autre assemblée qu'avec leur autorisation et sur les sujets proposés par eux. Ils faisaient le cens : cela voulait dire qu'ils marquaient à chaque citoyen son rang et qu'ils décidaient par leur seule volonté qui serait sénateur, qui serait chevalier, qui serait simple citoyen, qui serait hors des cadres de la cité : tout cela sans appel et sans re-

---

jours de distance; les comices centuriates exprimaient le désir du peuple d'avoir tel homme pour magistrat; les comices curiates, véritable et officielle représentation de la cité, conféraient à cet homme la délégation de l'autorité publique, *imperium*. — Personne n'ignore que ces derniers comices devinrent avec le temps une pure formalité; mais dans les premiers siècles ils étaient la cité même, et par conséquent la *lex curiata de imperio* avait une grande importance. *Magistratum non gerebat is qui ceperat, si patres auctores non erant facti*, dit Cicéron (*Pro Planeio*, III) ; ces derniers mots désignent l'assemblée patricienne, c'est-à-dire l'assemblée curiate confirmant le choix des centuries, et lui donnant une valeur légale. Que chaque consul fût obligé d'obtenir cette délégation de l'autorité par une loi spéciale et personnelle, c'est ce qui ressort de plusieurs textes de Tite-Live (VI, 41 et 42; IX, 38 et 39; XXVI, 2; XXVII, 22; Cf. Denys d'Halicarnasse, IX, 41, et X, 4) et de cette phrase de Cicéron : *Consulibus legem curiatam ferentibus a tribunis plebis sæpe est intercessum* (*in Rullum*, II, 12). Tacite paraît avoir connu la formule de cette loi curiate; au sujet des origines de la questure, il fait cette remarque : *Quæstores regibus etiam tum imperantibus instituti sunt, quod lex curiata ostendit ab L. Bruto repetita* (*Annales*, XI, 22).

[1] Cicéron, *De republica*, II, 32 : *Potestatem tempore annuam, genere ac jure regiam*. — Tite Live, II, 1 : *Non deminutum quidquam ex regia potestate; omnia jura, omnia insignia regum consules tenuere*.

cours. Ils rendaient la justice ; le Droit se manifestait par leur bouche, et ils étaient la loi vivante, *jus dicebant*[1]. Ils avaient même en leur personne une sorte de pouvoir législatif ; ce qu'ils avaient dit, *edictum*, avait force de loi, au moins pendant le temps que durait leur magistrature, et tout citoyen devait s'incliner devant cette simple parole. L'esprit romain ne concevait pas qu'on pût entrer en lutte contre la volonté de l'homme qui représentait l'État. Jamais les Romains ne pensèrent à fixer des bornes précises à la puissance du magistrat. Le seul moyen qu'ils imaginèrent de n'être pas absolument esclaves de ces maîtres annuels fut de multiplier leur nombre. Consuls, tribuns, censeurs, préteurs se partagèrent le pouvoir absolu. Il arriva alors que l'un d'eux put défendre et protéger le citoyen que l'autre avait frappé ; le droit individuel n'eut jamais à Rome d'autre garantie[2].

C'est cette conception de l'autorité qui engendra l'empire. On est surpris de la facilité avec laquelle ce nouveau régime s'établit, et du peu qu'il fallut pour dresser le pouvoir le plus absolu qui fut jamais. Les fondateurs

---

[1] Les consuls, dans les premiers siècles, portaient le titre de *judices*. (Varron, *De lingua latina*, VI, 88.)

[2] Il y avait, à la vérité, la *provocatio ad populum*, la cité étant le juge souverain en matière criminelle ; mais rien n'est plus obscur que l'histoire de cette institution de l'*appel à la cité*. Pour en connaître la nature et le sens, il faudrait savoir comment et par quelle procédure cet appel s'exerçait, devant quels comices il était porté, si le particulier présentait lui-même son appel, et d'après quelles règles le nouveau jugement était prononcé. Les historiens anciens ne nous renseignent pas sur ces points importants ; aussi y a-t-il grande apparence que la *provocatio ad populum* ne fut, la plupart du temps, qu'un principe théorique.

de l'empire n'eurent à formuler aucun principe nouveau de gouvernement. C'est avec les vieux principes et les règles de Rome républicaine qu'ils régnèrent ; c'est au nom de la souveraineté de la République qu'ils furent des maîtres. Les jurisconsultes de l'époque impériale proclament cet axiome du droit public de leur temps : « Si l'empereur peut tout, c'est parce que le peuple romain lui confère et met en lui toute sa puissance[1]. » Dans les idées de ces générations, le vrai souverain était encore le Peuple ; l'État s'appelait encore la République ; ce Peuple ou cette République continuait à déléguer sa souveraineté au prince comme il l'avait déléguée autrefois aux Consuls.

Cette délégation de l'autorité n'était pas une pure fiction. Elle se fit, au temps d'Auguste, par un acte formel et par une loi régulière du sénat et du peuple[2]. Elle fut renouvelée ensuite pour chaque prince par le sénat qui représentait officiellement la république romaine. Cet acte n'était pas différent de celui qui avait été dressé autrefois pour chaque roi et pour chaque consul ; aussi continuait-on à l'appeler *lex regia de imperio*[3].

---

[1] Gaius, *Inst.*, I, 5 : *Quod imperator constituit, non dubitatum est quin id legis vicem obtineat, cum ipse imperator per legem imperium accipiat.* — Ulpien, au Digeste, I, 4, 6 : *Quod principi placuit legis habet vigorem, utpote quum lege regia, quæ de imperio ejus lata est, populus ei et in eum omne imperium et potestatem suam conferat.* — Institutes de Justinien, 1, 2, 6 : *Quod principi placuit legis vigorem habet, quum lege regia, quæ de imperio ejus lata est, populus ei et in eum omne imperium suum concedat.*

[2] Voyez sur ce point le monument d'Ancyre, *Index rerum gestarum divi Augusti* : comparez Tacite, *Annales*, I ; Strabon, XVII, 3 ; Dion Cassius, LI, 1, et LIII, 16.

[3] *Senatus cuncta principibus solita Vespasiano decrevit*, Tacite, *Hist.*,

L'autorité impériale eut donc la même source et le même principe que l'autorité des anciens consuls. Comme eux, les empereurs eurent dans les mains cette puissance absolue et indiscutable que l'esprit romain avait toujours accordée à la République. La seule différence fut qu'au lieu d'être partagée entre plusieurs magistrats, cette puissance appartint tout entière à un seul homme. Un chef unique remplaça plusieurs chefs, un seul maître plusieurs maîtres; à cela près le Droit public resta le même.

Il n'y eut jamais en Europe de monarchie plus omnipotente que celle qui hérita ainsi de l'omnipotence de la République. On ne connut pas plus de limites à la puissance effective du prince qu'on n'en avait connu à la souveraineté théorique du peuple[1]. Il ne fut pas nécessaire d'alléguer aux hommes un prétendu droit divin. La conception du droit populaire, poussée à ses dernières conséquences par le génie autoritaire de Rome, suffit à constituer la monarchie absolue.

Voici quelles étaient les attributions du prince :

A titre de chef militaire de l'empire, il commandait toutes les armées et nommait à tous les grades. Il recru-

---

IV, 3. Dion Cassius, LXIII, 29; LXIV, 2; LXIV, 8; LXVI, 1; LXVIII, 1; LXIX, 1-2; LXXIII, 12; LXXIX, 8. Lampride, *Alexandre Sévère*, 8. Spartien, *Adrien*, 4 et 6. Capitolin, *Verus*, 5. Vopiscus, *Aurélien*, 40. — Un fragment de la *lex regia*, qui fut rédigée pour Vespasien, a été conservé; on en trouve le texte dans le Recueil d'Orelli, t. I, p. 567, et dans les *Juris Romani antiqui vestigia* de M. Ch. Giraud.

[1] *Omne jus omnisque potestas populi romani in imperatoriam translata sunt potestatem*, tel est encore le principe énoncé par Justinien, dans la préface du Digeste.

tait autant de soldats qu'il voulait. Il avait le droit de paix et de guerre[1].

Il levait les impôts, en fixait à son gré le chiffre, en faisait dresser les tableaux de répartition par ses agents. Il avait le maniement des fonds sans aucun contrôle[2]. Il pouvait confisquer les terres pour cause d'utilité publique ou pour les assigner à des colonies[3].

A titre de proconsul, il possédait une autorité absolue sur les provinces; il les faisait administrer par ses lieutenants ou fonctionnaires qui ne répondaient qu'à lui de leur gestion[4].

Tenant la place des anciens censeurs de la république, il avait l'empire des mœurs et de la vie privée. Il dressait les listes des sénateurs et des chevaliers, donnait à qui il voulait le droit de cité. Chacun avait ainsi dans la société le rang que lui assignait le prince[5]. Comme sou-

---

[1] Καταλόγους ποιεῖσθαι, πολέμους τε ἀναιρεῖσθαι καὶ εἰρήνην σπένδεσθαι. (Dion Cassius, LIII, 17.)

[2] La séparation entre l'*œrarium*, trésor public, et le *fiscus*, trésor particulier du prince, ne subsista pas longtemps.

[3] On peut voir sur ce point plusieurs titres des codes, et le recueil des *Gromatici veteres*.

[4] On distingua assez longtemps les provinces impériales et les provinces sénatoriales; les premières seules étaient administrées par les légats du prince; mais, s'il ne nommait pas directement les gouverneurs des secondes, il avait sur eux une autorité supérieure, leur faisait rendre leurs comptes, et leur adressait ses instructions. C'est ce que dit clairement Dion Cassius (LIII, 32) : Καὶ ἐν τῷ ὑπηκόῳ τὸ πλεῖον τῶν ἑκασταχόθι ἀρχόντων ἰσχύειν. Pline le Jeune gouvernait la Bithynie, qui était une province sénatoriale; on voit pourtant par sa correspondance qu'il avait à consulter l'empereur sur toutes choses, et qu'il n'était que l'exécuteur de ses ordres.

[5] Ἐκ τοῦ τιμητεύειν, τούς τε βίους καὶ τοὺς τρόπους ἡμῶν ἐξετάζουσι, καὶ ἀπογράφας ποιοῦνται, καὶ τοὺς μὲν καταλέγουσι καὶ εἰς τὴν ἱππάδα καὶ εἰς τὸ βουλευτικόν, τοὺς δὲ καὶ ἀπαλείφουσιν ὅπως ἂν αὐτοῖς δόξῃ. (Dion Cassius, LIII, 17.)

verain pontife, il tenait toute religion dans sa main et exerçait un droit de surveillance sur tous les sacerdoces.

Il était le juge suprême et sans appel de tout l'empire. A Rome il rendait la justice en personne[1], concurremment avec le sénat et le tribunal des centumvirs. Dans les provinces, il déléguait ses fonctions judiciaires à ses légats, et la justice était rendue en son nom.

Il possédait même l'autorité législative. S'il ne pouvait faire de véritables lois qu'avec le concours du sénat, il pouvait du moins, comme les anciens magistrats de la république, émettre des édits auxquelles les populations devaient la même obéissance qu'aux lois. Une simple lettre du prince, une réponse à un fonctionnaire sur un point de droit, devenait aussitôt un acte législatif et prenait place dans le corps du Droit romain[2].

Il n'y avait donc aucun pouvoir qui ne fût aux mains du prince. L'empereur avait dans ses mains l'armée et les finances; il était à lui seul l'administration, la justice, la loi, la religion même. On ne saurait imaginer une monarchie plus complète. Le sénat était une sorte de conseil d'État ou de commission consultative. Toute l'action politique résidait dans la personne du prince, sans partage et sans contrôle.

Il avait le droit de vie et de mort sur tous les hommes. Ce droit terrible, qui de nos jours ne fait plus partie de

---

[1] Dion Cassius, LXIX, 7; LXXI, 6; LXXVI, 17; LXXVII, 8. Spartien, *Adrien*, 8 et 18. Capitolin, *Marc Aurèle*, 24.

[2] *Constitutio principis est quod imperator decreto, vel edicto, vel epistola constituit, nec unquam dubitatum est quin id legis vicem obtineat.* Gaius, I, 5.

l'autorité politique, y avait toujours été inhérent dans les sociétés anciennes. Il fut accordé formellement et explicitement aux empereurs [1]. Quand nous voyons un Néron ou un Commode prononcer des sentences de mort, l'idée d'illégalité et de crime nous vient d'abord à l'esprit ; c'étaient au contraire des actes légaux et conformes au droit public. Vespasien, Adrien, Marc-Aurèle jouissaient de la même faculté. C'était la constitution même de l'État qui mettait la vie des hommes à la discrétion du prince.

L'empereur romain possédait en sa personne ce que l'ancienne langue de la république avait appelé la majesté : ce mot signifiait l'autorité omnipotente de l'État [2]. Or, il avait toujours été admis que l'homme qui portait atteinte de quelque façon à la Majesté publique, commettait le crime d'impiété et devait être puni de mort [3]. Armé de cette loi terrible, le prince put frapper tous ceux qui lui firent opposition, tous ceux qui lui furent suspects, tous ceux dont la vie lui était odieuse ou dont il convoitait les richesses. Ce qui est remarquable ici,

---

[1] Τοῦ τε ξενικοῦ καὶ τοῦ πολιτικοῦ ἄρχειν, ὥστε καὶ ἐντὸς τοῦ πωμηρίου καὶ τοὺς ἱππέας καὶ τοὺς βουλευτὰς θανατοῦν δύνασθαι. (Dion Cassius, LIII, 17.)

[2] On disait *civitatis majestas* (Cicéron, *Divinatio in Cæcilium*, 22), *romana majestas* (Tite Live, III, 69), *majestas populi* (Cicéron, *Pro Balbo*, 16 ; *Orat. partit.*, 30 ; *De inventione*, II, 17). — Le même mot s'appliquait aux représentants de l'État ; on disait *majestas consularis*, *majestas dictatoria*. (Tite Live, II, 23 ; II, 36 ; VIII, 50.)

Majestatem minuere est de dignitate aut amplitudine, aut potestate populi, aut eorum quibus populus potestatem dedit, aliquid derogare. (Cicéron, *De invent.*, II, 17.) Ce crime fut toujours puni de mort au temps de la République. L'Empire apporta cette aggravation que, l'État se confondant avec la personne du prince, on ne distingua pas les offenses personnelles des crimes publics (voy. Tacite, *Annales*, I, 72).

c'est que ces meurtres étaient légaux ; les meilleurs princes proclamèrent leur droit, tout en renonçant à l'exercer. Jamais la loi de majesté ne fut contestée dans son principe. Personne, pas même Tacite, ne mit en doute que l'homme qui se montrait hostile à l'autorité publique ne fût justement puni de mort. Ceux qui blâmaient le plus énergiquement les violences de Néron et de Domitien, acceptaient pourtant comme une règle indiscutable du droit public que toute atteinte portée à l'autorité souveraine fût un crime capital. Un historien du quatrième siècle exprime ainsi la pensée qui fut celle de tous les hommes de cette époque : « A l'existence du prince s'attache l'idée de protection, de sauvegarde pour les gens de bien, de garantie pour tous, et toutes les volontés doivent concourir pour former autour de sa personne une barrière infranchissable ; c'est pour ce motif que les lois Cornéliennes ne reconnaissent aucune exception dans le cas de lèse-majesté[1]. »

Jamais despotisme ne fut plus régulièrement établi. On peut voir dans les documents authentiques qui nous font connaître la vie d'Auguste, qu'il n'y a pas un seul de ces pouvoirs qui ne lui ait été conféré par une loi expresse. Plus tard, à chaque changement de règne, le sénat, qui ne laissait pas d'avoir une grande importance, renouvelait cette délégation de l'autorité. Encore ne se contentait-on pas d'une formule vague ; un texte clair et précis énumérait en détail tous les droits du prince, toutes les attributions que l'État romain lui con-

---

[1] Ammien Marcellin, XIX, 12.

férait. Ce texte s'appelait la loi royale ; il était comme la charte de la monarchie absolue. Le sénat qui le rédigeait ne manqua pas toujours d'indépendance ; dans cet espace de quatre siècles où il se rencontra plus d'un interrègne, il fut assez souvent en situation de faire ce qu'il voulait ; il n'essaya pas de diminuer l'autorité impériale. Il renouvela à chaque génération l'acte de constitution du despotisme. Tant il est vrai que le régime impérial ne fut ni un accident fortuit dans l'histoire ni le résultat de la seule violence.

Il est encore une remarque à faire ; c'est que le pouvoir a été également absolu sous les bons et sous les mauvais princes. Trajan et Marc-Aurèle ont été aussi complétement monarques que Néron et Domitien. Il n'est pas une seule des prérogatives de la monarchie à laquelle ils aient renoncé. C'est à partir des Antonins que l'autorité législative a passé tout entière dans les mains du prince[1]. La règle qui donne force de loi à une simple lettre impériale a été émise sous Marc-Aurèle. Les Antonins se faisaient appeler du nom de maître[1], et les citoyens n'étaient plus que des sujets. Il est certain que le régime monarchique a acquis sa pleine vigueur dans les temps qui passent pour les plus prospères de l'humanité et sous les princes qui sont considérés comme les plus vertueux.

---

[1] Pline le Jeune, *Lettres à Trajan.* — Digeste, XIV, 2, 9 : *Deprecatio Eudæmonis ad Antoninum : Domine imperator Antonine... Responsit Antoninus Eudæmoni : Ego quidem mundi dominus.*

CHAPITRE II

Comment le régime impérial fut envisagé par les populations.

L'empire romain ne ressemble à aucun des régimes politiques qui se sont succédé en France jusqu'à nos jours. Il ne convient d'en faire ni la satire ni l'apologie. Il le faut juger d'après les idées de ce temps-là, non d'après celles d'aujourd'hui. L'historien n'a pas à dire ce qu'il pense personnellement de ce régime ; il doit dire plutôt ce que les hommes d'alors en ont pensé. Il doit chercher, à l'aide des documents, comment cette monarchie a été appréciée par les générations qui lui ont obéi et qui ont dû être heureuses ou malheureuses par elle.

On a conservé de ces cinq siècles un grand nombre d'écrits. Il y a les œuvres des poëtes, celles des historiens, celles des jurisconsultes. Il y a des lettres intimes ; il y a des panégyriques et des satires. Nous avons autre chose encore que les livres pour nous faire connaître les opinions des hommes ; ce sont les médailles, ce sont les inscriptions, ce sont les monuments de toute sorte qui ont été élevés par des villes ou par des particuliers. Les tombeaux mêmes et les épitaphes qu'ils portent nous disent les pensées intimes et l'état d'âme de ces générations. Voilà des témoins de toute nature, de toute nation, de toute condition sociale.

On ne trouve pas dans tout cela un seul indice qui

marque que les populations aient été hostiles à l'empire. L'opposition d'une partie du sénat romain était du genre de celles que tout gouvernement peut rencontrer dans le conseil d'État le plus dévoué. La noble fierté de quelques hommes comme Thraséa et Corbulon n'était pas de la haine pour le régime impérial. Tacite a peint en traits énergiques les vices des princes et ceux des sujets ; mais il n'a nulle part attaqué ce régime dont il fut un des plus hauts fonctionnaires, et il en a quelquefois fait l'éloge[1]. Juvénal, en faisant la satire de quelques hommes, n'a jamais fait celle des institutions. Il y aurait la même erreur à représenter Tacite et Juvénal comme des adversaires de l'empire qu'à représenter Saint-Simon comme un ennemi de la royauté. Les deux Pline, Plutarque et Philon d'Alexandrie, Suétone, Dion Cassius, Spartien et Ammien Marcellin ont poursuivi la mémoire des mauvais empereurs, mais ils ont loué et servi l'empire. Tous les écrivains, ceux de Rome comme ceux des provinces, professent pour ce régime monarchique une estime et quelquefois même une admiration que nous sommes forcés de croire sincères. Les inscriptions de la Gaule, comme celles de l'Espagne, de la Grèce, de l'Illyrie et de la Dacie, témoignent de l'attachement universel des diverses classes de la société au gouvernement impérial et elles ne laissent voir aucun symptôme d'antipathie.

---

[1] *Principatum Divi Nervæ et imperium Trajani... rara temporum felicitate, ubi sentire quæ velis et quæ sentias dicere licet.* (Tacite, *Hist.*, I, 1.) — Comparez les paroles que Tacite met dans la bouche de Galba (*Hist.*, I, 16).

Jamais les populations ne se sont révoltées contre ce régime. On rencontre dans ce long espace de cinq siècles beaucoup de guerres civiles ; elles avaient pour objet de substituer un empereur à un autre ; elles ne visaient jamais à renverser l'empire. La Gaule se plaignit quelquefois du poids des impôts et de la cupidité de quelques fonctionnaires ; elle ne se plaignit jamais de la monarchie. Plusieurs fois elle fut maîtresse de ses destinées ; elle ne songea jamais à établir un gouvernement républicain. En l'année 260, elle se vit détachée de l'Italie et libre de choisir ses institutions : elle se donna un empereur[1].

Il serait sans exemple dans l'histoire du monde qu'un régime détesté des populations ait duré cinq siècles. Il n'est pas dans la nature humaine que des millions d'hommes puissent être contraints d'obéir malgré eux à un seul. Ce serait encore se tromper beaucoup que de croire que le gouvernement impérial se soit soutenu par la force. Sauf les cohortes prétoriennes, qui ne pouvaient garder tout au plus que la capitale, il n'avait de garnisons nulle part. Toutes ses légions étaient aux frontières, en face de l'ennemi.

On ne rencontre jamais dans cette histoire rien qui ressemble à un antagonisme entre une population civile,

---

[1] Sur l'histoire de cet empereur Postumius, on peut voir Trebellius Pollion, dans l'Histoire d'Auguste : *Galli... eum imperatorem appellarunt. Siquidem nimius amor erga Postumium omnium erat in Gallica gente populorum quod, submotis omnibus Germanicis gentibus, Romanum in pristinam securitatem revocasset imperium.* — On peut voir aussi, au sujet du même personnage, les inscriptions d'Orelli, n°ˢ 1015, 1016 ; et les médailles. (Mionnet, t. II, p. 64 et 69 ; Eckhel, VII, 444.)

qui aurait été ennemie de l'empire, et une classe militaire qui l'aurait défendu. Il ne faut pas attribuer la docilité des citoyens à ce qu'ils manquaient d'armes; ils en avaient et savaient les manier. Jamais le gouvernement ne songea à désarmer la population.

On ne s'expliquerait pas que les trente légions de l'empire eussent pu contraindre cent millions d'âmes à obéir. Chez les anciens qui ne connaissaient pas les armes à feu, le soldat n'avait pas une supériorité très-marquée sur le bourgeois et le paysan.

Il faut d'ailleurs remarquer que les armées étaient ce qu'il y avait de moins docile dans l'empire; presque toutes les révoltes qu'il y a eu ont été tentées par les légions; la règle d'obéissance ne venait donc pas d'elles.

On a attribué aux empereurs romains une politique très-savante et une administration fort habile. A voir de près les choses, on est au contraire étonné du peu d'efforts qu'il leur a fallu faire pour établir le gouvernement le plus absolu et en même temps le plus solide que l'Europe ait jamais eu. Le nombre des fonctionnaires impériaux, dans les premiers siècles, fut infiniment petit; même dans les derniers, il n'approcha pas à beaucoup près du nombre d'agents que les États modernes jugent nécessaire à leur conservation. L'autorité impériale ne plaçait pas un représentant dans chaque village. Elle ne nommait pas une multitude de juges et de percepteurs d'impôts et ne disposait pas d'un nombre infini d'emplois. Elle ne se chargeait même pas de tous les soins de la police. Encore moins jugeait-elle nécessaire, pour gouverner la société, de diriger l'éducation de la jeunesse. Elle ne nommait pas les membres des divers sacerdoces dans les provinces. Tous les moyens auxquels les États modernes ont recours pour se maintenir, lui furent inconnus; elle n'en eut pas besoin.

Il faut donc accepter comme une vérité historique que les hommes de ce temps-là ont aimé la monarchie. Si nous cherchons à nous rendre compte de la nature de ce sentiment, nous remarquons d'abord qu'il ne dérivait pas d'une théorie ou d'un principe de raison. Ces hommes n'avaient nulle idée du dogme du droit divin des princes. Le paganisme n'avait jamais enseigné que les dieux eussent une préférence pour le régime monarchique. Le christianisme ne l'enseignait pas davantage; il n'ordonnait l'obéissance aux princes que comme un acte de résignation et il recommandait plutôt à leur égard l'indifférence que le dévouement. Ce n'est donc pas l'idée d'un devoir supérieur qui a forcé la soumission des hommes. Ils ont aimé l'empire parce qu'ils ont trouvé intérêt et profit à l'aimer. Ils ne se sont pas demandé si ce régime était moralement bon ou mauvais, s'il était conforme ou contraire à la raison; il leur a suffi qu'il fût d'accord avec l'ensemble de leurs intérêts.

Tacite, au début de son grand ouvrage, énumère les divers motifs qui firent que toutes les classes de la société romaine et l'aristocratie elle-même acceptèrent le régime impérial[1]; puis il ajoute : « Quant aux provinces, le

---

[1] *Militem donis, populum annona, cunctos dulcedine otii... Nobiles, novis ex rebus aucti, tuta et præsentia quam vetera et periculosa mallent.* (Tacite, *Annales*, I, 2.) — Τοῖς παροῦσιν οὐ μόνον οὐκ ἤχθοντο, ἀλλὰ καὶ ἔχαιρον, καὶ βελτίω καὶ ἀδεέστερα αὐτὰ ὧν ἤκουον ὁρῶντες ὄντα. (Dion Cassius, LVI, 44.)

nouvel ordre de choses était loin de leur déplaire ; le gouvernement du sénat et du peuple leur avait pesé à cause des rivalités des grands et de la cupidité des magistrats; les lois de la République ne les avaient jamais protégées, impuissantes qu'elles étaient contre la violence, contre la brigue, contre l'argent[1]. » Telle fut la vraie cause de l'attachement à l'empire. Les hommes jugèrent que le pouvoir d'un seul était moins oppressif que le pouvoir de plusieurs et que les droits individuels seraient mieux garantis par la monarchie qu'ils ne l'avaient été par le gouvernement républicain. Beaucoup de faits et d'anecdotes montrent que ces populations considéraient le prince comme un défenseur et un appui, qu'elles lui adressaient leurs réclamations, qu'elles croyaient lui être redevables de leur prospérité ou de l'adoucissement de leur misère.

Qu'on lise les inscriptions, le sentiment qu'elles manifestent est toujours celui de l'intérêt satisfait et reconnaissant. Les hommes appellent le prince des titres de pacificateur du monde, conservateur du genre humain, garant de toute sécurité. Il est le patron et le père des peuples ; il est leur espoir et leur salut. On lui demande de guérir tous les maux de l'humanité. On le remercie de tous les biens dont on jouit. Dans l'histoire du monde nous trouvons peu de régimes politiques qui aient duré cinq siècles comme l'empire romain; nous en trouvons

---

[1] *Neque provinciæ illum rerum statum abnuebant, suspecto senatus populique imperio ob certamina potentium et avaritiam magistratuum, invalido legum auxilio quæ vi, ambitu, pecunia turbabantur.* (Tacite, Annales, I, 2. — *Vindicatæ ab injuriis magistratuum provinciæ.* (Velleius, II, 126.)

peu qui aient été aussi indiscutés et inattaqués dans leur principe ; nous n'en trouvons pas qui ait été aussi longtemps et aussi universellement applaudi par les populations qu'il régissait[1].

Les opinions des hommes en matière de politique sont fort variables. Il y a des temps où le désir général d'un peuple est de se gouverner lui-même ; il y en a où son unique désir est d'être gouverné. Pour l'un et pour l'autre ses vœux peuvent être également ardents. En général, il aime le nouveau en proportion de sa haine pour le passé. Or, à l'époque qui nous occupe, le passé et ce qu'on pourrait appeler l'ancien régime était le gouvernement républicain. En Italie et en Grèce, en Gaule et en Espagne, les hommes avaient vécu sous ces institutions durant plusieurs siècles. Ils en étaient venus peu à peu à les haïr ; leurs intérêts, leurs opinions, leurs sentiments s'étaient détachés d'elles : ils avaient aspiré à s'en affranchir. Ils leur reprochaient d'avoir favorisé le développement d'une aristocratie oppressive ; d'avoir,

---

[1] Voyez le Recueil d'Orelli-Henzen, *passim*. Les expressions qu'on y rencontre le plus fréquemment sont celles-ci : *patri patriæ*, nos 606, 642, 712, 912, 1033 ; — *fundatori pacis*, nos 601 et 1089 ; — *pacatori orbis*, nos 323, 859, 1035 ; — *fundatori publicæ securitatis*, n° 1071 ; — *restitutori orbis*, n° 1050 ; — *conservatori generis humani*, n° 795. — Un monument, érigé au temps de Tibère, porte cette dédicace : *Saluti perpetuæ augustæ libertatique publicæ populi romani, Providentiæ Tiberii Cæsaris Augusti nati ad æternitatem romani nominis*. Orelli, n° 689. Le titre de *restitutor libertatis publicæ* se retrouve aux nos 1089 et 1090. — Pline cite un certain Valgius, qui adressa un livre à Auguste, *Inchoata præfatione religiosa ut omnibus malis humanis illius potissimum principis mederetur majestas*. (Pline, *Hist. nat.*, XXV, 2.) — Ce serait mal connaître la nature humaine que de croire qu'il n'y eût en tout cela que de l'adulation.

sous les faux dehors de la liberté politique, écrasé la liberté individuelle ; d'avoir enfanté partout des discordes et des guerres civiles ; d'avoir rempli l'existence humaine de querelles et de passions. Ils avaient été pris de dégoût pour ce régime, et ils en souhaitaient un autre qui leur donnât plus de sécurité, plus de liberté, plus de travail et de bonheur[1]. Comme ils ne savaient pas encore que la monarchie a aussi ses vices et ses dangers, ils se précipitèrent vers elle avec une fougue irréfléchie ; ils lui donnèrent leurs cœurs et leurs volontés ; ils lui furent reconnaissants de s'être établie sur leur tête ; ils l'aimèrent d'un amour fervent et passionné[2].

Ce sentiment était si profond, si puissant, si impérieux qu'il devint la source d'une religion. Nous touchons ici à des faits qui sont en opposition avec toutes nos idées modernes et qui paraissent d'abord incroyables aux hommes de notre époque ; ils sont pourtant avérés et incontestables. On vit surgir en ce temps-là dans les

---

[1] Dion Cassius exprime les pensées de ce temps-là quand il dit : « Le gouvernement prit alors une forme nouvelle, plus conforme au progrès et à l'intérêt des peuples. Ἡ πολιτεία πρὸς τὸ βέλτιον καὶ πρὸς τὸ σωτηριωδέστερον μετεκοσμήθη. » Il ajoute que les hommes ne pouvaient plus trouver leur salut qu'en dehors du régime républicain, παντάπασιν ἀδύνατον ἦν δημοκρατουμένους αὐτοὺς σωθῆναι. (Dion Cassius, LIII, 19 ; Cf. XLIV, 2.) — Comparez : Ammien Marcellin, XIV, 6 ; Tertulien, *De pallio*, 1 et 2.

[2] Ce fut un usage assez fréquent de *se dévouer* aux empereurs, c'est-à-dire de faire vœu de donner sa vie et de s'immoler pour leur salut. Voyez des faits curieux dans Suétone, *Vie de Caligula*, 14 et 27, et dans Dion Cassius, LIX, 8 ; ils expliquent plusieurs inscriptions où l'on voit des personnages se déclarer *devoti imperatori*. Cette sorte de consécration se faisait par un serment solennel. Quelquefois une ville entière se vouait au prince ; en voici un exemple tiré d'une inscription : « *Jusjurandum Ariliensium. Ex mei animi sententia ut ego iis inimicus ero quos Caio Cæsari Germanico* (il s'agit de Caligula) *inimicos esse cognovero. Et si quis*

âmes, d'un bout de l'empire à l'autre, une religion nouvelle qui eut pour divinités les empereurs eux-mêmes. Il est attesté par tous les historiens, depuis Tacite et Dion Cassius jusqu'aux écrivains de l'Histoire Auguste, que l'autorité impériale et la personne même des empereurs furent adorées durant trois siècles[1]. Cette vérité est confirmée par d'innombrables inscriptions qui ont été gravées par des particuliers, par des corporations ou par des villes, dans toutes les parties de l'empire[2].

On a une inscription de la ville de Narbonne qui est ainsi conçue : « Le peuple de Narbonne a dédié cet autel à la Divinité d'Auguste et lui a voué une fête annuelle à perpétuité; que ceci soit pour le bien et le bonheur de l'empereur César, fils du divin Jules, Auguste, père de la patrie, souverain pontife, et pour le bien et le bon-

periculum ei salutique ejus inferet intuleritque, armis bello internecino terra marique persequi non desinam quoad pœnas ei persolverit. Neque me neque liberos meos ejus salute cariores habebo; eosque qui in eum hostili animo fuerint, mihi hostes esse ducam. Si sciens fallo fefellerove, tum me liberosque meos Jupiter Optimus Maximus ac Divus Augustus cœterique omnes Dii immortales extorrem patria, incolumitate fortunisque omnibus faxint. Orelli, n° 3665. Nous ignorons pour quel motif cette petite ville de Lusitanie s'était ainsi vouée à Caligula; mais assurément il y a autre chose ici qu'une flatterie de courtisan.

[1] Tacite, *Annales*, I, 54; I, 73; II, 83; III, 64; *Histoires*, II, 95. — Dion Cassius, LI, 19 et 20. — Spartien, *Adrien*, 13; *Antonin* 6.

[2] *Genio Augusti*, Orelli, n°s 1435, 1667. — *Genio Cæsarum*, 782, 1659, 1717. — *Genio Tiberii Cæsaris*, 3796. — *Genio Caii Cæsaris*, 699 — *Genio Vespasiani*, Orelli, 753. — *Genio Domitiani*, Henzen, 7421. — *Genio Nervæ Trajani*, Orelli, 789. — *Genio Antonini*, 1718. — *Numini Augusti*, n°s 204, 401, 608, 1989, 2489, 5359, 5900, 6587. — *Numini deorum Augustorum*, n°s 277, 805, 5208. — *Collegium numinis dominorum* (id est Vespasiani et Titi), n° 2389. — *Devotus numini Marci Aurelii*, inscription citée par Aug. Bernard, le *Temple d'Auguste*, p. 61. — *Numinibus Augustorum*, ibid., p. 86 et 87.

heur de sa femme, de ses enfants, du sénat, du peuple romain, et de la ville de Narbonne qui se voue et se lie à jamais au culte de sa divinité; la cité de Narbonne lui élève cet autel sur la place publique et décrète que chaque année à l'avenir, le huitième jour avant les calendes d'octobre, anniversaire du jour où le bonheur du siècle l'a donné au monde pour le gouverner, il lui sera immolé des victimes, le vin et l'encens seront offerts en son honneur[1]. »

Quelques années avant l'ère chrétienne, la Gaule entière éleva en commun un temple, près de la ville de Lyon, au confluent du Rhône et de la Saône : ce temple était consacré à la déesse Rome et au dieu César Auguste. Une inscription énumérait les noms des soixante peuples gaulois qui l'avaient érigé, et autour de l'autel soixante images représentaient chacun de ces peuples. Un grand prêtre fut établi pour présider aux offices de ce culte, et une fête annuelle fut instituée[2].

[1] *Plebs Narbonensis aram numinis Augusti dedicavit. Numini Augusti votum susceptum a plebe Narbonensium in perpetuum. Quod bonum faustum felixque sit imp. Cæsari Divi f. Augusto Patri patriæ, pontifici maximo, conjugi liberis gentique ejus senatui populoque romano et colonis incolisque coloniæ Juliæ Paternæ Narbonis Martii qui se numini ejus in perpetuum colendo obligaverunt. Plebs Narbonensium aram Narbone in foro posuit, ad quam quotannis VIII kal. octobr. qua die eum seculi felicitas orbi terrarum rectorem edidit... hostias immolent et ad supplicandum numini ejus thus et vinum præstent...* Orelli, 2489.

[2] *Ara Cæsaris ad confluentem Araris et Rhodani dedicata, sacerdote creato.* (Tite Live, *Epitome*, 137.) — Τὸ ἱερὸν τὸ ἀναδειχθὲν ὑπὸ πάντων κοινῇ τῶν Γαλατῶν Καίσαρι τῷ Σεβαστῷ... ἔστι δὲ βωμὸς ἀξιόλογος ἐπιγραφὴν ἔχων τῶν ἐθνῶν ἑξήκοντα. (Strabon, IV, 3.) — Ce temple n'était pas précisément à Lyon; Lyon était une colonie romaine et non une cité gauloise; elle n'avait donc aucun titre à ériger ce temple ni même à le posséder sur son territoire. Il était situé hors de Lyon, au confluent des deux

Cette singulière religion ne fut pas une vogue d'un jour. Une série d'inscriptions montrent que le temple de Narbonne et celui de Lyon subsistèrent plusieurs siècles, qu'une suite de grands prêtres s'y succéda, et que les fêtes annuelles furent régulièrement accomplies[1].

Chacune des cités gauloises avait de même un autel des empereurs, un grand prêtre élu par elle, plusieurs prêtres inférieurs, enfin toute une corporation vouée à perpétuité à ce culte. Un grand nombre d'hommes, qui appartenaient aux plus hautes classes comme aux classes moyennes, étaient prêtres d'Auguste, flamines d'Auguste, flamines de Drusus, prêtres de Vespasien ou de Marc-Aurèle. Ces qualifications étaient tellement prises au sérieux qu'on les inscrivait sur le tombeau des morts comme des titres qui les avaient honorés pendant leur vie[2].

Des temples semblables à ceux de Narbonne et de Lyon

cours d'eau, sur un terrain qui était la propriété commune des trois provinces gauloises et des soixante cités qui en faisaient partie. Voyez Recherches de Spon, 2ᵉ édition par M. Léon Rénier; de Boissieu, *Inscriptions antiques de Lyon*; Aug. Bernard, *le Temple d'Auguste*.

[1] Orelli, nᵒˢ 184, 660, 4018; Henzen, nᵒˢ 5235, 5965, 5966, 5968, 6944, 6966. — De Boissieu, p. 88 et 91. — Voyez aussi une curieuse inscription grecque qui relate le culte d'Auguste à Narbonne, publiée, par Pittakis, dans l'*Ephemeris archæologica*, nᵒ 59. — Dion Cassius (LIV, 32) écrit que la fête annuelle de Lyon se célèbre de son temps encore, c'est-à-dire deux siècles après Auguste. — De même dans le temple d'Ancyre on voit par les inscriptions que la série des prêtres d'Auguste se continua au moins pendant deux siècles.

[2] Exemples : à Nîmes, inscriptions dans Orelli-Henzen, nᵒˢ 2298 et 4519. — A Arles, 200. — A Genève, 260. — A Orange, 5321. — A Avenches, 372, 375, 376, 5246, 6417. — A Lyon, 194, 405, 2322, 4020, 4077, 4242, 5231, 6931, 7256, 7260. — A Mayence, 1664, 3958, 3959, 7270. — A Vaison, 2332, 4025.

furent élevés dans toutes les parties de l'empire[1], et des sacerdoces de même nature furent institués partout[2]. Ce qui est digne de remarque, c'est que l'érection de ces temples n'était pas ordonnée par le pouvoir impérial; aucun fait ni aucun texte ne nous autorise à douter qu'elle ne fût l'œuvre spontanée des populations[3]. Les prêtres provinciaux n'étaient pas nommés non plus par les empereurs; ils étaient élus par les peuples. Ces sacerdoces étaient recherchés à l'égal des plus hautes dignités. Ils étaient brigués par ce qu'il y avait de plus distingué et de plus considérable. Pour être élu grand prêtre de l'empereur, il fallait avoir passé par les premières magistratures de la cité. C'était le but le plus élevé de l'ambition, le couronnement des plus brillantes carrières[4].

---

[1] L'existence de ce culte est attestée, pour la province d'Asie, par les inscriptions, Bœckh, n°s 2741, 3415, 3461, 3494, 4059; Waddington, n° 1266; pour la Galatie, par plusieurs textes cités par M. G. Perrot, *De Galatia provincia romana*, p. 150-153; — pour la Grèce, voy. Bœckh, n°s 1124, 1718, 2583; — pour l'Afrique, L. Rénier, *Inscr. de l'Algérie*, 3915; Henzen, 6904; — pour l'Espagne, *Corpus inscr. latin.*, éd. Hubner, 160, 397, 473, 2221, 2224, 2244, 2544, 3329, 4248.

[2] *Sacerdos Augusti*, Orelli-Henzen, 650, 660, 4018. — *Sacerdos aræ Augusti*, 5233, 5965. — *Sacerdos Flavialis*, 5480. — *Sacerdos Ulpialis*, 3135. — *Flamen Augusti*, 732, 2204, 3874; 5814, 6470. — *Flamen Vespasiani*, 2222, 3669. — *Flamen Trajani*, 65, 3898. — *Flamen Hadriani*, 3263, 4006, 6469. — *Sodales Claudiales*, 6048. — *Sodales Antoniniani*, 5477, 6051. — *Flamen Commodianus*, 6052.

[3] *Decrevere Asiæ urbes templum Tiberio, et permissum statuere.* (Tacite, *Annales*, IV, 15.) — *Templum ut in colonia Tarraconensi statueretur Augusto petentibus Hispanis permissum.* (Tacite, *Annales*, I, 78.) — Tibère et Claude défendirent qu'on leur élevât des temples. (Dion Cassius, LVII, 9; LX, 5.) — Il y a toutefois des exemples de temples et d'autels érigés par quelques empereurs à eux-mêmes.

[4] Cela ressort de beaucoup d'inscriptions; nous n'en citerons que quel-

Dans ce culte, tout n'était pas public, tout n'était pas pour l'apparat. Beaucoup d'hommes dans le secret de leur maison, loin des regards de la foule et sans nul souci des fonctionnaires impériaux, adoraient la divinité de l'empereur, associé à leurs dieux pénates. On peut voir au musée du Louvre deux statuettes en bronze qui représentent Auguste et Livie; elles étaient placées à titre d'objets d'adoration, dans le sanctuaire intime d'une famille gauloise. Plusieurs générations d'hommes les invoquèrent obscurément. Nous pouvons penser que cette famille leur demandait, dans les prières de chaque jour, la paix, le bonheur, la richesse, la santé, et que, dans chacune de ses joies, elle se croyait tenue de leur adresser ses actions de grâces. Les statues des empereurs étaient de véritables idoles auxquelles on offrait l'encens, les victimes, les prières [1].

Il est impossible d'attribuer tout cela à la servilité. Des peuples entiers ne sont pas serviles, et ne le sont pas durant trois siècles. Ne supposons pas que ce culte fût un simple cérémonial, une règle d'étiquette; le palais impérial était presque le seul endroit du monde où il

ques-unes, qui sont relatives à la Gaule. *Æduo... SUMMIS HONORIBUS APUD SUOS FUNCTO, sacerdoti ad templum Romæ et Augusti;* Boissieu, p. 84; Bernard, p. 53. — *Latinio Catapano, Æduo, sacerdoti trium provinciarum OFFICIIS ET HONORIBUS OMNIBUS FUNCTO;* Bernard, p. 54; Orelli, n° 184. — *C. Catullino, tricassino, OMNIBUS HONORIBUS APUD SUOS FUNCTO, sacerdoti ad templum Romæ et Augustorum;* Bernard, p. 64. — Censorinus, *De die natali*, c. 15 : *Tu tamen, officiis municipalibus functus, honore sacerdotii* (les mots *sacerdos* et *sacerdotium*, dans la langue du temps, s'appliquent au sacerdoce des empereurs) *in principibus tuæ civitatis conspicuus.*

[1] *Effigies Augusti, ut alia numinum simulacra.* (Tacite, *Annales*, I, 73.) — Cf. Dion Cassius, LVIII, 4 : Ταῖς εἰκόσι τοῦ Τιβερίου ἔθυον.

n'existât pas. Ce n'étaient pas les courtisans qui adoraient le prince, c'était Rome. Ce n'était pas Rome seulement, c'était la Gaule, c'était l'Espagne, c'était la Grèce et l'Asie. Si l'on excepte les chrétiens, qui vivaient alors obscurs et cachés, il y avait dans tout le genre humain un concert d'adoration pour la personne du prince[1].

Quelques historiens ont supposé que ce culte avait été un fruit tardif du despotisme et qu'il n'avait réellement surgi que vers le temps de Dioclétien. C'est au contraire à partir de Dioclétien qu'il cessa d'être. Il ne fut plus qu'un vain cérémonial et une étiquette; il n'en resta plus que les dehors et les mots, tels qu'on les trouve encore dans les codes des empereurs chrétiens[2]. Le vrai culte, le culte sincère, spontané, fervent, date du début même de l'empire et a duré environ trois siècles. Durant toute cette époque, chaque prince fut personnellement adoré; chacun eut ses temples, ses fêtes sacrées et ses prêtres. Le mot Auguste n'était pas un nom d'homme; c'était un terme de l'ancien rituel romain; il signifiait sacré et divin; il s'appliquait aux êtres à qui le culte était dû. C'est exactement dans ce sens qu'il fut conféré à César Octavien par la volonté du sénat et ratifié à tout jamais par toutes les populations de l'empire. Il passa ensuite à

[1] Voyez sur ce culte : Egger, *Examen critique des historiens d'Auguste*, 2ᵉ appendice; et, du même savant, de nouvelles observations sur les Augustales, dans la *Revue archéologique*, année 1847.

[2] Il arriva alors ce qui se voit presque toujours dans l'humanité : la croyance disparut, les mots restèrent. Les expressions furent même exagérées. Les empereurs, dans leurs actes officiels, dirent : *nostrum numen, sacrum cubiculum, nostra oracula, nostra divina domus;* mais ces empereurs ne croyaient certainement pas à leur divinité, puisqu'ils étaient chrétiens; ce n'était plus qu'une phraséologie traditionnelle.

tous ses successeurs. Chacun d'eux fut un Auguste, c'est-à-dire un saint, presque un dieu[1]. Le titre même de dieu, auquel le prince n'avait pas droit dans la langue officielle, lui était volontiers donné dans la langue ordinaire. En lui parlant, on l'appelait Votre Divinité, Votre Éternité[2]. On jurait par le dieu Tibère, par le dieu Domitien[3]. Nous possédons encore l'épitaphe d'un Gaulois des environs de Lyon qui s'était voué au dieu Marc-Aurèle[4]. Les meilleurs princes comme les plus mauvais, les plus sages comme les plus insensés durent accepter ces titres et ces étranges respects. Ils pouvaient bien les repousser de leur entourage et éloigner l'encens de leur personne ; ils ne pouvaient pas empêcher que loin d'eux l'encens fumât en leur honneur. Le plus philosophe d'entre eux, Marc-Aurèle, n'eut même pas la pensée de supprimer une si bizarre religion, qui d'ailleurs s'adressait moins à lui qu'à l'autorité impériale dont il était revêtu. Il fut lui-même, et longtemps après sa mort, honoré comme une divinité ; son historien Julius Capitolinus dit que, « de son temps encore, dans beaucoup de maisons particulières, la statue de Marc-Aurèle est placée entre les dieux pénates ; il est un dieu ; il a ses

---

[1] Dès le temps de Caligula, on disait en s'adressant au prince : ὑμῖν τοῖς θεοῖς (Dion Cassius, LIX, 27) ; cette forme de langage devint ordinaire sous les Flaviens. (LXVII, 13.) — Pline écrivait à Trajan : *Tua æternitas.*

[2] *Facito ut is juret per Jovem et Divum Augustum et Divum Claudium et Divum Vespasianum Augustum et genium imperatoris Domitiani et deos penates.* Loi municipale de Salpensa, § 25 et 26.

[3] *Imp. Cæsari M. Aurelio Antonino Augusto C. Ulattius sacerdos ad aram, devotus numini majestatique ejus, civis segusiavus.* (Aug. Bernard, *le Temple d'Auguste*, p. 61.)

[4] Claude interdit προσκυνεῖν αὐτῷ μήτε θυσίαν οἱ ποιεῖν. Dion, LX, 5.

prêtres et ses flamines[1]. » Il en était ainsi de tous les empereurs.

Ce culte étrange se comprend et l'on en sent toute la sincérité et toute la force si l'on songe à l'état psychologique de ces générations. Les hommes étaient fort superstitieux. Dans la société de l'empire romain les pratiques de la dévotion étaient universelles ; les plus hautes classes s'y livraient avec la même ferveur que les classes ignorantes. Les actes d'adoration et les sacrifices étaient ce qui tenait le plus de place dans l'existence. Chaque homme avait son *lararium;* les pauvres de chaque rue avaient leur chapelle et leur idole. Les sacerdoces se multipliaient, chacun voulant être prêtre de quelque dieu. Des confréries religieuses s'établissaient partout. La magie et la divination étaient fort en vogue, parce qu'on était préoccupé du surnaturel. Jules César croyait aux prodiges, Tibère cultivait l'astrologie, Vespasien faisait des miracles, Marc-Aurèle consultait les magiciens[2]. Il en était de même dans tous les rangs de la société ; les princes et les riches avaient leurs devins dans leur maison; la foule courait aux devins de carrefours. Beaucoup de gens avaient, comme Septime Sévère, un livre où ils notaient jour par jour tous les prodiges et toutes les prédictions qui les concernaient personnellement. On ne parlait que de songes, d'oracles, d'évocation de morts. Il n'y avait personne qui ne portât sur soi quelque ta-

---

[1] *Hodie in multis domibus Marci statuæ consistunt inter deos penates; deus etiam nunc habetur; dati sacerdotes et sodales et flamines et omnia quæ de sacratis decrevit antiquitas.* (Julius Capitolinus, c. 18.)

[2] Dion Cassius, LXVI, 8 ; LXXI, 8. Capitolin, *Marcus,* 13, 19, 24.

lisman, une pierre chaldéenne, un œuf druidique. L'esprit humain tremblant voyait la divinité partout. Son besoin d'adorer s'appliqua naturellement à ce qu'il trouvait de plus puissant dans les choses humaines, à l'autorité impériale.

Nous ne devons pas d'ailleurs confondre les pensées de ce temps-là avec la doctrine du droit divin des rois qui n'a appartenu qu'à une autre époque. Il ne s'agit pas ici d'une autorité établie par la volonté divine; c'était l'autorité elle-même qui était divine. Elle ne s'appuyait pas seulement sur la religion; elle était une religion. Le prince n'était pas un représentant de Dieu; il était un dieu. Ajoutons même que, s'il était dieu, ce n'était pas par l'effet de cet enthousiasme irréfléchi que certaines générations ont pour leurs grands hommes. Il pouvait être un homme fort médiocre, être même connu pour tel, ne faire illusion à personne, et être pourtant honoré comme un être divin. Il n'était nullement nécessaire qu'il eût frappé les imaginations par de brillantes victoires ou touché les cœurs par de grands bienfaits. Il n'était pas dieu en vertu de son mérite personnel; il était dieu parce qu'il était empereur. Bon ou mauvais, grand ou petit, c'était l'autorité publique qu'on adorait en sa personne. Cette religion n'était pas autre chose, en effet, qu'une singulière conception de l'État. La puissance suprême se présentait aux esprits comme une sorte de Providence divine[1]. Elle s'associait dans la pensée des

---

[1] Le prince est appelé dans une inscription θεὸς ἐμφανὴς καὶ κοινὸς τοῦ ἀνθρωπίνου βίου σωτήρ, Bœckh, n° 2957; Trajan est appelé *conservator generis humani*; Constantin, *conservator humanarum rerum*. — Dans une

hommes avec la paix dont on jouissait après de longs siècles de troubles, avec la prospérité et la richesse qui se multipliaient, avec les arts et la civilisation qui s'étendaient partout. L'âme humaine, par un mouvement qui lui était alors naturel et instinctif, divinisa cette puissance. De même que dans les vieux âges de l'humanité on avait adoré le nuage qui, se répandant en eau, faisait germer la moisson et le soleil qui la faisait mûrir, de même on adora l'autorité suprême qui apparaissait aux peuples comme la garantie de toute paix et la source de tout bonheur.

Ces générations ne subirent pas la monarchie, elles la voulurent. Le sentiment qu'elles professèrent à son égard ne fut ni la résignation ni la crainte, ce fut la piété. Elles eurent le fanatisme du pouvoir d'un seul comme d'autres générations ont eu le fanatisme des institutions républicaines. Il est naturel à l'homme de se faire une religion de toute idée qui remplit son âme. A certaines époques il voue un culte à la liberté; en d'autres temps, c'est le principe d'autorité qu'il adore.

inscription rédigée par le collége des Frères Arvales, Claude est nommé *divinus princeps et parens publicus*. (Henzen, n° 7419.). — On peut consulter sur ce culte des empereurs le livre de M. Gaston Boissier, *la Religion romaine d'Auguste aux Antonins*, liv. I, ch. 2.

CHAPITRE III

De la centralisation administrative.

C'est l'empire romain qui a établi en Europe la centralisation administrative; il importe de voir comment cette institution nouvelle a été introduite dans les sociétés humaines.

La république romaine ne l'avait pas connue. Elle n'avait pas même eu la pensée de rattacher par un lien administratif les peuples vaincus à l'État vainqueur. A mesure qu'elle avait conquis les provinces, elle s'était contentée d'envoyer dans chacune d'elles un proconsul pour y maintenir l'ordre et faire payer l'impôt. Ce proconsul était un maître absolu; armé de tous les pouvoirs, il jugeait, il légiférait, il percevait les contributions, il commandait les soldats. Comme les provinciaux n'avaient pas le bénéfice des lois romaines, ils n'avaient non plus aucune garantie légale vis-à-vis du proconsul. Le gouverneur de province n'était donc pas, comme dans nos sociétés modernes, l'homme chargé de faire exécuter les lois; il était au contraire un homme placé en dehors et au-dessus de toutes les lois. En lui résidait l'*imperium*, c'est-à-dire l'autorité complète et illimitée. Il possédait ce que le dur langage romain appelait le droit de glaive, *jus gladii*, ou le droit de vie et de mort, *jus vitæ necisque*. Tout pliait et tremblait devant lui. Il ne connaissait d'autres lois que celles qu'il avait promulguées lui-même, sous forme d'édit, en entrant en fonctions, et dont il pouvait d'ailleurs s'écarter quand il voulait. Il ne dépendait de personne ; il ne devait rendre compte ni aux provinciaux ni même à la république romaine ; il gouvernait pour son compte personnel et à son profit; il était un véritable monarque dont l'autorité ne connaissait ni limite ni contrôle.

Il n'en fut plus de même sous l'empire. Ce n'est pas que les idées de liberté et de droit rationnel aient prévalu à cette époque et aient fait imaginer des moyens plus doux de gouvernement; la suite de ces études nous montrera combien les idées et les théories ont eu peu d'action, dans tous les temps, pour l'amélioration de l'existence humaine. Ce qui fit disparaître le despotisme des proconsuls, ce fut le despotisme impérial.

Lorsque le sénat romain organisa l'empire, vers l'an 27 avant notre ère, il conféra à Auguste le pouvoir proconsulaire sur la moitié des provinces, et un droit de surveillance sur les gouverneurs de toutes les autres. Cette innovation, dans laquelle quelques esprits ne virent peut-être qu'une atteinte à la liberté, fut le germe d'un nouveau système administratif. Il arriva en effet que les chefs des provinces, au lieu d'être de vrais monarques gouvernant en leur nom propre, ne furent plus que les agents et les lieutenants du prince. Ce fait si simple et en apparence si insignifiant fut ce qui introduisit en Europe la centralisation administrative.

On ne peut guère douter que les peuples n'aient envisagé cette centralisation comme un grand bienfait. Il est fort différent d'être gouverné par un homme qui a un pouvoir personnel ou de l'être par un homme qui n'est que l'agent et le représentant d'un pouvoir éloigné. Ces deux modes d'administration ont leurs avantages et leurs inconvénients ; mais les avantages du second l'emportent à tel point, qu'à presque toutes les époques de l'histoire les populations l'ont préféré. Les hommes aiment d'instinct la centralisation ; il leur plaît de savoir que celui à qui ils obéissent obéit lui-même à un autre. Exposés à être opprimés par celui qui les administre directement, ils aiment à penser qu'une autorité supérieure peut les protéger. Contre les agents du prince, les Gaulois avaient un recours au prince lui-même. Le pouvoir suprême de l'empereur était une garantie contre les petites passions du fonctionnaire, contre son orgueil, ses rancunes ou sa cupidité.

Les gouverneurs ne pouvaient plus se considérer comme des souverains. L'autorité impériale exerçait sur eux une surveillance incessante ; ils rendaient compte de leurs moindres actes ; avant d'agir ils consultaient l'empereur. On peut voir dans les lettres de Pline le jeune à Trajan[1] un exemple de la correspondance presque quotidienne que chaque gouverneur devait entretenir avec le prince. On y observera toute la distance qui sépare un gouverneur du temps de l'empire d'un proconsul de la république. On y remarquera combien les provinciaux dépendaient du prince ; mais on y remar-

[1] *Plinii epistolæ*, lib. X. Il ne faudrait pourtant pas supposer que la Gaule fût traitée par le pouvoir central comme nous voyons que l'était la Bithynie au temps de Pline. L'empire, qui commandait à tant de peuples de nature diverse, se gardait bien de mettre une uniformité absolue dans son administration.

quera aussi combien peu ils avaient à redouter les abus de pouvoir de leurs administrateurs.

Dans le régime précédent, la république avait bien essayé de sauver les sujets de l'extrême arbitraire et de l'insatiable avarice des proconsuls; elle avait créé à cet effet toute une série de tribunaux qui paraissaient devoir être sévères; en réalité, ce moyen avait été inefficace[1], et il avait été rare que les juges ne fussent pas de connivence avec les accusés. Le régime impérial atteignit le but par un moyen beaucoup plus simple, par la subordination des gouverneurs au pouvoir central. Il les surveilla de Rome même, à l'aide des nombreux bureaux qui remplissaient le palais. La création de ces bureaux date des premiers temps de l'empire. Tacite parle avec quelque aigreur du grand pouvoir qu'ils exerçaient; ce qui est certain, c'est que par eux les actes et les comptes des fonctionnaires étaient contrôlés presque jour par jour; par eux, l'arbitraire, la violence, la rapacité furent aussi atténués qu'il est possible dans les choses humaines. L'omnipotence fut au centre; mais elle cessa d'être partout. Le despotisme impérial fut ainsi une garantie contre les tyrannies locales. Il y eut de détestables empereurs; il y eut peu de gouverneurs mauvais.

Tous les monuments historiques sont d'accord pour montrer que cette centralisation fut favorable aux provinces. « Tibère veillait, nous dit Tacite, à ce que de nouvelles charges ne leur fussent pas imposées, et à ce que les anciennes ne fussent pas aggravées par l'avarice

---

[1] Tacite le dit lui-même · *Invalido legum auxilio.* (*Annales*, I, 2.)

et la cruauté des fonctionnaires[1]. » Les historiens rendent la même justice à presque tous les empereurs. « Domitien, dit Suétone, s'appliqua à maintenir dans le devoir les chefs des provinces et les contraignit à être intègres et justes[2]. » « Adrien, dit le biographe de ce prince, visita tout l'empire, et quand il rencontra des gouverneurs coupables, il les frappa des peines les plus sévères et même du dernier supplice[3]. » Cette rigueur à l'égard des fonctionnaires est restée la règle traditionnelle de l'empire; on la retrouve à chaque page des codes impériaux. Elle ne fit pas disparaître absolument les abus et les iniquités; mais elle fit qu'ils ne furent que l'exception. Les inscriptions confirment à cet égard ce qu'enseignent les historiens; elles montrent que les provinces se regardaient en général comme bien administrées et qu'elles en étaient reconnaissantes au prince[4]. Leur prospérité durant trois siècles est hors de doute, et

---

[1] *Ne provinciæ novis oneribus turbarentur, utque vetera sine avaritia aut crudelitate magistratuum tolerarent, providebat.* Tacite, Ann. IV, 6.

[2] *Provinciarum præsidibus coercendis tantum curæ adhibuit ut neque modestiores unquam neque justiores exstiterint.* Suétone, Domitien, 8.

[3] *Circumiens provincias, procuratores et præsides pro factis supplicio affecit.* Spartien, *Adrianus*, 13.

[4] *Cl. Ælio Pollioni legato Augusti proprætore, præsidi integerrimo.* Orelli, n° 182; Cf. Orelli, n°s 686-690. — La reconnaissance des provinces se marquait ordinairement par des statues qu'elles faisaient ériger à leurs frais à leurs gouverneurs. Si ces statues avaient été décernées à des fonctionnaires en exercice, elles n'eussent prouvé peut-être que la servilité et l'adulation; mais Auguste avait formellement interdit que cet honneur fût accordé à aucun magistrat pendant la durée de ses pouvoirs, et même pendant les soixante jours qui en suivaient l'expiration. (Dion Cassius, LVI, 25.) L'étude des inscriptions prouve que cette loi fut toujours observée (voy. L. Rénier, *Mélanges d'épigraphie*, p. 107).

elle serait inconciliable avec une mauvaise administration.

Cette centralisation se développa et se compléta avec le temps. Il se forma peu à peu une hiérarchie de fonctionnaires qui se surveillaient et se dirigeaient les uns les autres. Au quatrième siècle, la Gaule était partagée en dix-sept provinces régies par des gouverneurs qu'on appelait recteurs ou présidents. Ceux-ci avaient au-dessus d'eux le *vicarius* qui avait le contrôle sur toute l'administration du pays; il était subordonné lui-même au préfet du prétoire. Dans la capitale de l'empire étaient les bureaux de l'administration centrale. Ils étaient partagés en quatre grandes divisions qui avaient quelque ressemblance avec les ministères des États modernes. Les comptes de finances de toutes les provinces étaient adressés au *comes sacrarum largitionum* ou au *comes rei privatæ*. Les rapports d'administration allaient au *magister officiorum*. Les maîtres de la milice avaient la direction ou la surveillance de toutes les armées. Il y avait des bureaux pour les archives, des bureaux pour la justice, des bureaux pour le domaine public. Il nous est resté une précieuse image de cet édifice administratif: c'est la liste des fonctions de l'empire, *notitia dignitatum*, qui fut rédigée dans les premières années du cinquième siècle. Il la faut lire sans parti pris de dénigrement; elle donne l'idée d'un corps bien ordonné[1].

L'empire romain ne se départit jamais de l'observation

---

[1] *Notitia dignitatum tam civilium quam militarium in partibus Orientis et Occidentis*, édition Boecking, Bonn, 1853.

de quelques règles administratives. — La première était que les fonctions ne fussent jamais vénales : l'habitude de mettre en vente et de donner à ferme les offices et les pouvoirs publics, habitude que nous verrons paraître à d'autres époques de l'histoire, fut toujours réprouvée de l'empire romain. Un de ces princes disait fort justement : « Je ne souffrirai jamais qu'on achète les fonctions, d'abord parce qu'il est inévitable que celui qui a acheté revende, ensuite parce que je ne saurais punir le fonctionnaire qui aurait payé sa charge[1]. » — La seconde règle était que toutes les fonctions fussent temporaires : le gouverneur de province savait qu'il n'était nommé que pour un petit nombre d'années ; il ne pouvait espérer de se perpétuer dans sa dignité ou de faire de sa province un petit royaume. Il résulta de là que l'empire fut toujours obéi de ses fonctionnaires et qu'il n'eut jamais à soutenir contre eux cette sorte de lutte à laquelle s'usèrent les forces de plusieurs dynasties de rois. — La troisième règle était que les gouverneurs de provinces reçussent un traitement fixe et des fournitures dont la valeur était déterminée par la loi[2]. Il ne leur était pas

---

[1] Lampride, *Alexandre Sévère*, ch. 49. Cf. *Novelles*, 8, 1 ; et 17, 1.

[2] Ces traitements ne semblent pas avoir été considérables ; si l'on calcule que le gouverneur devait entretenir à ses frais toute une *cohors* d'employés et de secrétaires, tenir un train de maison luxueux, donner des fêtes et des repas, on jugera que son traitement devait couvrir à peine ses dépenses. Les dignités publiques n'étaient pas un moyen de faire fortune ; on peut remarquer, au contraire, qu'elles étaient ordinairement conférées à des hommes déjà riches et de grande famille, comme si ceux-là seuls étaient capables de les remplir. C'est se tromper beaucoup que de se figurer les fonctionnaires de l'empire romain comme une classe besogneuse, faisant métier de pressurer la population, et tout occupée à s'enrichir. Les

permis de tirer de leur charge un bénéfice personnel, et l'on peut voir dans les codes toutes les précautions minutieuses que le pouvoir prenait pour garantir les peuples de leur avidité et surtout de celle de leurs subalternes[1]. Le fonctionnaire n'avait le droit ni d'entrer dans aucune opération commerciale, ni d'acheter un fonds de terre; il lui était interdit de recevoir des présents. Il levait l'impôt, mais il n'en fixait pas le chiffre, et toute somme perçue par lui indûment devait être restituée au quadruple. Les exactions des employés subalternes étaient frappées des peines les plus sévères. Le gouverneur, après l'expiration de ses pouvoirs, était tenu de demeurer cinquante jours dans sa province, afin de répondre à toutes les réclamations que ses administrés pouvaient porter contre lui.

Il est difficile de dire jusqu'à quel point l'observation de ces trois règles assura la régularité et l'équité de l'administration; mais on verra, dans la suite de ces études, qu'elles ont disparu avec l'empire romain; on observera à quels désordres cette disparition livra la société; on pourra calculer ce qu'il y eut alors d'iniquité et d'oppression; et par le mal que fit l'absence de ces règles, on pourra se faire une idée du bien qu'elles avaient pu produire.

Il en fut de même de la centralisation; les documents de ce temps-là ne nous démontrent pas avec une pleine

---

fonctions (si l'on excepte du moins celle de procurateur) étaient plus honorables que lucratives, et aussi n'étaient-elles exercées que par les hautes classes de la société. C'est ce qu'on peut voir dans Tacite, dans Pline, dans Dion Cassius, dans Ammien, dans Ausone, dans Rutilius, dans Sidoine Apollinaire; c'est aussi ce que montrent les inscriptions.

[1] Voyez surtout le titre XVI du livre Ier du code Théodosien.

certitude que les peuples l'aient aimée; mais les documents de l'âge suivant prouvent qu'après l'avoir perdue, ils ne cessèrent pas de la regretter.

CHAPITRE IV

De quelques libertés provinciales sous l'empire romain; les assemblées et les députations.

Les provinces n'étaient pas absolument dépourvues de moyens de défense contre les excès de pouvoir. Il a existé, du commencement à la fin de l'empire, un ensemble d'usages et d'institutions qui étaient d'efficaces garanties pour les intérêts et les droits des peuples. On ne doit pas s'attendre, sans doute, à trouver ici ce que les hommes de nos jours appellent le système représentatif; les anciens ne l'avaient jamais connu et les empereurs ne s'appliquèrent pas précisément à le constituer; c'est pourtant au temps de l'empire que les institutions fondamentales de ce régime apparaissent pour la première fois en Europe.

Les historiens de l'empire mentionnent fréquemment des députations provinciales qui venaient à Rome pour accuser leurs gouverneurs[1]. Or ce qui est remarquable

---

[1] *Procurator Asiæ, Lucilius Capito, accusante provincia causam dixit in senatu... Reus, cognito negotio, damnatur.* Tacite, *Annales,* IV, 15. — *Marius Priscus, accusantibus Afris, quibus proconsule præfuit, judices petiit; ego et Cornelius Tacitus adesse provincialibus jussi.* Pline,

ici c'est que ces députations étaient élues par les provinces, et qu'elles ne l'étaient pas secrètement, mais au grand jour. Dans les nombreux récits qui se rapportent à ce sujet, nous ne voyons jamais qu'on reprochât à la province d'avoir outrepassé ses droits en nommant des députés, ou à ces députés de manquer d'un titre régulier. La députation était toujours reçue officiellement par le sénat et par le prince. Il est donc vrai de dire que les provinces avaient une représentation au moins intermittente; on leur reconnaissait le droit de faire entendre leurs vœux et leurs réclamations, et elles avaient la faculté de choisir par voie d'élection et ostensiblement ceux qui devaient porter ces vœux ou ces plaintes.

Les inscriptions sont sur cette matière plus explicites encore que les historiens. Elles nous mettent sous les yeux avec une pleine clarté tout un côté de la vie publique de ce temps-là. Déjà elles nous ont fait voir qu'il s'était établi dès les premiers temps de l'empire romain une sorte de religion politique dont la divinité suprême était l'empereur. Elles vont nous montrer encore que cette même religion, qu'au premier abord on jugerait faite pour des esclaves, fut au contraire un principe de liberté.

On sait que chaque province avait son temple d'Au-

Lettres, II, 2. — *Marium Priscum una civitas publice, multique privati reum peregerunt; in Classicum tota provincia incubuit... Bona Classici placuit spoliatis relinqui.* Pline, *Lettres*, III, 9. — Voyez d'autres exemples dans Dion Cassius, LX, 25 et 33. — On en trouve encore au quatrième siècle dans Ammien Marcellin, XVIII, 1, et XXII, 2. — Voyez aussi dans le code Justinien (I, 40, 3) une loi de l'an 331 qui autorise formellement les provinces à présenter leurs plaintes contre leurs gouverneurs.

guste. On retrouve l'existence de ce temple en Galatie, en Bithynie, en Grèce, en Afrique, en Espagne. La Gaule Narbonnaise avait un temple à Narbonne. Les trois grandes provinces qu'on appelait l'Aquitaine, la Lyonnaise et la Belgique s'étaient associées dans ce culte et avaient élevé un temple magnifique sur un petit territoire qui leur appartenait en commun, près de Lyon. C'est là que s'accomplissaient les cérémonies religieuses et les fêtes sacrées des Trois Gaules[1].

Chacun de ces temples, en Orient comme en Occident, avait son grand prêtre. Les inscriptions grecques appellent ce personnage ἀρχιερεὺς ; les inscriptions latines l'appellent *sacerdos* ou *flamen* ; ces deux termes indiquaient, dans la langue du temps, une dignité religieuse d'un ordre très-élevé[2].

Si l'on songe à l'importance que ce culte avait dans les croyances des peuples, on doit penser que l'homme qui y présidait jouissait lui-même d'une très-haute considération. Aussi ce sacerdoce n'était-il conféré qu'aux hommes les plus distingués de la province ; pour y parvenir, il fallait avoir rempli déjà les fonctions les plus élevées et les premières magistratures[3]. Représentons-

---

[1] Dion Cassius, LIV, 32. — Orelli, *Inscriptions*, n°⁸ 184, 185, 4018, 6966. — Aug. Bernard, *le Temple d'Auguste et la Nationalité gauloise.*

[2] Le titre de *sacerdos* était encore porté au cinquième et au sixième siècle par les évêques chrétiens.

[3] *Sex. Attius, viennensis, omnibus honoribus in patria sua functus, flamen provinciæ Narbonensis.* (Herzog, *Galliæ Narb. hist.*, appendice, n° 501.) — *Q. Solmius, equo publico* (décoré du titre de chevalier romain), *flamen provinciæ Narbonensis.* (Ibid., n° 106.) — Τρεβέλλιον Ῥοῦφον, ἀρχιερέα ἐπαρχείας τῆς ἐκ Ναρβῶνος καὶ πάσαις τιμαῖς ἐν τῇ πατρίδι Τολώσῃ τετιμημένον. (Pittakis, *Ephemeris arch.*, n° 59.) — *Sex. Julio*

nous les usages et les idées de cette époque : voyons ce grand prêtre s'avancer sous son brillant costume de pontife, couvert d'une robe de pourpre brodée d'or, la couronne d'or sur la tête[1], et, au milieu de la grande assemblée silencieuse et recueillie, accomplir le pompeux sacrifice « pour le salut de l'empereur et pour le salut du pays; » nul doute qu'un tel personnage ne tienne un rang très-haut dans l'estime des hommes et qu'il ne marche à peu près l'égal du gouverneur. Celui-ci a le droit de glaive; lui, il est en possession du droit de prononcer la prière et d'attirer la bienveillance divine. Le gouverneur est le représentant du prince; lui, il est le prélat de la province. Or ce grand prêtre ne dépendait pas du pouvoir et n'était pas nommé par l'empereur; il était élu chaque année par la province elle-même. C'était donc un chef électif du pays qui se plaçait vis-à-vis du fonctionnaire impérial.

Dans l'exercice de son sacerdoce, il était entouré et assisté par des prêtres inférieurs qui avaient été élus comme lui par les différentes cités composant la province.

Lucano, duumviro civitatis Segusiavorum, sacerdotali. (A. Bernard, p. 58.) — *P. Vettio Perenni, carnutino, ex provincia Lugdunensi, duumvirali, sacerdoti.* (Ibid., p. 57.) — Cf. Orelli, nᵒˢ 184, 2273; Henzen, 6966. — Encore en 395, une loi insérée au code Théodosien (XII, 1, 148) prononce que pour obtenir la dignité de grand prêtre provincial il faut réunir trois conditions : le mérite, la fortune, et l'exercice préalable des plus hautes magistratures municipales.

[1] *Purpura illa et aurum cervicis ornamentum eodem more apud Ægyptios et Babylonios insignia erant dignitatis, quo more nunc prætextæ, vel trabeæ, vel palmatæ, et coronæ aureæ sacerdotum provincialium.* (Tertullien, *De idolatria.*) Cf. Dion Chrysostôme, *oratio* 34.

Cette réunion de personnages revêtus d'un caractère sacré et choisis par toutes les parties du pays ressemble assez à ce que l'ancienne Grèce avait connu sous le nom d'amphictyonies, et à ce que l'ancienne Italie avait appelé Féries latines. La province était une sorte de confédération religieuse et politique à la fois. Elle marquait son unité et en même temps sa soumission à l'empire par un culte. Il fallait qu'aux cérémonies annuelles de ce culte tous les membres de la confédération fussent représentés ; ils faisaient ensemble le sacrifice et se partageaient la chair de la victime dans un repas sacré.

Tout cela n'était pas un pur cérémonial ; quand on sait combien ces générations étaient superstitieuses et quel empire la religion exerçait sur leurs âmes, on ne peut pas douter que la fête annuelle du temple d'Auguste ne fût un des événements les plus graves de l'existence humaine de ce temps-là. La religion et la politique y étaient également intéressées. Pour les peuples, c'était la plus grande fête de l'année, c'était le jour de la plus fervente prière et aussi des plus vifs plaisirs, le jour des festins et des spectacles. Pour le fonctionnaire impérial, c'était le jour solennel entre tous où la population marquait son dévouement et par son allégresse ratifiait l'empire. Il devait envoyer un rapport à Rome sur la manière dont cette journée s'était passée. Il était très-important qu'il pût écrire chaque année ce que Pline, gouverneur de Bithynie, écrivait à Trajan : « Ma province est dans des sentiments de soumission et de dévouement à votre égard ; nous nous sommes acquittés des vœux annuels pour votre salut et pour le salut public ; après avoir prié les dieux qu'ils vous conservent pour le genre humain dont vous assurez le repos, toute la province, avec un zèle pieux, a renouvelé le serment de fidélité[1]. »

Cette prière et ce serment, dont parle Pline, étaient certainement prononcées par les prêtres que la province elle-même avait élus. Supposons que la province fût mécontente et que l'esprit d'opposition y régnât, le gouvernement n'avait pas de moyens matériels pour la contraindre à élire des hommes qui se prêtassent à l'accomplissement de ces formalités. Si fort que soit un pouvoir, il ne lui serait pas aisé d'arracher à une population hostile un assentiment annuel, et cela durant trois siècles. Telle était l'importance de la fête solennelle que, si une seule ville dans la province avait été ennemie du gouvernement, elle eût marqué son opposition par le refus d'envoyer son représentant. Il n'est pas douteux qu'un tel refus n'eût été un acte fort grave et que le gouvernement impérial n'y eût été très-sensible. C'est en se plaçant au milieu des croyances des hommes qu'on s'aperçoit bien que ces générations avaient des moyens d'action assez efficaces à l'égard de leurs administrateurs. Il y a lieu de croire qu'un fonctionnaire avait pendant toute l'année les yeux fixés sur la grande fête religieuse où la province devait dire si elle était heureuse et satisfaite. Toute son habileté devait tendre à ce que ce concert de re-

---

[1] *Diem celebravimus... precati deos ut te generi humano incolumem præstarent; præivimus et commilitonibus jusjurandum more solemni præstantibus et provincialibus, qui eadem certarunt pietate, jurantibus.* (Pline, *Lettres*, X, 60. Cf. X, 28; X, 44 et 45; X, 101 : *Vota, domine, persolvimus, curante provincialium pietate, precati deos ut te remque publicam florentem et incolumem servarent.*)

connaissance et de dévouement ne fût troublé par aucune discordance. Ce n'était pas lui qui nommait les prêtres ; leur élection était nécessairement à ses yeux la plus grave affaire de chaque année. Elle avait à peu près la signification et l'importance qui s'attachent, de nos jours, au choix des députés d'un pays ou des conseillers généraux d'un département[1]. Il faut d'ailleurs remarquer que ces prêtres annuels n'étaient pas ce que sont chez nous les ministres du culte, c'est-à-dire des hommes uniquement soucieux de la religion et placés en dehors de la vie politique. Les inscriptions montrent au contraire que les villes choisissaient comme prêtres les hommes qui avaient d'abord exercé les magistratures municipales. Ils étaient donc ce qu'on appellerait de nos jours des hommes politiques. Ils avaient administré longtemps les affaires de leur pays ; ils en connaissaient les intérêts, les besoins, les vœux, les sujets de plainte ; ils en étaient de véritables représentants.

Fixons un moment les yeux sur le temple qui avait été élevé par les trois provinces des Gaules près de Lyon. La fête annuelle avait lieu aux calendes du mois d'août. Elle commençait par un sacrifice ; les prêtres élus immolaient des victimes, faisaient brûler l'encens, récitaient les prières et les hymnes. On faisait ensuite un repas religieux en se partageant les chairs des victimes. Venaient enfin les jeux et les spectacles qui, dans les

[1] Ces élections étaient fort disputées. Un jurisconsulte du troisième siècle parle des brigues et quelquefois même des luttes à main armée qui les accompagnaient *Pauli sententiæ*, V, 30 : *Petiturus magistratum vel provinciæ sacerdotium, si turbam suffragiorum causa conduxerit, servos advocaverit, aliamve quam multitudinem conduxerit.*

croyances de l'époque, n'étaient pas un simple amusement et qui formaient, au contraire, une des parties les plus essentielles du culte. Les soixante prêtres, représentant les soixante cités des trois Gaules, étaient présents à ces jeux, assis à des places d'honneur et revêtus du costume sacerdotal.

Quand les sacrifices et les spectacles étaient terminés, les prêtres ne se séparaient pas encore. Ils restaient réunis pendant quelques jours et ils formaient un corps que la langue officielle elle-même appelait l'assemblée des Gaules, *concilium Galliarum*. C'était en effet une sorte d'assemblée nationale qui se tenait régulièrement chaque année.

Les inscriptions nous donnent une idée des objets dont cette assemblée avait à s'occuper. Ses premières délibérations portaient sans doute sur les frais de la fête qui venait d'avoir lieu et sur le règlement des comptes. Elle disposait à cet effet d'un trésor commun qui était alimenté par les contributions des villes. Elle avait ses impôts à elle qu'elle répartissait et levait à sa guise. Elle élisait chaque année un répartiteur (*inquisitor arcæ*), un percepteur général (*allector*), un juge chargé d'apprécier les réclamations des contribuables (*judex arcæ Galliarum*[1]). C'était toute une administration provinciale, et elle était indépendante de l'autorité romaine.

Là ne se bornaient pas les attributions de l'assemblée. Elle examinait l'état des provinces et passait en revue les actes de l'année écoulée; enfin elle discutait s'il y avait

---

[1] Voyez de Boissieu, *Inscriptions antiques de Lyon*, p. 259, 265, 278, 279; Aug. Bernard, *le Temple d'Auguste*, p. 92 et 96.

lieu d'accorder un éloge ou d'infliger un blâme aux gouverneurs et aux fonctionnaires impériaux.

Une inscription qui a été trouvée en Normandie est singulièrement instructive. Gravée l'an 238 de notre ère, elle contient une lettre qu'un ancien gouverneur de Gaule écrivait à l'un de ses successeurs. Cette lettre mérite d'être citée : « A l'époque où j'étais légat impérial dans la province Lyonnaise, j'y ai connu plusieurs hommes distingués, du nombre desquels était Sennius Solemnis de la cité des Viducasses (Vieux, près de Caen); il avait été député comme prêtre au temple de Rome et d'Auguste. J'aimais déjà cet homme pour son caractère religieux, sa gravité, l'honnêteté de ses mœurs; un autre motif encore lui valut mon amitié. Pendant que mon prédécesseur, Claudius Paulinus gouvernait la province, il arriva que, dans l'assemblée des Gaules, quelques membres qui croyaient avoir à se plaindre de lui prétendirent lui intenter une accusation au nom de la province; mais Solemnis combattit leur proposition et déclara que ses concitoyens, en le nommant leur député, loin de lui donner pour mandat d'accuser le gouverneur, l'avaient chargé de faire son éloge. Sur cette raison l'assemblée ayant délibéré décida unanimement que Claudius Paulinus ne serait pas mis en accusation[1]. »

Voilà donc une assemblée des députés élus de la Gaule qui, dans la capitale du pays, après avoir accompli les

[1] Cette inscription se trouve gravée sur une des faces d'un piédestal qu'on appelle le monument de Thorigny, et qui est aujourd'hui à Saint-Lô. M. Léon Rénier en a fait une étude particulière dans ses *Mélanges d'épigraphie*. Elle a été publiée par M. Aug. Bernard, et en dernier lieu par M. Mommsen, dans les Mémoires de l'académie de Saxe.

cérémonies du culte, a délibéré sur la conduite et sur l'administration du gouverneur impérial. Elle a pu décider qu'elle lui intenterait une accusation ; elle a discuté cette question en pleine liberté ; si l'accusation n'a pas été produite, c'est parce que l'assemblée a voulu qu'elle ne le fût pas.

Ces assemblées n'étaient pas particulières à la Gaule ; elles étaient une institution générale de l'empire. Autour du temple d'Auguste qu'il y avait dans chaque province, se groupait un conseil provincial ou national. Les inscriptions de la Grèce mentionnent fréquemment ce conseil ; elles nous le montrent élisant son président annuel et promulguant même des décrets. Celles d'Espagne signalent de même le conseil de la Bétique et celui de la Tarraconnaise qui se tenaient chaque année, à époque fixe, dans les capitales de ces deux provinces. On trouve même des traces de ces assemblées dans l'ancienne Helvétie[1].

Un chapitre de Tacite confirme et éclaire tous ces documents. Sous le règne de Néron, le sénat romain se plaignit de ce que les provinces, au lieu de trembler

---

[1] Τὸ κοινὸν τῆς Ἀχαίας. (Bœckh, *Corpus inscript.*, n° 1124.) — Δόγμα τοῦ κοινοῦ πάσης τῆς Κρήτων ἐπαρχίας. (*Ibid.*, nos 2595, 2596, 2597.) — Τὸ κοινὸν τῶν ἐν Βειθυνία Ἑλλήνων. (G. Perrot, *Explorat. archéol. de la Galatie.*) — Deux inscriptions, trouvées en Macédoine par M. Delacouloche, mentionnent un Κοινὸν Μακεδόνων. (Voy. la *Revue des sociétés savantes*, 1858.) — On trouve l'existence de ce conseil jusque dans les provinces des côtes de la mer Noire. (Voy. G. Perrot, *Revue archéologique*, 1874.) — Les inscriptions latines signalent le *concilium Bæticæ*, le *concilium Tarraconensis provinciæ*, le *conventus Carthaginiensis*, le *conventus Helveticus*. On peut voir sur ce sujet un remarquable travail que M. Marquardt a publié dans la *Ephemeris epigraphica*, en 1872. Cf. Waddington, *Voyage archéologique*, partie V, nos 1175 à 1178, et les notes que le savant explorateur a données sur ces inscriptions.

devant leurs gouverneurs, leur faisaient la loi. « Voyez nos proconsuls, dit un sénateur; ils sont comme des candidats qui brigueraient les suffrages de leurs administrés; ils redoutent leurs accusations et ils mendient leurs éloges[1]. » On cita à ce sujet l'orgueilleuse parole d'un homme de province qui avait dit « qu'il dépendait de lui que son gouverneur reçût, ou non, des actions de grâces. » Le sénat s'émut; il chercha les moyens de relever l'autorité. Il se demanda s'il retirerait aux provinces le droit d'accuser leurs administrateurs; mais il n'osa pas le faire. Il voulut au moins leur enlever, ce qui en était la contre-partie, la faculté de décerner des éloges et des honneurs publics. Il fut alors décidé que les assemblées provinciales pourraient députer à Rome pour accuser, mais non pour remercier[2].

Ainsi, dès le règne de Néron, on reconnaissait l'existence légale des assemblées; on se plaignait à Rome de leur trop de puissance et on n'osait leur enlever qu'une seule de leurs attributions, qui leur fut même bientôt rendue. A une autre époque, l'historien Ammien Marcellin signale l'assemblée annuelle d'une province et nous la montre élisant des députés pour porter à l'empereur ses doléances[3].

Il est si vrai que ces assemblées étaient régulières et légales que le Digeste a conservé plusieurs rescrits impé-

---

[1] *Colimus externos et adulamur; et quomodo ad nutum alicujus grates, ita promptius accusatio decernitur... In modum candidatorum, suffragia conquirimus.* (Tacite, *Annales*, XV, 24.)

[2] Tacite, *ibid.*, 20-22.

[3] *Adlapso legitimo die concilii, quod apud eos est annuum, creavere legatos ut lacrymosas provinciæ ruinas docerent.* Ammien, XXVIII, 6.

riaux adressés par Adrien et par Antonin à l'assemblée de la Bétique, à celle des Thraces, à celle des Thessaliens[1]. On a des lois de Vespasien, d'Adrien, d'Alexandre Sévère qui ont trait aux députations provinciales[2].

Les membres de ces députations étaient élus par les représentants des différentes cités de la province réunis en une assemblée commune. L'usage était que cette assemblée rédigeât d'abord ses vœux et ses demandes; elle élisait ensuite un ou plusieurs députés à qui elle remettait la lettre ou le cahier dans lequel ses vœux étaient consignés. Les députés n'avaient autre chose à faire qu'à porter ce cahier à l'empereur et à le soutenir devant lui par leur parole; ils ne pouvaient pas s'écarter du mandat qu'ils avaient reçu de leurs concitoyens. Tantôt il s'agissait seulement d'adresser au prince les remercîments de la province. Tantôt c'étaient des plaintes ou des réclamations qu'il fallait présenter. Quelquefois il fallait faire connaître au prince les désastres qui avaient frappé la province, demander une réduction d'impôt ou une subvention pour l'établissement d'un aqueduc, d'une école ou d'un théâtre. Un député pouvait être élu malgré lui; il n'avait pas le droit de refuser le mandat. Les frais du voyage étaient supportés par le budget de la province[3].

---

[1] Digeste, V, 1, 37 : *Divus Hadrianus* τῷ κοινῷ τῶν Θεσσάλων, *id est, communi seu reipublicæ Thessalorum rescripsit.* — Digeste XLVII, 14, 1 : *Divus Hadrianus concilio Bæticæ rescripsit.* — Digeste, XLIX, 1, 1 : *De qua re exstat rescriptum Divi Pii* πρὸς τὸ κοινὸν τῶν Θρᾳκῶν, *id est, ad communitatem Thracum.*

[2] On les trouvera au Digeste, livre L, titre VI, *De legationibus.* — Comparer code de Justinien, livre X, titre LXIII.

[3] Voyez sur tous ces points le code Théodosien, liv. XII, titre I, loi 25; et liv. XII, titre XII, lois 12, 13, 15. — Cf. Symmaque, *Lettres*, I, 2; IV,

Lorsque, dans la suite de ces études, nous arriverons aux états généraux et provinciaux du quatorzième siècle, il sera bon que le lecteur se souvienne de ces assemblées annuelles de l'empire romain, dont il retrouvera alors plusieurs des traits les plus caractéristiques.

Ces institutions ont duré jusqu'aux derniers temps de l'empire. On a une loi de l'année 355 qui porte que les provinces doivent avoir pleine liberté d'exprimer leurs vœux dans leurs assemblées et de les faire soutenir par leurs députés[1]. Constantin avait fait une loi pour interdire de rien changer au mandat arrêté par l'assemblée et d'en rien retrancher[2]. Plus tard, les empereurs Gratien et Valentinien décrétèrent encore que chaque province, après avoir arrêté la rédaction de ses vœux, devait nommer trois députés pour les porter au prince[3]. Ils ajoutèrent qu'aucun gouverneur de province n'avait le

---

52; X, 53; et le Digeste, liv. L, titre VII. — Il est à peine besoin de faire observer que le gouverneur réussissait souvent à faire nommer pour député un homme de son choix et à ne faire dire par ce député que ce qu'il voulait qu'il fût dit; c'est là un fait qui dut se reproduire bon nombre de fois dans l'espace de ces cinq siècles; on peut supposer pourtant qu'il ne fut que l'exception. Ammien Marcellin (liv. XXX, ch. 5) cite une scène curieuse; il s'agit d'un gouverneur qui a déterminé, nous ne savons par quel moyen, l'assemblée provinciale à charger son député d'un mandat de remercîment; mais l'empereur, qui a quelque soupçon, oblige ce député à lui dire la vérité tout entière, et comme il apprend que les provinciaux ont été maltraités il destitue le gouverneur.

[1] *In Africanis provinciis universis conciliis liberam tribuo potestatem ut, congruente arbitrio studii, condant cuncta decreta, aut commodum quod credunt consulant sibi, quod sentiunt eloquantur decretis conditis missisque legatis.* (Code Théodosien, XII, 12, 1.)

[2] Code Théodosien, XII, 12, 4.

[3] *Habito tractatu conventuque, tres e provincia, qui petitiones advehant, delegentur.* (Code Théodosien, XII, 12, 7.)

droit de se faire livrer la lettre ou le cahier que la province avait rédigé ni d'empêcher les députés de parvenir jusqu'à l'empereur. La poste impériale était même, par une faveur rarement accordée, mise à leur disposition[1].

Nous ne voyons jamais qu'on ait interdit aux assemblées des villes ou des provinces de se réunir. Ammien Marcellin raconte qu'en un moment de danger où l'empire était attaqué par un ennemi extérieur, les assemblées municipales et nationales se tinrent partout et qu'elles indiquèrent au gouvernement le choix du général qu'elles jugeaient le plus capable de défendre l'empire[2].

Ces assemblées n'étaient ni convoquées ni dissoutes par les fonctionnaires du gouvernement impérial. Elles fixaient elles-mêmes la date et le lieu de leur réunion[3]. Elles n'étaient pas électives ; mais elles se composaient de tous ceux qui dans la province avaient été revêtus des magistratures municipales[4]. Les plus riches propriétaires

---

[1] *Sive integra diœcesis in commune consuluerit, sive singulæ inter se voluerint provinciæ convenire, nullius judicis potestate tractatus utilitati earum congruus differatur, neque provinciæ rector aut præsidens vicariæ potestati aut ipsa etiam præfectura decretum æstimet requirendum. Illud etiam addimus ut si integra diœcesis unum vel duos elegerit quibus desideria cuncta committat, rhedæ cursualis iisdem tribuatur evectio... Licere volumus oppressis deflere quæ perferunt.* (Code Théodosien, XII, 12, 9, édit. Hœnel.)

[2] Ammien Marcellin, XVIII, 6.

[3] *Provinciale concilium, quo tempore iniri debeat, cum assensu omnium propria auctoritate definiat.* (Code Théodosien, XII, 12, 13.)

[4] *Ad provinciæ concilium cunctos volumus convenire qui primatum honorantur insignibus.* (Code Théodosien, XII, 12, 12.) — Ces magistrats municipaux que leurs fonctions avaient élevés au rang de *primates*, sont les mêmes que l'édit de 418 appelle *Honorati*.

en faisaient partie de droit; on jugeait qu'une grande fortune territoriale, qui représentait de nombreux intérêts, était un titre suffisant pour figurer dans une réunion qui avait précisément à exprimer les intérêts et les besoins du pays[1]. Il était quelquefois permis de se faire représenter par un mandataire, et même d'envoyer son opinion par écrit. Tous les avis étaient discutés en commun, et les décisions étaient prises à la majorité des suffrages[2]. Puis on nommait les députés chargés de porter les décrets arrêtés par l'assemblée; ceux-ci se rendaient à Rome et s'acquittaient avec une entière liberté du mandat que la province leur avait confié[3].

Le fameux édit d'Honorius, de l'année 418, ne créa rien de nouveau. Seulement, le désordre des derniers temps avait interrompu la tenue des assemblées; Honorius prit soin de les rétablir. « Nous jugeons très-opportun et très-utile, dit l'empereur, que la coutume soit désormais observée chaque année et que les sept provinces aient dorénavant leur assemblée à une époque fixe dans la cité d'Arles; en cela nous cherchons l'intérêt

[1] Ces grands propriétaires, dans la langue officielle du quatrième et du cinquième siècle, étaient désignés par le mot *Possessores*. — Voyez l'édit d'Honorius de 418, qui marque que les assemblées provinciales doivent être composées des *Honorati* et des *Possessores*.

[2] *Ut in loco publico de communi utilitate sententia proferatur, atque id quod majoris partis assensus probaverit, solennis firmet auctoritas.* (Code Théodosien, XII, 12, 12; loi de l'année 392). — *Quod in consilium communia vota deducunt, vel in æde publica vel in aliqua fori parte tractetur.* (Code Théodosien, XII, 12, 13.)

[3] *Civitatum postulata, decreta urbium, desideria populorum liquido tua sublimitas recognoscit ad imperialis responsi officium pertinuisse, admissosque legatos dixisse libere quæ illorum fuerant a communi fidei constantiæque commissa.* (Code Théodosien, XII, 12, 16.)

de chacun et de tous; nous voulons que cette réunion des citoyens les plus notables présente ses avis sur les intérêts généraux. C'est un usage ancien que nous rétablissons. L'assemblée se tiendra chaque année des ides d'août aux ides de septembre. Elle sera composée des anciens magistrats, des grands propriétaires, et des juges de chacune des provinces. Une amende de trois livres d'or sera prononcée contre ceux qui manqueront d'y assister[1]. »

Nous pouvons suivre cette histoire des assemblées provinciales encore plus loin. Sidoine Apollinaire en parle à la veille de l'établissement des royautés germaniques qui devaient les faire disparaître ou tout au moins les transformer. Dans une de ses lettres il raconte qu'un préfet des Gaules est accusé devant le sénat par sa province; l'assemblée du pays, dit-il, a émis un décret et a nommé trois députés pour le porter à Rome[2]. Dans une autre lettre il trace une sorte de tableau qui nous donne une idée de la physionomie ordinaire de ces assemblées provinciales. On y voit que les hommes des grandes familles y siégeaient en vertu de leur richesse foncière; que les magistrats élus par les villes y siégeaient également; que les places y étaient marquées d'après les di-

---

[1] Le texte de cet édit est dans les *Diplomata*, édit. Pardessus, t. I, p. 3.
[2] *Legati provinciæ Galliæ Arvandum publico nomine accusaturi cum gestis decretalibus insequuntur. Provinciale mandatum profertur.* Sidoine, *Lettres*, 1, 7. Le même écrivain, dans son *Panégyrique d'Avitus*, parle d'un député élu par la province pour se rendre vers l'empereur et lui demander un allégement de l'impôt. — Une inscription du cinquième siècle mentionne encore le *concilium* d'une province de Gaule. Voyez Leblant, *Inscriptions chrétiennes de la Gaule*, n° 545 A.

gnités dont on avait été revêtu ; que les uns étaient assis, les autres debout, suivant leur rang ; que l'ordre même d'après lequel on votait était déterminé par l'âge, la richesse, la naissance, et surtout par les fonctions publiques que chacun avait remplies[1]. Ce n'étaient certainement pas des assemblées démocratiques ; elles représentaient ce qu'il y avait dans la province de plus élevé et de plus considérable et étaient en quelque façon le faisceau des grands intérêts du pays.

L'empire romain ne connaissait assurément pas cette sorte de régime représentatif où les populations gouvernent sous le nom d'un roi. Il connaissait du moins cette autre sorte de régime où les populations, sans jamais gouverner, ont des moyens réguliers et légaux de faire entendre leurs désirs ou leurs plaintes.

Que l'on observe de près ces institutions qui ont duré cinq siècles, on remarquera sans nul doute qu'elles n'ont donné lieu à aucun trouble, qu'elles n'ont engendré aucun conflit, qu'au contraire elles ont toujours été un appui pour le gouvernement impérial. Elles auraient été un puissant instrument d'opposition, si l'idée d'opposi-

---

[1] Voyez Sidoine, *Lettres*, I, 6, où il reproche à un ami de vivre dans ses propriétés, de négliger sa carrière politique, et de se laisser devancer dans les dignités par de plus jeunes que lui. Il ajoute : « Vienne le jour de l'Assemblée, tu verras des jeunes gens prendre place avant toi, avant toi donner leur avis; ils seront assis et tu resteras debout; à quoi te servira ton âge, ta noblesse ? resté obscur et sans autre titre que celui de propriétaire campagnard, tu seras sans influence dans l'assemblée; l'opinion d'un homme plus pauvre que toi, mais qui aura parcouru les dignités, prévaudra sur la tienne. » Rapprochez de cela un texte du code Théodosien, XII, 1, 4, où l'on voit que dans ces assemblées les hommes qui avaient rempli les magistratures municipales étaient assis, les autres restant debout.

tion avait été dans les âmes. Dans l'état des esprits, elles furent plutôt un moyen de gouvernement. Par elles, les peuples étaient en communication incessante avec le pouvoir. Ne nous figurons pas cette société muette et résignée ; c'est sous un tout autre aspect que les documents nous la montrent. Tantôt elle remercie et adule, tantôt elle récrimine et accuse ; toujours elle parle ; elle est, pour ainsi dire, en perpétuel dialogue avec son gouvernement qui ne peut jamais ignorer ses opinions et ses besoins. Ces institutions n'étaient pas inconciliables avec une obéissance constante et même avec certaines habitudes de servilité ; mais il y a un degré d'oppression qui aurait été incompatible avec elles ; il n'est pas humainement possible que des peuples, qui avaient une telle arme dans les mains, eussent supporté et servi durant cinq siècles un régime qui aurait été contraire à leurs intérêts. L'adulation des hommes ne va jamais jusqu'à souscrire à leur ruine.

CHAPITRE V

Du régime municipal, en Gaule, sous l'empire romain.

Avant la domination romaine on avait compté dans la Gaule environ 80 peuples ; on en compta à peu près autant dans la Gaule soumise à Rome. Le géographe Ptolémée, qui décrivait le pays au second siècle de notre ère, en énumère 78. Rome n'avait donc pas brisé, sauf de très-rares exceptions, les corps politiques qu'elle avait trouvés établis. Elle avait laissé à chacun d'eux son ancien nom[1], son territoire, son étendue. Ce qu'on appelait la cité gauloise au temps de l'empire n'était pas autre chose que l'ancien peuple gaulois.

C'est assez dire que le régime municipal, dont nous allons parler, ne fut pas une création factice et artificielle, une œuvre éphémère du caprice du gouvernement ou des populations; il avait ses traditions et ses racines dans un long passé.

Rome ne détruisait pas toute liberté parmi les populations qu'elle avait vaincues. Un siècle et demi après la conquête, il y avait encore quatre peuples gaulois qui étaient appelés, non pas sujets, mais alliés de Rome : c'étaient les Rèmes, les Lingons, les Éduens et les Carnutes. D'autres, au nombre de neuf, et parmi eux les puissants Arvernes, étaient des peuples libres[2]. Ces titres n'étaient pas de vains mots; ils signifiaient que chacun de ces peuples conservait ses lois nationales, sa juridiction particulière, et ses magistratures locales[3].

---

[1] Beaucoup de villes prirent des noms nouveaux, mais les noms des peuples et des *pays* ne changèrent presque pas.

[2] Pline, *Hist. natur.*, IV, 17-19 : *In Gallia... Nervii liberi, Suessiones liberi, Ulmanetes liberi, Leuci liberi, Treveri liberi antea, Lingones fœderati, Remi fœderati, Ædui fœderati, Carnuti fœderati, Meldi liberi, Secusiani liberi, Santones liberi, Bituriges liberi, Arverni liberi.* — Cf. Suétone, *Auguste*, 25 : *Omnem Galliam*, PRÆTER SOCIAS AC BENE MERITAS CIVITATES, *in provinciæ formam redegit.* — A la liste que donne Pline, il faut ajouter Marseille, Antibes, et d'autres villes encore. (Strabon, liv. IV.) — Reims porte le titre de *civitas fœderata* dans une inscription du temps de Trajan (Orelli, n° 3841).

[3] Voyez la *Lex Antonia de Termessibus* (dans le *Corpus Inscriptionum* de Berlin, t. I, p. 114 et suiv., et dans les *Juris romani vestigia*, de

Il est bien vrai que cette liberté manquait de garanties vis-à-vis de l'énorme puissance de l'empire ; il fallait sans nul doute obéir à tous ses ordres et lui payer autant d'impôts qu'il en exigeait. Ce n'est pourtant pas une chose insignifiante que les peuples les plus considérables de la Gaule aient conservé au moins le nom de la liberté et qu'ils aient eu, pendant un siècle et demi, le droit formellement reconnu de se considérer comme des peuples libres. Que leur état légal ait été celui d'alliés plutôt que celui de sujets, on conçoit de quelle conséquence cela dut être pour la constitution des habitudes et des mœurs municipales [1].

Quant aux peuples qui n'étaient ni libres ni alliés, tout porte à croire qu'ils ne furent pas beaucoup plus mal traités que les précédents. S'il y eut à l'origine une distinction bien marquée entre ces deux catégories, elle s'effaça insensiblement. Il arriva alors que, les uns perdant un peu de liberté, les autres en gagnant dans la même mesure, tous se rejoignirent dans un régime uniforme d'où la liberté ne fut pas tout à fait exclue.

Les lois et les inscriptions de toute cette époque nous

M. Ch. Giraud, p. 142) : *Ii omnes posteriquae eorum liberi, amici, sociique populi Romani sunto, iique legibus suis utunto.* — Cf. Strabon, IV, 1, 5 : Ἡ Μασσαλία τὴν αὐτονομίαν ἐφύλαξεν ὥστε μὴ ὑπακούειν τῶν εἰς τὴν ἐπαρχίαν πεμπομένων στρατηγῶν.

[1] Les jurisconsultes de l'Empire furent assez embarrassés pour définir cette liberté : *Liber is est populus qui nullius alterius populi potestati est subjectus, sive is fœderatus est, sive æquo fœdere in amicitiam venit, sive fœdere comprehensum est ut is populus alterius majestatem comiter conservaret. Hoc enim adjicitur ut intelligatur alterum populum superiorem esse, non ut intelligatur alterum non esse liberum.* (Proculus, au Digeste, XLIX, 15, 7.)

montrent, en effet, autour ou au-dessous du pouvoir impérial un nombre infini de petits corps que la langue officielle du temps appelait des *cités*, des *municipes*, des *républiques*[1]. Ces trois termes signifiaient certainement autre chose que de simples divisions territoriales ; ils désignaient des corps politiques ; l'idée qu'ils présentaient à l'esprit était celle de petits États possédant un organisme et une constitution propre.

Chaque cité avait dans son sein un conseil dirigeant, que l'on appelait son sénat, sa curie, ou son ordre des décurions[2]. Il se réunissait pour délibérer sur tous les intérêts locaux. Il examinait les comptes de finances. Souvent il s'érigeait en tribunal pour recevoir les appels des juges municipaux. Il avait enfin le droit de rédiger

---

[1] *Trevirorum civitas* (code Théodosien, XIII, 3, 11) ; *civitas Æduorum, civitas Helvetiorum* (Orelli, n° 360) ; *civitas Veliocassium* (Henzen, n° 6991) ; *Mediomatricorum civitas* (Orelli, n° 1977.) *Respublica Narbonensium* (Henzen, 6484). — *Respublica municipii* (Ulpien, au Digeste, XLVII, 2, 31) ; *qui reipublicæ negotia gessit* (Papinien, au Digeste, L, 1, 13) ; *qui ex vico ortus est, eam patriam intelligitur habere, cui reipublicæ vicus ille respondet* (Ulpien, au Digeste, L, 1 30).

[2] *Senatus, ordo decurionum* (voy. Orelli, n°ˢ 3721, 3726, 3728, 3734, 3742, 3782, 3786 ; Henzen, n°ˢ 5287 a, 6499, 6994, 6995, 6997, 7020, 7066 ; Mommsen, *Inscript. neapol.*, 111. — Lex Julia municipalis (Table d'Héraclée) : *Senator, decurio conscriptusve.* — Lex Salpensitana : *Decuriones conscripti ve.* — Auguste promit à ses centurions de les faire sénateurs dans leurs villes natales : Ἐς τὰς βουλὰς τὰς ἐν ταῖς πατρίσι καταλέξων (Dion Cassius, XLIX, 14).— Curie et sénat, curiale et sénateur étaient des termes à peu près synonymes ; *rarum Carthaginis senatum et exiguos residere curiales* (code Théodosien, XII, 1, 27) ; *decurionem et suæ curiæ senatorem* (Ibid., XII, 1, 85) ; *curiales qui legibus appellati sunt minor senatus* (Cassiodore, *Variarum*, VI, 3). Ce même conseil est souvent appelé *Ordo* dans les inscriptions et dans les lois, et on y ajoute les épithètes *amplissimus, honestissimus, sanctissimus.*

des décrets qui avaient force de loi pour tous les membres de la cité[1].

Les magistrats municipaux étaient nombreux. Au premier rang figuraient ceux qu'on appelait Duumvirs; ils ressemblaient aux anciens consuls de Rome, mais ils ne portaient jamais ce dernier titre[2]. Ils avaient le pouvoir exécutif et étaient comme des chefs de république. C'étaient eux qui convoquaient et présidaient la curie. Ils proposaient les décrets, les faisaient voter, et les exécutaient. Ils possédaient un droit de coercition sur tous les membres de la cité et exerçaient l'autorité judiciaire[3]. Ils géraient aussi les intérêts financiers, affermaient les

---

[1] *Universos curiales præcipimus in locum curiæ convenire* (code Théodosien XII, 12, 15); *decurionibus solemniter in curiam convocatis* (code Justinien, X, 31, 2). — *Lege municipali cavetur ut Ordo non aliter habeatur quam duobus partibus adhibitis* (Ulpien, au Digeste, L, 9, 3). — *De majoris partis decurionum per tabellam sententia, cum non minus quinquaginta aderunt* (Lex coloniæ Juliæ Genetivæ, bronzes d'Osuna, § 97). — *Ad decuriones referto, consulito, decretum facito* (Ibid., § 130). — La formule *Decreto decurionum* est fréquente dans les inscriptions. Le droit de faire des décrets est signalé plusieurs fois dans le Digeste : *Decreta quæ non legitimo decurionum numero facta sunt, non valent* (Digeste, L, 9, 2); *quod semel Ordo decrevit non oportere rescindi divus Hadrianus rescripsit* (Ibid., L, 9, 3).

[2] L'existence des magistrats municipaux en Gaule durant toute la période impériale est attestée par les inscriptions. On en trouve chez les Séquanes (Orelli, n° 4018), chez les Éduens (n° 2028), à Lyon (n° 4020), à Périgueux (n° 4019), à Grenoble (n°s 4021 et 4022), à Narbonne (n°s 4023 et 4026), à Aoste (n° 4029), à Nîmes (n°s 3579 et 4030), à Aix (n° 4022), à Langres (n° 2028), à Marseille et à Nice (n° 4024), à Vienne (Henzen (n°s 5996 et 6760), chez les Morini (n° 5211).

[3] Lex Malacitana, § 65 : *Jus dicito judiciaque dato.* — Cf. Lex Julia municipalis, Lex coloniæ Juliæ Genetivæ. — *Municipiorum magistratibus jus dicendi coercendique est libera potestas* (Siculus Flaccus, *De condit. agrorum*, édit. Lachmann, p. 135.) — Les duumvirs sont fréquemment appelés dans les inscriptions *Duumviri juri dicendo*. On peut voir, d'ail=

terres publiques, mettaient en adjudication la construction des édifices. Les contrats et les testaments se passaient devant eux et recevaient d'eux le caractère d'actes authentiques[1]. Tous les cinq ans, ces duumvirs ajoutaient à leur titre ordinaire celui de *quinquennaux*, et ils remplissaient alors les fonctions fort importantes qu'avaient eues autrefois les censeurs de Rome : ils faisaient le recensement, évaluaient les fortunes, répartissaient les impôts, fixaient à chaque citoyen son rang et dressaient la liste des décurions ou sénateurs[2].

Au-dessous d'eux étaient des édiles qui avaient le soin de la police locale et de la voirie, un questeur qui avait le maniement des fonds publics, enfin quelques fonctionnaires inférieurs qui veillaient aux distributions de blé, à l'entretien des édifices, à la célébration des fêtes municipales[3].

Ni les duumvirs ni les magistrats inférieurs n'étaient nommés par le pouvoir impérial; ils étaient élus annuellement par la cité elle-même. A l'expiration de leur charge, ils rendaient leurs comptes, non au gouverne-

---

leurs, quelles étaient les limites de cette juridiction municipale dans Paul, au Digeste, L, 1, 28. Cf. Digeste, II, 1, 12; XLVII, 10, 15, § 39.

[1] Paul, au Digeste, L, 1 28. Code de Justinien, I, 56, 2.

[2] Voyez sur tous ces points : Roth, *De re municipali Romanorum*, 1801 ; Savigny, *Hist. du droit romain*, qui a nié l'existence des magistrats municipaux en Gaule, mais dont l'opinion a été réfutée par Orelli; Zumpt, *Commentationes epigraphicæ*; Léon Rénier, *Mélanges d'épigraphie*; Ch. Giraud, *Hist. du droit français*, ch. 3, art. 4; du même auteur, les *Lettres sur les tables de Salpensa et de Malaga*, et enfin un récent travail sur les *Bronzes d'Osuna* (*Journal des savants* 1874).

[3] On trouve une liste de ces fonctionnaires au Digeste, L, 4, 18.

ment, mais à la cité; c'était vis-à-vis d'elle qu'ils étaient responsables de leurs actes.

Par son sénat et par ses magistrats la cité administrait elle-même toutes ses affaires. Elle possédait une fortune publique, composée de terres qu'elle affermait ou de capitaux qu'elle prêtait. Elle avait ses contributions dont elle fixait la nature et le chiffre. Elle dressait chaque année son budget de recettes et de dépenses. Elle entretenait ses fortifications, ses rues, son forum, ses basiliques et ses temples, ses bains publics et son théâtre, ses routes et ses ponts[1]. Elle fondait des écoles et elle en nommait les maîtres[2]. Elle avait même le soin de sa police et entretenait à cet effet quelques soldats[3]. Elle possédait une sorte de pouvoir législatif, promulguait des décisions et des décrets. Elle semblait enfin un État souverain à qui il ne manquait qu'un des attributs de la souveraineté, le droit de faire la guerre.

---

[1] *Quamcumque munitionem decuriones decreverint, eam munitionem fieri licito, dum ne amplius in annos singulos inque homines singulos puberes operas quinas et in jumenta plaustraria juga singula operas ternas decernant; eique munitioni ædiles qui tum erunt ex decurionum decreto præsunto.* (Bronzes d'Osuna, § 98.)

[2] *Quisquis docere vult, judicio Ordinis probatus decretum curialium mereatur, optimorum conspirante consensu.* Code Théod., XIII, 3, 5.

[3] Le paragraphe 103 des *Bronzes d'Osuna* porte que les décurions ont même le droit d'ordonner l'armement de la population, et que les duumvirs exercent en ce cas le commandement militaire. « Cette disposition, observe très-justement M. Giraud, pouvait bien avoir été particulière à la colonie de Genetiva; on ne signale aucun autre exemple de pareille loi municipale, mais il est permis de supposer qu'il s'en est produit ailleurs. » En effet, ce que raconte Tacite, dans ses *Histoires*, II, 61 (*civitas Æduorum, electa juventute, fanaticam multitudinem disjecit*), semble indiquer qu'il était permis aux cités de lever des troupes.

C'était comme une petite république subordonnée à la monarchie impériale.

Cet organisme municipal, comme tout ce qui était actif et vivant en ce temps-là, revêtait la forme d'une religion. Nous avons vu que l'autorité monarchique divinisée était l'objet d'un culte; il y avait aussi un culte municipal. La cité gauloise avait son dieu ou génie particulier; il portait tantôt un nom gaulois, tantôt un nom romain, quelquefois l'un et l'autre en même temps[1]. Chaque cité avait ses autels et son temple, elle élisait elle-même ses prêtres, ses flamines, ses pontifes[2]. Le soin du culte local et la célébration des fêtes sacrées tenaient une grande place dans la vie de ce temps-là. C'était un devoir d'assister aux jeux qui faisaient partie de la fête religieuse; les magistrats étaient assis à des places d'honneur; les décurions avaient leurs bancs réservés; puis venaient les différentes classes des citoyens rangés suivant leur fortune, et si quelque étranger était admis,

---

[1] *Augusto sacrum et Genio civitatis Biturigum* (Orelli, n° 196). — *Genio Arvernorum* (ibid., n° 193.) — *Genio pagi Tigorinorum* (ibid., t. I, p. 560). — *Deæ Aventiæ et Genio incolarum* (ibid., p. 559). — *Deæ Nariæ regionis Arvrensis* (Henzen, 5903). — *Deo Sornausi* (ibid.). — La ville de Vence avait son *Mars Vincius* (Orelli, 2066); celle de Vaison avait son dieu *Vasio* (Henzen, 5919); il y avait de même le dieu *Nemausus* (Orelli, 2032 et 2033); le *deus Morinus Cadenorum* (Orelli, 2026 et 2027); la *dea Segusianorum* (Orelli, 2044).

[2] *Flamen sacrorum publicorum municipalium.* (Orelli, n° 2158.) — *Flamen in civitate Segusianorum.* (Ibid., 4018.) — *Pontifex municipii.* (Henzen, 7048.) — *Pontifex civitatis Valentiæ, sacerdos civitatis Albensis.* (Orelli, 2332.) — *Sacerdos civitatis Lugdunensis.* (Henzen, 6031, 6032.) — Voyez les Bronzes d'Osuna, § 91. — On peut voir aussi sur ces sacerdoces municipaux électifs une curieuse anecdote dans Dion Cassius, LXIX, 3, et dans Philostrate, *Vie des sophistes*.

ce ne pouvait être qu'à des places particulières. De la bonne tenue du peuple pendant les jeux, comme pendant le sacrifice qui les avait précédés, dépendait la prospérité de la cité durant l'année nouvelle[1].

A juger d'après nos idées modernes, on croira qu'il n'y avait là que de vaines cérémonies ; mais les documents de l'époque ne permettent pas de douter que cette religion ne répondît à des sentiments sincères et profonds, et qu'elle n'exerçât un véritable empire sur les âmes. Aussi était-elle pour la liberté municipale un élément de force. Comme l'idée du droit rationnel et abstrait n'existait pas à cette époque, l'idée religieuse en tenait lieu. La cité groupée autour de son autel puisait là une notion précise de son unité, de son existence propre, de sa perpétuité, de son indépendance vis-à-vis du pouvoir. Sa religion locale entretenait en elle ce sentiment intime de la vie sans lequel les plus belles institutions sont vaines et impuissantes.

CHAPITRE VI

De quelques règles de ce régime municipal.

Ce qui caractérise cet organisme municipal c'est qu'il n'avait rien de démocratique. On ne voit pas traces de

---

[1] Voyez les Bronzes d'Osuna, §§ 125, 126, 127.

comices populaires dans les cités gauloises. Les magistrats étaient élus annuellement, mais ils l'étaient par la curie[1].

Ce sénat de la cité n'était pas nommé par le gouvernement ; il eût été absolument contraire aux habitudes du pouvoir impérial de désigner lui-même les membres de ces assemblées. Il n'était pas non plus élu par la foule ; l'esprit romain n'avait jamais admis, même au temps de la république, qu'un conseil dirigeant, dont les premières qualités devaient être l'expérience et l'indépendance, pût être l'expression des volontés inconstantes de la multitude. Le sénat municipal, à l'image de l'ancien sénat romain, était un corps indépendant qui se recrutait lui-même ou dans lequel on entrait de plein droit par l'exercice d'une magistrature[2].

Quoique la liste en fût renouvelée tous les cinq ans, la

---

[1] Il y avait des comices dans les municipes grecs, italiens, espagnols, et l'on peut voir dans les inscriptions de Pompéi et dans les bronzes de Salpensa, de Malaga et d'Osuna, comment ils étaient organisés. Rien ne prouve jusqu'à présent qu'il y en ait eu en Gaule, si ce n'est dans les villes qui étaient colonies romaines ou latines. Nous nous occupons ici des grandes cités vraiment gauloises. Quelques inscriptions portent, à la vérité, qu'un magistrat a été élu sur la demande du peuple (Orelli, n°s 3725 et 4020) ; mais on ne se serait pas exprimé ainsi si le peuple avait eu de véritables comices ; ces inscriptions montrent que le peuple pouvait avoir quelques moyens indirects de faire connaître ses vœux, mais que l'élection appartenait de plein droit aux décurions. — Comme la cité gauloise avait une très-grande étendue et comprenait tout un pays, on s'explique que le gouvernement romain n'ait pas jugé à propos de lui donner les mêmes comices populaires qu'il donnait à la petite colonie de Malaga ou de Genetiva. On sait d'ailleurs, par un texte d'Ulpien (au Digeste, L, 9, 1), que les comices populaires n'existaient plus nulle part au troisième siècle.

[2] *Ordinibus curiarum non aggregentur nisi quos ipsi ordines cœtibus suis duxerint aggregandos.* (Code Théodosien, XII, 1, 66.)

dignité de décurion ou de sénateur pouvait être considérée comme viagère. Il fallait d'ailleurs posséder un certain chiffre de fortune pour l'obtenir[1], et il arrivait forcément que, dès qu'on possédait ce chiffre, on était décurion. La curie n'était donc pas un conseil représentatif; elle était la réunion des personnages les plus riches et des grands propriétaires du pays[2].

Le législateur romain explique nettement le principe qui a présidé à cette organisation : « Ceux qui ont fondé nos institutions, dit-il, ont jugé nécessaire de grouper dans chaque cité les hommes notables et d'en former un corps qui administrât avec ordre les intérêts publics[3]. »

C'était constituer une aristocratie municipale. Or il n'y a de véritable aristocratie que là où les obligations sont proportionnées aux priviléges. Aussi ce corps des propriétaires, qui était en possession du droit d'administrer les villes, supportait-il en retour toutes les charges de cette administration. C'était lui qui payait la plus forte part des impôts, puisqu'à cette époque l'impôt pesait principalement sur la propriété foncière. En outre la curie, considérée comme conseil dirigeant, avait la responsabilité de tous ses actes. Elle gérait la fortune publique de la cité, mais c'était à ses risques et périls[4].

---

[1] *Esse tibi centum millium censum satis indicat quod apud nos decurio es.* (Pline, *Lettres*, I, 19.)

[2] *Qui originis gratia vel ex possidendi conditione vocatur in curiam.* (Code Théodosien, XII, 1, 5.)

[3] *Novelles de Justinien*, IV, 17.

[4] Digeste, liv. L, tit. I. On lit sur le bronze d'Osuna que pour être nommé décurion il faut posséder une propriété foncière, *unde pignus ejus quod satis sit capi possit.*

On conçoit d'ailleurs sans peine, d'après le mécanisme de ces institutions, que tout appauvrissement de la cité eût été la ruine personnelle des décurions. C'était la curie qui faisait les frais des embellissements et même de presque tous les travaux utiles. On lui reconnaissait un rang fort supérieur à ce qu'on appelait la plèbe[1] ; on lui assurait des places spéciales dans les repas sacrés et dans les jeux ; mais en compensation elle avait le devoir de nourrir cette plèbe, de lui fournir du blé à bon marché, de lui donner des fêtes[2], de la maintenir dans l'ordre, de faire la police et même de passer son temps à juger. Il était donc nécessaire qu'on fût riche pour être décurion ; dans certaines villes il était de règle que l'on payât une somme déterminée en entrant dans ce corps[3] ; on en sortait par ce seul motif qu'on était tombé dans la pauvreté[4].

Quant aux magistratures municipales, c'était une règle absolue qu'elles fussent gratuites ; elles étaient même fort coûteuses. L'homme qui en était revêtu devait faire le sacrifice, non-seulement de son temps et de ses soins pendant toute une année, mais encore d'une partie de sa fortune. Il fallait qu'il fît des largesses au petit

---

[1] *Decurionum honoribus plebeii prohibentur.* (Paul, au Digeste, L, 2, 7). — Cf. Ulpien, au Digeste, L, 2, 2 ; Bronzes d'Osuna, §§ 125-127.

[2] On trouvera au Digeste (L, 4, 1) une énumération de toutes ces charges. — Pour plusieurs d'entre elles, les décurions pouvaient en rejeter une partie sur la plèbe par un système de corvées dont il est parlé dans les Bronzes d'Osuna ; il n'en est pas moins vrai que la plus grande part de ces dépenses pesait sur eux. L'une des plus dures obligations était celle de lever les impôts.

[3] Voyez une lettre de Trajan parmi les lettres de Pline, X, 114.

[4] Ulpien, au Digeste, L, 4, 4.

peuple, qu'il célébrât des jeux, qu'il accomplît à ses frais un grand nombre de cérémonies religieuses et de repas sacrés ; il était souvent entraîné à construire ou à réparer à ses dépens des édifices publics¹. Puis, l'année expirée, il devait rendre des comptes ; il était responsable du mauvais état des finances municipales ; aussi exigeait-on qu'en entrant en charge il donnât caution et engageât son bien². Enfin pour les plus légères violations des règlements municipaux, il était poursuivi en justice par ses concitoyens et frappé d'énormes amendes au profit de la ville³.

On conçoit d'après cela qu'une ville n'aurait jamais voulu choisir un homme pauvre pour être son magistrat. La première condition qui était imposée aux candidats était de posséder une propriété foncière qui pût servir de gage. La loi voulait que pour être magistrat on fût déjà décurion ; la nécessité et les mœurs exigeaient davantage. Les riches seuls pouvaient arriver à la magistrature, et ils y laissaient quelquefois leur richesse. Il y

---

¹ *Sennius Sollennis... cujus cura omne genus spectaculorum atque Taurinicia Dianæ data* (monument de Thorigny). — *L. Postumio, duumviro, ob magnificentiam gladiatorii muneris quod civibus suis triduo edidit*, inscription citée par M. L. Rénier dans ses *Mélanges d'épigraphie*, p. 220. — On supputait ce que coûtait l'exercice d'une magistrature : *Æstimationem honoris in pecunia pro administratione offerentes audiendi non sunt.* (Paul, au Digeste, L, 4, 16.) — Une loi du code Théodosien (XII, 1, 29) signale aussi les dépenses qui incombaient aux magistrats municipaux.

² De là les nombreuses dispositions qu'on trouve au Digeste, livre L, titres I, IV, VIII. — Il fallait même que le magistrat sorti de charge fût encore caution pour son successeur.

³ Voyez sur ce point, outre le Digeste, les Bronzes d'Osuna.

a une loi qui accorde une pension alimentaire à ceux qui ont été ruinés pour le service de la cité[1].

Quand on lit les codes romains, on est d'abord surpris d'y voir que la dignité de décurion ou celle de magistrat est plus souvent présentée comme un fardeau que comme un avantage[2]. Les lois obligent le propriétaire à être décurion malgré lui ; elles le condamnent à être édile ou duumvir. Essaye-t-il de fuir la curie ; elles l'y ramènent de force ; elles l'y enchaînent[3]. Il ne faut pas croire que ces lois soient le fruit de la décadence ou l'œuvre d'une tyrannie aveugle ; elles ont été promulguées par les Antonins[4]. Ces princes sont, en effet, les vrais organisateurs de ce régime municipal dont nous venons de montrer le caractère. En instituant cette aristocratie, ils lui ont marqué ses devoirs en même temps que ses droits ; et ils ont si bien lié les uns aux autres que l'on s'est demandé de nos jours si le sort de ce décurion ou de ce magistrat n'était pas plus à plaindre qu'à envier et si cette liberté municipale n'était pas une forme de tyrannie.

Il est vrai que les règles de ce temps-là paraissent étranges aux hommes de notre siècle ; mais cela tient apparemment à ce que notre manière de penser en matière

---

[1] *Decurionibus facultatibus lapsis alimenta decerni, si ob munificentiam in patriam patrimonium exhauserint.* (Digeste, L, 2, 8.)

[2] *Onera decurionatus, onera duumviratus.* (Code Théodosien, XII, 1, 12 et 16.)

[3] *Decuriones quos sedibus civitatis relictis in alia loca transmigrasse probabitur, præses provinciæ in patrium solum revocare et muneribus congruentibus fungi curet.* (Ulpien, au Digeste, L, 2, 1.)

[4] Digeste, L, 1, 38.

de gouvernement n'est plus la même qu'à cette époque. Aux yeux des générations actuelles, tout privilége est une faveur, tandis que dans presque tous les siècles de l'histoire les priviléges ont été des obligations. Nous sommes portés à croire que les privilégiés les ont usurpés par la force ou par la ruse, au lieu que le plus souvent ils n'ont fait que les accepter et les subir. Nous pensons volontiers que ces privilégiés ont dû tenir beaucoup à l'exercice de leurs droits et à la conservation de leurs avantages, tandis que presque toujours il a fallu qu'on les contraignît à les garder, et que, dès qu'ils ont été libres, ils se sont empressés de s'en défaire.

Notre siècle diffère aussi de ceux dont nous parlons par la manière dont il conçoit la liberté. Il la fait consister principalement à prendre part, ne fût-ce qu'indirectement et en apparence, au gouvernement d'un pays ou à l'administration d'une ville, au lieu que dans d'autres siècles les hommes plaçaient la liberté partout ailleurs que dans l'exercice des devoirs politiques. Quand les législateurs romains établirent ce régime municipal, ils ne pensèrent certainement pas à faire œuvre de libéralisme, et les populations apparemment ne le leur demandaient pas. Ce qu'on voulut, c'est que les affaires municipales fussent administrées et que les intérêts locaux fussent garantis. On ne trouva pas de plus sûr moyen pour atteindre ce but que de grouper les propriétaires, c'est-à-dire les principaux intéressés, et de les charger des difficiles fonctions de gérer sous leur responsabilité les intérêts de tous. Mais pouvait-on laisser à chacun d'eux la liberté d'accepter ou de refuser ces fonctions? Il faudrait bien peu connaître la nature humaine pour croire que beaucoup d'hommes eussent brigué un honneur si périlleux. On jugea donc que la richesse ne donnait pas seulement un droit, mais qu'elle imposait encore un devoir. Le propriétaire fut, bon gré mal gré, membre de la curie. On lui interdit d'émigrer, de vendre sa terre, de se faire soldat ou moine; on lui ferma toutes les issues par lesquelles il aurait pu échapper à ses obligations[1]. Les curies se seraient bientôt trouvées vides, si les lois ne les eussent protégées contre une désertion inévitable.

La liste de la curie (*album curiæ*) était dressée tous les cinq ans, non pas par un fonctionnaire impérial qui eût été étranger à la cité, mais par les curiales eux-mêmes ou par le magistrat qu'ils avaient choisi. Ils étaient naturellement intéressés à n'omettre aucun nom ; il paraît même qu'ils étaient tentés d'inscrire plus de noms qu'il n'eût fallu, afin qu'il y eût un plus grand nombre de copartageants aux charges publiques. De là deux séries de réclamations en sens contraire qui n'ont cessé d'assiéger les empereurs durant trois siècles. D'une part, beaucoup d'hommes se plaignaient d'être indûment portés sur la liste ; ils alléguaient ou leur âge ou leur pauvreté.

---

[1] *Sancimus ut qui ultra viginti quinque jugera privato dominio possidet, curiali consortio vindicetur.* (Code Théodosien, XII, 1, 33.) — *Revocetur ad curiam, substantiam muneribus aptam possidens.* (Ibid, XII, 1, 13.) — *In fraudem civilium munerum per tacitam fidem prædia translata fisco vindicentur.* (Papinien, au Digeste, L, 1, 15.) — *Quoniam relictis curiis nonnulli ad militiæ præsidia confugiunt, reverti ad curiam præcipimus.* (Code Théodosien, XII, 1, 11.) — *Qui derelicta curia militaverit, revocetur ad curiam.* (Code de Justinien, X, 31, 17.)

D'autre part, les curies se récriaient, disant que beaucoup de leurs citoyens réussissaient à leur échapper et que le fardeau devenait trop lourd pour ceux qui restaient. A ces deux genres de récriminations le pouvoir répondait par deux séries de règlements qu'une lecture attentive du Digeste et des codes fait très-bien discerner. D'un côté, il défendait d'inscrire sur l'album ceux qui avaient moins de 18 ans ou qui possédaient moins de 25 arpents de terre; de l'autre, il ramenait dans les curies ceux qui avaient voulu se dérober aux charges municipales. De ces mesures, les premières étaient prises dans l'intérêt des individus, les secondes dans l'intérêt des curies. On s'explique tous ces règlements divers du pouvoir si l'on entend par la pensée les demandes diverses des populations[1].

Il n'est pas douteux que l'édilité, la questure, le duumvirat ne fussent de très-hautes dignités. L'homme qui était pour une année le chef d'une de ces grandes cités dont le territoire dépassait l'étendue d'un de nos départements, devait être un personnage fort honoré; les inscriptions témoignent en effet de la considération qui l'entourait, et il n'était pas rare que pour reconnaître son habile administration ou ses sacrifices pécuniaires, la cité lui élevât par un décret public une statue. Mais bien peu d'hommes devaient aspirer à ces grandeurs brillantes. A compter ce qu'elles coûtaient, il est difficile de croire qu'il s'offrît chaque année un nombre suffisant de candidats. Il fallait donc élire des hommes qui n'a-

---

[1] Voyez au code Théodosien, XII, 1, 96, une loi qui est portée sur la demande des curies.

vaient rien brigué, rien souhaité, ou qui avaient souhaité ardemment de n'être pas élus. Contre de tels choix les protestations n'étaient pas rares; elles venaient des élus eux-mêmes et non pas des candidats évincés[1]. On était magistrat malgre soi. En vain fuyait-on[2]; en vain se cachait-on ; la loi disait : « Si un homme désigné pour une magistrature s'est enfui, qu'il soit recherché ; si on ne le trouve pas, que sa fortune lui soit enlevée et qu'elle soit donnée à celui qui sera duumvir à sa place ; si on le trouve, son châtiment sera de porter durant deux ans entiers le poids du duumvirat[3]. »

De telles lois ont paru inexplicables aux hommes de nos jours ; elles sont pourtant conformes à la nature des choses. Le gouvernement d'une société ou d'une ville est un ensemble de charges ; pour qu'une classe aristocratique consente à porter un tel fardeau, il faut ou bien l'y déterminer par de grandes compensations ou bien l'y contraindre par la force. L'empire romain ne donna à l'aristocratie municipale que des compensations insuffisantes ; il lui fallut donc, pour obtenir qu'elle se chargeât d'administrer le pays, déployer contre elle toute la sévérité de ses lois.

---

[1] Ulpien, au Digeste, XLIX, 4, 1. Code de Justinien, X, 31, 2. — Dès le troisième siècle, il n'y avait presque plus d'élections ; chacun était magistrat à son tour et obligatoirement.

[2] *Magistratus desertores.* (Code Théodosien, XII, 1, 29.)

[3] Loi de 326, au code de Justinien, X, 31, 18.

CHAPITRE VII

Si ce régime municipal est tombé en décadence.

Pour comprendre la suite des événements et le lien des institutions, il importe d'observer si le régime municipal que nous venons de décrire a duré aussi longtemps que l'empire romain et s'il a pu lui survivre.

Les documents historiques de ces cinq siècles ne portent aucun indice de conflit entre les institutions municipales et le pouvoir central. On ne voit, ni que les unes eussent à se défendre, ni que l'autre visât à opprimer. Ce serait se tromper beaucoup que de se figurer, d'une part, des populations jalouses de leurs franchises, ardentes à les conquérir et à les conserver, et d'autre part un gouvernement ennemi de ces mêmes franchises et obstiné à les combattre. Si l'on supposait qu'il y eût alors un long antagonisme entre les libertés locales et le gouvernement impérial, on attribuerait à ces générations des pensées qui leur étaient absolument étrangères.

Il y a des faits qui manifestent clairement les idées de ces hommes. Nous lisons, par exemple, dans une loi municipale l'article suivant : « Si les décurions ou sénateurs, au nom de la cité, choisissent l'empereur pour duumvir, et si l'empereur accepte cette dignité, le préfet qu'il enverra exercera la magistrature à sa place[1]. » Ces lignes

---

[1] *Si ejus municipii decuriones conscriptive imperatori Domitiano Augusto duumviratum communi nomine municipum detulerint, impe-*

donnent l'indication d'un usage qui est attesté d'ailleurs par d'autres monuments épigraphiques. Il arrivait assez fréquemment qu'une cité, troublée par les compétitions de deux candidats ou n'ayant confiance dans aucun d'eux, eût recours au prince et le suppliât d'être pendant une année son magistrat. Si l'empereur consentait, il était duumvir de la cité et envoyait son représentant remplir sa charge. L'année expirée, la cité reprenait le cours de ses élections.

Un peu plus tard, on voit apparaître dans les villes un magistrat nouveau qui porte le titre de curateur de la république ou curateur de la cité[1]. Il est particulièrement chargé de la gestion ou du contrôle des finances de la ville; il est l'administrateur de la fortune publique. Les lois qui le concernent le présentent toujours comme un magistrat municipal[2]; il a des attributions analogues à celles des duumvirs; il est élu comme eux[3]; il est

---

ratorque Domitianus Augustus cum duumviratum receperit et loco suo præfectum quem esse jusserit.... (Lex Salpensana, § 24.)

[1] *Curator reipublicæ.* (Ulpien, au Digeste, L, 8, 2, § 4 et 6.) — *Curator civitatis.* (Digeste, L, 8, 9, § 2.) — *Curator reipublicæ municipii.* (Corpus inscript. neapol., n° 4618.) — *Curator reipublicæ ejusdem coloniæ.* (Muratori, 155.) — *Curator coloniæ.* (Orelli, 368.) — Il importe de ne pas confondre ce *curator civitatis* ou *reipublicæ* avec plusieurs magistrats inférieurs qui portaient aussi le nom de *curatores*. M. Marquardt les a confondus avec les *quinquennales*; MM. L. Rénier et Zumpt ont réfuté son opinion. — On pouvait être curateur de plusieurs cités à la fois. (Mommsen, *Inscr. neapol.*, 4618 et Orelli, 2171, 3904.) Voy. L. Rénier, *Mélanges d'épigraphie*, et E. Labatut, *Les curatores reipublicæ*.

[2] Digeste, liv. L, tit. VIII : *De administratione rerum ad civitates pertinentium*, lois 2, 3 et 9.

[3] C'est ce que marque ce texte du Digeste : *Filium pro patre curatore reipublicæ creato cavere cogi non oportet.* (Papinien, au Digeste, L, 8, 5, édit. Mommsen.) Le mot *creare* est le terme propre qui dans la langue

comme eux responsable envers la cité. Mais il y a ici une particularité bien remarquable : un assez grand nombre d'inscriptions indiquent que ce curateur de la cité a été nommé par l'empereur[1]. Est-ce là un empiétement du pouvoir central? Le prince a-t-il jugé à propos d'instituer dans les villes, au préjudice de leurs droits, un représentant de son autorité? Tout au contraire, c'est la cité qui a demandé que ce magistrat lui fût donné par l'empereur[2]. Pour relever ses finances ou pour faire cesser des abus locaux, elle a souhaité un étranger. Elle pou-

---

officielle désigne l'élection ; il ne s'applique pas aux fonctionnaires nommés par le gouvernement. Le même texte montre que le *curator reipublicæ* devait fournir caution, *cavere*, ou présenter des répondants, ainsi que les duumvirs, pour la bonne gestion des intérêts dont il était chargé. Une loi des Antonins étendait même la responsabilité du *curator civitatis* à ses héritiers. (Cette loi est citée au Digeste, L, 8, 9, § 4 comparé au § 2.) — Des dispositions de cette nature ne s'appliquent jamais qu'à des magistrats municipaux élus par les villes.

[1] Orelli, n°s 2172, 2603, 3264, 3898, 3902; Gruter, 392, 7.

[2] Aussi les inscriptions qui mentionnent ce fait, portent-elles que le magistrat a été *donné* par l'empereur. *Curator reipublicæ Bergomatium* DATUS *ab imperatore Trajano, curator reipublicæ Comensium* DATUS *ab imp. Hadriano.* (Gruter, 392, 7.) — *Curator* DATUS *ab imperatore Hadriano.* (Orelli, 3264.) — Cf. *id.*, 4011. — *Curatori Tiferni Mataurensis* DATO *ab imperatoribus Severo et Antonino Augustis.* (Maffei, *Mus. Veron.*, 382, 9.) — *Marcus Aurelius curatores multis civitatibus a senatu* DEDIT. (Jules Capitolin, c. 11.) — Comparer cette expression : *Qui Thusdrum* EX INDULGENTIA PRINCIPIS *curat.* (Revue archéologique, 1847, p. 273.) — Il y a d'autres inscriptions qui n'indiquent pas une nomination de cette nature et qui permettent de croire que le curateur a été élu par la cité. Voy. Muratori, 155; Orelli, 368, 369, 370, 3767; dans ces textes, le curateur apparaît comme le premier des magistrats municipaux et il semble bien qu'il soit élu par ses concitoyens Une loi du code Théodosien, XII, 1, 20, présente la *procuratio* ou *cura civitatis* comme la suprême magistrature municipale, à laquelle on n'arrivait qu'après avoir passé par toutes les autres.

vait élire elle-même son curateur ; mais elle a eu quelque motif pour préférer le recevoir de la main du prince[1]. Ne disons pas que cette nomination fût une atteinte aux libertés municipales ; les hommes y voyaient au contraire une faveur. Quand un curateur avait été désigné par le prince, une inscription élogieuse ne manquait pas de signaler cette désignation comme un surcroît d'honneur; car c'était alors un titre d'être choisi par le pouvoir comme c'en est un à d'autres époques d'être élu par ses concitoyens.

Présenter les cités et le pouvoir central comme se disputant l'élection des magistrats serait se faire une idée très-fausse des mœurs politiques de ce temps-là. L'antithèse qu'on a établie plus tard entre le principe d'autorité et le principe de liberté était alors inconnue. Ce qu'il y avait de liberté municipale n'avait pas été arraché au gouvernement par un effort des villes. Ce qui se perdit ensuite de cette même liberté ne fut pas enlevé aux villes par un calcul du despotisme. On ne voit ni que l'empire ait accordé ces franchises à regret ni qu'il ait eu le désir de les reprendre. C'est lui-même, au contraire, qui a constitué et organisé la vie municipale, et si l'on observe la série de ses actes législatifs, on y verra que sa politique a toujours été de veiller au maintien de ce régime. La conservation des sénats municipaux et des magistratures lo-

[1] Il en était de ces *curatores civitatis* comme des *curatores operum*. Ces directeurs des travaux publics étaient, en droit, élus par la curie : *Munera decurionum... curatores operum creare*, dit Ulpien, au Digeste, L, 4, 2; en fait, il arrivait quelquefois qu'ils fussent nommés par le prince : *C. Ennius, ædilis, quæstor, curator operis thermarum datus ab imperatore Hadriano*. (Orelli, n° 3264.)

cales a été l'un des objets de ses plus constantes préoccupations. S'il y a eu, en réalité, une sorte de lutte de deux siècles entre les cités et l'empire, c'est parce que les populations voulaient renoncer au régime municipal et parce que l'empire les contraignait à le garder. Il était dans la nature humaine de vouloir se soustraire aux obligations qu'il entraînait. S'administrer soi-même et faire soi-même toutes ses affaires est une lourde tâche, et il est ordinaire que les peuples aiment à s'en décharger sur leur gouvernement. Il fallut toute la sévérité des lois impériales pour obliger les hommes à la remplir.

Il est vrai que l'on remarque, au troisième et au quatrième siècles, une décadence et une sorte d'affaissement du régime municipal. Mais il en faut chercher la cause ailleurs que dans une prétendue oppression. La tyrannie du pouvoir central n'est pour rien dans la maladie dont souffrit alors ce régime.

Il faut songer, en effet, qu'il s'accomplit à la même époque une révolution religieuse qui devait apporter un grand trouble dans la vie municipale. Nous avons dit plus haut que, dans les premiers siècles de l'empire, chaque cité avait sa divinité particulière et qu'elle élisait son prêtre comme elle élisait ses magistrats. Le gouvernement de la cité était ainsi associé à une religion[1]. Le sénat des décurions tenait ses séances dans un lieu consacré et ses délibérations étaient précédées de prières et

---

[1] Il y avait dans la langue une expression remarquable : pour signifier qu'on était reçu dans la curie, on disait *initiari curiæ sacris*. Elle se retrouve encore au code de Justinien, X, 31, 52 (397).

de sacrifices. Les fêtes publiques étaient des cérémonies religieuses. Les jeux du cirque et les représentations théâtrales faisaient partie du culte. Les magistrats municipaux n'avaient pas d'attributions plus importantes que celle de veiller à l'accomplissement de tous les rites[1]. Leur entrée en fonctions était signalée par l'immolation d'une victime; ils devaient ensuite présider au repas sacré[2]. Les dignités municipales étaient, par un certain côté, des sacerdoces.

Mais dans le cours du troisième siècle le christianisme grandit et se propagea surtout parmi les classes moyennes de la société. Or ces classes moyennes étaient précisément composées des propriétaires qui remplissaient les curies et qui étaient chargés d'administrer les cités. Il était naturel et légitime que la nouvelle religion interdît à ses adeptes les actes du culte païen. Défendre de faire un sacrifice aux dieux, c'était défendre en même temps d'être décurion et d'être magistrat.

Les conciles réprouvaient les jeux scéniques; un chrétien ne pouvait donc être ni édile ni duumvir. Ils excommuniaient ceux qui prenaient part aux repas sacrés; on ne pouvait donc ni être curiale ni faire partie d'aucune des corporations de la cité. Un concile prononça formellement que si un chrétien se trouvait obligé d'être magistrat, il serait exclu de l'église pendant l'année de sa

---

[1] *Duumvir, œdilis, præfectus quicumque erit, curato uti magistri ad fana, templa, delubra, suo quoque anno fiant, eique suo quoque anno ludos circenses, sacrificia, pulvinariaque facienda curent.* (Bronze d'Osuna, § 128.)

[2] Sur ces repas sacrés, voyez Orelli, nᵒˢ 2489 et 3678.

magistrature[1]. Un pape défendit aux prêtres de mettre le pied dans la salle de délibérations de la curie « par ce motif, dit-il, que dans cette salle on verse le sang des victimes et qu'on y fait des immolations aux idoles[2]. » Un autre pape déclara que ceux qui « servaient la curie » ne pourraient être admis dans les ordres[3]. Il était donc impossible aux chrétiens de se mêler à la vie municipale. Il y avait incompatibilité entre la cité et l'église. La cité était païenne, l'église lui fit la guerre.

Nous pouvons deviner ce qui dut se passer partout. Le chrétien refusa d'abord d'exercer les dignités municipales ; il refusa ensuite d'être décurion. Pour rester chrétien, il renonça à être citoyen[4]. C'est alors que les lois impériales redoublèrent de sévérité ; elles ramenèrent à la curie ceux qui s'en étaient échappés ; elles decidèrent que tous ceux qui étaient propriétaires de 25 arpents, en feraient partie. Le chrétien vendit sa terre, il la donna, il se fit pauvre ; les lois alors interdirent ces ventes et ces donations. Elles enchaînèrent l'homme à la curie ; elles le contraignirent à être magistrat à tour de rôle. Cette lutte sourde et continue se prolongea pendant quatre ou cinq générations d'hommes. C'est là que le gouvernement municipal perdit sa vi-

---

[1] *Magistratum eo anno quo agit duumviratum, prohibendum placuit ut se ab ecclesia cohibeat.* (Harduin, t. I, p. 255.)

[2] *Nemo clericus vel diaconus vel presbyter... intret in curiam, quoniam omnis curia a cruore dicitur et immolatio simulacrorum est.* (*Constitutio Sylvestris papæ*, Harduin, t. I, p. 293.)

[3] *Decreta Stephani papæ*, Harduin, t. I, p. 142.)

[4] *Curiales qui ecclesiis malunt servire quam curiis.* (Code Théodosien, XII, 1, 104 et 115.)

gueur. Les populations, de plus en plus chrétiennes, se détachèrent de plus en plus de lui. Il devint un fardeau qui pesa lourdement, non pas seulement sur la fortune, mais encore sur la conscience. On le haït, on le maudit. L'affection était pour l'église, la réprobation pour la curie. Le régime municipal aurait alors péri tout à fait et se serait éteint par la volonté des peuples, si le gouvernement impérial n'avait employé toutes ses forces à entretenir en lui un reste de vie.

La victoire définitive du christianisme, au quatrième siècle, termina cette longue et douloureuse crise. Les dieux des cités furent renversés; les religions municipales disparurent. Les fêtes, les repas publics, les jeux de cirque, s'ils ne cessèrent pas tout à fait, perdirent du moins leur ancien caractère d'actes obligatoires, et les magistrats n'eurent plus le devoir de présider aux sacrifices. Alors la cité et l'église se réconcilièrent. Le christianisme ne combattit plus le régime municipal; il s'y fit une place. L'évêque succéda à l'ancien flamine, comme les fêtes chrétiennes se substituèrent aux repas sacrés et aux cérémonies du théâtre. Les prêtres siégèrent de plein droit dans les curies devenues chrétiennes, et l'évêque y fut le premier et le plus puissant personnage[1].

Ainsi transformé, le régime municipal reprit vigueur. Il dura aussi longtemps que l'empire romain; nous verrons même plus tard qu'il lui a survécu.

Si nous nous plaçons par la pensée au milieu des der-

---

[1] Code de Justinien, 1, 55, 8 : *Episcoporum et clericorum et honoratorum et curialium decreto.*

nières générations de l'empire romain, c'est-à-dire au commencement du cinquième siècle, nous y trouvons ce régime municipal encore debout. Quelques changements s'y sont introduits, mais ses traits caractéristiques et ses règles fondamentales sont encore tels qu'au temps des Antonins. Il n'y a nulle part de comices populaires et ce gouvernement des cités est resté aristocratique. La classe des décurions conserve le privilége et la charge d'administrer la cité. Elle est composée de tous les propriétaires qui possèdent au moins vingt-cinq arpents. Elle forme une sorte de sénat qui doit délibérer sur toutes les affaires municipales et nommer les magistrats.

Cette curie des derniers temps de l'empire était, en général, assez nombreuse, bien qu'il pût se trouver des villes où elle ne le fût pas assez pour supporter le lourd fardeau des charges pécuniaires et administratives. Au sein de cette curie, qui était comme la bourgeoisie ou la classe moyenne de nos sociétés, on distinguait une classe supérieure que la langue officielle appelait les *Principaux*[1] ou les *Honorés* (*principales, honorati*)[2] et que la langue ordinaire appelait les nobles ou les notables. Elle était composée de ceux qui avaient rempli les plus hautes fonctions de la cité ; il n'est guère douteux qu'une grande fortune ne fût un titre pour en faire partie. De même

---

[1] Code Théodosien, XII, 1, 5 : *Qui decuriones vel* PRINCIPALES *constituti.* — 151 : *Trium* PRINCIPALIUM *præsentia.* — 171 : PRINCIPALES *viros in Galliis.* — Code de Justinien, X, 31, 42 : *Principales viri.* — On appelait aussi ces hommes *primates* ou *primarii*.

[2] *Honor* a toujours signifié magistrature ; *honoratus* se disait de l'homme qui avait été magistrat. (Code Théodosien, VIII, 11, 3.)

que les petits propriétaires figuraient de droit parmi les curiales, les grands propriétaires comptaient de droit parmi les *Principaux*.

Cette classe des *Principaux* ou des *Honorés* n'était pas séparée de la curie ; elle en était comme la partie supérieure ou le premier rang ; elle y jouissait d'une considération particulière. Nous avons peu de renseignements sur les assemblées municipales du cinquième siècle ; quelques traits épars dans les écrivains nous permettent pourtant de nous en représenter la physionomie. La liste des membres est dressée tous les cinq ans ; les principaux, les honorés, les nobles sont toujours en tête ; chacun y a son rang suivant les fonctions qu'il a remplies, son âge et sa fortune [1]. Le même ordre est suivi dans les délibérations ; les principaux seuls sont assis, les simples curiales restent debout ; les principaux parlent, soutiennent leur avis, expliquent leur vote ; les simples curiales, comme les anciens *pedarii* du sénat romain, n'ont guère que le droit de se ranger en silence derrière celui dont ils partagent l'opinion [2]. Toute l'assemblée est présidée

---

[1] *Decuriones in albo scribi oportet eo ordine quo quisque eorum maximo honore in municipio functus est, puta qui duumviratum gesserunt, deinde hi qui secundo post duumviratum honore functi sunt, post eos qui tertio, mox hi qui nullo honore functi sunt.* (Digeste, L, 3, 1.) — *In albo decurionum nomina ante scribi oportet eorum qui dignitates principis judicio consecuti sunt, postea eorum qui tantum municipalibus honoribus functi sunt.* (Digeste, L, 3, 2.) — Voyez l'inscription de Canusium, dans Orelli, n° 3721 ; elle présente la liste de la curie d'une petite ville d'Italie ; les membres sont divisés en plusieurs catégories, suivant le rang qu'ils ont dans la société et suivant les fonctions qu'ils ont remplies.

[2] *In sententiis quoque dicendis idem ordo spectandus est quem in albo scribendo diximus.* (Ulpien, au Digeste, L, 3, 1.)

par le magistrat suprême de la cité, et, à côté de lui, siége l'évêque[1].

Quant à la magistrature, elle a changé de nom. Les duumvirs ont disparu presque partout et ont fait place à un personnage qu'on appelle le Défenseur de la cité[2]. Ce mot nouveau n'annonce pas une transformation bien profonde dans le régime municipal. Le défenseur n'était pas nommé par le gouvernement; il était choisi par la cité. Ainsi que les anciens duumvirs, il était désigné par la curie, c'est-à-dire par la réunion des *principaux* et des simples curiales. Les empereurs chrétiens prescrivirent que l'évêque et les clercs concourussent à cette élection[2].

Le défenseur, conformément à la règle qui avait toujours été suivie pour les duumvirs, ne pouvait être choisi que parmi les classes les plus élevées de la cité. Cette dignité, qui était la première de toutes, ne s'obtenait qu'après qu'on avait passé par toutes les autres[3].

Il avait, comme les anciens magistrats, l'autorité ad-

---

[1] On a représenté les curies du cinquième siècle comme des corps opprimés et par conséquent sans force. Pourtant les *curiales* et surtout les *principales* étaient encore des hommes puissants. Salvien leur reproche d'être des tyrans à l'égard de la population : *Quot curiales tot tyranni. Quis locus est ubi non a* PRINCIPALIBUS *civitatum viduarum ac pupillorum viscera devorentur?* (Salvien, *De gubern. Dei*, V, 4.) On sait que Salvien attaque volontiers les classes élevées de la société.

[2] Loi de Valentinien II, au code Théodosien, I, 29, 6 (édit. Hœnel, p. 176 c). — Loi d'Honorius, au code de Justinien, I, 55, 8. — Loi de Majorien, dans les Novelles de cet empereur, titre III.

[3] Loi de Valentinien e Valens, au code de Justinien, I, 55, 2. Cf. Loi de Constantin, au code Théodosien, XII, 1, 20, et Novelles de Justinien, XV. — Voyez, à la fin de notre volume, les *Notes et éclaircissements* n° 3.

ministrative et l'autorité judiciaire. Il était chargé du recouvrement des impôts, de la confection et de la conservation des actes authentiques, tels que testaments, donations, affranchissements d'esclaves. Il jugeait toutes les causes dans lesquelles l'objet en litige ne dépassait pas la valeur de 50 pièces d'or. Il était en même temps un officier de police ; il devait poursuivre les voleurs et les criminels, les arrêter, les remettre aux mains du gouverneur de la province[1].

Pour la cité qui l'avait élu, il était à la fois un chef de gouvernement et un protecteur. Il avait le devoir de défendre les intérêts municipaux et les intérêts privés contre les abus de pouvoir des fonctionnaires de l'État[2]. Les lois impériales répètent fréquemment qu'il doit soutenir les droits des propriétaires contre les exigences des agents du fisc[3]. Il n'est pas douteux que sa protection ne dût s'étendre également aux classes inférieures. La loi prononce qu'il est « pour tous, décurions ou plébéiens, un appui contre les méchants[4]. »

Pour lui donner les moyens de remplir ces devoirs,

---

[1] Code Théodosien, liv. I, tit. XXIX et code de Justinien, liv. I, tit. LV : *De defensoribus civitatum*. Cf. code Théodosien, XI, 7, 12 ; VIII, 12, 8 ; Novelles de Justinien, XV.

[2] *Officialium insolentiæ et judicum procacitati occurrat.* (Code de Justinien, I, 55, 4, loi de 385.)

[3] *Si quid in læsionem possessorum fieri cognoverint defensores.* (Code de Justinien, I, 55, 8.) — *Jubemus cura et solertia defensorum minime possessores a susceptoribus prægravari.* (Ibid., 9.) — Nous observerons ailleurs l'état de la propriété à cette époque, et nous verrons que ces *possessores* étaient, en général, de grands propriétaires.

[4] *Plebem vel decuriones ab omni improborum insolentia tueantur.* (Code Théodosien, I, 29, 7 ; Hœnel, p. 176 d.)

les empereurs décidèrent que les rôles des impôts ne seraient valables pour l'exécution qu'après qu'ils auraient été présentés au défenseur. Ils ajoutèrent que le défenseur aurait toujours le droit de se présenter devant le gouverneur de la province et d'assister à ses jugements. Ils voulurent enfin que ce magistrat eût la faculté de correspondre directement avec les ministres et même avec le prince.

Ainsi la cité avait gardé, dans les derniers temps de l'empire romain, ses assemblées délibérantes et ses magistrats élus. Il existait donc encore tout un système d'institutions vivaces pour la gestion des intérêts locaux et pour la garantie des droits particuliers. Que ce régime municipal ait conservé toute l'activité et toute l'énergie qu'il avait eues dans les deux premiers siècles, c'est ce qu'on ne saurait prétendre. On y reconnaît, au contraire, les signes de l'affaiblissement; on y voit les symptômes de cette indifférence publique qui est pour les institutions ce que l'atonie est pour le corps. Il manquait de ressort, d'élan, de puissance; tout cela ne se voyait plus que dans l'Église chrétienne. Il n'en est pas moins vrai que ce régime municipal, si pâle et si énervé qu'il fût, était encore vivant. Trop faible pour influer beaucoup sur les destinées présentes de cette société, incapable de la sauver des dangers extérieurs et intérieurs qui la menaçaient, il avait, du moins, assez de vie pour se perpétuer obscurément à travers plusieurs siècles du moyen âge et au milieu même des institutions féodales.

CHAPITRE VIII

De la législation impériale.

Nous n'avons ni à expliquer ni à juger la législation impériale ; mais nous devons chercher comment elle fut accueillie par les hommes de la Gaule et sous quel aspect elle leur apparut quand ils la comparèrent aux législations qui les avaient régis auparavant.

Les sociétés primitives ne connaissent que deux sortes de lois : celles qui dérivent de la coutume des ancêtres, et celles qui découlent de la religion. Elles n'ont pas même la pensée que la loi puisse être le résultat d'une convention libre ; elles ne conçoivent pas qu'elle doive s'inspirer d'un principe de la raison et se régler sur l'intérêt des hommes. La loi ne s'impose à elles que parce qu'elle vient des ancêtres ou parce qu'elle vient des dieux[1].

Sur l'antique droit des ancêtres, la science historique ne se fait plus illusion. Elle ne croit plus à l'égalité primitive des hommes, au partage du sol à l'amiable, à l'indépendance et à toutes les vertus qu'on attribuait au-

---

[1] Nous devons faire remarquer qu'il n'y a rien de commun entre ce qu'on a appelé coutume au moyen âge, et ce que les antiques sociétés appelaient la coutume des ancêtres, *mos majorum*. La coutume du moyen âge était un ensemble d'habitudes et surtout de conventions qui formaient comme un code un peu flottant ; le *mos majorum* des sociétés antiques était une législation très-arrêtée, très-rigoureuse, qui avait sa source dans des croyances et des usages sacrés, et qui était liée à la religion.

trefois à l'état de nature. Le droit des ancêtres, dans ces vieilles sociétés, n'est autre chose que le droit patriarcal, c'est-à-dire celui où la plupart des hommes sont assujettis à une autorité domestique toujours présente et cent fois plus absolue que ne saurait l'être l'autorité de l'État, car elle pèse sur tous les intérêts et sur les moindres actions de la vie. C'est un droit qui est constitué de telle sorte que la femme et les enfants sont sous la puissance absolue du chef et que les cadets obéissent à l'aîné. Dans ce droit, la propriété foncière est attachée à perpétuité à la famille ; l'acquisition du sol est par conséquent presque impossible et la richesse se trouve ainsi inaccessible au pauvre. Dans ce droit enfin, les dettes entraînent forcément l'esclavage ; le nombre des esclaves va toujours en croissant, et ils sont absolument assujettis à leur maître, sans protection et sans recours.

Quant au droit qui vient des dieux, il est plus rigoureux encore. Ici, l'homme est asservi à celui qui dirige sa conscience ou qui représente pour lui la divinité ; la vie privée est surveillée et réglée dans toutes ses parties ; la loi civile est dictée par l'intérêt religieux ; la loi pénale est telle qu'on y châtie non-seulement les actes qui blessent la société, mais encore ceux qui portent atteinte au culte ; les délits d'irréligion y sont punis comme des crimes.

Les renseignements qui nous sont parvenus sur l'ancien droit gallique ne sont pas bien nombreux[1]. Il en

---

[1] Nous n'osons pas, en effet, nous servir des renseignements qu'on a cru pouvoir tirer des lois du pays de Galles et de l'Irlande. Ces codes, rédigés plusieurs siècles après l'ère chrétienne, ne sauraient montrer ce qu'était la législation gauloise au temps des druides.

ressort au moins cette vérité que les Gaulois ne possédaient aucune législation qui fût l'œuvre de l'État et qui émanât de l'autorité politique. Les seuls éléments de leur droit étaient la coutume patriarcale qui dérivait de l'ancien régime du clan, et les prescriptions religieuses qui étaient l'œuvre des druides[1].

Aussi n'avaient-ils pas de lois écrites. Leurs règles de droit se perpétuaient par la mémoire ; or il faut bien entendre que cette mémoire était celle des chefs de clan et des druides ; car il n'existait pas d'autres juges que ces deux classes de personnes. La famille était sévèrement soumise à son chef, qui avait le droit de vie et de mort sur sa femme, sur ses enfants, sur ses serviteurs[2]. L'esclave était à tel point la propriété du maître qu'on l'immolait sur sa tombe. Les emprunts faisaient tomber l'homme en servitude. Le droit pénal était d'une rigueur inouïe ; le vol et les moindres délits étaient punis du dernier supplice[3]. Les condamnations à mort étaient aimées des dieux ; elles étaient prononcées par les druides, et ceux-ci « croyaient, nous dit un ancien, que quand il y avait un grand nombre de condamnations, c'était un signe de bonne récolte et de prospérité pour le pays[4]. »

---

[1] M. Ch. Giraud, dans son *Histoire du droit français au moyen âge*, a bien marqué le caractère théocratique du droit gaulois, « droit pontifical, mystérieux et caché. » (Voy. ch. II, art. 2.)

[2] César, VI, 19 : *Viri in uxores, sicut in liberos, vitæ necisque habent potestatem.*

[3] César, VI, 16 : *Supplicia eorum qui in furto aut aliqua noxa sunt comprehensi.*

[4] Strabon, IV, 4 : Τὰς φονικὰς δίκας μάλιστα ἐπετέτραπτο δικάζειν · ὅταντε φορὰ τούτων ᾖ, φορὰν καὶ τῆς χώρας νομίζουσιν ὑπάρχειν. Il faut lire ce texte

Les sociétés de la Grèce et de l'Italie avaient eu un droit semblable, mais dans un âge très-reculé ; depuis plusieurs siècles, elles étaient en possession d'un système législatif tout à fait différent. Chez elles la cité s'était constituée avec une force singulière ; aussi était-il arrivé que leur ancien droit patriarcal et religieux, celui de la *gens* et du patriciat, avait fait place insensiblement à un *droit civil* qui était l'œuvre de la cité même et qui s'était inspiré de l'équité naturelle et de l'intérêt général. Telle était la voie dans laquelle le droit romain était entré depuis le temps des décemvirs, et dans laquelle il n'avait cessé d'avancer, d'un pas lent, mais sûr. Le principe était que la cité ou l'État eût seul l'autorité législative et que sa volonté, exprimée suivant certaines formes sacramentelles, fût l'unique source de la loi[1].

La constitution qui organisa l'empire ne changea rien à ce principe fondamental ; elle établit seulement que l'État aurait pour organe, au lieu des comices populaires, le Sénat. Ce corps ne cessa, durant les cinq siècles de la période impériale, de représenter officiellement l'État romain ; l'autorité législative résida donc en lui[2].

dans l'édition Ch. Muller, avec la note, page 964, tome II. Comparer César, VI, 16, et Diodore, V, 32.

[1] *Ut quodcumque populus jussisset, id jus ratumque esset.* (Tite Live, VII, 17.)

[2] Gaius, I, 4 : *Senatusconsultum est quod senatus jubet atque constituit, idque legis vicem obtinet.* — Digeste, V, 3, 20 : *Q. Julius Balbus et P. Juventius Celsus consules verba fecerunt (in senatu) de his quæ imperator Cæsar Hadrianus Augustus proposuit, quid fieri placet, de ea re ita censuerunt.* Les historiens citent plusieurs exemples de lois proposées au sénat par l'empereur ou par un magistrat, et discutées par ce corps. Les codes mêmes de Théodose et de Justinien furent présentés au sénat et reçurent de lui la consécration légale.

Le prince avait d'ailleurs, comme tous les magistrats de l'ancienne république[1], le droit de publier des édits. L'édit d'un consul ou d'un préteur avait eu force de loi aussi longtemps que ce magistrat restait en fonction ; l'édit du prince avait la même valeur aussi longtemps que le prince vivait. La loi, œuvre du Sénat, gardait sa force pour tout l'avenir ; l'édit, œuvre du prince, perdait la sienne à la mort de celui-ci. Seulement, il arrivait qu'à la mort de chaque empereur, le Sénat s'assemblait, délibérait sur le règne qui venait de finir et discutait s'il y avait lieu d'en laisser les actes tomber dans le néant ou s'il convenait de les ratifier, de les consacrer pour l'avenir[2]. Cette ratification, acte sérieux et grave qui s'accomplissait sous la forme de l'apothéose, faisait de tous les édits du prince mort autant de lois à jamais respectables. Comme elle ne fut refusée qu'à cinq ou six empereurs, il arriva que les édits, décrets, rescrits du prince se confondirent peu à peu avec les lois, et l'on peut dire sans exagération que les empereurs possédèrent l'autorité législative.

Les jurisconsultes purent énoncer cet axiome : « Tout ce que le prince a décidé a la même force que si c'était une loi. » Ils donnèrent la raison et l'explication de cette règle en ajoutant : « parce que l'État lui délègue et

---

[1] Cicéron, in Verrem, II, 1, 42-45. Tite Live, II, 24 ; VI, 28 ; XXIII, 32 ; XXIV, 2. Aulu-Gelle, XV, 11. Gaius, I, 6.

[2] Le biographe d'Adrien dit qu'il s'en fallut de très-peu que le sénat prononçât l'annulation de tous ses actes. *Acta ejus irrita fieri senatus volebat, nec appellatus esset divus.* (Spartien, *Hadrianus*, 27.) — Il ne ratifia pas les actes de Tibère, de Caligula, de Néron, de Domitien. (Dion Cassius, LX, 4.)

place en sa personne toute sa souveraineté et tous ses droits[1]. »

Quand on se représente la série de ces empereurs parmi lesquels il y en eut bien peu qui fussent, par l'intelligence et par le cœur, au-dessus du niveau moyen de l'humanité, et dont plusieurs furent fort au-dessous de ce niveau, on est d'abord tenté de croire qu'ils ne durent faire qu'une législation mauvaise. Il n'en est rien. Leurs lois nous ont été conservées et elles ont mérité de traverser les siècles. Il faut même remarquer que l'admiration universelle que les sociétés modernes ont professée pour le droit romain, s'applique surtout à l'œuvre des empereurs. Lorsque de grands jurisconsultes ont dit que le droit romain était la raison écrite, c'était de ce droit impérial qu'ils voulaient parler[2].

Cela tient à ce que les empereurs ont maintenu le droit dans la voie où les siècles précédents l'avaient placé. Il a continué à être l'œuvre de l'État ou de l'autorité politique. Qu'il fût promulgué par un seul homme ou qu'il le fût par des comices, son caractère essentiel est

---

[1] *Quod principi placuit legis habet vigorem, utpote quum lege regia populus ei et in eum omne suum imperium et potestatem conferat.* (Ulpien, au Digeste, I, 4, 1; Gaius, I, 5; Institutes de Justinien, I, 2, 6.)

[2] On sait que les empereurs étaient entourés de jurisconsultes, avec lesquels ils travaillaient presque continuellement. *Multa de jure sanxit Antoninus ususque est juris peritis Salvio, Valente, Mæciano, Javoleno.* (Capitolin, *Antoninus*, 12.) — *Cum Mæciano et aliis amicis nostris juris peritis adhibitis plenius tractaremus.* (Au Digeste, XXXVII, 14, 17.) — *Nullam constitutionem sacravit sine viginti juris peritis et doctissimis ac sapientibus viris non minus quam quinquaginta... ita ut iretur per sententias singulorum ac scriberetur quid quisque dixisset.* (Lampride, *Alex. Severus*, 17.)

resté le même. Il a été l'expression de l'intérêt général associé aux principes de l'équité naturelle. Pour comprendre et apprécier avec justesse ce droit romain, il le faut comparer à ce qui a existé dans le monde avant lui et après lui ; avant lui, c'était le droit religieux ; après lui, ce fut le droit féodal.

A mesure que les Gaulois reçurent cette législation, ils ne purent manquer de la mettre en regard des vieilles lois qu'ils tenaient de la tradition du clan ou de la volonté des druides. Ils y virent que la propriété individuelle était assurée, que les enfants étaient égaux entre eux, que la femme n'était plus soumise au droit de vie et de mort de son mari, que le fils avait des droits vis-à-vis de son père lui-même. Ils y virent aussi que les contrats étaient libres, que la servitude pour dettes était abolie, que l'esclavage enfin était adouci. Une chose surtout dut les frapper : c'est que l'autorité politique protégeait tous les hommes sans distinction de castes ni de classes, que chacun trouvait dans le pouvoir suprême de l'État un appui certain, que les faibles avaient une protection contre les forts, et qu'enfin ils n'étaient plus contraints, comme au temps de l'indépendance, à implorer le patronage des grands et à se faire leurs serviteurs.

Il est vrai que le droit pénal était sévère ; tout crime, tout délit qui portait atteinte à la société ou au gouvernement qui la représentait, était puni sans pitié ; la peine de mort sous ses formes les plus horribles, la confiscation des biens et la prison frappaient des fautes relativement légères. Si la législation privée était incontestablement inspirée par le respect des droits de l'individu humain, la législation criminelle l'était surtout par la pensée des droits de l'État, et elle exagérait peut-être ce qui est dû à l'intérêt public. Mais les contemporains ne remarquaient pas cette rigueur ; ils songeaient plutôt que le nouveau droit était moins sévère que celui auquel ils avaient obéi auparavant. Les peines que la législation romaine prononçait n'étaient certainement pas plus dures que les supplices qu'avaient infligés les druides.

Il y avait surtout cet avantage que les délits purement moraux ou religieux disparaissaient de la loi. Ce qui est le plus digne de remarque dans la législation qui fut élaborée depuis Auguste jusqu'à Constantin, c'est qu'on n'y voit plus figurer les minutieuses et tyranniques prescriptions dont les législations antiques de tous les peuples avaient enchaîné la vie privée et la conscience. Le vieux droit de la Gaule, comme celui de l'Inde antique et de la Grèce primitive, comme celui de Rome dans son premier âge, avait été un faisceau indivisible de lois civiles et de lois religieuses et morales. Il avait assujetti à la fois le corps et l'âme et n'avait laissé dans l'être humain rien qui fût libre. Le grand bienfait de Rome fut de séparer le droit de la religion ; c'est par là surtout qu'elle fut libérale. Sa législation ne s'occupa que des intérêts individuels et des intérêts sociaux ; elle ne frappa plus que les fautes par lesquelles la société était blessée. La conscience, les mœurs, la vie privée se trouvèrent affranchies.

Quinze générations d'hommes ont obéi au droit romain, et, parmi tant de documents de toute nature qui nous révèlent leurs pensées, il n'y a pas un signe qui marque qu'elles se soient plaintes de cette législation. Plus tard, les générations qui ont vu tomber l'empire ont fait d'unanimes efforts pour en conserver les lois. Plus tard encore, celles qui ont trouvé ces lois abolies n'ont pas cessé de les regretter et ont travaillé de siècle en siècle à les faire renaître.

CHAPITRE IX

Comment les hommes étaient jugés sous l'empire romain.

La société gauloise, au temps de l'indépendance, avait été jugée par ses druides. Le prêtre avait possédé, outre son pouvoir d'excommunication, le droit de vie et de mort. Il lui avait appartenu, comme au représentant de la divinité, de punir les crimes et les fautes; les contestations même entre les particuliers, lui avaient été soumises, et il avait jugé les procès relatifs à la propriété ou à la succession[1]. Cette société avait cru que toute justice devait émaner des dieux et être administrée par leurs prêtres.

Les Romains pensaient autrement. Ils avaient pour

---

[1] César, VI, 13 : *Fere de omnibus controversiis publicis privatisque constituunt : si quod est admissum facinus, si cædes facta, si de hæreditate, si de finibus controversia est, decernunt.* — Cf. Strabon, IV, 4.

principe que le droit de punir et de juger n'appartenait qu'à l'État. La puissance publique seule avait qualité pour frapper la personne humaine ou pour trancher les débats des particuliers. Chez eux la justice, au lieu d'être une partie de la religion, était une partie de l'autorité politique.

A Rome, quiconque était revêtu de l'*imperium*, c'est-à-dire était le délégué de l'État, avait le droit et le devoir de juger. Les consuls, les préteurs, les édiles, les tribuns eux-mêmes possédaient l'autorité judiciaire[1]. Tout magistrat avait un pouvoir sur la personne humaine, *jus coercendi*[2]; tout magistrat était un organe du droit, *dicebat jus*. Les proconsuls et les propréteurs qui étaient, dans les provinces, les représentants de la cité romaine, avaient les mêmes attributions[3].

Ces règles se continuèrent sous l'empire. Dès que chaque empereur avait reçu, par la loi royale, une délégation formelle de la souveraineté publique, il possédait en sa personne toute l'autorité judiciaire. Aussi les historiens nous représentent-ils les empereurs rendant eux-mêmes la justice. Assis sur un tribunal, en public, ils écoutent les plaideurs et les avocats; ils punissent les crimes et vident les procès. Quand ils ne font pas la guerre, la plupart de leurs journées sont employées à ce

---

[1] Cicéron, *De legibus*, III, 3 : *Omnes magistratus judicium habento*. — Aulu-Gelle, XIII, 42 et 13. — Pomponius, au Digeste, I, 2, 2.

[2] *Magistratus qui imperium habent et coercere aliquem possunt et jubere in carcerem duci.* (Ulpien, au Digeste, II, 4, 2.)

[3] Nous n'avons pas à parler ici des tribunaux que les Romains appelaient *quæstiones*; ce système judiciaire ne fut pas étendu aux provinces.

travail. De tous les juges de l'empire, le plus occupé est certainement l'empereur[1].

Il est vrai que, dans l'enceinte de Rome, il y avait d'autres juges que lui ; le sénat et le tribunal des centumvirs prenaient une très-grande part à l'œuvre judiciaire ; mais dans les provinces, l'empereur était le juge unique. En vertu de son pouvoir proconsulaire, il était légalement le seul qui pût prononcer une condamnation ou un arrêt. Il faisait exercer son droit de justice par ses lieutenants (*legati*) ; ceux-ci ne jugeaient que par délégation ; ils devaient même, dans les cas douteux ou difficiles, se référer au prince qui envoyait de Rome sa sentence.

C'est ainsi que s'est introduite dans les sociétés de l'Europe cette règle, jusque-là inconnue, que la justice fût rendue au nom du prince et en vertu de son mandat. Le juge ne faisait, en effet, que tenir la place du souverain, qui lui-même tenait la place de l'État ou de la société.

Ce que les modernes appellent la séparation des pouvoirs était incompatible avec les idées politiques des Romains. Les lieutenants de l'empereur ou gouverneurs des provinces réunissaient dans leurs mains, comme l'empereur lui-même, tous les genres d'attributions ; ils étaient à la fois des administrateurs, des chefs militaires et des juges[2].

---

[1] Suétone, *Auguste*, 33 : *Jus dixit assidue, et in noctem nonnunquam.* — Tacite, *Annales*, IV, 13, 22, 31. — Pline, *Lettres*, IV, 22 ; VI, 22. — Spartien, *Hadrianus*, 8 et 18. — Jules Capitolin, *Marcus*, 24. — Ammien, XVIII, 1.

[2] Aussi les appelait-on indifféremment *præsides*, *rectores*, *judices*. Ce

« Le gouverneur de province, disent les lois romaines, possède l'*imperium* sur tous les hommes qui habitent sa province ; or, l'*imperium* comprend le droit de glaive, c'est-à-dire le pouvoir de frapper les criminels, et la juridiction, qui consiste dans la faculté d'adjuger la possession de biens[1]. » Les mêmes lois ajoutent : « Le gouverneur doit purger sa province de tous criminels; il doit réprimer toute violence, toute usurpation de propriété, tout contrat frauduleux. Il a en même temps la charge de juger les procès ; toute contestation relative à la propriété, à la succession, au testament, à l'état des personnes, est portée devant lui[2]. » Le gouverneur de province est donc le juge suprême et unique au civil comme au criminel. C'est lui qui punit les fautes et c'est encore lui qui décide des intérêts individuels.

Il faut essayer de nous représenter ce gouverneur de province dans son travail de juge. Comme sa province est fort étendue, il lui est enjoint de la parcourir et de se transporter successivement à tous les chefs-lieux de districts. Il n'attend pas les plaideurs et les accusés ; il doit aller au-devant d'eux. Dans chaque circonscription, il tient ses assises[3]. Les justiciables se rendent près de

---

dernier terme, dans la langue du quatrième siècle, correspond à notre expression fonctionnaire public.

[1] *Qui provincias regunt jus gladii habent.* (Digeste, I, 6, 8.) — *Imperium aut merum aut mixtum est; merum est imperium habere gladii potestatem in facinorosos homines; mixtum est imperium cui etiam jurisdictio inest, quod in danda bonorum possessione consistit.* (Ulpien, au Digeste, II, 1, 3.)

[2] Digeste, I, 18, *De officio præsidis.*

[3] Ces assises s'appelaient *conventus* ou *forum*. — *Is qui provinciæ præest forum agere dicitur cum civitates vocat et controversias earum*

lui et les accusés lui sont amenés par les agents subalternes ou par les officiers municipaux. Ce chef de la justice paraît d'abord tout-puissant ; toutefois plusieurs règles s'imposent à lui. La première est que les débats soient publics ; il ne peut juger ni en secret ni dans une maison privée [1]. Il siége sur une estrade élevée que l'on appelle le prétoire, d'où il est vu et entendu de tous. La seconde règle est qu'il ne soit jamais seul. L'empereur lui-même, lorsqu'il rend la justice, est entouré de conseillers [2] ; le gouverneur de province doit avoir aussi ses assesseurs [3].

Ces assesseurs sont, en général, des hommes de la province, des habitants du district dans lequel le gouverneur tient ses assises. Il est vrai que celui-ci les choisit lui-même ; on conçoit pourtant qu'il ne peut les choisir, sauf des exceptions qui feraient scandale, que parmi les hommes connus dans le pays pour leur probité et pour leur connaissance du droit [4]. Ils ne sont pas des jurés

cognoscit, Festus, v° *Forum*, édition Muller, p. 84. — Cicéron, *Brutus*, 62 ; *pro Sextio*, 56 ; *in Verrem*, V, 11 ; IV, 48 ; *ad diversos*, III, 8. — Pline, *Lettres*, X, 66. — Le mot *conventus* désignait aussi un ressort judiciaire, Pline, *Hist. nat.*, III, 3 et 4.

[1] Code Théodosien, I, 12, 1 ; I, 16, 6-10

[2] Une lettre de Pline (IV, 22) donne une idée nette de ce conseil qui entourait le prince rendant la justice : *Interfui principis cognitioni, in consilium assumptus... Quum sententiæ perrogarentur*. Ainsi l'empereur prenait l'avis du conseil, et l'on allait aux voix. — Cf. Spartien, *Hadrianus*, 8 et 18 : *Erat tunc mos, cum princeps causas cognosceret, ut senatores et equites romanos in consilium vocaret, et sententiam ex omnium deliberatione proferret*.

[3] Voyez Digeste, I, 22, *De officio assessorum ;* code théodosien, I, 12 : *De assessoribus ;* code de Justinien, I, 51 ; Pline, *Lettres*, I, 5 ; Aulu-Gelle, I, 22 ; Fronton, *ad amicos*, liv. I, lettre 1.

[4] Digeste, I, 22 : *Officium assessoris quo juris studiosi funguntur*.

dans le sens moderne du mot, car ils ne prononcent aucun arrêt et ils n'ont par eux-mêmes aucun pouvoir. Ils éclairent seulement le gouverneur qui les préside; on les appelle ses conseillers. Légalement, ils ne sont pas des juges; moralement, ils sont la conscience du pays surveillant et inspirant le juge. Le gouverneur peut décider contrairement à l'avis de son conseil; mais il faut, du moins, qu'il l'ait d'abord consulté; il ne peut prononcer qu'après l'avoir entendu. Tout arrêt est précédé d'une courte conférence entre lui et ses assesseurs [1].

Le gouverneur peut se décharger de l'instruction d'une affaire sur un juge choisi par lui. Il lui donne alors à l'avance une formule suivant laquelle son mandataire prononcera l'arrêt après qu'il aura apprécié les faits. Le plus souvent, le gouverneur instruit lui-même; il est juge du fait comme il est juge du droit. Il écoute donc les parties ou leurs procureurs. Ses moyens pour trouver la vérité sont les dépositions des témoins sous la foi du serment et la lecture des pièces écrites. Il a le droit d'user de la question contre les accusés et même contre certaines classes de témoins. Les plaideurs et les prévenus peuvent se faire défendre par des avocats. Quand le juge se croit en possession de la vérité, son conseil entendu, il rend sa sentence. Il faut que cette sentence soit prononcée en public et qu'elle soit ensuite enregistrée suivant des formes déterminées par la loi [2].

---

[1] *Festus cum consilio locutus respondit.* (Actes des apôtres, XXV, 12.) — *Rufus legatus cum consilio collocutus decretum recitavit.* Inscription de Tarragone. (Mémoires de l'académie de Saxe, 1855.)

[2] Ulpien, XXV, 12. Digeste, XXII, 4 et 5. Code Théodosien, II, 18; IV, 16; XI, 39. Code de Justinien, III, 5; IV, 20 et 21; VII, 44.

Toutes ces règles méritent de fixer notre attention. Elles sont au nombre de celles que l'humanité a trouvées les plus efficaces pour assurer à la fois les droits de la société et ceux de l'individu. Ces règles, apportées en Europe par les Romains, s'y sont maintenues à travers les âges. Nous verrons plus loin que les Germains eux-mêmes ne les ont pas supprimées; effacées quelque temps par le régime féodal, elles ont reparu avec toute leur vigueur au treizième siècle.

Il n'était pas possible qu'un gouverneur jugeât personnellement tous les délits et tous les procès d'une province. Il déléguait donc son autorité à des juges inférieurs, que l'on appelait *juges pédanés*. Les officiers municipaux avaient aussi une juridiction, au moins en matière civile et pour les procès de peu d'importance. En matière criminelle, ils devaient se contenter d'arrêter les coupables et de les livrer au gouverneur. Comme celui-ci possédait seul le droit de glaive, il n'y avait que lui qui pût infliger une peine. Les décisions des juges pédanés et des officiers municipaux pouvaient toujours être annulées par le gouverneur. Il n'y avait réellement chose jugée que quand le gouverneur lui-même avait prononcé.

Il s'introduisit en ce temps-là dans la justice une heureuse innovation : ce fut le droit d'appel. Il avait été à peu près inconnu dans l'antiquité. Il n'y a pas apparence que les Gaulois pussent appeler des arrêts que les druides avaient prononcés au nom des dieux. A Athènes on n'avait aucun recours contre les sentences les plus aveuglément rendues par les jurys populaires. Dans la république romaine, il n'y avait non plus aucun appel contre les comices qui condamnaient sur un simple soupçon, ou contre les tribunaux sénatoriaux qui frappaient un adversaire politique. L'appel s'établit d'une façon régulière au temps de l'empire romain et par une voie toute naturelle. Comme le pouvoir judiciaire ne s'exerçait qu'en vertu d'une série de délégations, il sembla juste et il fut inévitable qu'on pût appeler du juge délégué à son supérieur. Ainsi les arrêts des juges pédanés pouvaient être révisés par le gouverneur; ceux du gouverneur l'étaient par le haut fonctionnaire qui avait le titre de *vicarius;* de celui-ci, enfin, on pouvait appeler au préfet du prétoire et à l'empereur. La hiérarchie administrative et politique était en même temps une hiérarchie judiciaire[1].

Le droit d'appel fut ainsi la conséquence de la centralisation. Il n'est pas douteux que ce nouveau droit n'ait été accueilli avec une grande faveur par les peuples. Les historiens, les lois, les inscriptions, tout montre que les empereurs recevaient un très-grand nombre d'appels de toutes les provinces. Il se passa alors quelque chose d'analogue à ce qu'on devait voir dans la France du quatorzième siècle, quand tout le monde voulut être jugé par le roi. Les hommes ont d'autant plus de confiance dans le juge qu'il est plus éloigné et plus élevé en puissance. L'histoire ne montre pas qu'en général la justice monarchique ait été détestée des peuples.

Cette organisation judiciaire de l'empire romain pré-

---

[1] Suétone, *Auguste*, 3. Spartien, *Adrien*, 22. Capitolin, *Antonin*, 2. Marc-Aurèle, 11. Digeste, V, 1, 55; XLIX, 1, 1; XLIX, 3.

sente d'abord à l'esprit l'idée du despotisme. Un homme du dix-neuvième siècle est naturellement porté à penser qu'elle n'a été imaginée que dans l'intérêt des princes. Il est probable que les contemporains l'appréciaient autrement. Ils la comparaient aux divers systèmes de justice que leurs ancêtres avaient connus et tout porte à croire qu'ils la préféraient.

Ce n'est pas qu'ils n'eussent parfois à en souffrir. Le fonctionnaire public pouvait avoir toutes les passions de l'humanité; il pouvait être cupide, et alors il arrivait ce qu'un historien raconte d'un juge du quatrième siècle : « Dans sa province, tout prévenu qui n'avait rien à donner était condamné; tout prévenu riche était acquitté à prix d'argent[1]. » De tels faits, bien qu'ils ne fussent que des exceptions, ne devaient pas être absolument rares, et la surveillance du pouvoir central ne les empêchait pas toujours de se produire. Il pouvait encore arriver que le gouverneur fût honnête homme, mais que ses subalternes ne le fussent pas; ses greffiers, ses secrétaires, ses appariteurs avaient mille moyens de faire absoudre un coupable et condamner un innocent. C'est contre ces hommes que le législateur romain s'écriait : « Que les appariteurs et employés retiennent leurs mains rapaces ou le glaive de la loi les tranchera ; nous ne souffrirons pas qu'ils vendent à prix d'argent la vue du juge, l'entrée du tribunal, l'oreille du magistrat; ils ne doivent rien recevoir des plaideurs[2]. »

Le vice le plus grave de cette justice qui, à tous les de-

---

[1] Ammien Marcellin, XV, 13.
[2] Code Théodosien, I, 16, 7.

grés, était dans les mains des fonctionnaires publics, était que, dans beaucoup de causes, l'État se trouvait à la fois juge et partie. S'agissait-il, par exemple, d'une terre dont la propriété était contestée entre l'État et un particulier, c'était l'État qui décidait[1]. S'agissait-il d'un délit de lèse-majesté, c'est-à-dire d'une faute commise contre la sûreté de l'État ou celle du prince, c'étaient les représentants de l'État et les agents du prince qui jugeaient. L'accusé ne pouvait appeler que d'un fonctionnaire à un autre fonctionnaire; contre l'arrêt du prince il n'avait plus aucun recours. Il n'existait aucune garantie contre l'autorité publique; la vie et la fortune de l'homme dépendaient d'elle. Il faut ajouter que l'usage de la confiscation faisait que l'État avait toujours intérêt à condamner[2].

Toutefois, en compensation de ces vices, les contemporains trouvaient dans cette justice un mérite inappréciable. Ce n'était pas une justice qui fût rendue par une caste sacerdotale à une population inférieure, ni par une aristocratie à des classes asservies, ni par un patron à des clients, ni par un seigneur à des vassaux; c'était la justice de l'État. Elle n'était pas constituée de façon à assurer l'empire d'une caste ou d'une classe; elle était égale pour tous. On était sûr qu'elle n'avait d'autre préoccupation, en dehors de l'intérêt public, que celle des droits de chacun. Si elle ne laissait à l'individu humain aucune sûreté contre la puissance de l'État, elle

---

[1] Ce cas était fréquent. (Voy. code Théodosien, X, 10, 3.)

[2] Voy. Naudet, *Changements survenus dans l'administration de l'Empire romain*, t. I, p. 195-197.

lui offrait en revanche une protection sûre contre toute autre supériorité que celle de l'État[1]. Il est vrai qu'elle soumettait les hommes à un monarque ; mais lorsqu'elle disparut, les hommes ne tardèrent guère à être soumis à la féodalité.

CHAPITRE X

Les charges de la population ; les impôts.

Les mêmes principes qui régnaient dans l'ordre politique et dans l'ordre judiciaire, se retrouvent dans le système financier de l'empire romain. L'omnipotence de l'État et des pouvoirs publics y était la règle absolue et incontestée.

De là deux conséquences. D'une part, l'État ou le prince exigeait les impôts et en fixait lui-même le chiffre suivant ses besoins, sans que les populations fussent appelées à les voter ou à y consentir ; il en réglait de même l'emploi, sans que les populations pussent exercer aucun contrôle. D'autre part, l'État seul avait le droit de lever des contributions ; on ne connaissait donc rien qui ressemblât à des impôts ecclésiastiques ou seigneuriaux.

Le système financier de l'empire romain mérite de

[1] Les fonctionnaires avaient ordre de protéger particulièrement les faibles : *Ne potentiores viri humiliores injuriis afficiant, ad religionem præsidis pertinet.* (Digeste, I, 18, 6 ; Cf. code de Justinien, I, 40, 11.)

fixer notre attention ; car il a survécu de beaucoup à cet empire. Les révolutions des âges suivants ne l'ont pas détruit; il a suivi les vicissitudes de la société en s'adaptant à chaque régime nouveau.

Les principaux impôts étaient :

1° L'impôt foncier que l'on appelait le *cens*, le *tribut*, ou la *capitation de la terre* ; il était payé par tous les propriétaires du sol[1].

2° La *capitation humaine*, contribution personnelle qui pesait sur tous ceux qui n'étaient pas propriétaires. Il portait principalement sur les colons, serviteurs ou fermiers. Il correspondait à ce qu'on a appelé plus tard la taille. Il était un impôt plébéien (*capitatio plebeia*), parce qu'il prouvait qu'on n'était pas propriétaire.

3° Le chrysargyre, qui était supporté par les commerçants et les industriels ; il correspondait à ce qu'on appelle de nos jours l'impôt des patentes[2].

4° L'impôt sur les successions, les legs, et les donations[3].

5° L'impôt sur les ventes dans les marchés publics, et les péages sur les routes, au passage des ponts, ou à l'entrée des ports. On les appelait *telonea* ; ils ont subsisté, sous le même nom, durant tout le moyen âge. Les États modernes en ont modifié la forme, mais il s'en faut beaucoup qu'ils les aient abolis[4].

---

[1] Code Théodosien, livre XI, titre I.

[2] On l'appelait la contribution lustrale, *collatio lustralis*, parce qu'elle ne se payait que tous les quatre ans. (Zosime, II, 38 ; Lampride, *Alexandre Sévère*, 32 ; code Théodosien, XI, 1, 8 et XIII, 1, *De lustrali collatione*.)

[3] Suétone, *Auguste*, 49 ; Pline, *Panégyrique*, 37 ; Dion Cassius, LV.

[4] Digeste, XXXIX, 4, *De publicanis et vectigalibus*; XIX, 2, 60, § 8, XXIV, 1, 21. Code Théod. *De vectigalibus.* Code de Justinien, IV, 61.

6° Le monopole du sel, qui, après avoir été imaginé et établi par la république romaine, a traversé toute la période impériale et est passé aux états modernes[1].

7° Les prestations en nature (*annonæ*); c'étaient des fournitures de vivres pour l'armée, de vêtements militaires et d'armes, de chevaux et de fourrages pour la cavalerie et pour la poste, de vivres et de meubles pour les fonctionnaires. Ces contributions ont subsisté jusqu'à Charlemagne[2].

8° L'obligation de recevoir et de loger les soldats en passage, celle de défrayer l'empereur dans ses voyages ou toute autre personne voyageant par son ordre; c'est l'origine du droit de gîte que les rois et les seigneurs du moyen âge ont continué d'exiger[3].

9° Les corvées; c'était de véritables impôts que le contribuable payait sous forme de travail; il devait fournir un certain nombre de journées par an pour la construction et l'entretien des routes et des ponts; il devait prêter ses chevaux et ses voitures pour le transport des vivres et des fourrages aux armées[4]. Tout cela se retrouve au moyen âge[5].

---

[1] Tite Live, XXIX, 37; code de Justinien, IV, 61, 11.

[2] Voyez dans les codes les titres : *De annonis, De erogatione militari, De operibus publicis, De equorum collatione, De militari veste.*

[3] Ulpien, au Digeste, L, IV, 3, § 15 et 14 : *Eos milites quibus supervenientibus hospitia præberi in civitate oportet, per vices ab omnibus, quos id munus contingit, suscipi oportet.* — Ulpien, au Digeste, I, 16, 4 : *Observare proconsulem oportet ne in hospitiis præbendis oneret provinciales.* — Cf. Digeste, I, 18, 6; L, 5, 10; code de Justinien, XII, 44.

[4] Code Théodosien, XI, 7; XV, 3. Digeste, I, 2; L, 5, 11. — Cf. Bronzes d'Osuna, § 98.

[5] Il n'est pas de notre sujet de faire un exposé complet des impôts de l'Empire romain. On pourra consulter sur cette matière : les Notes de

Cette longue énumération d'impôts ne dirait rien à notre raison, si nous ne pouvions nous faire une idée de la somme d'argent qu'ils représentaient; mais c'est ce qui est fort difficile, parce qu'il ne nous reste de cette époque aucun document de statistique.

Les historiens disent, à la vérité, que Jules-César n'imposa à la Gaule qu'un tribut annuel de dix millions de francs[1]; mais il n'est pas douteux que ce chiffre n'ait été fort augmenté par Auguste et plus tard par Vespasien. En rapprochant deux phrases, malheureusement très-vagues, de Strabon et de Velléius, on peut croire que la somme des contributions de la Gaule, au temps de Tibère, était d'environ 150 millions[2]. En 355, l'impôt de la Gaule était fixé à 25 pour 1000 de la valeur de chaque fonds de terre; en 356, Julien l'abaissa à 7 pour 1000[3]. Il est vraisemblable que le premier chiffre était exceptionnellement élevé, et le second excep-

---

Godefroi, au livre XI du code Théodosien; Naudet, *Des changements survenus dans l'administration de l'Empire*; Dureau de la Malle, *Économie politique des Romains*; Giraud, *Histoire du droit français*, ch. 3, art. 3; Baudi di Vesme, *Étude sur les impôts en Gaule à la fin de l'Empire romain*; E. Levasseur, *De pecuniis publicis apud Romanos*, 1854.

[1] Suétone, *Jules César*, 25; Eutrope, VI, 14.

[2] Comparer Strabon, XVII, 1, 13 et Velléius, II, 39.

[3] Ammien, XVI, 5 : *Pro capitibus singulis tributi nomine vicenos quinos aureos reperit flagitari ; discedens vero, septenos tantum...* Ce qu'on appelait *caput*, *jugum* ou *millena* était l'unité cadastrale, c'est-à-dire la valeur de 1,000 *aurei* en fonds de terre. *Per juga singula seu singulas millenas... per jugum vel millenos solidos.* (Novelles de Majorien, VII, 16, édit. Hœnel, p. 322.) — Cf. Novelles de Valentinien, III, titre V, § 4 : *Septem solidis per millenas*. Le terme de *millena* se trouve encore, avec la même signification, dans une lettre de Cassiodore, II, 37. — Eumène, *Gratiarum actio*, c. 5 : *Septem millia capitum remisisti, quintam partem nostrorum censuum.*

tionnellement bas ; c'est entre les deux que nous devons nous placer pour apprécier les charges pécuniaires qui pesaient sur la Gaule[1]. Il est regrettable que l'antiquité ne nous fournisse pas de renseignements plus précis sur un objet si important ; mais cette insuffisance des documents est au moins un motif pour écarter les jugements trop absolus que l'on a portés sur le système financier de l'empire romain.

Il est encore une réflexion qu'on doit faire. Un budget de recettes pourrait à la rigueur être deviné d'après un budget de dépenses ; or il n'est pas impossible de calculer les dépenses du gouvernement impérial. Elles avaient trois objets : la cour, l'administration, l'armée. Il n'existait pas de dette publique dont le gouvernement dût payer les intérêts. Il n'avait à entretenir ni un clergé, ni un corps judiciaire, ni un corps diplomatique, ni un vaste système d'écoles. Il est vrai que la cour était très-somptueuse ; mais l'administration comptait beaucoup moins de fonctionnaires qu'il n'y en a dans les états modernes[2] ; quant à l'armée, elle ne dépassait pas le chiffre de 400,000 soldats ; la cavalerie était peu nombreuse ; les troupes étaient rarement déplacées ; les guerres coûtaient infiniment moins que de nos jours. Que l'on suppute, en monnaie d'aujourd'hui, ce que pouvaient coûter cette cour, cette administration, et cette armée ;

---

[1] Le passage d'Ammien que nous avons cité indique que les 7 *aurei* par *caput* représentaient toutes les charges, *munera omnia complentes*.

[2] Il y avait pour cet immense empire 4 préfectures, 14 diocèses, 119 gouvernements : en tout 138 hauts fonctionnaires. Il est vrai que chacun d'eux avait des subalternes, des secrétaires, ce que l'on appelait alors une *cohors*, ce que nous appellerions des bureaux.

qu'on y ajoute les frais de quelques flottilles de navires à rames, et ceux qu'entraînait la nourriture de la plèbe romaine ; on arrivera à peu près au chiffre de 750 millions ; qu'on double, si l'on veut, cette somme pour tenir compte des largesses, des prodigalités, des abus de toute sorte, on arrivera à peine aux deux tiers de la somme que paye la France actuelle ; et il s'agit ici d'un empire dix fois plus grand que la France et qui, si la richesse mobilière lui manquait, possédait au moins une richesse foncière considérable.

Il est vrai que les populations avaient, en outre, à entretenir leurs routes, leurs temples, leurs écoles et à subvenir à toutes les dépenses d'intérêt local.

Il n'est pas douteux que les populations ne se soient souvent plaintes des impôts qu'on exigeait d'elles ; ce n'est pas une raison pour croire que ces impôts aient été excessifs. Il est plus juste de penser qu'ils étaient à la richesse publique de ce temps-là ce que les impôts d'aujourd'hui sont à la nôtre. Ce qui permet de croire qu'ils ne furent pas démesurément lourds, c'est que la Gaule, pendant trois siècles au moins, prospéra et s'enrichit. Les souffrances des derniers temps ont eu d'autres causes que l'aggravation des impôts[1].

Le principe du gouvernement romain était l'égalité de tous en matière de contributions. On l'a quelquefois accusé d'avoir exempté les classes élevées ; il y a là une erreur ; si la classe des sénateurs était affranchie de quelques contributions, c'est qu'elle en payait d'autres qui

---

[1] Voyez E. Levasseur, *De pecuniis publicis*, p. 85.

lui étaient particulières et qui étaient fort lourdes[1] ; si les propriétaires étaient exempts de l'impôt personnel, c'est qu'ils payaient l'impôt foncier qui était incomparablement plus élevé[2].

La règle était que tous les impôts fussent proportionnels. Les prestations en nature et les corvées étaient fixées en raison de la valeur des propriétés[3]. Le chrysargyre variait suivant le chiffre d'affaires du commerçant et de l'industriel. Quant à l'impôt foncier, le gouvernement romain mettait un soin particulier à ce qu'il fût toujours dans un rapport exact avec la valeur du sol. Les registres du cadastre, fréquemment renouvelés, marquaient la qualité de chaque terre, la nature des produits, le revenu moyen, le nombre des serviteurs employés à la culture, celui des animaux de labour, celui des arbres et des ceps de vigne[4]. Il ne faut

[1] La contribution sénatoriale, *gleba senatoria*, variait de 2 à 8 livres d'or par tête, c'est-à-dire approximativement de 1,500 à 6,000 francs. — Voyez Zosime, II, 38. Symmaque, *Lettres*, IV, 61 ; X, 66 et 67. Code Théodosien, VI, 2, 2 ; VI, 4, 21 ; VI, 26. Cf. Baudi di Vesme, p. 28, et E. Levasseur, p. 20. — Les sénateurs avaient, en outre, à payer l'*aurum oblatitium*, qui était, en général, de 5 pièces d'or par tête. (Dion Cassius, LXXII, 16. Symmaque, X, 33, 50. Code Théodosien, VI, 2, 5.)

[2] Les seules exemptions portaient 1° sur les terres accordées aux soldats, 2° sur celles du domaine, 3° sur les pauvres, 4° sur quelques professions, comme celles des médecins et des professeurs de droit.

[3] Code Théodosien, XI, 1, 15 ; code de Justinien, X, 25, 2.

[4] Hygin, *De limit. agrorum* : *Præstant pecuniam per soli æstimationem; certa pretia agris constituta sunt, arvi primi, arvi secundi, prati, silvæ glandiferæ, silvæ vulgaris, pascui; his omnibus vectigal ad modum ubertatis per singula jugera constitutum.* — Digeste, L, 15, 4 : *Forma censuali cavetur ut agri sic in censum referantur... Arvum quot jugerum sit, vinea quot vites habeat, olivæ quot arbores habeant...* — *Si agri portio chasmate perierit, debebit per censitorem relevari; si vites mortuæ sint, iniquum eum numerum inseri censui.* (Digeste, L, 15, 4.)

pas nous laisser abuser par quelques phrases déclamatoires de deux ou trois écrivains. Quand Lactance se plaint de ce que les agents de l'administration financière comptaient les mottes de terre et les arbres[1], il se plaint de ce qu'il y avait de plus à louer. Le plus grand mérite d'une administration financière et le plus grand bienfait que les peuples puissent attendre d'elle, c'est l'attention à maintenir l'égalité. L'empire romain avait une série d'agents pour y veiller : c'étaient des répartiteurs, des inspecteurs, des contrôleurs. Il était naturel que les populations eussent peu de sympathie pour tous ces fonctionnaires ; les plaintes dont Lactance et Salvien se sont faits les organes, se comprennent aisément ; le contribuable a presque autant de haine pour le contrôleur qui le dégrève que pour celui qui le charge ; il n'en est pas moins vrai que ces fonctionnaires travaillaient autant dans l'intérêt des populations que du gouvernement.

Ce n'est pas que ce système financier n'eût de graves imperfections. Le soin même que l'on apportait à la confection du cadastre n'était pas sans inconvénients. Les procédés des fonctionnaires avaient quelque chose d'inquisitorial qui devait blesser les populations. On assemblait tous les habitants d'une ville ou d'un canton, suivant l'ancien usage du cens romain ; ce déplacement et cette agglomération produisaient déjà un effet funeste. Puis il était de règle que chaque contribuable fît lui-même l'évaluation de sa fortune[2] ; cette formalité, libérale en apparence, donnait lieu à un débat contradictoire

---

[1] Lactance, *De morte persecutorum*, 33.
[2] C'était ce qu'on appelait *professio*. (Voyez Digeste, L, 15, 4.)

entre le contribuable et le fonctionnaire ; elle invitait le contribuable à la fraude et le fonctionnaire à la violence. Or, ce conflit n'avait pas lieu en secret, dans un bureau, d'homme à homme ; il se produisait en public, au milieu de la foule rassemblée à cet effet et tout entière intéressée au débat. Une telle manière de procéder faisait de l'opération du cadastre une véritable lutte entre la population et le gouvernement. Il n'est pas surprenant que, dans ces jours-là, ainsi que le dit Lactance, on entendît résonner les coups et bruire les instruments de torture.

Un autre vice du système était que beaucoup d'impôts étaient payés en nature, c'est-à-dire sous forme de vivres, de fourrages, de chevaux, de corvées, de transports et de charrois. Cette sorte de contributions est toujours très-onéreuse par le temps qu'elle enlève à l'homme, par le trouble qu'elle porte dans ses habitudes, par les vexations auxquelles elle se prête. Quoique les sujets eussent toujours le droit de porter plainte contre les agents de l'administration, et qu'ils exerçassent régulièrement ce droit par des députations périodiques, on peut croire que le gouvernement central n'avait ni le loisir ni les moyens de les garantir suffisamment contre les abus de pouvoir des fonctionnaires. Quand le gouvernement était riche, il pouvait encore protéger les populations contre le zèle excessif de ses agents ; mais, quand il était pauvre et aux abois, ainsi qu'il arriva souvent, il se trouvait à la merci de ces mêmes agents, et les populations étaient inévitablement sacrifiées[1].

---

[1] On peut voir des exemples de cela dans Zosime, IV, 3; IV, 32. Ammien Marcellin, XXX, 5. Cf. Novelles de Majorien, IV.

Les règles les plus équitables et les plus libérales peuvent donner de mauvais résultats. On avait voulu que la répartition de l'impôt fût faite par les contribuables eux-mêmes. L'impôt foncier, par exemple, après que le gouvernement en avait déterminé le chiffre pour chaque cité, était divisé entre les contribuables de la cité par les curiales, c'est-à-dire par les principaux propriétaires. De même les principaux commerçants ou industriels répartissaient entre tous le chrysargyre. Ce procédé pouvait donner lieu à des injustices, ou au moins laisser croire qu'il s'en produisait, ce qui était déjà un grand mal. Les pauvres pouvaient penser, comme l'insinue Salvien, que les riches s'entendaient pour rejeter sur eux la plus forte part du poids des impôts[1].

Enfin, la perception n'était pas faite par les agents de l'État. Il appartenait à chaque cité ou à chaque corporation de lever elle-même ses impôts et d'en livrer les produits aux fonctionnaires supérieurs de l'administration impériale[2]. Or, c'est aggraver beaucoup le fardeau des contributions que de charger les peuples de les percevoir eux-mêmes. On ne saurait calculer combien cela jette de désordre dans l'existence et de haines dans les cœurs. Salvien dit : « Autant de curiales, autant de tyrans. » Nous pouvons le croire ; les curiales, obligés de poursuivre les contribuables, devaient être d'autant plus durs pour eux que ce travail leur répugnait davantage. Ils étaient d'ailleurs responsables du payement intégral de

---

[1] Salvien, *De gubernatione Dei*, liv. IV et V. On remarque que Salvien accuse moins les fonctionnaires impériaux que les magistrats municipaux.
[2] Code Théodosien, liv. XII, tit. VI.

l'impôt[1]; dans un voisin insolvable ils voyaient un ennemi qui les ruinait eux-mêmes. Le pire système de perception est celui qui est effectué par les contribuables. M. de Tocqueville a décrit la misère des *collecteurs* du dix-huitième siècle ; il a décrit du même coup la misère des curiales de l'empire romain.

Quand on lit la partie des lois romaines qui traite des impôts, on est frappé de ce qu'elles ont de dur et d'inexorable. On aurait tort de conclure de là que le gouvernement impérial fût plus avide et plus exigeant qu'on ne l'avait été dans les républiques anciennes ou qu'on ne le fut dans les siècles suivants. Les sujets de l'empire payaient probablement moins d'impôts que les Athéniens n'en avaient payé au temps de Démosthènes et que les Anglais n'en payent aujourd'hui. Mais l'empire ne se donnait pas la peine de dissimuler aux yeux des hommes les charges qu'il leur imposait. Il ignorait les divers moyens d'en adoucir l'amertume, et surtout le plus sûr d'entre eux, qui est de faire voter les impôts par la population et de lui montrer à quoi ils sont employés.

CHAPITRE XI

Les charges de la population; le service militaire.

Les sociétés anciennes n'avaient guère connu les armées distinctes de la population civile. L'homme libre ou le

[1] Voyez dans les codes le titre *De susceptoribus*.

citoyen était en même temps le soldat. Il était soldat aussi longtemps que son corps était robuste, aussi souvent que l'État avait besoin de lui pour sa défense ou pour l'attaque de l'étranger. Le Romain, de dix-sept à quarante-six ans, était appelé chaque année devant le magistrat qui pouvait le prendre comme légionnaire. Il en était à peu près ainsi à Athènes et dans toutes les républiques anciennes. Le service militaire était également obligatoire chez les anciens Gaulois [1].

Il en fut autrement sous l'empire romain. On a dit quelquefois qu'Auguste avait séparé l'armée des citoyens afin d'opprimer ceux-ci à l'aide de celle-là. Rien ne prouve qu'il ait fait ce calcul ; aucun des historiens de l'époque ne le lui attribue, et le détail de sa vie montre, au contraire, qu'il se fiait plus aux citoyens qu'aux soldats. La séparation de l'ordre civil et de l'ordre militaire eut un autre motif. Quand on étudie cette époque de l'histoire romaine, en observant surtout les sentiments qui dominaient dans les âmes, on remarque que l'esprit militaire avait presque disparu. Poussé à l'extrême pendant les deux siècles qui avaient précédé, il était comme épuisé. Les classes élevées surtout et même les classes moyennes s'éloignaient autant qu'il leur était possible du service militaire. En Italie, on se faisait colon et même esclave pour ne pas être soldat. Par une compensation naturelle, tandis que tout ce qui était riche ou aisé fuyait l'armée, la lie de la population, qui en avait été autrefois écartée, demandait à y entrer. Être soldat

---

[1] C'est ce que César donne à entendre quand il dit que les druides étaient exempts du service militaire : *Militiæ vacationem habent*, VI, 14.

devenait le métier préféré de ceux qui n'avaient rien et qui convoitaient butin ou terres.

L'empereur Auguste donna satisfaction à ce double besoin de son époque. Les classes élevées et moyennes ne voulaient plus du service militaire obligatoire ; il le supprima [1]. Les basses classes souhaitaient une profession militaire qui fût lucrative ; il la créa. La vieille institution de la cité armée disparut, et il y eut désormais une armée distincte et séparée de la population civile. Quelques-uns furent soldats toute leur vie, et, à ce prix, le plus grand nombre fut, toute la vie, en paix et au travail [1].

L'armée de l'empire romain se composait d'environ trente légions. En y joignant les corps auxiliaires, on peut estimer qu'elle comptait 400,000 hommes [2]. Ce chiffre suffisait à un État dix fois plus étendu que la France actuelle. Il y avait à peu près un soldat sur trois cents habitants.

Quoique les empereurs comptassent beaucoup sur les engagements volontaires, ils ne pouvaient pas se priver de la ressource des appels forcés [3] ; mais ils firent en ce point une singulière innovation. Tandis qu'auparavant le service militaire avait été une obligation personnelle du citoyen, ils en firent une sorte d'impôt portant sur

---

[1] Il y a pourtant une réserve à faire : les empereurs exigèrent de tous ceux qui aspiraient aux charges publiques qu'ils fissent d'abord plusieurs campagnes. Cette obligation dura environ deux siècles.

[2] Il n'y avait que 25 légions sous Tibère. (Tacite, *Annales*, IV, 5.) — Le nombre fut un peu augmenté à partir de Trajan. Les *auxilia* et les *alæ* formaient, suivant Tacite, un nombre de soldats égal à celui des légions.

[3] *Delectibus supplendos exercitus* (Tacite, IV, 4.)

la propriété foncière. Tout possesseur du sol fut astreint, non pas à être soldat lui-même, mais à fournir un soldat. Le nombre des hommes qu'il fallait donner était proportionnel, comme l'impôt foncier, à l'étendue et à la valeur des terres. Un grand propriétaire devait plusieurs soldats; plusieurs petits propriétaires se cotisaient pour en fournir un[1].

Ce n'était jamais le propriétaire qui devait servir de sa personne; il donnait un de ses colons, un client, un serviteur, même un esclave, pourvu qu'il commençât par l'affranchir[2]. Cet homme n'était pas consulté et il fallait souvent le contraindre; serviteur du maître, il était livré par lui à l'État[3]. Dès lors il devenait soldat pour vingt années. Ce temps expiré, il ne revenait pas vers son ancien maître; il était absolument dégagé de tout lien et de toute dépendance à son égard. Le service militaire lui avait pris vingt ans de sa vie, mais, en re-

---

[1] *Viri feminæque ex censu coactæ dare militem.* (Velleius Paterculus, II. 111.) — *Possessoribus indicti tirones.* (Végèce, II, 4.) — *Tironum sive equorum productio.* (Digeste, L, 4, 18.) — *Tironum præbitio in patrimoniorum viribus potius quam in personarum muneribus collocetur.* (Code Théodosien, VII, 13, 7.)

[2] *Libertinum coactæ dare militem.* (Velleius, *ibid.*) Nous parlerons ailleurs de cette classe des *libertini*. — Δοὺς αὐτῷ στρατιώτας οὐκ εὐγενεῖς μόνον ἀλλὰ καὶ ἐξελευθέρους (*libertinos*) ἄλλους τε καὶ ὅσους παρά τε τῶν ἀνδρῶν καὶ παρὰ τῶν γυναικῶν δούλους, πρὸς τὰ τιμήματα αὐτῶν, σὺν τροφῇ ἐκμήνῳ λαβών, ἠλευθέρωσεν. (Dion Cassius, LV, 31.)

[3] C'est le sens des lois qu'on trouve au code Théodosien, VII, 13, *De tironibus*. Quelques lois avaient pour objet d'empêcher que les propriétaires ne donnassent des hommes peu valides. *Dum possessoribus indicti tirones per gratiam aut dissimulationem probantur talesque sociantur armis quales domini habere fastidiunt.* (Végèce, I, 7.) Il fallait donc que le conscrit offert par le propriétaire fût accepté par l'État, après une sorte d'examen qu'o a pelait *prob*

vanche, l'avait rendu libre et citoyen. Quant au propriétaire, il avait perdu un de ses serviteurs, mais il avait été exempt de l'obligation de porter les armes.

Lorsque le gouvernement avait plus besoin d'hommes que d'argent, il exigeait que cet impôt lui fût payé en nature, c'est-à-dire que les propriétaires livrassent le nombre voulu de soldats. Quand il avait plus besoin d'argent que d'hommes, il permettait et même il prescrivait qu'il lui fût payé en argent; le propriétaire, au lieu de donner un conscrit (*tironem*), avait à verser l'or de conscription (*aurum tironicum*). Le prix était fixé par les règlements; il était ordinairement de 25 pièces d'or pour un homme sans compter les frais de premier habillement et de nourriture[1].

Aucun document ne nous permet d'évaluer par un chiffre ce que ce recrutement coûtait en hommes ou en argent à la population. Nous ne savons pas quelle étendue de propriété foncière devait fournir un soldat. Nous pouvons seulement calculer que, pour remplir les cadres d'une armée de 400,000 hommes servant pendant vingt années, il fallait un recrutement annuel d'environ 30,000 conscrits. En supposant donc qu'il n'y eût pas d'engagements volontaires, il fallait que la classe des possesseurs du sol livrât annuellement 30,000 de ses serviteurs ou la somme équivalente. Cette charge, répartie sur un si vaste empire, ne pouvait pas être fort lourde.

---

[1] Code Théodosien, VII, 13, 13 : *Annuimus ut pro tironibus pretia inferantur. Damus optionem ut pro singulis viginti quinque solidos numerent, post initam videlicet rationem et vestium et pastus.* — Ibid., XI, 18 : *Tirones quorum pretia exhausti ærarii necessitas flagitavit.*

Les engagements volontaires donnaient, d'ailleurs, beaucoup de soldats. Ce n'est pas que le soldat fût largement payé ; mais, après vingt années de service, il recevait un établissement, c'est-à-dire une petite propriété ou une forte somme d'argent. Il se trouvait ainsi que la profession du soldat était une des plus lucratives et des plus sûres qu'il y eût dans la société de ce temps-là ; c'était le meilleur métier pour le prolétaire. Il n'est donc pas douteux que l'on ne trouvât beaucoup de volontaires ; la Gaule, en particulier, en fournissait un très-grand nombre. Il faut ajouter que beaucoup d'étrangers, et surtout de Germains, furent admis au service militaire dès les premiers temps de l'empire.

On voit par tout cela que, durant la période impériale, la charge du service militaire fut fort adoucie pour les populations. Il n'y a guère eu d'époques, ni auparavant ni dans la suite, où cette charge ait été plus légère. Les contemporains considérèrent sans aucun doute cet allégement comme un très-grand bienfait. De tous les systèmes d'organisation militaire, celui des armées permanentes et distinctes de la population est certainement celui qui coûte aux peuples le moins de sang, de temps et d'argent. Un danger, toutefois, s'y attache : de telles armées, toujours exigeantes et quelquefois indisciplinées, peuvent se soulever contre le gouvernement même qui les nourrit. On sait combien de fois les légions romaines élevèrent et renversèrent des empereurs.

CHAPITRE XII

Du droit de propriété dans l'empire romain.

On n'a pas une connaissance exacte d'un régime politique et on ne peut pas le juger si l'on n'observe ce qu'il a fait des droits individuels et particulièrement du droit de propriété, qui est la base et la plus sûre garantie de tous les autres. Il importe donc de chercher quel fut, au temps de l'empire romain, l'état de la propriété foncière et à quel titre le sol fut possédé.

Si nous regardons le vieux droit civil de Rome, tel qu'il nous a été transmis par les jurisconsultes du temps des Antonins, nous serons d'abord portés à croire qu'il supprima presque partout la propriété privée. On y lit, en effet, que le droit de posséder en propre n'était reconnu qu'au citoyen romain, et qu'il ne pouvait même s'appliquer que sur la terre purement romaine, c'est-à-dire dans les étroites limites de l'ancien territoire de Rome. C'était une vieille règle du droit public que les peuples vaincus fussent dépossédés ; un sujet ne pouvait pas être propriétaire ; la conquête avait brisé tout lien légal entre la personne humaine et le sol. En vertu de ce principe, la terre provinciale (on entendait par ces mots la terre conquise) ne devait pas avoir d'autre propriétaire que l'État romain ; elle était tout entière domaine public, *ager publicus*. Aussi, les jurisconsultes disaient-ils expressément : « Sur le sol provincial, la propriété appartient à l'État romain ou au prince; les hommes n'en ont que la possession et la jouissance[1]. »

Cette maxime n'appartient pas aux siècles du bas-empire; elle vient de la république romaine; elle se rattache au vieux droit public de l'Italie et de la Grèce. Si elle avait été complétement appliquée, il faudrait croire que les Gaulois, comme tous les vaincus, perdirent tout droit sur leur sol, et que la propriété privée disparut alors de la plus grande partie de la terre habitée.

Mais une règle si rigoureuse ne pouvait pas manquer d'être fort adoucie dans la pratique. Plusieurs peuples étaient entrés dans l'empire de Rome à titre d'alliés et non pas de provinciaux; ils avaient donc conservé la propriété de leurs terres[2]. D'autres obtinrent plus tard ce qu'on appelait le droit italique, c'est-à-dire le plein exercice de la propriété privée sur le sol[3]. Ce droit italique s'appliqua peu à peu à beaucoup de territoires situés au milieu des provinces[4]. Il arriva ainsi que le sol provincial, dont les jurisconsultes marquent la triste condition, fut de plus en plus restreint et que la propriété

---

[1] Gaius, II, 7 : *In provinciali solo dominium populi romani est vel Cæsaris; nos possessionem tantum et usumfructum habere videmur.*

[2] Voyez *Lex Antonia de Termessibus*, et *Lex vulgo dicta Thoria*. (Corpus Insc. latin., t. I.) — Cf. Cicéron, *in Rullum*, I, 4 : *Excipit in vendendis agris eos agros de quibus cautum sit fœdere*. Cicéron, *pro Flacco*, 32, indique qu'il pouvait se trouver dans les provinces, *prædia quæ haberent jus civile, quæ mancipi essent.*

[3] Le *jus italicum* n'était point une condition personnelle, c'était une condition de la terre. — Voyez Ch. Giraud, *Recherches sur le droit de propriété chez les Romains*, p. 295.

[4] Pline, *Hist. nat.*, III, 3, 25; Digeste, L, 15, 1 et 28.

privée regagna insensiblement le terrain que la conquête lui avait fait perdre.

En même temps on travailla à modifier l'ancien droit, et il y eut une série de dix générations de jurisconsultes, de magistrats, de princes, de fonctionnaires qui s'occupèrent sans relâche à trouver les moyens d'assurer aux possesseurs du sol provincial toutes les garanties que le vieux droit civil leur avait refusées[1].

On a d'ailleurs la preuve que la propriété privée ne fût pas abolie en Gaule par la domination romaine. Les historiens ont signalé comme un fait remarquable que, dès les premiers temps de l'empire, Auguste avait fait le *cens* de la Gaule[2]. On se tromperait fort si l'on croyait qu'il ne s'agit ici que de cette mesure d'administration que les modernes appellent un recensement ou un cadastre. Ce que la langue romaine appelait proprement le *cens* était une opération qui ne s'appliquait qu'à la propriété privée. Inscrire une terre sur les registres du cens, c'était reconnaître légalement que cette terre n'appartenait pas à l'État et qu'elle était le domaine propre d'une famille. L'inscription au cens était un titre de droit[3]. Le cens qu'Auguste dressa pour la Gaule avait

---

[1] Il y avait eu, au temps de la République, une distinction de droit entre la propriété quiritaire et la simple possession ; cette distinction s'effaça insensiblement sous l'Empire romain. Conservée encore dans les textes des jurisconsultes, elle disparut peu à peu de la pratique.

[2] Tite-Live, *Epitome*, 134 ; Dion Cassius, liv. LIII, 22.

[3] L'ancien *census* romain ne comprenait que les *res mancipi* ; ce qui n'était pas un objet de pleine et entière propriété ne pouvait pas y figurer. Cicéron, *pro Flacco*, 32 : *At hæc prædia in censu dedicavisti ; illud quæro, sint ne ista prædia censui censendo ? habeant jus civile ? sint, nec ne, mancipi ? subsignari apud ærarium, apud censorem possint ?* La

donc un double effet ; en même temps qu'il servait de base à la répartition de l'impôt foncier, il assurait aux hommes la propriété complète et absolue de leur sol[1].

Ce droit de propriété ne leur fut jamais contesté dans la suite. Les écrivains de l'époque impériale, qui nous tracent le tableau des usages et de l'état social qu'ils avaient sous les yeux, montrent clairement que les terres situées dans les provinces se transmettaient, se vendaient, se léguaient avec une liberté et une sécurité parfaites, et que les hommes se considéraient comme aussi solidement propriétaires que s'ils eussent joui de l'ancien droit des Quirites. Nous ne trouvons pas, dans toute cette période de cinq siècles, l'expression d'une plainte ou d'un regret qui marque l'absence du droit de propriété. On ne voit non plus aucune province où la propriété individuelle et héréditaire ait disparu. Les monuments épigraphiques nous montrent dans toutes les parties de l'empire un grand nombre de familles chez qui la richesse foncière se perpétue et dont les générations successives vivent sur le même sol.

Il s'en faut beaucoup que la politique du gouvernement impérial ait été hostile à la propriété privée. L'abus des

---

suite du paragraphe montre bien que la déclaration au cens, après qu'elle avait été acceptée par les censeurs, constituait un titre.

[1] C'est ce que dit formellement Frontin, *De coloniis*, édit. Goez p. 109 : *Augusti temporibus orbis romanus agris divisus censuque descriptus est, ut possessio sua nulli haberetur incerta quam pro tributorum susceperat quantitate solvenda.* — Voyez encore sur la signification du cens, Cassiodore, *Variarum*, III, 52. On n'a pas assez remarqué le changement introduit par le *cens* d'Auguste ; il explique en grande partie l'affection que les provinces ont témoignée au régime impérial.

confiscations, qu'on peut lui reprocher comme à toute l'antiquité, tint plutôt à la sévérité du droit pénal qu'à un calcul politique et à un désir constant d'accaparer le sol. On ne voit à aucun indice qu'il ait voulu amoindrir le droit de propriété individuelle en se réservant à lui-même une sorte de domaine éminent; tous ses actes et toutes ses lois sont l'opposé d'une telle prétention. Les codes impériaux ne cessent de mentionner une classe de propriétaires (*domini*); la relation légale entre ces hommes et le sol est indiquée par les deux termes également énergiques de *dominium* et de *proprietas*[1]. Les empereurs répètent maintes fois que l'individu a un droit sur la terre. L'hérédité est reconnue sans aucune contestation. Nul obstacle n'est opposé à la vente, au legs, à la donation ; l'État ne se réserve aucun privilége sur la terre[2].

Il est vrai que le domaine public était immense; mais il n'était pas inaliénable; les ventes le transformaient sans cesse en propriété privée. Si l'on est frappé de quelques lois qui montrent le fisc avide et âpre à saisir la terre, à la suite de jugements criminels, il en est beaucoup d'autres qui montrent avec quelle facilité il se dessaisissait. Le précieux recueil des *Agrimensores*, les maîtres arpenteurs de ce temps-là, signale fréquemment les terres du fisc qui étaient concédées à des particuliers et qui n'étaient jamais reprises[3]. Nulle statistique n'est

---

[1] Dans les derniers siècles, le mot *possessio* avait le même sens.

[2] Code de Just., VII, 25 : *Sit plenissimus et legitimus quisque dominus*.

[3] *Agrimensores seu Gromatici veteres*, édition Lachmann. Voyez surtout pages 20, 54, 111, 163, 284.

possible au sujet de l'empire romain ; il y a au moins grande apparence qu'en dépit des confiscations le domaine public alla toujours en s'amoindrissant et que, dans cet espace de cinq siècles, la propriété privée ne cessa pas d'être en progrès.

L'acte qui a été renouvelé le plus fréquemment par les empereurs et qui caractérise le mieux leur politique traditionnelle, fut la fondation des colonies. Le nombre en a été incalculable ; elles couvrirent l'Italie et les provinces. Or, ces colonies n'avaient aucune ressemblance avec ce que nous appelons aujourd'hui de ce nom ; elles étaient précisément le contraire d'une émigration au dehors. Fonder une colonie, c'était transformer des terres du domaine public en propriété privée. Que la terre fût distribuée à des vétérans, qu'elle le fût à des citoyens, ou bien encore qu'elle fût laissée, ainsi qu'il arrivait souvent, à ceux-là même qui l'avaient jusqu'alors occupée sans titre régulier et seulement parce qu'ils l'avaient défrichée, la colonisation consistait toujours à fonder le droit complet de propriété privée sur le sol. C'était un acte analogue à celui que le gouvernement français essaye en Algérie, lorsqu'il veut approprier le sol jusque-là possédé en commun par la tribu arabe[1].

Le gouvernement romain procédait à cette opération avec un soin particulier. Une loi était faite pour chaque colonie ; elle indiquait, avec cette précision dont les lé-

---

[1] *Ex publico facere privatum.* (Lex Thoria.) — *Omnibus legibus agris publicis privatos esse deductos.* (Cicéron, *in Rullum*, II, 25.) — *Divisi et assignati agri sunt qui veteranis aliisve personis dati sunt aut redditi* (Hygin, édit. Lachmann, p. 117.) — Voyez les *Libri coloniarum*, ibid.

gislateurs romains ont eu le secret, que la terre, qui avait été auparavant terre publique, devenait terre privée, qu'en conséquence elle serait libre de toute redevance envers l'État, et qu'elle pourrait être librement transmise par legs, vente ou donation[1].

Encore ne jugeait-on pas que la loi fût suffisante pour imprimer au sol ce caractère nouveau, et l'on faisait intervenir la religion même. Quand était venu le jour fixé pour la fondation, les *agrimensores* se présentaient ; ces arpenteurs étaient presque des prêtres ; ils étaient au moins les héritiers du vieux culte de la propriété foncière et les dépositaires des anciens rites. Ils traçaient sur le sol les lignes sacrées que d'antiques traditions leur avaient enseignées ; puis, les dieux étant pris à témoin, ils partageaient la terre en lots réguliers. Ce n'est pas qu'il fallût que les lots fussent égaux entre eux ; mais il était nécessaire qu'ils fussent tous orientés suivant les rites et enclavés dans les lignes saintes. Sur les limites de chaque part, à des distances fixes, on enfonçait des *termes;* ces pierres ou ces troncs d'arbres étaient des objets consacrés par la religion, des simulacres que l'on vénérait comme des êtres divins. On leur offrait des sacrifices annuels ; on leur adressait des prières. Il y avait une grave impiété à les heurter du soc de la charrue, et la législation romaine punissait ce crime de peines cruelles.

Nous pouvons bien penser qu'au temps de l'empire la religion du dieu Terme n'avait plus la pleine vigueur

---

[1] Voyez la Lex Æmilia Roscia, dans les *Gromatici veteres*, édition Lachmann, p. 265 ; Cf. *Gromatici*, pages 11, 169, 201, 215, 224, 253.

qu'elle avait eue dans les âges antiques. Elle vivait pourtant encore au fond des âmes ; le gouvernement impérial la réveillait pour établir ou pour affermir le droit de propriété.

Lorsque les lots de terre avaient été ainsi marqués de l'empreinte de la religion, il fallait qu'on les tirât au sort[1]. Cette règle venait-elle du désir d'assurer l'égalité dans le partage ? On peut en douter ; car on sait que les parts n'étaient pas égales et qu'elles étaient en proportion du grade ou du rang de chaque colon[2]. Le tirage au sort était un très-vieil usage que les populations de la Grèce et de l'Italie avaient toujours pratiqué pour l'appropriation du sol et sans lequel il ne semblait pas que la propriété privée pût s'établir. Les anciennes croyances lui attribuaient une sorte de vertu merveilleuse ; on le regardait comme l'expression de la volonté divine. La terre que le sort assignait à un homme semblait lui être donnée par les dieux mêmes ; un lien sacré s'établissait dès lors et pour toujours entre cette terre et cet homme. Le droit de propriété se trouvait ainsi placé au-dessus de toute discussion.

A l'époque qui nous occupe, de telles pensées n'étaient plus dans l'esprit des philosophes et des jurisconsultes ; elles étaient encore dans l'esprit du vulgaire. Dans la langue du peuple, *tenir par le sort* était une expression qui signifiait posséder en propre. Quand on voulait dire

---

[1] *Mensura peracta, sortes dividi debent.* (Hygin, p. 113).

[2] *Non omnibus æqualiter datus, sed secundum gradum militiæ.* (Siculus Flaccus, édit. Lachmann, p. 156.) — *Modus agri pro portione officii dabatur.* (Hygin, *ibidem*, p. 177.)

d'un homme que de simple occupant il était devenu propriétaire en vertu d'un titre régulier, on disait qu'au lieu de tenir en occupation, il tenait en sort, *ex occupatione tenebat in sorte*[1]. Ce mot, qui marquait plus fortement qu'aucun autre l'union intime et sainte entre le sol et la famille, était employé dans le langage ordinaire avec le sens de patrimoine ou d'héritage[2].

Après que les limites sacrées avaient été tracées, les termes posés, les parts attachées à chaque famille par le sort, on dressait un tableau de ce sol ainsi distribué ; sur un parchemin ou sur une plaque de cuivre les lignes et les limites de chaque champ étaient représentées. Deux exemplaires de ce plan étaient conservés, l'un dans les archives de chaque cité, l'autre dans celles du gouvernement[3]. Deux autorités de nature différente veillaient au maintien de cette propriété désormais inviolable ; l'une était l'importante corporation des maîtres-arpenteurs[4], l'autre était la classe des fonctionnaires aidés des jurisconsultes.

---

[1] *Libri coloniarum*, dans les *Gromatici*, édit. Lachmann, p. 231.

[2] *Sors patrimonium significat*, dit le grammairien Festus. — Cf. Tite-Live, I, 34 : *In nullam sortem bonorum*. Il est clair que dans ce passage sors signifie héritage ou patrimoine. — Cf. code Théodosien, XI, 1, 15 : *Unusquisque annonarias species pro modo sortium præstiturus*. Le mot grec κλῆρος correspond exactement au mot *sors;* tous les deux étaient employés pour désigner la terre possédée en propre et héréditairement.

[3] Siculus Flaccus, p. 154 : *Omnium agrorum et divisorum et assignatorum formas et divisionem et commentarios principatus in sanctuario habet.* — Liber coloniarum, p. 239 : *Balbus mensor, temporibus Augusti, omnium provinciarum et formas et mensuras compertas in commentariis contulit.* — Digeste, XLVIII, 13, 8 : *Qui tabulam æneam formam agrorum continentem refixerit aut quid inde immutaverit.*

[4] Sur l'importance de cette corporation sous l'Empire, voyez Ch. Giraud, *Recherches sur le droit de propriété*, p. 154-156.

Ces règles de l'administration impériale sont certainement l'opposé de ce que ferait un gouvernement qui viserait à attirer à lui la possession du sol ou qui prétendrait à un domaine éminent sur la terre. Ce n'est pas assez de dire que la propriété individuelle ne s'affaiblit pas dans les cinq siècles que dura l'empire ; on peut ajouter qu'elle prit vigueur ; elle se propagea et s'enracina dans des pays où elle n'était pas encore bien établie avant la conquête.

Les habitudes romaines qui étaient relatives à la propriété foncière se sont si bien implantées dans la Gaule qu'on les y retrouve encore dans les siècles du moyen âge. La corporation des arpenteurs s'y est perpétuée sous les rois mérovingiens[1]. Les *termes* que le gouvernement romain avait ordonné d'enfoncer dans le sol, sont souvent mentionnés dans des actes de testament ou de donation du septième siècle[2]. Enfin la langue de la Gaule a longtemps conservé le mot *sors* pour désigner la propriété héréditaire.

---

[1] Ch. Giraud, *ibid.*, p. 139, 153 ; *Histoire du droit français*, p. 256. Ducange, *Glossaire*, au mot *forma*. Baluze, *Capitulaires*, t. I, p. 123, 158.
[2] *Diplomata*, n°ˢ 341, 371. Hincmar, *Vie de saint Remi*, 49.

CHAPITRE XIII

Les différentes classes de la société dans l'empire romain; les classes inférieures.

Les distinctions sociales qui ont régné en France jusqu'à 1789 sont beaucoup plus anciennes que le régime féodal. Il faut examiner ce qu'elles étaient dans l'empire romain. Nous observerons plus tard si les âges suivants les ont beaucoup modifiées.

Nous nous placerons par la pensée au milieu du quatrième siècle de l'ère chrétienne, entre les règnes de Constantin et de Théodose, et nous énumèrerons les différentes classes de la population de l'empire, en commençant par les plus basses et en nous élevant successivement jusqu'aux plus hautes.

1° LES ESCLAVES (*servi*).

L'esclavage est commun à toutes les sociétés anciennes. Il est indépendant des institutions politiques et des formes de gouvernement. Il a eu la même vigueur au milieu du despotisme et au milieu de la liberté, dans les sociétés aristocratiques et dans les sociétés démocratiques.

Le principe fondamental de l'esclavage se trouve dans cette idée de l'esprit que la personne humaine puisse être un objet de propriété. La possession de l'homme se présenta longtemps sous le même aspect que celle du sol; elle parut aussi naturelle, aussi légitime, aussi indiscutable. Tant que cette idée fut universellement admise, il y eut des esclaves.

De là les deux sources de l'esclavage. L'une était la violence : par la guerre ou par le brigandage, le plus fort pouvait s'emparer de la personne du plus faible, comme il se fût emparé d'un trésor ou d'une terre. L'autre était la libre volonté de l'esclave lui-même; l'homme pouvait se vendre : il avait parfois intérêt à céder sa propre personne en échange de quelque avantage. Dans toutes les anciennes sociétés, la moitié environ des esclaves étaient des hommes qui avaient spontanément aliéné leur liberté, les uns pour obtenir la nourriture et satisfaire aux besoins matériels de l'existence, les autres pour payer une dette, quelques-uns pour se soustraire à l'obligation du service militaire qui pesait si fort sur les hommes libres. Ils étaient donc esclaves en vertu d'une sorte de contrat[1].

Dans l'un et l'autre cas, la condition des esclaves était la même : ils étaient la propriété d'autrui. Toutes les dispositions du droit ancien qui s'appliquaient au sol s'appliquaient aussi à l'esclave. L'un et l'autre étaient ce qu'on appelait en droit romain *res mancipi*, et l'un des noms de l'esclave était précisément *mancipium*[2]. La

---

[1] Un sénatus-consulte, rendu sous l'empereur Claude, interdit à l'homme libre de se vendre; mais il y a des motifs de croire que cette interdiction fut facilement éludée. — Voyez Digeste, 1, 5, 21 : *Homo liber qui se vendidit.*

[2] On sait combien il faut se défier des étymologies que donnent les anciens. Ils faisaient venir *servus* de *servare;* ils disaient : *Mancipia dicta quod ab hostibus manu capiantur.* (Digeste, I, 5, 4.) — *Servus* ne dérive

propriété s'appelait *dominium*, et le maître de l'esclave s'appelait *dominus* ; il était en effet le propriétaire de sa personne [1]. L'esclave pouvait être vendu, et l'on remarque même dans le droit romain que les formalités requises pour la vente d'un esclave étaient analogues à celles qui accompagnaient la vente d'un fonds de terre. La propriété de l'esclave, comme celle de tout autre objet, était héréditaire. Il passait du père au fils, du testateur au légataire. Tout ce que l'esclave acquérait et tout ce qui naissait de lui était la propriété du maître aussi bien que lui-même. Le propriétaire de l'esclave pouvait le louer à un tiers, comme il eût fait d'un champ ou d'une somme d'argent.

Nous nous tromperions pourtant si nous pensions que l'esclave fût regardé comme une bête de somme ou comme une chose inanimée. Le mot *res* que la langue du droit lui applique souvent, signifiait objet de propriété. Il n'y a pas de société ancienne qui se soit refusée à considérer l'esclave comme un être humain. Les Romains ne doutaient pas qu'il n'eût une âme, puisque cet esclave prenait part aux cérémonies religieuses de la famille, puisqu'il récitait les prières avec le maître, puisqu'il avait même quelques fêtes sacrées qui lui étaient

---

pas de *servare* ; dans *mancipium*, le radical *manus* a le même sens que dans *res mancipi* et dans *mancipatio* ; il désigne non la main de l'ennemi, mais la main de l'homme qui prend possession ; il est l'expression de la propriété. — Institutes de Justinien, I, 5 : *Quamdiu quis in servitute est, manui et potestati suppositus est, et manumissus liberatur potestate.* L'esclave était compris dans le catalogue des *res mancipi*. (Ulpien, XIX.)

[1] *Servitus est constitutio juris gentium qua quis dominio alieno subjicitur.* (Institutes de Justinien, I, 3, 2.)

particulières. Nul n'ignorait qu'il y avait obligation morale à l'aider, à le protéger, à le soigner dans ses maladies ; si Caton recommandait comme une bonne règle d'économie de vendre ses esclaves avant qu'ils fussent vieux, c'est précisément parce qu'il reconnaissait qu'on avait le devoir de nourrir l'esclave devenu vieux et inutile. Mais on acceptait en même temps comme un fait indiscutable que le droit de propriété pouvait s'exercer à son égard aussi complétement que sur un objet inanimé. Il était homme, comme son maître ; mais il était l'homme de son maître.

Ce qu'il y avait de plus caractéristique dans la condition de l'esclave, c'est qu'étant membre de la famille il n'était pas membre de la cité. Il ne faisait jamais partie du corps politique, de ce que les anciens appelaient le peuple. L'État n'était rien pour lui, et il n'était rien pour l'État. D'une part, l'État ou la cité n'exigeait rien de lui ; jamais le service militaire ne lui fut imposé ; il n'avait pas non plus de contributions à payer. D'autre part, l'État ne le protégeait pas et ne lui assurait aucun appui contre l'oppression de son maître ou contre les injures d'un étranger. Les lois n'existaient ni pour lui ni contre lui[1]. L'État ne lui demandait pas compte de ses actions, et ce n'est que dans les derniers temps des sociétés anciennes que l'esclave a pu être directement poursuivi et puni par l'autorité publique. Il ne pouvait pas non plus demander justice à l'État pour les violences dont il était victime. Il ne paraissait pas devant le

---

[1] Digeste, IV, 5, 3 : *Servile caput nullum jus habet.* — XLVIII, 10, 7 : *Servi neque jure civili neque prætorio computantur.*

tribunal, même comme témoin[1]. S'il avait commis un crime, c'était son maître qui était responsable en justice[2]. Si un crime avait été commis contre lui, c'était le maître qui présentait la plainte et qui recevait l'indemnité[3]. Ces règles du vieux droit romain se retrouvent dans toutes les sociétés. Elles avaient pour conséquence naturelle que l'esclave, ne pouvant pas avoir l'État pour juge, était nécessairement jugé dans la maison, c'est-à-dire par son maître. C'est en ce sens que l'on disait que son maître avait sur lui le droit de vie et de mort[4]. Cela signifiait, non pas qu'il pût le tuer par caprice, mais qu'il devait punir ses fautes et que le châtiment pouvait aller jusqu'à la peine de mort. Le même pouvoir que le magistrat exerçait sur le citoyen, le maître l'exerçait sur l'esclave.

L'esclave n'avait pas de droits civils par cette raison qu'il ne comptait pas dans la cité. Chez les anciens l'état de famille était étroitement lié à l'état de citoyen. L'esclave, qui n'avait pas les droits de la cité, n'avait donc pas non plus les droits de la famille. Il n'y avait pas pour lui de mariage légalement reconnu ; aux yeux des jurisconsultes, il n'était ni mari ni père. Ses fils appartenaient à son maître, non à lui. Il n'avait par lui-même aucun droit de succession ; il n'héritait de per-

---

[1] L'esclave pouvait être appelé devant le tribunal, mais il n'était pas réputé *testis*. — Voyez Digeste, XXII, 5; code de Justinien, IV, 20.

[2] Gaius, IV, 75-78. Digeste, XIX. 4, 12 ; XLVII, 10, 7. Institutes de Justinien, IV, 8. Le maître pouvait dégager sa responsabilité en livrant son esclave à la partie lésée.

[3] Gaius, III, 210-213, 217, 222; Digeste, XLVII, 15, 34-35.

[4] *Dominis in servos vitæ necisque potestatem esse.* (Gaius, I, 52.)

sonne et personne n'héritait de lui. Il n'était pas propriétaire, et la possession même de son pécule ne lui était pas garantie [1].

Au temps de l'empire romain, personne n'eut même la pensée d'abolir l'esclavage. Du moins, les mœurs et les lois, la philosophie et la religion furent d'accord pour l'adoucir. Nous n'avons à nous occuper ici que des lois. Elles prononcèrent que le maître n'exercerait plus le droit de justice sur l'esclave en matière criminelle et qu'il serait tenu de le déférer à la justice publique. Elles ajoutèrent que le maître qui se serait montré trop dur envers son esclave, serait contraint de le vendre [2]. La puissance de l'État se faisait ainsi, par une heureuse innovation, la protectrice de l'esclave. Celui qui se réfugiait auprès d'une statue du prince y trouvait un asile. L'empereur Claude décida que celui qui abandonnerait son esclave malade perdrait tout droit sur lui. Antonin décréta que celui qui tuerait son propre esclave serait puni de la même peine que s'il avait tué l'esclave d'autrui. Constantin alla plus loin ; il punit le meurtre d'un esclave à l'égal de celui d'un homme libre [3]. En même temps, il interdit de séparer, par la vente, le mari de la femme et les enfants des parents.

2° LES AFFRANCHIS (*liberti*).

L'état de servitude ne cessait que par la volonté du maître. Lui seul avait le droit de mettre un esclave hors

---

[1] Gaius, II, 87; code Hermogénien, titre XVI.
[2] Spartien, *Adrien*, 18; Gaius, I, 53; Digeste, I, 6, 2.
[3] Code de Justinien, IX, 14. Cf. Wallon, *Histoire de l'esclavage*, t. III.

de sa main, *manumittere*, c'est-à-dire hors de son absolue puissance. Cet affranchissement s'opérait de trois manières, soit par un acte public devant le magistrat [1], soit par une formalité accomplie dans un temple païen [2] ou dans une église chrétienne, soit enfin par un testament [3]. Nous aurons ailleurs l'occasion de remarquer que ces trois modes d'affranchissement ont duré dans le moyen âge et d'observer les effets divers qu'ils ont produits.

Une fois affranchi, l'esclave prenait place dans la société légale; mais il ne figurait pas encore au rang des hommes libres. La qualification d'*ingenuus* ne lui appartenait pas; il n'était qu'un *libertus*, et cela toute sa vie. La loi prononçait que l'affranchi qui se disait libre pouvait être poursuivi en justice comme coupable de crime [4].

Telle était la distance qui séparait cet affranchi de la vraie liberté, qu'il ne lui était pas permis d'épouser une femme libre [5].

Il y avait deux degrés dans l'affranchissement, et, par conséquent, deux classes d'affranchis; les uns étaient désignés par le nom de *citoyens romains*, les autres par

---

[1] Pline, *Lettres*, VII, 16; Gaius, I, 20; Digeste, XL, 2.

[2] Voyez un Mémoire de M. Foucart sur l'affranchissement des esclaves par forme de vente à une divinité, 1867.

[3] Gaius, II, 153, 267; Ulpien, II, 7; Digeste, XL, 4. — Nous ne parlons pas de la *manumissio censu*, qui cessa d'être en usage dans la seconde partie de l'Empire.

[4] Loi de Dioclétien, au code de Justinien, IX, 21 : *Qui libertinus se dicit ingenuum criminaliter poterit perurgeri*.

[5] Cela ressort d'un passage de Tite-Live, XXXIX, 19, où l'on voit qu'il fallut un sénatus-consulte spécial pour que l'affranchie Hispala eût le droit d'épouser un homme libre. Les empereurs autorisèrent ces mariages.

le nom de *latins*[1]. Ces deux mots, dans la langue de l'empire, s'appliquaient à des esclaves tirés de la servitude; ils désignaient deux catégories distinctes et inégales; nous verrons tout à l'heure en quoi différaient ces deux conditions.

L'affranchi ne devenait jamais complétement libre vis-à-vis de son ancien maître; il continuait à lui appartenir; s'il ne l'appelait plus du nom de maître, il l'appelait du nom de patron, qui marquait une autorité presque égale[2]. Il lui restait soumis, et l'on peut voir, dans les lois romaines, les droits fort étendus que ce patron gardait sur sa personne[3].

Voici quelles étaient les principales obligations de l'affranchi; il importe beaucoup de les énumérer, car elles ont passé de l'empire romain à la société du moyen âge, et elles ont eu une grande part à la constitution sociale des siècles féodaux.

1° D'après le droit romain, l'affranchi devait au pa-

---

[1] Gaius, I, 13, 16, 17 : *Manumissum modo civem romanum, modo latinum fieri.* — Ulpien, I : *Libertorum genera sunt tria, cives romani, latini juniani, dedititii.* Nous ne parlerons pas de cette troisième catégorie, parce qu'elle disparut dans les derniers temps de l'Empire. — On pouvait passer de la condition de *latinus* à celle de *civis romanus* par un second affranchissement. (Ulpien, 3. Cf. code de Just., VII, 5, VII, 6.)

[2] De là ces expressions : *Libertus meus, liberti paterni, communis libertus, si quis duobus assignaverit libertum.* (Digeste, XXXVIII, 2.) — Lettres de Fronton, ad Verum : *Illum obedire mihi quæ clientes, quæ liberti fideles et laboriosi obsequuntur.* Cf. Quintilien, VII, 7.

[3] Digeste, XXXVII, 14, *De jure patronatus.* — Lex Salpensitana, 23 : *Iis in libertos suos paternos idem jus esto.* — Voyez Wallon, *Histoire de l'esclavage*, et Mommsen, *rœmische Forschungen*, p. 355 et suiv. — Tacite, *Hist.*, II, 92, remarque que beaucoup d'affranchis, pour échapper à l'autorité de leurs patrons, passaient dans la maison des empereurs.

tron le respect, l'obéissance, la reconnaissance. « La personne du patron, dit Ulpien, est vénérable et sacrée pour l'affranchi, comme celle du père pour le fils[1]. » Ce n'étaient pas là de vains mots, et nous ne devons pas croire qu'il ne s'agît là que d'obligations purement morales. Ce que le droit romain appelait l'ingratitude de l'affranchi était un véritable délit qu'il punissait sévèrement[2]. « Est ingrat, dit Paul, l'affranchi qui ne rend pas au patron le devoir d'obéissance ou qui refuse de travailler à ses intérêts et à ceux de ses fils[3]. » « Les magistrats, dit un autre jurisconsulte, doivent punir l'affranchi ingrat : a-t-il seulement refusé ses services, une correction corporelle suffit pour la première fois ; pour une injure, il faut prononcer l'emprisonnement ; a-t-il porté la main sur son patron, il sera condamné aux travaux forcés dans les mines[4]. » L'affranchi déclaré ingrat pouvait être remis en servitude dans les mains de son ancien maître[5]. Cette menace, toujours suspendue sur sa tête le plaçait nécessairement dans un état de dépendance. Aussi ne possédait-il, comme le dit le législateur lui-même, que l'image de la liberté[6]. A l'égard des autres hommes, il

---

[1] Ulpien, au Digeste, XXXVII, 14, 9, et XLIV, 4, 4.
[2] Ulpien, au Digeste, III, 3, 35.
[3] Paul, au Digeste, XXXVII, 14, 19.
[4] Ulpien, au Digeste, XXXVII, 14, 1 : *Si ingratus libertus sit, non impune ferre eum oportet... Si contumeliam dixit, in exilium temporale dari debebit; si manus intulit, in metallum dandus erit.*
[5] Digeste, XXV, 3, 6 : *Cum probatum sit contumeliis patronos a libertis esse violatos vel illata manu esse pulsatos, aut etiam paupertate vel valetudine laborantes esse relictos, eos in potestatem patronorum redigi.*
[6] Loi de Dioclétien, au code de Justinien, IX, 21 : *Homines libertinæ conditionis, quoad vivunt, imaginem non statum libertatis obtinent.*

était libre ; à l'égard de son ancien maître, il était encore esclave. Il pouvait paraître en justice, mais non pas contre son patron ; il ne pouvait lui intenter ni un procès ni une accusation criminelle; il n'avait pas même le droit de témoigner contre lui [1].

2° L'affranchi avait le devoir de travailler pour son patron. Son temps, ses forces, son adresse et son talent continuaient d'appartenir, au moins en partie, à l'ancien maître. Quelle que fût sa profession, qu'il fût simple laboureur ou qu'il fût orfèvre, médecin, peintre, une partie de son travail était due à son patron [2]. Quelquefois le maître, au moment de l'affranchissement, stipulait qu'il serait en droit d'exiger autant de jours de travail qu'il jugerait à propos [3]. D'autres fois, le nombre de journées était fixé à l'avance. C'est ainsi qu'au moyen âge il y a eu le vilain corvéable à volonté et le vilain qui devait un nombre de corvées déterminé.

Le travail de corps pouvait presque toujours être remplacé par une redevance en argent ; c'est ce que la loi romaine appelle *donum* ou *munus*.

---

[1] Digeste, II, 4, 4 et 10 ; XXII, 5, 3 et 4 ; XLVIII, 2, 8. Gaius, IV, 46 et 183. Paul, V, 15, 3. Dion Cassius, LX, 28.

[2] Code de Justinien, VI, 3, *De operis libertorum*. — Digeste, XII, 6, 26 : *Operas patrono libertus debet*. — Paul, au Digeste, XXXVIII, I, 16 : *Tales patrono operæ dantur quales ex ætate, dignitate, valetudine, necessitate, proposito æstimari debent*. — Digeste, XXXVIII, I, 25 : *Si libertus faber aut pictor fuerit, has operas patrono præstare cogetur*. — Ulpien, au Digeste, XXXVIII, 1, 16 : *Jurare debet operas, donum, munus se præstiturum*. — Lex Salpensitana, art. 23 : *Quæ libertatis causa imposita sunt*. — Cicéron fait des allusions très-claires à toute cette partie du droit ancien dans une lettre à Atticus, VII, 2.

[3] Celsus, au Digeste, XXXVIII, 1, 30 : *Si libertus ita juraverit dare se quot operas patronus arbitratus sit*.

Le patron, pour qui le travail de son affranchi était une sorte de propriété et comme un capital, pouvait le louer à une personne tierce[1]. Cela était fréquent dans la société romaine. Beaucoup de grandes fortunes consistaient en affranchis ; c'étaient les valeurs mobilières de ce temps-là ; on les louait comme laboureurs, comme ouvriers, comme secrétaires, comme médecins, comme acteurs, comme artistes, et l'on en tirait des revenus.

3° L'héritage de l'affranchi appartenait au patron. Cette règle, très-rigoureuse dans les temps anciens, fut ensuite adoucie. L'affranchi qui avait des enfants put leur laisser ses biens. Sans enfants, il avait pour héritier naturel et légitime son ancien maître[2].

Quelquefois on lui accordait la faculté de tester. C'était surtout sur ce point que les deux classes d'affranchis étaient distinctes et inégales. L'affranchi qu'on appelait citoyen romain pouvait léguer son bien à qui il voulait, sous la seule condition que son patron en eût une part. Celui qu'on appelait latin ne pouvait faire aucun testament[3]. Le premier pouvait presque se considérer comme le maître de sa fortune ; le second n'avait qu'une jouissance viagère et conditionnelle ; il ressemblait à l'esclave qui n'avait rien à lui.

Ces règles, que les mœurs avaient établies et que les

---

[1] Digeste, XXVI, 6, 26, § 12 ; XXXVIII, 1, 25 et 26.
[2] Ulpien, XXIX : *Liberti hereditatem lex Duodecim tabularum patrono defert.* — Digeste, XXXVIII, 2, 17 et 23 ; 14, 21 : *Liberto sine liberis mortuo in primis patronus bonorum possessionem accipere potest.* — Cf. Lex Salpensitana, art. 23 : *Jus de bonis libertorum* ; code de Justinien, VI, 4 ; Paul, *Sentent.*, *De bonis liberti*.
[3] Ulpien, XX, 14 : *Latinus testamentum facere non potest.*

lois n'avaient pas besoin de confirmer, étaient encore en pleine vigueur dans les dernières années de l'empire d'Occident. C'est Salvien qui nous les signale. Elles sont passées ensuite, ainsi que nous le verrons plus tard, dans les sociétés qui ont succédé à l'empire. Nous les reconnaîtrons dans la main-morte du moyen âge. Déjà même nous rencontrons dans la langue de l'empire une manière de parler qui a peut-être engendré l'expression de main-morte : « Mourir en affranchi », « mourir en esclave, » se disaient pour faire entendre que les biens du défunt appartenaient de plein droit au patron[1].

Comme la personne de l'affranchi avait une valeur appréciable en argent, il suivait de là que le patron pouvait le léguer, comme on lègue un objet de propriété. Peut-être même pouvait-il le vendre ; mais il était entendu qu'il vendait, en ce cas, non sa personne, qui était réputée libre, mais son travail, ses redevances et l'éventualité de sa succession.

A cela se rattache encore une disposition curieuse du

---

[1] Salvien (*adversus avaritiam*, liv. III, c. 7, édit. Baluze, p. 273) parle d'un père qui ayant plusieurs enfants dont l'un s'est fait religieux, ne laisse à celui-ci sa part de patrimoine qu'en usufruit viager, et il ajoute : *Meliore conditione quidam relinquunt libertos suos quam tu filium tuum. In usu siquidem quotidiano est ut servi* ROMANA *a dominis* LIBERTATE *donentur, in qua scilicet et* PROPRIETATEM *peculii capiunt et* JUS TESTAMENTARIUM *consequuntur. More ergo illorum uteris qui servos suos non bene de se meritos, quia* CIVITATE ROMANA *indignos judicant, jugo* LATINÆ LIBERTATIS *addicunt : quos scilicet jubent quidem sub libertorum titulo agere viventes, sed nolunt quidquam habere morientes, negato his ultimæ voluntatis arbitrio. Ita tu religiosos filios tuos quasi* LATINOS *jubes esse libertos, ut* VIVANT QUASI INGENUI, MORIANTUR UT SERVI. — Comparer un passage d'Ulpien, au Digeste, XXXVIII, 2, 3 : *Hic enim vivit quasi ingenuus, moritur quasi libertus.*

droit romain. L'affranchi ne pouvait pas se marier sans l'autorisation du patron. La raison de cette règle s'aperçoit bien : si l'affranchi se mariait et s'il avait des enfants, le patron perdait un héritage.

Voici encore une règle qui est dans le droit romain et que nous retrouverons dans le droit du moyen âge : la fille affranchie, *liberta*, ne devait pas se marier hors de la *gens* du patron, ce qui voulait dire qu'elle ne devait épouser qu'un affranchi du même maître. Il est clair, en effet, que si elle eût épousé un étranger, elle eût suivi son mari et eût été perdue pour son patron. Le législateur déclare, en effet, que, dans ce cas, le patron perd, non-seulement tout droit à l'héritage, mais même son droit sur le travail de la *liberta*. Ce formariage (le mot se trouve déjà dans la langue de l'empire) portait donc préjudice au patron. Aussi ne pouvait-il être contracté qu'avec l'autorisation formelle de celui-ci, qui avait le droit d'exiger une compensation en argent pour ce qu'il perdait [1].

Toutes ces règles venaient certainement d'une époque très-antique. Loin que le régime impérial les ait créées, il s'attacha à les adoucir. On peut voir dans le *Digeste* que le gouvernement s'émut de l'excès des redevances et

---

[1] Tertullien, *ad uxorem*, II, 8 : *Nonne domini disciplinæ tenacissimi servos suos* FORAS NUBERE *interdicunt?* — L'obligation pour l'affranchie qui veut se marier d'obtenir l'autorisation du patron résulte de ce passage d'Ulpien, au Digeste, XXXVIII, 1, 13 : *Si impubes sit patronus, voluntate ejus non videtur liberta nupta, nisi tutoris auctoritas voluntati accesserit.* Cf. *ibid.*, 14 et 28 : *Si duorum communis liberta unius voluntate nupserit.* — Cette règle explique le passage de Tite-Live, XXXIX, 19 : *Uti Fecenniæ Hispalæ* (qui était une *libertina*, ch. 12) GENTIS ENUPTIO *esset. Gentis enuptio*, comme *foras nubere*, est le formariage.

des corvées que beaucoup de patrons exigeaient. Il se plaignit de ce qu'il y avait des maîtres « qui opprimaient et écrasaient leurs affranchis. » Il exigea qu'il fût laissé à l'affranchi assez de jours de travail libre pour qu'il pût subvenir à ses besoins [1]. Il interdit les travaux qui dépassaient les forces de la personne, ou les services qui blessaient la bienséance. Il déclara exempts de toute corvée l'affranchi malade, la femme âgée de plus de cinquante ans et les parents qui avaient deux enfants à nourrir [2].

Telle était la condition légale des affranchis sous l'empire. Cette classe paraît avoir été fort nombreuse. Tacite remarque que la plèbe libre, *plebs ingenua*, diminuait de jour en jour [3]. Plusieurs traits épars dans les écrivains du temps montrent que les affranchis restaient ordinairement attachés au service du patron [4]. Ils constituaient la maison d'un grand ; ils étaient ses secrétaires, ses médecins, ses artistes, ses bouffons. Ils suivaient les gouverneurs de province à titre de scribes, d'huissiers, d'appariteurs, d'agents de toute sorte. Ceux du prince remplissaient les bureaux de l'administration centrale. Le grand commerçant avait ses affranchis pour le représenter au dehors ; dans l'industrie, la plupart des chefs d'atelier étaient des affranchis. D'autres étaient à la tête des domaines ruraux des grands propriétaires. Cette so-

---

[1] Gaius, au Digeste, XXXVIII, 1, 2 et 19.
[2] Digeste, XXXVIII, 1, § 15, 17, 37, 38 ; code de Justinien, VI, 5.
[3] Tacite, *Ann.*, IV, 27 : *Minore in dies plebe ingenua.* Cf. XIII, 27.
[4] Tacite, *Histoires*, I, 4 : *Pars populi magnis domibus annexa, clientes libertique.*

ciété comptait plus d'esclaves que d'affranchis et plus d'affranchis que d'hommes libres.

Dans l'ancienne république romaine, la condition d'affranchi était héréditaire. Il fallait plusieurs générations pour que le descendant de l'esclave s'élevât enfin à la liberté. Cette règle rigoureuse disparut du droit impérial; on ne la trouve ni dans les écrits des jurisconsultes ni dans les décrets des princes. Elle subsista pourtant dans la pratique. Les mœurs et les intérêts plus forts que les lois la conservèrent.

Il ne faut pas perdre de vue que dans presque toutes les sociétés il y a un ordre légal dont les codes présentent un tableau exact, et un ordre extra-légal qui se trouve en contradiction formelle avec les codes et qui n'a pas pour cela moins de force.

On ne comprendrait pas le grand nombre d'affranchis qu'il y avait dans la société romaine, si cette condition et les devoirs qui y étaient attachés n'avaient duré qu'une vie d'homme; on ne comprendrait pas non plus que la classe des hommes libres eût été toujours en diminuant, ainsi que l'atteste Tacite. Représentons-nous d'ailleurs l'affranchi dans la réalité de son existence. Tantôt il continue à vivre auprès du maître dans une douce et presque honorable domesticité; son fils aura intérêt à y rester après lui; car dans cette société où il y a peu de travail libre, il vaut mieux être un affranchi qu'un prolétaire. Tantôt il dirige un domaine rural au profit du maître; son fils sera heureux de lui succéder. Tantôt il occupe un emploi, et son fils y aspire. La loi dit à ce fils qu'il est un homme libre; mais son intérêt, son ambition, ses habitudes lui commandent de rester un affranchi. Il arrive alors qu'à chaque génération le contrat d'affranchissement est renouvelé; le descendant de l'ancien maître et le descendant de l'ancien esclave trouvent un égal profit à le renouer, et la loi ne saurait le leur défendre. C'est ainsi que l'hérédité s'est établie, sinon malgré la loi, du moins à côté d'elle. C'est pour cela aussi que la classe des affranchis s'est conservée et est allée croissant; nous verrons ailleurs qu'elle n'a pas disparu avec l'empire romain[1].

3° LES SERFS DE LA GLÈBE (*servi rustici*).

Le principal emploi de l'esclave était la culture du sol. Il ne manquait pas dans l'empire romain de petites propriétés qui fussent exploitées par les propriétaires eux-mêmes; mais la plus grande partie du sol était formée de grands domaines qui étaient cultivés principalement par les bras des esclaves.

On peut voir dans les écrits de Caton, de Varron et de Columèle[2] ce que c'était que le domaine rural qui était appelé *villa* dans la langue latine et qui a conservé ce nom au moyen âge. Les constructions qui s'y élevaient se composaient ordinairement de trois parties bien distinctes. L'une était la maison où habitaient le maître, sa

---

[1] Nous disons que la loi ne prononce pas l'hérédité de la condition d'affranchi; on trouve pourtant dans les jurisconsultes des traces de cette hérédité. — Ulpien, II : *Post consanguineos prætor vocat cognatos, si qui decessit non fuit stirpis libertinæ*. Il était donc de règle que le descendant d'affranchi eût pour héritier légitime le descendant du patron.

[2] Varron, *De re rustica*, 1, 11-23. — Columèle, 1, 4 et 6; XII, 2.

famille et les gens attachés à sa personne. L'autre était la demeure des esclaves attachés à l'exploitation du sol ¹. La troisième comprenait les dépendances, les granges, les greniers, les étables. Alentour s'étendaient les champs qui étaient d'un seul tenant et que limitait une ligne de termes ou bornes sacrées.

Tout ce qui était nécessaire à l'exploitation du domaine était compris sous la dénomination de *garniture du fonds* (*instrumentum fundi*), et par cette expression l'on entendait trois catégories d'êtres ou d'objets, 1° les esclaves, 2° les animaux, 3° les outils.

Une troupe d'esclaves était donc une partie indispensable des moyens de culture. De nombreux renseignements nous font voir leur condition : ils étaient traités en hommes, sans aucun doute, mais en hommes qui devaient produire beaucoup et coûter peu. On les nourrissait en proportion du travail qu'on espérait d'eux. La *villa* renfermait ordinairement une prison souterraine où ils étaient enfermés en punition de leurs fautes. Les plus mauvais travaillaient avec des entraves aux pieds pour que la fuite leur fût impossible ². Ils avaient parmi eux des chefs choisis par le maître : c'était le *villicus*, qui commandait les travaux ; le *cellarius*, qui avait le soin des provisions ; l'*actor* ou le *procurator*, qui faisait les comptes, s'occupait des achats et des ventes, passait marché

---

¹ On peut remarquer que la demeure du maître s'appelait *pars urbana*, les autres constructions *pars rustica* ; les esclaves attachés à la personne étaient désignés par le mot *urbani* ; ceux qui étaient attachés au travail des champs s'appelaient *servi rustici*. Code Théodosien, IX, 42, 7 : *In prædio mancipia urbana et rustica*.

² Columèle, I, 6 ; I, 8 ; XI, 1. Juvénal, *Sat.*, 14.

au nom du maître et au besoin le représentait en justice.

Tous ces éléments essentiels de la grande propriété rurale, tels que nous les voyons dans les écrivains des premiers temps de l'empire, se retrouveront encore dans les siècles du moyen âge.

Les esclaves ruraux, dans la société romaine, n'avaient pas une autre condition légale que les esclaves domestiques. Ils étaient complétement à la disposition du maître ; ils pouvaient être déplacés et vendus. Ce qu'on a appelé depuis le servage de la glèbe n'existait pas encore. Ces hommes appartenaient au maître plutôt qu'au sol.

Toutefois l'habitude s'établit naturellement de les considérer comme attachés à la terre. On les inscrivait sur les registres du cens comme étant une partie intégrante du domaine, et dès lors ils pouvaient difficilement être séparés du sol. On les vendait avec lui et on ne les vendait guère sans lui[1]. Les jurisconsultes du troisième siècle professent que lorsqu'on a vendu un « domaine garni, » cette formule signifie que les esclaves sont compris dans la vente[2].

Ce qui n'était d'abord prescrit que par la coutume, le fut ensuite par la loi. A partir du quatrième siècle, les empereurs défendirent formellement de vendre les esclaves ruraux sans la terre ou la terre sans eux[3].

---

[1] Une lettre de Pline (III, 19) montre combien un domaine perdait de sa valeur lorsqu'on le vendait sans les esclaves.

[2] *Pauli Sententiæ*, III, titre VI, § 42 à 58. — Cf. Digeste, XXXIII, 7, 27 : *Fundum Cornelianum Titio, ita ut est instructus, cum omnibus rebus et mancipiis dari volo.*

[3] Loi de Valentinien et Gratien, au code de Justinien, XI, 47, 7 : *Rus-*

Il arriva ainsi peu à peu que l'esclave appartint plus au sol qu'à la personne du maître ; on put l'appeler serf de la glèbe. Il est difficile d'apprécier si ce changement adoucit ou aggrava son sort. Ce qui est sûr, c'est qu'il n'était plus soumis en toutes choses à la volonté capricieuse d'un homme. Fixé au sol, il eut une demeure assurée, une terre à laquelle il s'accoutuma et qu'il put aimer comme sienne. Il eut surtout une famille, il connut son père et ses fils ; avec l'hérédité du sang et des affections, il fallut insensiblement lui donner celle des biens. Toutes les conditions matérielles et morales de son existence se trouvèrent ainsi changées.

4° LES COLONS [1].

Il y a au code Théodosien une loi qui indique comment on doit faire la description cadastrale d'un domaine. « On devra compter, dit le législateur, d'une part, le nombre des esclaves, de l'autre, le nombre des paysans domiciliés et celui des colons[2]. » Cette loi nous montre que les grands propriétaires du quatrième siècle

---

ticos censitosque servos absque terra vendi non licebit... tanti servi transeant quanti apud superiores dominos manserunt.

[1] Sur le colonat de l'Empire romain on peut consulter : Guérard, *Polyptyque d'Irminon, prolégomènes,* pages 225-232 ; Ch. Giraud, *Histoire du droit français,* ch. III, art. 5 ; Laboulaye, *Histoire du droit de propriété foncière,* liv. II, ch. XVIII et XIX ; Wallon, *Histoire de l'esclavage,* t. III ; Révillout, *Étude sur l'histoire du colonat,* dans la *Revue historique du droit français et étranger,* 1856 et 1857.

[2] Code Théodosien, IX, 42, 7 : *Descriptio comprehendat... quot sint mancipia in prædiis... quot sint casarii vel coloni.* — D'autres lois marquent encore cette distinction : *Servos vel tributarios vel inquilinos.* (Code de Justinien, XI, 47, 12.)

avaient ordinairement fait deux parts de leurs terres ; ils exploitaient l'une directement par le travail de leurs esclaves ; ils avaient divisé l'autre en petits lots sur chacun desquels vivait une famille de paysans ayant une habitation particulière (*casa*) et une culture à soi (*colonia*). Cette nouvelle classe de population rurale mérite d'être examinée de près ; car, telle elle était au temps de l'empire romain, telle elle sera dans la plus grande partie du moyen âge.

Cette classe, qui n'apparaît dans les textes de lois qu'aux derniers siècles de l'empire, mais qui était peut-être beaucoup plus ancienne, comprenait des éléments très-divers. On y distinguait :

1° Les hommes que les lois romaines appelaient *censiti* et *adscriptitii*. Ils étaient encore très-rapprochés de la condition servile et n'étaient même légalement que des esclaves ; seulement leur inscription sur les registres du cens comme faisant partie du domaine, les rendait désormais inséparables de la terre ; ils y vivaient de père en fils[1].

2° Les affranchis ; c'étaient d'anciens esclaves qui, en vertu de l'acte même d'affranchissement, avaient le droit et le devoir de cultiver un lot de terre au profit de l'ancien maître. Nous avons vu, en effet, que tout affranchi devait au patron son travail de corps. Le contrat d'affranchissement pouvait porter que son fils devrait le même travail après lui[2]. Cette condition était surtout légitime si le maître confiait un champ à son affranchi ; il est

---

[1] Code de Justinien, XI, 47, 7. Cf. *ibid.*, 18 et 21.
[2] Ulpien, au Digeste, XXXVIII, 1, 5.

clair que ce champ ne passait au fils que sous les mêmes conditions qui avaient été imposées au père. De génération en génération, les fils se succédaient sur ce champ, le labouraient, récoltaient les fruits, et payaient une redevance à l'ancien maître dont ils étaient héréditairement les affranchis.

3° Les *inquilini*; c'étaient des hommes qui n'avaient jamais été esclaves, mais qui, ne possédant pas de terre, étaient venus s'établir sur le domaine d'autrui et y avaient obtenu une sorte de location pour laquelle ils devaient payer une redevance annuelle.

4° Les anciens *coloni*; ce terme avait désigné, à l'origine, des fermiers libres. Il était souvent arrivé que le fermage passât du père au fils et restât dans la même famille pendant une suite de générations. Les anciens professaient que les meilleurs fermiers étaient ceux qui étaient nés sur le domaine et qui y étaient comme incorporés[1]. L'intérêt égal du fermier et du propriétaire les tenait unis; aussi vit-on prévaloir l'usage des baux indéfinis et perpétuels ou de l'emphythéose. Un trait caractéristique de cette époque est que l'usage du bail temporaire alla peu à peu disparaissant. Les mœurs d'abord, les lois ensuite le réprouvèrent. On jugea sans doute, ainsi que le dit le législateur, que l'état de colon perpétuel était conforme en même temps à l'intérêt du propriétaire et à celui du cultivateur[2].

---

[1] Columèle, I, 7 : *Felicissimus fundus qui colonos indigenas habet.*

[2] Code de Justinien, XI, 47, 18 : *Tempore annorum triginta coloni fiunt... et coguntur terram colere. Hoc et domino et agricolis utilius est.* — Une loi de Gordien, de l'année 239, signale l'usage de la *conductio perpetua quæ ad heredes transmittitur.*

5° Il y avait encore une catégorie de colons qui avaient été autrefois propriétaires de leur petit champ et qui l'avaient vendu au grand propriétaire, leur voisin, pour un prix très-faible, mais à la condition d'en être toujours de père en fils les fermiers[1].

6° Il y avait enfin des barbares de naissance. Pendant des guerres qui durèrent quatre siècles, il est avéré que l'empire fit plus de captifs en Germanie que les Germains n'en firent dans l'empire. Ces captifs, qu'on amenait quelquefois par tribus entières, étaient répartis dans les provinces qui avaient besoin de bras ; on les distribuait aux propriétaires du sol, non à titre d'esclaves, mais à titre de colons. Chacun d'eux était assigné à un champ, et il était inscrit sur les registres de l'État comme attaché à ce champ pour toujours[2].

Quelque diverse que fût l'origine de tous ces hommes, dont nous venons de distinguer les catégories, leur situation légale était à peu près la même. Nous pouvons, laissant de côté les différences légères qui les séparaient, les ranger dans une même classe et les appeler tous du même nom de colons[3].

Ils différaient absolument des esclaves; la loi ne les confondait jamais avec eux. Elle les appelait formelle-

---

[1] Salvien, *De gubernatione Dei*, liv. V, ch. 8 et 9.

[2] Jules Capitolin, *Marcus*, 13-22; *Verus*, 8. Trebellius Pollion, *Claudius*. Dion Cassius, LXXI, 11. Ammien Marcellin, XXIII, 5, 6, 24; XXXI, 9. Eutrope, VIII, 6; IX, 15. Eumène, *Panegyr. Constantio*, 1, 8, 9, 21.

[3] Code de Justinien, XI, 47, 13 : *Inter inquilinos colonosve, quorum indiscreta eademque pœne videtur esse conditio, licet sit discrimen in nomine.* La différence était plus sensible entre les *ascriptitii* et les *coloni*; les premiers n'avaient qu'un pécule à la discrétion du maître ; les seconds pouvaient avoir du bien en propre. (Code de Justinien, XI, 47, 18.)

ment des hommes libres, *ingenui*[1]. La qualification de serfs de la glèbe ne leur fut jamais donnée et elle ne leur convenait en aucune façon[2]. Ils jouissaient des droits civils ; leur mariage était légalement reconnu ; ils héritaient de leur père et leurs fils héritaient d'eux. Ils pouvaient paraître en justice et intenter un procès[3].

Ce qui caractérise véritablement leur situation, c'est que le sol qu'ils cultivaient ne leur appartenait pas. Ils n'avaient donc aucun des droits qui sont inhérents à la propriété. Ils ne pouvaient ni vendre leur champ ni le léguer[4]. Ils en payaient une redevance annuelle, soit en fruits, soit en argent. La redevance s'appelait ordinairement *tributum*, et l'on donnait le nom de *tributaires*[5] à ceux qui la payaient. Ce nom figure dans les lois romaines du quatrième siècle et dans les lois germaniques du sixième pour désigner la même classe d'hommes.

Les colons avaient donc quelque ressemblance avec les fermiers des sociétés modernes ; mais ils en différaient en deux points. On ne pouvait jamais les chasser de la terre qu'ils occupaient, et ils n'avaient pas non plus le droit

---

[1] *Salva ingenuitate,* Novelles de Valentinien, 30, édit. Hænel. — On les confondait si peu avec les esclaves que, pour certains crimes, leur peine était d'être mis en servitude. (Code Théosien, V, 9, 1.)

[2] C'est par une expression métaphorique qu'un empereur déclare « qu'on pourrait les regarder comme serfs de la terre. » *Servi terræ ipsius existimentur.* (Code de Justinien, XI, 51.) — Aucun texte de loi ne les appelle formellement *servi.*

[3] Code Théodosien, IV, 23 ; V, 10, 1 ; XII, 19, 2. Code de Justinien, III, 38, 11 ; XI, 47, 13, 20, 22, 24. Novelles de Valentinien, IX.

[4] Code Théodosien, II, 30, 2 ; V, 10. Code de Justinien, XI, 49, 2.

[5] *Tributarios vel inquilinos.* (Code de Just., XI, 47, 12.) — Voyez une lettre de Sidoine Apollinaire (V, 19), où l'homme qui est *in originali inquilinatu,* est appelé en même temps *colonus* et *tributarius.*

de la quitter[1]. Ils étaient attachés pour toute la vie au champ sur lequel ils étaient nés. Ni leur volonté ni celle du propriétaire ne pouvait les en séparer. Le propriétaire vendait-il son champ, il vendait en même temps les colons; s'il vendait ses colons, c'est qu'il vendait en même temps sa terre[2]. Les fils prenaient sur ce champ la place du père mort, héritant à la fois de la jouissance du sol et de l'obligation de le cultiver[3]. La redevance, d'ailleurs, était fixée pour toujours et ne pouvait pas être augmentée[4].

Il est difficile d'apprécier si, dans cette singulière situation, les avantages l'emportaient sur les inconvénients. Les lois impériales assuraient au colon, contre le propriétaire, la jouissance perpétuelle du sol et l'invariabilité de la redevance[5]. Comme compensation, elles assuraient au propriétaire la présence perpétuelle du colon. Elles unissaient cet homme au sol par un lien indissoluble. Elles lui interdisaient de s'éloigner un seul moment. S'il fuyait, elles permettaient au propriétaire de le poursuivre et de lui infliger comme châtiment la servi-

---

[1] Code de Justinien, XI, 50.

[2] Code de Justinien, XI, 47, 2 : *Si quis prædium vendere voluerit vel donare, retinere sibi colonos privata pactione non possit.* — Digeste, XXX, 1, 112 : *Si quis inquilinos sine prædiis quibus adhærent legaverit, inutile est legatum.* — Cf. code Théodosien, XIII, 10, 3.

[3] *Semper terræ inhæreant quam semel colendam patres eorum susceperunt.* (Code de Justinen, XI, 47, 25.)

[4] Code de Justinien, XI, 47, 23 : *Caveant possessionum domini aliquam innovationem vel violentiam colonis inferre.* — Ibid., 5. — Ibid., XI, 49 : *Quisquis colonus plus a domino exigitur quam ante consueverat adeat judicem et facinus comprobet.*

[5] *Ut soboles in fundo nata remaneat in possessione sub eisdem conditionibus sub quibus et genitores ejus.* (Code de Justinien, ibid.)

tude[1]. S'il réussissait à s'échapper et mourait sans avoir été repris, ses fils étaient ramenés comme colons et restitués au sol que leur père avait déserté. Ainsi le colon, sans être esclave, manquait pourtant de la première des libertés, celle de se déplacer, celle de choisir son domicile, son travail et ses moyens d'existence.

Il faut toutefois remarquer que tant d'obligations étaient balancées par ce droit de jouissance perpétuelle que leur état de colon leur assurait. Il faut ajouter encore que, pour la plupart des catégories de colons, cette condition était ou l'adoucissement manifeste d'une ancienne servitude, ou le résultat d'un contrat volontairement conclu. Les seuls colons dont on puisse dire qu'ils le fussent malgré eux, étaient les captifs qui avaient été amenés de la Germanie. Plusieurs historiens modernes ont pensé que l'introduction de ces Germains avait été l'origine du colonat. Il a des sources bien plus anciennes; mais on est forcé de reconnaître que c'est après l'introduction des Germains que nous voyons les lois impériales se montrer si rigoureuses à l'égard des colons. Jusqu'alors le colonat avait été un état contre lequel il n'avait pas été nécessaire de s'armer des sévérités légales.

Il y avait encore un point par lequel le colon différait de l'homme libre : il était personnellement subordonné au propriétaire du sol. Les lois répètent fréquemment que ce colon a un maître (*dominus*)[2], qu'il lui doit l'o-

---

[1] Code de Justinien, XI, 47; XI, 50. Code Théodosien, V, 9, 1.

[2] *Colonos domino suo esse reddendos.* (Code de Justinien, XI, 47, 11.)
— *Tributarios vel inquilinos apud dominos suos remanere.* (Ibid., 12.)
— *Si dominus colonos transtulerit.* (Ibid., 13.) — *Sunt in potestate*

béissance, qu'il ne peut rien faire sans son autorisation. Elles ne disent pas formellement que ce propriétaire exerce sur lui un droit de justice ; mais ce qui n'était pas encore dans les lois était déjà dans les mœurs[1]. Pour nous expliquer ces usages, il faut songer que la plupart des colons étaient des affranchis ; or, le droit romain laissait toujours l'affranchi dans la dépendance et la sujétion du patron.

Les colons étaient donc, presque autant que les esclaves, les *hommes* du maître. Cet emploi du mot *homme* pour exprimer la sujétion personnelle s'est prolongé durant tout le moyen âge ; il a commencé au temps de l'empire romain. Les lois elles-mêmes disent, en s'adressant aux propriétaires : vos hommes, vos paysans, « *vestri homines, vestri rusticani*[2], » et, par cette expression, elles désignent, non les esclaves proprement dits, mais tous ceux qu'on appelait affranchis, tributaires ou colons.

Nous avons déjà dit comment les armées de ce temps-là étaient composées. Les propriétaires devaient fournir un nombre de conscrits proportionné à l'étendue de

---

domini. (Ibid., XI, 51.) — Cf. Isidore de Séville, *Origines*, IX, 4 : *Coloni sunt sub dominio possessoris, pro eo quod locatus est fundus.*

[1] Les lois elles-mêmes le laissent voir. Le code Théodosien, XVI, 5, 52 et 54, § 6, montre que le colon est soumis en certains cas à la juridiction du propriétaire, qui en retour est responsable de ses délits.

[2] Code Théodosien, XIII, 1, 3 : *Homines vestri ac rusticani... Rusticanos colonosque vestros.* — Code de Justinien, XII, 1, 4 : *Senatorum substantiæ et homines eorum.* — Code Théodosien, XVI, 5, 52 : *Homines domus nostræ.* — Sulpice Sévère, dans une lettre écrite à la fin du quatrième siècle, parle de ses colons ou paysans, qu'il appelle *homines mei, rustici mei.* (*Epist. ad Salvium*, dans la Patrologie latine, tome XX.)

leurs propriétés. Les lois indiquent, d'une part, que ces conscrits n'étaient pas des esclaves, et, d'autre part, que ces hommes étaient pourtant donnés et fournis par un maître[1]. Ils étaient donc pris dans une classe intermédiaire entre la servitude et la liberté, c'est-à-dire parmi ces colons ou ces affranchis dont nous venons de montrer la condition. Le grand propriétaire gallo-romain donnait une partie de ses hommes pour la défense de l'État, de même que, naguère encore, le grand propriétaire russe livrait au czar, pour le service militaire, une partie de ses paysans.

CHAPITRE XIV

Les classes moyennes.

Toutes les classes que nous avons énumérées plus haut touchaient de quelque façon à la servitude, et les hommes y dépendaient d'un maître au lieu de dépendre de l'État. Plus haut s'élevaient les vrais hommes libres, c'est-à-dire ceux qui étaient exempts de toute sujétion personnelle et n'avaient à obéir qu'aux lois et au prince. A eux seuls convenait le nom de citoyens, *cives*, nom qui resta fort usité et fort honorable durant cette période, et qui signifiait que l'homme n'était soumis qu'à l'autorité publique.

[1] Code Théodosien, VII, 13, 5 et 7 : *Dominus tironis; tironem ex agro est oblaturus.*

Ces citoyens se partageaient en plusieurs classes fort distinctes. Il s'en faut, en effet, beaucoup que la société romaine fût démocratique. A aucune époque de son histoire, Rome n'aima l'égalité. Jamais ville, au contraire, ne porta plus loin le goût des distinctions sociales.

Dans la république romaine, les rangs étaient déterminés par la richesse. Le point capital de la constitution politique était le cens. Chaque citoyen y faisait la déclaration minutieuse de sa fortune en présence du magistrat, sous le sceau du serment et au milieu des cérémonies les plus redoutables de la religion [1]. Puis, d'après cette déclaration, le magistrat lui assignait son rang dans la société. La pauvreté et la richesse établissaient des différences légales entre les hommes.

Une première ligne de démarcation était tracée entre ceux qui ne possédaient pas le sol et ceux qui le possédaient. Les premiers étaient appelés, dans la langue officielle, du nom de prolétaires ; les seconds étaient désignés par le mot *assidui ;* c'étaient les hommes établis, fixés, ayant racine dans le sol. Ceux-là étaient égaux dans leur pauvreté ; ceux-ci avaient une richesse inégale ; aussi les partageait-on en cinq classes, suivant les divers chiffres de fortune [2].

Entre ces diverses catégories d'hommes, rien n'était égal, ni les impôts, ni le service militaire, ni les droits politiques. Ils ne se mêlaient entre eux ni à l'armée ni

---

[1] Tite-Live, I, 42, 43 ; XXIX, 37. Denys d'Halicarnasse, IV, 15 et 16.
[2] Tite-Live, I, 43. Cicéron, *De republica*, II, 22. Aulu-Gelle, VII, 13. — M. Belot, dans son *Histoire des chevaliers romains*, a jeté une vive lumière sur ces distinctions sociales de la république romaine.

dans les comices. Les prolétaires, exempts d'impôts et dispensés d'être soldats, ne votaient pas non plus dans les assemblées[1]. Entre les cinq classes supérieures, les impôts, le service militaire et l'importance réelle dans les comices étaient proportionnels à la fortune[2].

Il ne faut pas se représenter le peuple romain, au temps de la république, comme une foule confuse. Il est au contraire partagé en un nombre infini de petits cadres, que l'on appelle des curies, des centuries, des tribus, des *collegia*, des corporations, des confréries (*sodalitates*)[3]. Les hommes y sont répartis suivant leur richesse, leur naissance, leur rang, leur profession. Le riche ne coudoie le pauvre nulle part; le petit laboureur ne se rencontre jamais avec l'artisan; le forgeron n'a rien de commun avec le potier.

Ces usages et ces institutions passèrent de Rome dans les provinces. Là aussi le cens fut établi; il eut les mêmes effets qu'à Rome et il détermina les rangs d'une hiérarchie sociale[4].

La dernière classe pour l'importance était celle que

---

[1] Même dans les assemblées par tribus, les prolétaires et les *libertini* n'avaient pas la même valeur que les *ingenui* et les propriétaires.

[2] *Ex quo belli pacisque munia, non viritim, sed pro habitu pecuniaque fierent.* (Tite-Live, I, 42. Cf. XXIX, 37.)

[3] *Populus romanus relatus in censum, digestus in classes, curiis atque collegiis distributus... Ita est ordinata respublica ut omnia patrimonii, dignitatis, artium officiorumque discrimina referrentur.* (Florus, I, 6.) — Cf. Plutarque, *Vie de Numa*, 17.

[4] Tite-Live, *Epitome*, 134. Tacite, *Annales*, I, 31, 33; II, 6; XIV, 46. Dion Cassius, liv. XLIV. Frontin, *De coloniis*, édit. Goez, p. 109. — Les inscriptions de la Gaule mentionnent fréquemment les *censitores*. (L Rénier, *Mélanges d'épigraphie*, p. 71-72.) — La *professio*, qui est si souvent indiquée dans les codes, rappelle l'ancien *census*.

l'on appelait, ainsi qu'à Rome, du nom de plèbe. On y distinguait plusieurs éléments. Au degré inférieur étaient les hommes absolument pauvres qui, la plupart du temps, ne vivaient que des secours publics; le blé leur était distribué gratuitement ou à bas prix ; les magistrats municipaux leur devaient des repas à certains jours de fête ; le pain et les jeux, ainsi qu'à Rome, leur étaient prodigués, et c'étaient les classes élevées qui faisaient les frais de ces largesses. Tout porte à croire que cette partie de la population était peu estimée et s'estimait peu elle-même.

A un rang supérieur se plaçait la population laborieuse. Légalement, elle faisait encore partie de la plèbe; mais elle se distinguait d'elle par le travail, par la considération, par l'exercice de quelques droits. Elle s'était organisée, comme à Rome, en corporations. La liberté dans la pauvreté eût été trop précaire ; on s'associa pour se soutenir et s'aider réciproquement. Les artisans, dans chaque métier, formèrent une corporation semblable à celles qu'il y avait à Rome [1]. Ces associations, que le gouvernement protégeait et surveillait en même temps [2], assuraient à leurs membres l'indépendance vis-à-vis des classes plus élevées, la sécurité dans le travail et quelque

---

[1] *Item collegia Romæ certa sunt, velut pistorum et quorumdam aliorum et naviculariorum, quæ et in provinciis insunt.* (Gaius, au Digeste, III, 4, 1.) — *Adrianus fabros, perpendiculatores, architectos, genusque cunctum exstruendorum mœnium seu decorandorum in cohortes centuriaverat.* (Aurelius Victor, *Epit.*, 14.) — *Corpora omnium constituit vinariorum, lupinariorum, caligariorum, et omnino omnium artium.* (Lampride, *Alexander Severus*, 33.) — Cf. Code Théodosien, XIV, 8, 1.

[2] Digeste, III, 4; XLVII, 22, 1. Les inscriptions mentionnent les *Collegia licite coeuntia, quibus est coire ex senatusconsulto permissum.*

dignité dans l'existence. Chacune d'elles avait, de l'aveu même du gouvernement, ses réunions, ses fêtes, ses banquets sacrés[1], sa bannière, qu'on portait avec fierté aux jours de cérémonie[2]. Chacune avait son trésor commun qu'alimentaient les cotisations ou les legs ; elle possédait des biens en terres ou en rentes[3]. Chacune d'elles avait aussi ses chefs ; elle les choisissait elle-même en pleine liberté ; elle les prenait quelquefois dans son sein, plus souvent au-dessus d'elle, afin qu'ils fussent plus capables de défendre ses intérêts ou de maintenir l'harmonie entre ses membres[4]. Ces associations étaient comme autant de petits États libres qui, sans faire jamais aucune opposition au gouvernement, administraient eux-mêmes leurs propres affaires.

Comme il y avait des corporations d'artisans, il y en avait aussi de marchands. Celles-ci jouissaient d'une considération proportionnée à leur importance et à leur richesse. Le gouvernement, qui sentait qu'une société ne pouvait pas se passer d'elles, leur accorda des priviléges. Plusieurs d'entre elles, comme celle des *Nautes parisiens*, ont duré plus longtemps que l'empire. On peut dire d'ailleurs qu'en général ce système des corporations, bienfait de la domination romaine, a survécu à cette domination.

Au-dessus de toutes ces classes, qui n'étaient que les

[1] Code Théodos., XVI, 10, 20. Orelli, n° 2417.
[2] Les *Vexilla collegiorum* sont signalés par Trébellius Pollion, *Gallieni*, 8 ; Vopiscus, *Aurelianus*, 34 ; Eumène, *Grat. actio*, 8.
[3] Digeste, XXXIV, 5, 20. Code Théodos., XVI, 10, 20. Orellli, n°s 4068, 4155. — Voy. E. Levasseur, *Histoire des classes ouvrières*, t. I.
[4] Lampride, *Severus*, 33. Orelli, n°s 3761, 4054, 4083, 7180.

divers échelons de la plèbe, s'élevaient les propriétaires fonciers. Il était dans les habitudes de l'esprit romain de considérer la possession du sol comme le bien suprême de l'homme ; on y voyait la meilleure satisfaction de ses besoins naturels et de ses intérêts, le gage de sa moralité, l'assurance de sa liberté; on faisait de cette possession la mesure des devoirs politiques de l'homme et de ses droits. Le plus petit propriétaire fut toujours plus estimé que le riche négociant[1].

Les codes, les inscriptions, tous les documents qui marquent l'état social, nous montrent la population des provinces partagée toujours en deux catégories; la première s'appelle la classe des propriétaires (*possessores*), la seconde s'appelle la plèbe (*plebeii*). Il y eut durant tout l'empire une distinction essentielle et radicale entre ceux qui avaient la terre et ceux qui ne l'avaient pas. Ce trait de mœurs de la société de l'empire romain, ainsi que nous le verrons plus tard, a exercé une puissante action sur l'état social de ces temps-là et même des siècles suivants.

Il est encore un trait caractéristique de cette époque qu'il ne faut pas négliger. Ce qu'on appelait alors une cité (*civitas*) n'était pas seulement une ville ; c'était en

---

[1] On ne connaît pas le détail de l'opération du cens. Plusieurs faits donnent à penser que tous les biens indistinctement n'y étaient pas compris, ou n'y figuraient pas pour leur valeur réelle. Les biens meubles y étaient comptés pour peu de chose. Plusieurs motifs pouvaient faire exclure telle classe d'hommes ou telle nature de biens. On sait, par exemple, que la fortune d'un *libertinus* n'était inscrite qu'à partir du chiffre de 200,000 sesterces. (Dion Cassius, LV, 13.) Cf. Tite-Live, XLV, 15. — Les motifs qui faisaient refuser à un homme l'inscription au cens sont indiqués dans un discours de Dion Chrysostome, XXXIV.

même temps un territoire. Ce territoire pouvait être fort étendu, être plus vaste qu'un de nos départements, comprendre plusieurs villes et un grand nombre de villages ; il n'en était pas moins une unité municipale ; il avait son chef-lieu, son administration, ses magistrats. Comme cette cité comprenait à la fois ville et campagne, ceux qui la composaient étaient aussi bien des hommes de campagne que des hommes de la ville. Les premiers avaient même une grande supériorité sur les seconds. Ils étaient seuls considérés comme véritables membres du corps municipal, véritables curiales. Pour entrer dans cet ordre il fallait posséder au moins 25 arpents de terre. La bourgeoisie de ce temps-là ne ressemblait donc pas à celle de nos jours ; c'était surtout une classe de propriétaires ruraux. Peu importait qu'ils eussent leur domicile habituel à la ville ou à la campagne ; mais il était nécessaire qu'ils possédassent une partie du sol de la cité. A cette condition, ils exerçaient tous les droits de citoyen ; ils prenaient part aux assemblées, concouraient à la gestion comme à la jouissance des propriétés communales, et élisaient les magistrats.

Au-dessus des petits propriétaires qui pouvaient n'avoir que vingt-cinq arpents, il y avait l'ordre des décurions ; pour y être admis, il fallait posséder un chiffre de fortune assez élevé ; le minimum paraît avoir été, d'après un texte de Pline, de 100,000 sesterces en biens inscrits au cens. Au-dessus des simples décurions s'élevaient encore ceux qu'on appelait les Principaux. On ne sait pas quel chiffre de propriétés était exigé pour faire partie de cette classe. Il est hors de doute qu'un homme de peu de fortune n'avait aucun moyen de s'y faire admettre; s'il eût réussi à s'y glisser, les fortes dépenses qui étaient imposées à cette classe l'eussent empêché d'y figurer longtemps. Tous les degrés sociaux étaient marqués par les chiffres du cens, et à tous ces degrés les devoirs et les droits étaient proportionnés à la richesse.

CHAPITRE XV

La noblesse dans l'empire romain.

Avant la domination romaine, il y avait en Gaule une caste noble. César l'appelle l'ordre des chevaliers; elle avait sur la foule la triple supériorité de la naissance, de la richesse, et de la force des armes; elle était surtout une noblesse militaire. A côté d'elle et lui disputant le rang suprême, se plaçait la classe sacerdotale des druides. Toutes les deux régnaient d'une façon presque despotique sur la société gauloise, en dépit de quelques efforts que pouvaient faire les classes inférieures pour échapper à leur empire.

La domination romaine eut pour résultat de faire disparaître à la fois ces deux sortes de noblesse. Tant que l'empire fut debout, la Gaule ne revit ni une aristocratie sacerdotale ni une aristocratie militaire.

Ce n'est pas à dire que ce régime ait tout nivelé. Rome

ne connut jamais l'esprit démocratique. Il n'y a pas une seule époque dans sa longue histoire où elle n'ait eu une noblesse.

Le patriciat des premiers âges n'a aucun rapport avec notre sujet : nous n'en parlerons pas. Si l'on se transporte au dernier siècle de la république, vers le temps de Marius ou de Cicéron, on y trouve une aristocratie aussi fortement constituée que l'ancien patriciat et dont nous devons essayer de compter les divers échelons.

Au-dessus des simples citoyens s'élevait, en premier lieu, l'ordre équestre. Il était partagé lui-même en deux classes fort inégales. Tous ceux qui possédaient une fortune évaluée sur les registres du cens à 400,000 sesterces, pouvaient se dire chevaliers romains; ils l'étaient par la seule vertu de leur patrimoine et on les appelait *equites equo privato*[1]. A un rang plus élevé étaient ceux qui, possédant une fortune plus considérable ou recommandés par d'autres titres, étaient inscrits par les censeurs sur la liste officielle de l'ordre. Comme ils étaient chevaliers par décret de l'autorité publique, on les appelait *equites equo publico*[2]. Ils étaient réputés fort supérieurs aux précédents.

---

[1] *Quibus census equester erat.* (Tite-Live, V, 7.) — Cf. Horace, *Épîtres*, I, 1. Pline, *Lettres*, I, 19.

[2] Les mots *equus publicus* ne signifient pas cheval donné par l'État. Nous avons affaire ici à une de ces vieilles expressions de la langue officielle qui n'ont plus leur sens littéral. *Equus* désigne non pas un cheval, mais le rang équestre. *Equus privatus* est le rang équestre attaché au patrimoine; *equus publicus*, le rang équestre assigné par l'État. La langue officielle conservait, comme il arrive presque toujours, les vieilles formes de langage; pour dire donner ou enlever le rang équestre, on disait *assignare equum, equum adimere*. Deux textes marquent la différence qu'il y

Dans ce corps lui-même il y avait des inégalités. On distinguait douze centuries de second rang et six de premier rang ; celles-ci étaient composées d'hommes de plus haute naissance. Il y avait aussi des chevaliers qui avaient le droit d'ajouter à ce titre l'épithète officielle de *splendide* ou d'*illustre*[1].

Venait ensuite l'ordre sénatorial. Pour en faire partie, la première condition était de posséder une grande fortune ; la seconde était d'être inscrit sur la liste par les censeurs. On était d'ailleurs désigné à leur choix, soit par la naissance, soit par l'exercice des hautes magistratures. La dignité de sénateur était à peu près héréditaire, non en vertu des lois, mais en vertu des mœurs.

Enfin, dans le sein même du sénat, mais au-dessus des simples sénateurs, se plaçaient des hommes que l'on appelait *nobles*. C'étaient ceux qui pouvaient dire que la dignité sénatoriale était ancienne dans leur famille, qui avaient des ancêtres ayant été magistrats, et qui avaient le droit de montrer leurs images et de les faire porter en procession sur les chars sacrés, dans les cérémonies fu-

---

avait entre les deux catégories de chevaliers ; l'un est du temps de la république, l'autre du temps d'Adrien. Tite-Live (V, 7) parle d'une classe d'hommes qui ne sont pas *pedestris ordinis* (cette dernière classe est signalée plus loin et bien distincte), qui sont par conséquent des *equites*, qui le sont au moins par le cens, *quibus erat census equester*, mais à qui le rang de chevalier public n'avait pas été assigné, *equus publicus non erat assignatus*. Une sentence de l'empereur Adrien, rapportée par Dosithée, montre que l'on pouvait posséder *facultatem equestris dignitatis*, c'est-à-dire le chiffre de fortune requis pour être chevalier, et avoir encore besoin de solliciter *equum publicum*, c'est-à-dire l'inscription sur la liste des chevaliers d'État. Voy. Belot, *Hist. des chevaliers romains*, t. II, p. 412.

[1] Cicéron, *De finib.*, II, 18 ; *in Verr.*, II, 28. Tite-Live, XXX, 18. Tacite, *Annales*, II, 59 ; IV, 58 ; XI, 4, 35 ; XV, 28. Orelli, n°⁸ 140 et 3051.

néraires ou dans les pompes triomphales[1]. On calculait le degré de noblesse d'après le nombre de ces images. On distinguait aussi ceux qui n'avaient parmi leurs ancêtres que des préteurs, et ceux qui comptaient des consuls et des censeurs. Ces inégalités étaient marquées dans les séances et les délibérations du Sénat, comme elles l'étaient dans la vie privée.

Telle était l'échelle sociale au temps de la république. On peut voir dans les discours et dans les lettres de Cicéron quel sentiment de dédain chacune de ces classes professait pour celle qui lui était immédiatement inférieure[2]. On y peut voir aussi quel mélange de respect et

[1] Sur le droit d'image et l'extrême importance qui s'y attachait, on peut voir : Cicéron, *pro Rabirio Postumo*, 7; *in Verrem*, V, 14; *in Rullum*, II, 1; Polybe, VI, 53; Pline, *Hist. nat.*, XXXV, 2; Vitruve, VI, 3, 6. Ces images étaient des objets sacrés et comme des idoles auxquelles on offrait des sacrifices. (Dion Cassius, LVIII, 4 et 7; LIX, 27; LX, 5.) — On comptait les images à Rome à peu près comme dans la noblesse moderne on comptait les quartiers, avec cette différence que les membres de la famille qui n'avaient été revêtus d'aucune dignité ne figuraient pas dans la série. Cet usage de calculer les images des ancêtres explique l'expression de Tite-Live : *Ancum nobilem una imagine Numæ*, et celle de Suétone : *Balbus multis in familia senatoriis imaginibus.* (Suet., *Auguste*, 4.)

[2] L'adversaire de Célius lui reprochait en plein tribunal de n'être que le fils d'un chevalier romain : *Equitis romani esse filium criminis loco poni; objectus est pater quod parum splendidus.* (Cicéron, *pro Cœlio*, 2.) — De même l'adversaire de Muréna lui reprochait son peu de naissance et vantait sa propre race : *Contempsisti Murenæ genus, extulisti tuum;* Cicéron défend son client en prouvant qu'il est d'une famille prétorienne. (Cicéron, *pro Murena*, 7.) — Le tribun Rullus se vantait devant le peuple d'être un noble, et Cicéron, pour lui enlever les suffrages populaires, insinuait que cette noblesse était fausse : *Tentavit patientiam vestram quum se nobilem esse diceret.* (In Rullum, II, 7.) — Ce trait des mœurs romaines est marqué en beaucoup d'autres passages de Cicéron; on le retrouve dans Tite-Live, Horace, Ovide. Voyez le discours de Marc-Antoine au peuple après la mort de César; il commence par un éloge de la noblesse du dictateur. (Dion Cassius, XLIV, 37.)

d'envie chaque classe avait dans le cœur à l'égard de celle qui était immédiatement au-dessus d'elle.

On doit encore faire cette remarque que dans toute l'histoire de Rome il n'y eut jamais aucun effort sérieux pour détruire cette hiérarchie. C'est se faire une idée fort inexacte des tribuns du peuple que de les regarder comme des démocrates. Ils combattirent le patriciat, mais ce fut pour élever à sa place cette aristocratie que nous venons de décrire, et ils ne cessèrent jamais d'en être les soutiens. La plupart des tribuns appartenaient à la noblesse ou aspiraient à en faire partie [1].

Le principe de l'inégalité était la richesse plus que la naissance. C'étaient, avant tout, les chiffres du cens qui déterminaient les rangs [2]. L'esprit romain ne comprenait ni qu'un homme pauvre pût appartenir à l'aristocratie, ni qu'un homme riche n'en fît pas partie. Cependant la naissance ne laissait pas d'être fort appréciée. Pour que la richesse eût tout son prestige aux yeux d'un Romain, il fallait qu'on la tînt d'héritage. Elle était d'autant plus respectable qu'on la voyait attachée à une famille depuis un plus grand nombre de générations. Cette société, qui avait le culte de la richesse, tenait pourtant en mépris les parvenus. La règle était que les hom-

[1] Les plus ardents adversaires des Gracques furent des tribuns. Les Gracques eux-mêmes étaient des nobles. Cicéron parle d'un tribun de son temps, qu'il qualifie de très-noble, *Cn. Domitium, tribunum plebis, virum nobilissimum* (In Rullum, II, 7), et qui appartenait, en effet, à une famille consulaire. Rullus, auteur d'une loi agraire qui n'avait rien de démocratique, appartenait à la noblesse ; il était un Servilius.

[2] *Senator censu legi, judex fieri censu.* (Pline, *Hist. nat.*, XIV, 1.) — *Distinctos senatus et equitum census, ut locis, ordinibus, dignationibus antistent.* (Tacite, *Ann.*, II, 33.)

mes s'élevassent les uns au-dessus des autres en proportion de l'ancienneté de leur fortune. Il est donc vrai que cette aristocratie était accessible à tous, mais il faut ajouter qu'on y parvenait lentement. L'avancement était réglé par des lois sévères ; il fallait monter de degré en degré, sans qu'il fût permis d'en franchir plus d'un. L'ambition et le travail de toute une existence s'employaient à élever sa famille d'un échelon.

Les lois de cette république romaine étaient démocratiques ; mais Rome était gouvernée par ses mœurs et non pas par ses lois. Or les mœurs étaient aristocratiques. Le peuple avait autant de respect pour les nobles que les nobles avaient d'orgueil vis-à-vis du peuple. Dans les comices, les suffrages étaient en la possession des riches, c'est-à-dire de ceux qui étaient nobles ou en chemin de le devenir[1]: Pour obtenir les magistratures, il fallait d'abord être riche, parce qu'elles coûtaient fort cher ; il était même presque indispensable d'être noble. Ne croyons pas que les candidats eussent l'habitude de flatter le peuple en lui parlant un langage démocratique. Ils lui plaisaient bien davantage en lui rappelant leurs ancêtres et en déroulant leur généalogie. On faisait assaut de noblesse sous ses yeux. Le meilleur titre qu'on pût invoquer pour être consul était qu'on avait un père qui l'avait été[2]. En vain se trouva-t-il quelques tribuns de loin en loin qui soutinrent qu'il fallait préférer le mé-

---

[1] Il est assez connu que, dans les deux derniers siècles de la république romaine, les suffrages s'achetaient. On peut voir dans Cicéron ce que signifient les mots *conficere centurias*.

[2] Voyez le *pro Murena*, le *pro Plancio*, les lettres de Cicéron.

rite à la naissance. La vénération du peuple pour les grandes familles était plus forte que leurs discours, et il consentait rarement à donner ses suffrages à celui qu'on appelait un *homme nouveau.*

Vint ensuite l'empire; l'inégalité disparut en politique; elle subsista tout entière dans les mœurs. La société continua à se partager en classes superposées l'une à l'autre. Les historiens parlent sans cesse de la noblesse, de l'ordre équestre, de la plèbe[1]. Au théâtre et dans les jeux du cirque, chaque homme avait sa place marquée suivant son rang; les chevaliers n'avaient pas plus le droit de se mêler aux sénateurs que les plébéiens aux chevaliers. Regardez la population romaine assistant à une cérémonie ou à une pompe funéraire; ce n'est jamais une foule; en tête marchent les sénateurs, puis vient l'ordre équestre, et la plèbe suit rangée par classes[2].

Les familles romaines avaient leurs tableaux généalogiques[3]. Juvénal nous montre les nobles de Rome fiers du vieux sang qui coule dans leurs veines et étalant, aux jours de procession, sur les chars sacrés, les images de leurs ancêtres, images d'autant plus vénérées qu'elles sont plus antiques et plus mutilées par le temps. Tacite,

---

[1] *Nobilitas.* (Pline, *Panégyr.*, ch. 9.) — *Nobilitas, eques, vulgus.* (Tacite, *Hist.*, I, 88-89.) — *Honores cuicumque nobili debitos.* (Tacite, *Ann.*, III, 5.) — *Nobilis femina.* (Ibid., XI, 12.) — *Maximinus ob humilitatem generis a nobilitate contemnebatur.* (Jules Capitolin, *Maximinus*, 8.) — *Balbinus, familiæ vetustissimæ, nobilissimus.* (Ibid., 2 et 7.) — Οἱ εὐγενεῖς, οἱ εὐπάτριδαι. (Hérodien, I, 8; III, 5.)

[2] Voyez la dédicace du Capitole, dans Tacite, *Hist.*, IV, 53; les funérailles de Pertinax, dans Dion Cassius, LXXIV, 4 et 5; le triomphe de Gallien, dans Trébellius Pollion, ch. 8.

[3] *Plena imaginibus domus Scribonia.* (Tacite, *Annales*, II, 27.)

qui appartient à l'aristocratie et qui écrit pour elle, parle avec un singulier dédain de tout ce qui n'est pas noble[1]. C'est basse naissance à ses yeux d'être seulement un chevalier. Quand il nous présente un personnage, il oublie rarement de nous dire le rang qu'avaient son père et son aïeul[2]. Le passage d'un homme du rang équestre au rang sénatorial lui paraît un événement digne de remarque, et il signale comme un scandale l'élévation d'un *libertinus* au rang équestre. Son livre est plutôt l'histoire des familles que celle de la société. Sa langue même est aristocratique et hautaine, et le mot honnêtes gens a sous sa plume le même sens que sous celle du duc de Saint-Simon.

Les distinctions sociales étaient marquées par des signes extérieurs. Un sénateur se reconnaissait à la large bande de pourpre brodée sur sa toge, un chevalier à son anneau d'or. A chaque classe appartenait un titre particulier; les sénateurs avaient droit à celui de *clarissime*; les chevaliers du premier ordre portaient celui d'*illustre*[3]. Ne pensons pas que ces titres n'aient pris

---

[1] Tacite, *Annales*, VI, 39; III, 29; IV, 21.

[2] *Piso nobilis utrinque* (Hist., I, 14); *Galbœ vetus nobilitas* (Ibid., I, 49); *Claritas natalium* (Ibid.); *Patrem ex censoria familia* (Ibid., , 52); *Volusio vetus familia, neque tamen prœturam egressa; ipse consulatum intulit* (Ann., III, 30). — *Vinicius, patre atque avo consularibus, cœtera equestri familia.* « Vinicius n'avait que deux degrés de noblesse sénatoriale, son arrière-grand-père n'était qu'un chevalier. » (Ann., VI, 15.) — *Virginius equestri familia.* « Virginius n'était que d'une famille équestre. » (Hist., I, 52.) — *Cassius Severus sordidœ originis.* (Ann., IV, 21.) — *Capito, avo centurione, patre prœtorio.* (Ibid., III, 75.)

[3] Orelli, n°ˢ 784, 3413, 3764, 4040. Henzen, 5315, 6909. L. Rénier, *Inscr. de l'Algérie*, 77, 85, 1815. — Tacite, Ann., IV, 58; XI, 4, 35; XV, 28. — Ulpien, au Digeste, I, 9, 12 : *Usque ad illustres viros.* — En

naissance que dans le Bas-Empire; très-employés au temps de Trajan et de Marc-Aurèle, ils étaient déjà en usage au temps de Cicéron.

Les rangs et les titres étaient héréditaires. Sous la république, il avait été presque impossible que le fils d'un sénateur ne succédât pas à son père. Il en fut de même sous l'empire. Auguste voulut que les fils de sénateurs assistassent, dès leur première jeunesse, aux séances du sénat et fissent ainsi l'apprentissage des fonctions qu'ils ne pouvaient manquer d'avoir à remplir un jour[1]. Nous avons des lois du temps des Antonins qui montrent clairement que la dignité sénatoriale se transmettait avec le sang[2]. La noblesse se communiquait même aux femmes. La femme d'un sénateur était *clarissima* et celle d'un chevalier de premier rang était *illustris* ou *splendida*[3]. Le titre restait aux veuves. Il passait aux fils dès leur naissance[4], et les filles le gardaient à la condition

---

s'adressant à un consul ou à un préteur, on disait : *Vir clarissime* (Pline, *Lettres*, VII, 33. Aulu-Gelle, XV, 5; I, 2; II, 2.) — Cf. Digeste, XXVII, 9; VI, 1, 52; VI, 21, 4; L, 16, 100 : *Clarissimas personas*.

[1] Suétone, *Auguste*, 38.

[2] Paul, au Digeste, I, 9, 6 : *Senatoris filius is est et is quem in adoptionem accepit. A senatore autem in adoptionem filius datus ei qui inferioris dignitatis est, quasi senatoris filius videtur, quia non amittitur senatoria dignitas adoptione.* — Cf. Ulpien, au Digeste, I, 9, 5 et 7. — Code de Justinien, XII, I, 11 : *Quum paternos honores invidere filiis non oporteat, a senatore vel clarissimo susceptum in clarissimatus sciendum est dignitate mansurum.*

[3] Ulpien, au Digeste, I, 9, 8 : *Feminæ nuptæ clarissimis personis clarissimarum personarum appellatione continentur.* — Ibid., L, 16, 100 : *Clarissimas personas utriusque sexus.* — Suétone, *Othon*, I : *Alba Terentia, splendida femina.* — Tacite, *Ann.*, XI, 13 : *Feminæ illustres.* — *Senatores utriusque sexus.* (Saint Augustin, *De moribus Eccles. cath.*)

[4] On a des inscriptions tumulaires où l'on voit que des enfants portaient

de ne pas déroger en épousant un homme d'une classe inférieure[1]. Les lois, aussi bien que les mœurs, interdisaient les mésalliances[2]. Tout ce qui touchait à la préséance était jugé fort important ; le jurisconsulte Ulpien a dû examiner si la femme d'un consulaire n'avait pas le pas sur un préfet du prétoire[3].

L'esprit aristocratique était trop puissant dans cette société pour qu'il fût possible aux empereurs de se montrer aussi démocrates que quelques-uns d'entre eux auraient voulu l'être. Les mêmes conditions d'avancement qui avaient été établies sous la république, furent observées, à peu de différence près, sous l'empire. Le prince désignait les magistrats, mais il était à peu près obligé de les choisir dans les hautes classes[4]. Les honneurs étaient aussi recherchés à cette époque qu'ils l'avaient été sous la république. Ils ne donnaient plus le pouvoir, mais ils donnaient le rang, qui, aux yeux de la plupart des hommes, a plus de prix que le pouvoir. Être édile, préteur, consul, était encore la plus haute ambition des hommes[5]. Ces magistratures étaient à peu près

---

le titre de *clarissimus puer, clarissima puella, puella equestris memoriæ*. (L. Rénier, *Mélanges d'épigraphie*, p. 214 et 289. Orelli, n°s 3053, 3764. Henzen, 5315, 6410, 6909, 7121.)

[1] Ulpien, au Digeste, I, 9, 8 : *Feminis dignitatem clarissimam parentes tribuunt, donec plebeii nuptiis fuerint copulatæ.*

[2] Digeste, XXIII, 2, lois 16, 23, 27, 32, 44.

[3] Ulpien, au Digeste, I, 9, 1.

[4] *Mandabat honores nobilitatem majorum spectando.* (Tacite, *Ann.*, IV, 16.) Il fallait être fils de sénateur pour obtenir les magistratures inférieures du *vigintivirat*, par lesquelles on passait pour arriver aux plus hautes.

[5] Cela ressort des nombreuses inscriptions qui relatent le *cursus honorum*. — Voyez aussi Pline, *Panégyr.*, 69 ; Ausone, *Grat. actio*, et les *Panegyrici veteres*, passim. — *Ab ætate puerili ad hanc usque caniliem*

héréditaires ; les empereurs, sauf quelques exceptions qui faisaient scandale, n'osaient pas les conférer à leurs courtisans ou à leurs serviteurs intimes, et ils les réservaient aux hommes des grandes familles. « Il est naturel que le fils d'un consul soit consul à son tour ; cela lui est dû ; cette dignité, il l'a déjà méritée par le seul éclat de sa naissance. » C'est un contemporain de Trajan qui parle ainsi dans un discours officiel [1]. Les contemporains de Marc-Aurèle furent surpris qu'il eût donné le consulat à Pertinax ; ce n'était pas que cet homme manquât de mérite, mais il manquait de naissance [2].

Les empereurs employaient, à la vérité, des hommes de bas étage dans les bureaux de leur administration centrale ou pour la gestion de leurs affaires personnelles. C'est que tous ces emplois étaient réputés peu honorables et qu'il n'y fallait que des serviteurs. Ils se gardaient, en général, de confier à cette sorte d'hommes les hautes fonctions administratives et le gouvernement des provinces. Tout cela était réservé à la noblesse, au sénat, pour le moins à l'ordre équestre ; même dans les armées, les grades furent, durant les deux premiers

---

consulatus amore flagravi, dit Mamertin, dans son Remerciement à Julien, c. 17. Ces mêmes sentiments sont attestés par Ausone, par Rutilius, par Sidoine Appollinaire. Les empereurs ne cessèrent de déclarer que le consulat était la première de toutes les dignités : *Diversa culmina dignitatum consulatui cedere decernimus; consulatus præponendus est omnibus fastigiis dignitatum.* (Code Théodos., VI, 6, 1.) — Les consulaires eurent toujours le pas sur les préfets du prétoire. (Digeste, I, 9, 1.)

[1] *Non debitum hoc illi? Non sola generis claritate promeritum?* (Pline, *Panégyr.*, c. 58.) — *Juvenibus clarissimæ gentis debitum generi honorem obtulisti.* (Ibid., c. 69.)

[2] Dion Cassius, LXXI, 22.

siècles de l'empire, l'apanage presque exclusif des hautes classes. Aux chevaliers appartenaient de plein droit les commandements d'escadron et de cohorte ; aussi les obtenaient-ils dès l'âge de dix-huit ans[1]. Pour commander une légion, il fallait être sénateur[2]. Pour être chef d'armée, il était presque indispensable d'être de rang consulaire[3].

On est souvent tenté de croire que le sénat de l'empire n'avait ni importance ni considération. Les écrivains de ce temps-là le présentent, au contraire, comme un corps toujours honoré et souvent puissant. Tacite dit en propres termes qu'une partie du gouvernement reposait sur lui[4]; on l'appelait le conseil public de l'empire; les jurisconsultes ne cessèrent jamais de le regarder comme la vraie source de la loi. C'est qu'il était la réunion de tout ce qu'il y avait de plus riche et de plus brillant dans l'empire. Il était l'aristocratie même, en un temps où les mœurs étaient aristocratiques. Aussi les respects des hommes ne lui manquèrent-ils à aucune époque ; sous

---

[1] Orelli, n°ˢ 62, 1340, 3040, 3050, 3052. L. Rénier, *Inscript. de l'Algérie*, n°ˢ 1825 et 1826 ; *Mélanges d'épigraphie*, p. 232.

[2] Le commandement d'une légion n'était confié qu'à d'anciens préteurs (L. Rénier, *ibid.*, p. 78); or les préteurs étaient membres du sénat.

Suétone, *Auguste*, 38 ; *Claude*, 25 ; *Othon*, 10. — Velleius, II, 76, 101, 111. — Voy. L. Rénier, *Mélanges d'épigraphie*, p. 78. — On reprochait à Commode d'avoir, le premier, enlevé le commandement des armées aux sénateurs pour le donner à des hommes qui n'avaient que le rang équestre. (Lampride, *Commode*, c. 6.) — Plus tard, quelques empereurs voulurent écarter les sénateurs de l'armée ; mais il y a beaucoup d'exemples qui montrent que cette exclusion fut loin d'être absolue.

[4] *Senatus cui aliqua pars et cura reipublicæ.* (Tacite, *Hist.*, I, 50.) — Un préfet du prétoire était au-dessous du rang d'un sénateur. (Lampride, *Commode*, 4.) — Cf. Digeste, I, 9, 1.

Théodose comme sous Auguste, il était l'objet de la vénération publique[1].

Les empereurs eurent une double politique à son égard ; les uns lui prodiguèrent les marques de déférence, les autres le poursuivirent de leur haine. Les premiers assistaient exactement à ses séances, siégeaient au milieu de lui, non comme présidents, mais comme simples membres, faisaient leurs propositions et laissaient souvent la décision au sénat ; ainsi firent Auguste, Tibère, Claude, Vespasien, Trajan, les Antonins et beaucoup d'autres[2]. Les seconds, comme Néron, Domitien, Commode, Caracalla lui firent la guerre ; ils voulurent l'affaiblir et l'humilier ; ils firent tous leurs efforts pour briser ce corps aristocratique. Ils le décimèrent par des supplices, mais ils ne purent rien de plus. Leur haine se heurta contre une force invincible, celle des mœurs. Les règles de la hiérarchie sociale se trouvèrent au-dessus de leur pouvoir. Ils purent enrichir sans mesure leurs serviteurs ; ils ne purent pas en faire des nobles. Si loin qu'allât la docilité de l'aristocratie, elle n'alla jamais usqu'à admettre dans son sein les affranchis des Césars.

---

[1] Voyez le début du code Théodosien.

[2] Jules Capitolin dit de Marc-Aurèle : *Semper interfuit senatui, nec unquam recessit de curia nisi consul dixisset : nihil vos moramur, Patres conscripti.* — Tacite et Dion Cassius donnent à entendre la même chose de la plupart des empereurs. On voit souvent les princes faire des propositions, prononcer des discours, comme simples membres du sénat. Ils s'honoraient d'être sénateurs comme plus tard les rois de France s'honorèrent d'être gentilshommes ; *Nostri ordinis*, dit Claude dans son discours au sénat. Honorius dit de même : *Cœtum amplissimum cujus consortio gratulamur.* (Code Théodos., XII, 1, 180.) *Jus senatorum et auctoritatem ejus ordinis, in quo nos ipsos numeramus*, dit l'empereur Julien. (Code de Justinien, XII, 1, 8.)

Si l'on observe la politique impériale dans son ensemble et sans tenir compte de quelques exceptions, on verra qu'elle ne tendit pas à faire disparaître l'inégalité. Elle s'attacha, au contraire, à maintenir les distinctions sociales. Les lois d'Auguste et de Tibère, celles des Antonins, celles des princes chrétiens du quatrième siècle, veillèrent également à ce que les rangs ne fussent jamais confondus. Jusqu'aux derniers temps de l'empire, nous voyons la législation marquer les limites entre les classes; il y a des lois qui interdisent aux commerçants d'aspirer aux dignités qui doivent être le partage de la noblesse[1]. Le législateur ne cesse de rappeler aux hommes la règle d'hérédité qui attache chacun à sa classe et qui ne permet de s'élever à la classe supérieure que sous des conditions rigoureusement déterminées. L'esprit aristocratique, qui régnait déjà au milieu des institutions républicaines, ne s'est pas affaibli sous l'empire. Loin que les princes aient mêlé les rangs, ils établirent quelques distinctions de plus; aux anciens titres de noblesse ils en ajoutèrent de nouveaux, tels que celui de perfectissime et de *spectabilis*, et enfin celui de comte[2].

Ces mœurs, que la société romaine a conservées sous tous les régimes politiques et qui ont reparu ensuite au moyen âge, forment un des traits les plus saillants de l'histoire du monde. Elles ont eu aussi une action incalculable sur les âges suivants. L'historien doit en tenir compte; les négliger, ce serait briser un des anneaux qui unissent les générations du moyen âge à celles de l'an-

---

[1] Code de Justinien, XII, 1, 6.
[2] Voyez Naudet, *De la noblesse chez les Romains.*

tiquité, et ce serait se mettre dans l'impossibilité de comprendre le lien des institutions.

La constitution sociale de Rome devint, en effet, celle de tous les peuples soumis à sa domination. Ses mœurs aristocratiques s'étendirent de proche en proche, et l'on vit la noblesse romaine, avec ses titres, ses distinctions, ses priviléges, se propager dans les provinces. Il y eut partout un ordre équestre et un ordre sénatorial.

Ce qui est remarquable ici, c'est que cette noblesse de province n'avait nulle part un caractère provincial. Elle n'était ni gauloise, ni espagnole, ni grecque ; elle était purement romaine. Les nobles pouvaient être de sang gaulois ou espagnol ; mais ils appartenaient à la noblesse de Rome. Aucun d'eux ne songeait à se vanter d'ancêtres antérieurs à la conquête. Ils ne pensaient pas davantage à former entre eux des castes nationales. L'ambition des provinciaux était de faire partie de la noblesse même de Rome.

Beaucoup de Gaulois étaient chevaliers romains. Les deux sortes de chevaliers qu'il y avait à Rome se retrouvaient en Gaule. On était chevalier privé (*eques equo privato*) dès qu'on possédait une fortune de 400,000 sesterces en biens inscrits au cens [1]. On devenait chevalier d'État (*eques equo publico*) si l'on était admis par le prince sur la liste officielle, et le Gaulois pouvait alors figurer dans la fête sacrée qui avait lieu à Rome pour l'ordre équestre [2].

---

[1] C'est ainsi qu'il y avait 500 chevaliers romains dans la seule ville de Gadès, en Espagne. (Strabon, III, 5, 3.)

[2] Cela ressort des inscriptions. Voyez Orelli, nᵒˢ 1229, 2176, 2251, 3040, 3051, 3053, 3744, 3750, 3840, 3858, 3890; Henzen, 6149, 7169, 7174, 7016, 7020.

Du rang de chevalier, un Gaulois s'élevait à celui de sénateur romain. Les premiers règlements qui avaient été faits pour la province au temps d'Auguste, n'accordaient pas cette faculté; mais ils furent modifiés en ce point par un sénatus-consulte sur la proposition et après un discours de l'empereur Claude. Il fut décidé que les Gaulois pourraient être sénateurs; plusieurs Éduens reçurent aussitôt ce titre, et la même faveur fut bientôt étendue aux autres peuples du pays[1].

Être sénateur, ce n'était pas faire partie du corps politique qui siégeait à Rome à côté des empereurs. Ceux que l'on appelait sénateurs romains au temps de l'empire étaient beaucoup plus nombreux que les cinq ou six cents personnages qui se réunissaient dans la curie. On comprenait sous ce nom beaucoup de provinciaux qui continuaient à vivre loin de Rome et qui pouvaient même n'avoir jamais vu cette ville. Ils avaient le rang sans les fonctions. On leur donnait le titre de clarissime, et ils portaient le laticlave. Leur dignité se communiquait à leurs femmes et se transmettait à leurs enfants. En un mot, ce sénat n'était pas une assemblée délibérante; il était une classe, une noblesse[2].

---

[1] Discours de Claude. (Tacite, *Ann.*, XI, 23-24.) — Un fait analogue eut lieu pour la ville d'Alexandrie. (Dion Cassius, LI, 17.)

[2] *Senatori in qualibet provincia constituto.* (Code de Justinien, XII, 1, 14.) — *Nemo ex clarissimis qui in provinciis degunt, ad præfecturam devocetur, sed maneat unusquisque domi suæ tutus et sua dignitate lætetur.* (Code de Justinien, XII, 2, 1.) — Digeste, L, 1, 24 et 25. Code Théodosien, VI, 1 : *De senatoria dignitate;* VI, 2, *De senatoribus.* — Dion Cassius (LXXII, 16) distingue les sénateurs qui siégeaient au sénat et les sénateurs provinciaux qui restaient dans leurs villes. Saint Augustin (*Cité de Dieu*, liv. XV) parle de sénateurs qui n'avaient jamais vu Rome.

Deux conditions étaient exigées pour en faire partie, et elles étaient les mêmes pour les provinciaux que pour les Romains, les mêmes sous l'empire que sous la république. L'une était qu'on fût fort riche ; l'autre était qu'on fût inscrit sur la liste par le magistrat chargé de faire le cens, c'est-à-dire par l'empereur.

La classe sénatoriale alla sans cesse en grandissant en nombre ; il arriva au contraire que l'ordre équestre diminua et s'affaiblit insensiblement. La seule raison de ce double fait est que, par le développement des fortunes, les chevaliers s'étaient élevés peu à peu au rang de sénateurs. Au quatrième siècle, l'ordre équestre avait presque disparu et il n'y avait plus qu'une seule noblesse, la noblesse sénatoriale.

La société du quatrième siècle se partageait donc de la manière suivante : en bas, était la *plèbe*, qui comprenait les corporations d'artisans et de marchands ; au milieu, était la classe des petits propriétaires, qui se distinguaient en simples curiales et en *principaux* ; en haut étaient tous ceux qui avaient le titre de sénateurs romains[1].

Ces classes étaient nettement séparées : « Il n'y a rien

— Cette noblesse se transmettait aux enfants : *Si quis senatorium fastigium generis felicitate sortitus.* (Code Théodosien, VI, 2, 8.) — *Senatorii seminis homo.* (Sidoine, *Lettres*, I, 6.)

[1] *Senator populi romani* était l'expression consacrée. Voyez les *Interpretamienta* de Pollux, dans les notices et extraits des manuscrits, t. XXIII, 2ᵉ partie. — Spartien parle d'un Espagnol, nommé Maryllinus, *qui primus ex sua familia senator populi romani fuit.* (Vie d'Adrien, I.) — Il ne faut pas confondre avec cette classe les sénateurs des villes, qui n'étaient que des décurions ou des *principales*. — Sur les sénateurs romains, hommes clarissimes, voyez l'inscription de Canusium. (Orelli, n° 3721.)

de commun, dit la loi, entre les curiales et les sénateurs, entre les plébéiens et les curiales[1]. » Elles payaient toutes des impôts ; mais elles ne payaient pas les mêmes impôts. Les simples plébéiens, ceux du moins qui appartenaient aux corporations, payaient des contributions spéciales à l'État, mais ne supportaient pas les charges municipales. Les curiales, au contraire, portaient à la fois le fardeau des charges publiques et de celles de la cité. Les sénateurs étaient soumis à des impôts excessifs au profit de l'empire, mais ils étaient affranchis des contributions municipales[2]. Les impôts de ces trois classes n'étaient pas payés dans les mains des mêmes percepteurs ; chacune avait les siens. Chacune aussi avait ses chefs : les corporations avaient leurs syndics, les curiales leurs duumvirs ou leur défenseur ; les sénateurs eux-mêmes avaient des chefs dans chaque province, que l'on appelait Défenseurs du sénat. Ils avaient aussi une juridiction particulière ; car il était de règle dans l'empire romain que nul ne fût jugé par des hommes d'une condition inférieure à la sienne, et ce principe a subsisté pendant tout le moyen âge[3].

[1] *Senatoriæ functionis curiæque sit nulla conjunctio.* (Code Théodos., VI, 3, 2 et 5.) — *Municeps esse desinit senatoriam adeptus dignitatem.* (Hermogénien, au Digeste, L, 1, 23.) — *Senatores et eorum filii filiæque origini eximuntur.* (Paul, au Digeste, L, 1, 22, § 5).

[2] Baudi di Vesme, trad. Laboulaye, p. 28 et 29. — Zosime, II, 32. Symmaque, *Lettres*, IV, 61 ; X, 33, 50, 66 et 67. Code Théodosien, VI, 2 ; VI, 4 ; VI, 26 ; XII, 1, 58 et 155. Digeste, L, 1, 22 et 23.

[3] *Forum ex persona constituimus.* (Code Justinien, XII, 1, 15. Code Théodosien, I, 6, 11 ; IX, 1, 73 ; IX, 40, 10.) — *Adrianus equites romanos de senatoribus judicare non permisit.* (Sparlien, *Adrianus*, 8.) — Cf. Pline, *Lettres*, II, 11 ; IX, 13.

Les lois criminelles et pénales variaient suivant les classes. Le sénateur était exempt de la prison préventive et de la torture; le curiale l'était de la torture seule. Un même crime était puni de mort, si le coupable était un plébéien ; de l'exil et de la confiscation, s'il était un sénateur[1]. Les amendes s'élevaient, au contraire, en proportion du rang des coupables ; nous pouvons même mesurer d'après le taux des peines pécuniaires la distance qui séparait légalement les classes; pour une même faute, le sénateur avait à payer 100 livres d'argent, le *principalis* 50, le simple curiale 10[2].

Toutes ces distinctions sociales étaient héréditaires. Chaque homme avait de plein droit le rang dans lequel la naissance l'avait placé. Toutefois on devait déchoir si l'on devenait pauvre, et l'on pouvait aussi s'élever par degrés à mesure qu'on devenait riche. Monter les échelons de cette hiérarchie était l'ambition de tout ce qui était actif et énergique. Le gouvernement impérial ne s'opposa pas à cette sorte d'ascension continuelle vers laquelle tous les efforts tendaient. Il veilla seulement à ce qu'elle ne fût pas trop rapide ; il fixa les conditions et les règles suivant lesquelles elle était permise. Il prit soin surtout d'empêcher, autant qu'il était possible, qu'une famille ne conquît deux degrés dans une seule vie d'homme. L'esclave pouvait, par l'affranchissement complet, s'élever à la plèbe; mais il lui était défendu de monter au rang des curiales. Le plébéien devenait curiale à la condition de posséder vingt-cinq arpents de

---

[1] Digeste, IV, 3; XXII, 5; XLVIII, 8. Code Théodosien, IX, 21.
[2] Code Théodosien, XVI, 5, 54. — Cf. *ibid.*, XVI, 5, 52.

terre et de supporter sa part des charges municipales[1]. Le curiale, à son tour, pouvait passer au rang des *principaux* s'il avait une fortune qui lui permît de faire les frais des hautes magistratures et si ses concitoyens les lui conféraient; mais le gouvernement impérial exigeait que l'on remplît toutes les fonctions inférieures avant d'arriver aux plus élevées, ce qui était un premier obstacle et tout au moins un long retard pour les parvenus[2].

Quand la carrière municipale avait été parcourue tout entière, alors seulement une famille pouvait aspirer au titre de sénateur romain. Ici la richesse était encore nécessaire, mais elle ne suffisait plus. La règle était qu'il fallût obtenir du prince une magistrature romaine; ne fût-on qu'édile ou tribun pendant quelques mois, on prenait place de plein droit dans le sénat. On y entrait aussi par l'exercice des hautes fonctions administratives; l'homme qui avait gouverné une province et qui avait eu dans les mains le droit de glaive, devenait en quittant ses fonctions, un sénateur. Plus tard, il suffit d'avoir rempli les hauts emplois du palais ou de l'administration centrale[3].

Une fois le titre acquis, il restait dans la famille. Une sorte d'obligation morale engageait les fils et les petits-

---

[1] *Plebeii quos ad decurionum subeunda munera splendidior fortuna evexit.* (Code Théodosien, XII, 1, 53.) — Il n'est pas besoin de dire que, l'intérêt et la vanité pouvant se trouver en désaccord, il y avait des hommes qui souhaitaient de rester plébéiens; mais la loi les contraignait à monter au rang de curiales. (Code Théodosien, XII, 1, 133.)

[2] Code Théodosien, XII, 1, 77.

[3] Code Théodosien, XII, 1, 41, 74, 100. — *Ibid.*, VI, 2, 8 et 14.

fils à suivre la même carrière des honneurs (*cursus honorum*), mais ils les obtenaient sans peine et comme par droit d'hérédité. Au lieu de conquérir péniblement chacun d'eux pour s'élever jusqu'au sénat, ils n'avaient qu'à les traverser en courant parce qu'ils étaient déjà de famille sénatoriale.

On comprend, d'après cela, que le nombre des sénateurs dût s'augmenter à chaque génération. Comme ce sénat était une classe et non une assemblée, il n'y avait pas de raison pour que le nombre de ses membres fût limité, et les empereurs ne craignaient pas de l'accroître. Ils prirent l'habitude d'accorder le titre de sénateur à tous ceux qui se recommandaient soit par un mérite particulier, soit par une richesse considérable, soit enfin par une grande notoriété dans leur province[1]. De même qu'ils donnaient les insignes du consulat, de la préture, du tribunat à des hommes qui n'étaient en réalité ni consuls, ni préteurs, ni tribuns[2], de même ils donnèrent les insignes de sénateur à des hommes qui n'en devaient jamais exercer les fonctions. Plus le titre

---

[1] Les inscriptions signalent fréquemment ce fait : *Allectus in amplissimum ordinem ab imp. Cæsare Adriano Aug.* (Orelli, 2258.) — *Lato clavo exornatus a D. Aug. Nerva.* (Henzen, 5970.) — *Lato clavo exornatus ab imp. Septimio Severo.* (Henzen, 5317.)

[2] L'usage de donner les insignes ou le diplôme d'une magistrature sans donner la magistrature elle-même est déjà signalé par Pline, *Hist. nat.*, XXXV, 58 et par Tacite, *Ann.*, XVI, 17. Il s'étendit de plus en plus dans la suite; le code Théodosien (VI, 22, 5 et XII, 1, 41) montre l'abus qui se faisait des *codicilli* et des *insignia*. — Celui qui avait obtenu le diplôme d'une magistrature devenait aussi bien sénateur que s'il eût obtenu la magistrature elle-même : *Hi quibus detulimus magistratus, quosque etiam ornavimus ornamentis dignitatum, ad splendidissimum ordinem senatorium cooptentur.* (*Ibid*, XII, 1, 122.)

était prodigué, plus il y eut de solliciteurs ; tout ce qui était riche et ambitieux l'obtint[1].

C'est ainsi qu'il se forma, à la longue, dans toutes les provinces de l'empire, un grand corps aristocratique. On l'appelait indifféremment le sénat ou la noblesse. Dans les écrivains du cinquième et du sixième siècle, le mot sénateur n'a pas d'autre sens que celui de noble ; il en fut de ce titre comme de ceux de duc, comte ou marquis, qui perdirent peu à peu leur signification originelle par le seul effet de l'hérédité.

L'existence de cette classe noble est signalée, pour ainsi dire, à chacune des pages des codes impériaux. Les historiens de cette époque confirment les indications des lois. Ammien Marcellin mentionne dans toutes les provinces de l'empire des personnages qu'il appelle nobles et qui le sont par droit d'hérédité[2]. Zosime distingue la plèbe, les commerçants, les propriétaires, les *clarissimes*. Les panégyristes, dans leurs harangues officielles, signalent fréquemment la noblesse. Un orateur veut-il montrer les habitants d'une ville sortant de leurs murs pour aller au-devant de l'empereur, il ne manque pas de dire que les sénateurs en robe blanche marchent en tête[3]. De

---

[1] *Codicillos senatorios, clarissimæ infulas dignitatis.* (Code Théodos., XII, 1, 42 et 74.) — *Si qui inter illustres viros locum occupaverint, non laborioso administrationis actu, sed honorario titulo dignitatis, senatui respondeant.* (Ibid., 187.) — Ulpien parle déjà de ceux qui ne sont sénateurs que parce qu'ils ont reçu les insignes et le diplôme de cette dignité, *qui senatoriis ornamentis utuntur.* (Ulpien, au Digeste, L, 16, 100.) — Cette habitude paraît avoir commencé sous Caligula (Dion Cassius, LIX, 9) ; Pline en cite un exemple sous Vespasien (*Lettres*, I, 14).

[2] Ammien, XIV, 1 et 7 ; XXIX, 1 et 2 ; Zosime, II, 38.

[3] *Quid referam pro mœnibus suis festum nobilitatis occursum, con-*

même, Grégoire de Tours, rappelant des récits et des légendes de cette époque, montre la population de Clermont se rendant au-devant d'un saint évêque : « Les sénateurs du pays d'Auvergne, qui brillaient de tout l'éclat de la noblesse romaine, s'avançaient sur des chevaux ou sur des chars[1]. »

Cette noblesse fut pour le moins aussi nombreuse et aussi brillante dans la Gaule que dans aucune autre province. Ni la richesse, ni l'ambition, ni les talents ne manquèrent aux Gaulois durant toute la période impériale. Ils s'élevèrent aux fonctions administratives, aux magistratures, aux honneurs, à tout ce qui conférait la noblesse, à tout ce qui donnait le droit de s'appeler sénateur du peuple romain.

Saint Paulin, qui naquit en Aquitaine, au milieu du quatrième siècle, et qui devint évêque de Nole, était « par sa naissance sénateur clarissime de la ville de Rome[2]. » Un autre Aquitain, Sulpice Sévère, appartenait aussi à la noblesse et avait épousé « une femme d'une famille consulaire. » Les Syagrius[3], les Grégorius, les Ferréolus, les Sidonius Apollinaris, les Avitus étaient sénateurs et nobles de père en fils.

Ces grandes familles gauloises avaient adopté les mœurs aristocratiques de l'ancienne Rome. Elles avaient

spicuos veste nivea senatores. (Latini Pacati *Paneg. ad Theodosium*, c. 37.)

[1] Grégoire de Tours, *De gloria confessorum*, c. 5 : *Senatores qui in illo loco nobilitatis romanæ stemmate fulgebant.*

[2] *Paulinus, genere Aquitanus, dignitate generis urbis Romæ senator clarissimus.* (Patrologie latine, t. XX, p. 94.) — Cf. saint Ambroise, *epist.* 30.

[3] *Syagria, e senatu romano nobili prosapia.* (Vita S. Boniti.)

dans leur maison un portique, où se dressaient les images des ancêtres, non plus en cire, mais en argent massif, et habillées de tissus de soie [1]. Rangées dans l'*atrium*, et exposées aux yeux dans les jours solennels, elles étaient les titres de noblesse de la famille.

Sidoine Apollinaire appartenait par sa naissance à la noblesse et à l'ordre sénatorial [2]; on peut voir dans ses lettres et dans ses vers les sentiments, les idées, les habitudes de cette classe [3]. Il n'est pas jusqu'aux *Vies des saints* qui, écrites à cette époque ou d'après des traditions qui en venaient, ne nous présentent tous les traits d'une société aristocratique. Le récit des vertus des saints commence presque toujours par l'éloge de leur naissance. Saint Maximin de Poitiers appartenait à une famille sénatoriale et ses parents étaient clarissimes [4]. Saint Calminius était de noblesse romaine et sénateur. L'auteur de la vie de saint Remi [5] ne manque pas de nous apprendre qu'il était noble en ligne paternelle et en ligne maternelle. Un chroniqueur raconte le martyre d'une jeune fille, et il nous dit d'abord qu'elle brillait de tout l'éclat de la noblesse sénatoriale [6]. Le poëte For-

---

[1] Ausone, *Epig.*, 26 : *Hos ille Serum veste contexi jubet, Hos cælat argento gravi, Ceris inurens januarum limina Et atriorum pegmata.*

[2] Grégoire de Tours, *Hist. eccl. Francorum*, II, 21 : *Sidonius vir nobilissimus et de primis Galliarum senatoribus.*

[3] Voyez surtout *Epist.* I, 3; II, 1; II, 4; *carmina*, XXII.

[4] *Maximinus, urbis Pictavorum indigena, clarissimis est ortus parentibus, antiquam prosapiam a majoribus senatorii ordinis deducens.* (Vita Maximini, auct. Lupo.) — *Processit et Romanæ lux claritatis ex senatorio ordine trahens nobilitatis originem.* (Vita S. Calminii.)

[5] Vita S. Remigii ab Hincmaro, c. 3.

[6] *Nobilitate senatoria florens.* (Grégoire de Tours, *Hist. Franc.*, II, 2.)

tunatus, faisant l'éloge de deux évêques, évêque lui-même, n'oublie pas de rappeler leur haute naissance; « mais ils échangèrent, ajoute-t-il, cette noblesse terrestre contre le sénat du ciel[1]. » Il semble croire que, même dans le ciel, la société soit aristocratique. Ailleurs, il parle d'un enfant mort en bas âge et il vante sa naissance sénatoriale. Plusieurs des témoins qui signent le testament de saint Remi se qualifient hommes clarissimes[2]. Saint Honorat, évêque d'Arles, « était d'une famille sénatoriale et consulaire[3]. »

Grégoire de Tours écrit dans un temps où les Francs sont déjà les maîtres; mais il appartient par son sang et par toute son âme à la société gauloise et il en décrit merveilleusement les sentiments et les usages. Or il ne manque jamais, chaque fois qu'il nous présente un personnage nouveau, de nous faire connaître sa famille et son rang[4]. Leucadius, dit-il, était un des principaux sénateurs des Gaules; Grégorius, évêque de Langres, était un des premiers sénateurs du pays, et « sa femme Armentaria était aussi de naissance sénatoriale; » Simplicius, qui fut évêque d'Autun, était de race noble, et il avait épousé une femme « d'une naissance égale à la

---

[1] *Felices qui sic de nobilitate fugaci Mercati in cœlis jura senatus habent.* (Fortunatus, *Carmina*, IV, 15.). — Cf. *Ibid.*, IV, 17.

[2] *Diplomata, chartæ*, édit. Pardessus, n° 119, t. I, p. 91.

[3] *Senatoria et consulari familia.* (Vita S. Honorati Arelatensis ep.)

[4] Grégoire de Tours, *Hist. Franc.*, V, 46 : *Genus senatorium.* — II, 2 : *Nobilitas senatoria.* — II, 11 : *Avitus, unus ex senatoribus.* — VI, 39 : *Sulpicius, vir valde nobilis, de primis senatoribus Galliarum.* — I, 29 : *Leocadius senator.* — I, 39 : *Urbicus ex senatoribus.* — *Vitæ Patrum*, c. 6 : *Gallus, de primoribus senatoribus.* — c. 7 : *Gregorius ex senatoribus, conjugem de genere senatorio habens.*

sienne ; » Paulin de Bordeaux était noble aussi et possé-
dait d'immenses richesses [1] ; les évêques Urbicus, Venerandus, Volusianus appartenaient à la classe des sénateurs, tandis que l'évêque Injuriosus « n'était que de la classe des citoyens ; » un autre était « de naissance ingénue, à la vérité, mais non sénatoriale [2]. »

CHAPITRE XVI

De la prépondérance de l'aristocratie foncière dans l'empire romain.

Le trait le plus caractéristique de l'histoire des derniers siècles de l'empire est que la classe aristocratique fut toujours en progrès et devint à la fin toute-puissante, tandis que les classes moyennes tombèrent peu à peu dans la pauvreté et dans la servitude.

Cela ne fut pas, comme on l'a dit quelquefois, l'effet du despotisme, de l'excès des impôts, des privilèges. La prépondérance de l'aristocratie foncière et l'effacement des classes moyennes sont deux faits liés entre eux, qui s'expliquent l'un l'autre, et qui sont la conséquence naturelle des mœurs et des habitudes sociales que nous avons observées dans le chapitre précédent.

Nous avons vu que les hommes les plus riches dans tout l'empire composaient l'ordre sénatorial ; les petits

---

[1] Grégoire de Tours, *De glor. conf.*, 76 et 110.
[2] *Id.*, *Vitæ Patrum*, 20 : *Genere non quidem senatorio, ingenuo tamen.*

propriétaires formaient les curiales, et ceux qui ne possédaient rien étaient la plèbe. On pouvait s'élever de la plèbe à la curie, de la curie à la classe des sénateurs. Le grand objet de l'ambition des hommes était de monter de l'une à l'autre. Les curiales étaient, à l'égard de ce qui était au-dessus d'eux, une classe inférieure et dédaignée ; l'ordre sénatorial, au contraire, avait des priviléges honorifiques, c'est-à-dire ce qu'il y a de plus précieux pour la plupart des hommes. Il arriva donc que, de même que tout plébéien devenu propriétaire passait dans la curie, de même tout curiale qui devenait riche aspirait à sortir de la curie pour entrer dans l'ordre des sénateurs[1].

Le gouvernement impérial se prêta d'abord à cette ardente ambition des hommes. Il se contenta d'augmenter les impôts que les sénateurs de tout l'empire avaient à payer, et crut que leur grand nombre importait à l'intérêt de ses finances[2] ; mais le danger de cette politique apparut bientôt. Les curies allaient, en effet, être ruinées ;

---

[1] Code Théodosien, XII, 1, 58 : *Qui curiali ortus familia senator factus est.* — 65 : *Omnes curiales qui ad altiorem gradum properaverint.* — 69 : *Qui præmatura cupiditate senatorios cœtus honoribus patriæ prætulerint.* — 74 : *Qui ex curiis ad senatus consortia pervenerunt.* — 14 : *Si quis decurio fugiens curiam ad senatum Urbis inclytum pervenerit.* — 90 : *Universos qui ex genere curiali ad senatoriam dignitatem aspirasse constiterit.* — 93 : *Cuncti qui ex decurionibus senatorum se splendori et collegio miscuerunt.*

[2] Zosime, II, 38, trad. : *Constantinus habebat descripta Virorum Clarissimorum patrimonia quibus tributum imposuit quod follem nuncupavit.* S'il faut en croire le même historien, beaucoup d'hommes reçurent le diplôme de préteur, à charge de payer les frais de fonctions qu'ils ne devaient pas exercer ; ce titre de préteur conférait le rang sénatorial ; c'était donc une sorte de vente de titres de noblesse.

et cette ruine devait venir, non pas de l'excès des impôts, non pas des priviléges de l'ordre sénatorial, mais d'une maladie qui avait attaqué d'abord la plèbe.

Représentons-nous, en effet, cette ascension lente, mais continue, de classe en classe, qui fut la grande règle sociale de l'empire. Il n'est pas douteux qu'elle n'ait été la cause principale de la prospérité de cette société durant trois siècles. Tant que les plébéiens purent s'élever à la curie aussi facilement que les curiales s'élevaient au rang de sénateur, il y eut progrès incessant et régulier de toutes les classes. Il n'en fut plus ainsi au quatrième siècle. Le travail s'était ralenti dans tout l'empire; les corporations industrielles et commerçantes tombèrent dans la pauvreté, et le progrès de la plèbe s'arrêta. Les curies, qui possédaient le sol, ne sentirent pas d'abord cette misère. On vit encore quelque temps ces petits propriétaires ruraux s'enrichir; ils continuèrent aussi à aspirer au sénat. Mais il arriva alors que les curies, qui voyaient peu à peu leurs principaux membres les quitter pour s'élever à un rang plus haut, ne réparèrent plus leurs pertes par une adjonction proportionnelle de plébéiens. Le vide se fit peu à peu en elles; elles devinrent à chaque génération moins nombreuses et surtout plus pauvres; car c'étaient leurs membres les plus riches qui les abandonnaient[1].

L'équilibre entre les classes fut alors rompu. Comme c'étaient les curies qui devaient supporter seules le poids des charges municipales, elles furent de jour en jour

---

[1] Code Théodosien, XII, 1. Les curies s'efforçaient de retenir leurs membres; cela donnait lieu à beaucoup de réclamations et de procès.

moins capables de soutenir ce fardeau, et ainsi l'un des organes les plus nécessaires à la vie sociale se trouva frappé de langueur et de mort.

Le gouvernement impérial paraît avoir bien compris le danger. Autant les curiales faisaient d'efforts pour passer dans la classe aristocratique, autant il en fit pour les retenir dans la curie. Il semble avoir regretté la facilité avec laquelle il avait accordé, par simple diplôme, le rang sénatorial. « Nous ne voulons plus, dit Constantin, que le décurion aspire au sénat. » Le même prince se plaignit que beaucoup n'eussent obtenu ce rang que par la brigue, par les sollicitations, quelquefois même par l'argent ? Tous les empereurs qui suivirent s'attachèrent à ralentir ce mouvement de la classe moyenne vers l'aristocratie. Ils interdirent aux curiales, autant qu'il fut possible, l'exercice des fonctions publiques qui les eussent fait entrer de droit dans le sénat [1]. Ils rappelèrent sans cesse les hommes à l'observation des anciennes règles qui prescrivaient qu'on ne s'élevât que par degrés. « Que nul ne songe à devenir sénateur, dirent-ils, avant d'avoir parcouru toute la série des fonctions municipales [2]. » Ils allèrent jusqu'à exiger « qu'on fût resté durant quinze années au rang des principaux avant de

---

[1] Code Théodosien, XII, 1, lois 14, 18, 25, 27, 147, 154, 159.

[2] Code Théodosien, XII, 1, 57 : *Nemo ad ordinem senatorium ante functionem omnium munerum municipalium accedat.* — 58 : *Qui curiali ortus familia ante completa munera patriæ senator factus est, fructu careat.* — 182 : *Nemo, munerum ordine transcurso, ad altioris curiæ honores audeat pervenire, sed prius universis functionibus propriæ civitatis expletis, tum ad competentem honorem singuli veniant.*

prétendre à être sénateur[1]. » Ils ajoutèrent d'ailleurs que cette dignité serait acquise de plein droit au terme de ces quinze années de fonctions municipales[2]. Car ils n'interdirent jamais d'une manière absolue aux curiales de s'élever à une condition plus haute ; ils s'appliquèrent seulement à modérer et à régler ce mouvement général qui emportait les hommes vers l'aristocratie.

Il arriva pourtant, en dépit de leurs efforts, que les anciennes proportions entre les classes furent profondément altérées et que l'aristocratie grandit toujours, tandis que les classes moyennes et inférieures ne cessèrent de glisser vers la ruine. L'ambition et la vanité des riches n'étaient pas les seules causes du mal ; il avait sa principale source dans le système économique au milieu duquel vivait cette société. Il en faut dire quelques mots.

Rome avait toujours eu en grande considération la richesse foncière et en grand mépris la richesse purement mobilière. L'industrie avait été réputée œuvre servile, même quand elle était exercée par des mains libres ; au temps de la république, le citoyen qui s'était livré au travail manuel avait été à peu près privé des droits politiques. Le petit commerce était aussi dédaigné que l'industrie ; le grand commerce lui-même paraissait indigne des classes élevées ; aussi l'interdisait-on aux sénateurs. Les chiffres du cens, sur lesquels se réglaient les rangs, la considération et les droits, ne comprenaient ordinai-

---

[1] *Ibid.*, 171 : *Principales viros e curia in Galliis non ante discedere quam quindecennium in ordinis sui administratione compleverint.*

[2] Ibid. : *Expletis omnibus, splendoris et honoris ornamenta succedunt.*

rement que les biens fonciers. Le sol fut toujours, dans cette société romaine, la source principale et surtout la mesure unique de la richesse. Les grands de Rome ne laissaient pas d'avoir des capitaux et de les faire valoir ; mais l'élément principal de leur fortune et surtout la base de leur situation sociale fut toujours la terre. Il y eut un temps où l'on spécula beaucoup à Rome, mais le principal objet de cette spéculation était le sol lui-même. Le domaine public fut, chez les Romains, à peu près ce que la dette publique est chez les nations modernes.

Ce trait des mœurs romaines se continua sous l'empire ; les empereurs même veillèrent à ce qu'il ne s'effaçât pas. Une loi de Tibère obligea les capitalistes à placer au moins les deux tiers de leurs capitaux en fonds de terre[1]. Trajan ordonna que tout sénateur eût au moins le tiers de sa fortune en biens-fonds situés en Italie, le reste pouvant être situé dans les provinces[2]. De là vient que la classe sénatoriale, jusqu'aux derniers temps de l'empire, fut en même temps la classe des grands propriétaires fonciers.

Cette union intime entre la richesse terrienne et l'aristocratie est frappante. Il n'est pas douteux qu'il n'y eût dans cette société beaucoup de commerce et d'industrie ; il existait aussi des professions à la fois honorables et lucratives, comme celles des médecins, des juristes, des professeurs ; mais il est digne de remarque que ni le commerce, ni l'industrie, ni les carrières libérales ne donnèrent naissance à une classe puissante comme celle

---

[1] Suétone, *Tibère*, 48. — Tacite, *Annales*, VI, 17.
[2] Pline, *Lettres*, VI, 19.

que nous voyons dans les États modernes. Il y eut des banquiers, des négociants, des industriels ; mais ces hommes ne formèrent jamais une aristocratie. Ils ne constituèrent jamais un groupe d'intérêts considérables et un faisceau de valeurs avec lequel l'État dût compter. Que l'on compare l'empire romain avec les sociétés d'aujourd'hui, et l'on remarquera cette différence : l'empire romain, après trois siècles de paix et de travail, n'avait pas plus de capitaux qu'au premier jour. La richesse mobilière, qui double et triple aujourd'hui la puissance des nations, n'existait pas.

Sans chercher les causes diverses de cette absence du capital mobilier, nous en dirons seulement les conséquences. Elles furent très-graves. Si l'on songe que chez les nations modernes le développement de la richesse mobilière et les tendances démocratiques de la société marchent ensemble, on ne sera pas surpris que, dans l'empire romain, il y ait eu une relation entre l'absence du capital et les progrès de l'aristocratie foncière.

Le capital est en effet la grande ressource des prolétaires. Il est le sol fécond qui les nourrit. C'est par lui qu'ils travaillent ; c'est par son aide qu'ils peuvent sortir de la pauvreté et s'élever à la richesse. Avec lui, il peut y avoir des inégalités sociales, mais l'énergie de l'homme en triomphe. Sans lui, le pauvre ne peut être qu'esclave ; le prolétaire est à la merci du propriétaire du sol.

Il se produisit dans la seconde moitié du troisième siècle quelques événements qui jetèrent le trouble dans les provinces ; ce furent les luttes des compétiteurs à l'empire, quelques incursions de barbares, et quelques révoltes de paysans[1]. Ces faits, dont il ne faut pas exagérer la gravité, ne mirent pas l'empire en péril ; les révoltes furent étouffées, les barbares refoulés, l'unité et la paix rendues à l'État. Ce n'était là qu'une de ces crises passagères comme nos sociétés en traversent si souvent sans y périr ; mais elle causa à l'empire romain un mal irréparable, et ce qui eût à peine ralenti la marche progressive d'une nation moderne, arrêta pour toujours celle de l'empire. C'est que, durant ces trente années de troubles, le travail industriel fut interrompu, et comme toute réserve du capital faisait défaut, la population laborieuse ne put jamais se relever. A partir de ce moment, la classe des propriétaires du sol, qui n'avait jamais cessé d'être prépondérante, devint tout à fait maîtresse et exerça l'empire sur la société.

Les conséquences allèrent encore plus loin. L'absence de richesse mobilière livrait inévitablement la petite propriété à la grande. Ce qui fait que de nos jours le plus pauvre paysan peut garder le coin de terre qui ne suffit pas toujours à le nourrir, c'est qu'il a la ressource d'un autre bénéfice comme ouvrier ou mercenaire. Ce qui fait qu'il peut améliorer son sol ou réparer les pertes des mauvaises années, c'est qu'il existe du crédit. Rien de tout cela dans l'empire romain. Si le paysan avait besoin d'argent, il n'en trouvait pas chez le capitaliste

---

[1] Sur les révoltes des Bagaudes, on peut voir Aurélius Victor (*Cæsares*, c. 59), Mamertin (*Panég. de Maximin*, c. 4), Eumène (*pro instaur. lscholis*, c. 4), Eutrope (IX, 13), Orose (VII, 25). Ces révoltes furent toutes ocales ; elles n'eurent aucune action sur la marche générale de la société.

de la ville; il n'en pouvait obtenir que du riche propriétaire du voisinage. Celui-ci mettait hypothèque sur le petit champ de son débiteur. Or l'hypothèque est tout autre chose entre les mains d'un capitaliste éloigné ou dans celles du propriétaire voisin. Il était inévitable que la terre devînt au bout de peu d'années la propriété du créancier[1].

Nous avons dit que la source première du mal était la ruine des classes industrielles. Dès que le prolétaire ne pouvait plus s'enrichir, il ne pouvait plus s'élever au rang de propriétaire du sol; l'achat de la terre lui était impossible. Cela même causa la ruine des petits propriétaires de campagne. Leurs champs perdaient d'autant plus de valeur qu'il y avait moins de concurrents pour les rechercher. Étaient-ils forcés de vendre, ils ne trouvaient d'acheteur que le grand propriétaire, et celui-ci mettait le prix qu'il voulait.

Les petits possesseurs du sol se trouvèrent donc, aussi bien que les prolétaires, à la merci des grands propriétaires fonciers. On vit alors se produire des faits étranges, dont nos sociétés modernes n'ont pas même l'idée, et qui étaient pourtant inévitables à cette époque. Écoutons le législateur : « Le gouverneur de province devra veiller à ce que les puissants ne fassent pas tort aux faibles; il empêchera les usurpations de propriété, les ventes arrachées par la crainte ou les ventes simulées qui ne sont suivies d'aucun payement réel[2]. » On voit ici tout ce que le grand propriétaire pouvait faire souffrir

---

[1] Voyez dans les codes tout ce qui se rapporte aux *prædia obligata*.
[2] Digeste, I, 18, 6.

au petit paysan. Écoutons maintenant un écrivain du cinquième siècle : « Combien y a-t-il de pauvres qui puissent vivre dans le voisinage d'un riche, sans qu'il mette la main sur ses biens et sur sa personne? Faibles qu'ils sont en présence des envahissements d'un grand, ils se voient enlever leur terre et par surcroît leur liberté[1]. » Laissons de côté ce qu'il peut y avoir ici de déclamatoire; il est certain que dans le système social et économique de ce temps-là, la petite propriété avait une peine infinie à se maintenir et ne pouvait manquer de se perdre dans la grande. Tantôt le paysan vendait à vil prix; tantôt il abandonnait son champ faute de trouver un acheteur et il désertait un sol qu'il ne pouvait ni cultiver ni vendre. D'autres fois encore, il faisait donation de sa terre, par acte formel, à son riche voisin, sous la seule condition d'en rester le fermier. Quelquefois enfin il était réduit à livrer sa personne elle-même et à se faire le colon, l'affranchi ou l'esclave du riche[2].

Il ne faut pas perdre de vue que ces petits propriétaires de campagne étaient les mêmes hommes que l'on appelait les curiales. La décadence des curies, qui est attestée par les lois, coïncide donc avec la décadence de la petite propriété rurale. Cette classe s'affaiblissait de

---

[1] Salvien, *De gubernatione Dei*, livre IV.
[2] Code Théodosien, II, 22 : *Si quis, dignitate romanæ civitatis amissa, latinus fuerit effectus, omne peculium ejus a patrono vindicetur*. Nous avons vu que l'homme qu'on appelait *latin* était un affranchi. Il y avait donc alors (la loi est de 326) des hommes libres qui tombaient dans cette classe. Cela est expliqué par deux passages de Salvien (*De gubern. Dei*, V, et *adv. avaritiam* III, 7). Une novelle de Majorien (édit. Hænel, p. 315) constate que beaucoup de curiales se faisaient colons et même esclaves.

deux manières : les uns, réussissant à échapper à la pauvreté et même à s'enrichir, la quittaient pour passer dans l'ordre sénatorial ; les autres, s'appauvrissant d'année en année, la quittaient pour passer dans la plèbe. La curie perdait ses membres, les uns par leur richesse, les autres par leur misère. Comme un corps en dissolution, elle se séparait en deux éléments, l'élément supérieur qui s'élevait vers les hautes régions de l'aristocratie, l'élément inférieur qui tombait de chute en chute dans le colonat et dans la servitude.

Telle fut la révolution sociale qui, malgré les efforts des empereurs, s'accomplit au quatrième et au cinquième siècle. Nous avons dû l'observer et la décrire, parce que sans elle on ne comprendrait pas combien le terrain était préparé pour les institutions féodales des âges suivants.

Pour que les hommes perdent leur liberté civile et soient soumis à des seigneurs, pour qu'il se fonde des institutions de servage, de sujétion personnelle, de vassalité, il n'est pas nécessaire qu'il y ait une révolution violente, une conquête étrangère, un changement de race. La marche naturelle et régulière des faits sociaux et économiques peut parfois amener un déplacement de la richesse ; elle peut produire le développement démesuré d'une classe et l'affaiblissement excessif de toutes les autres ; elle peut conduire insensiblement les hommes à un tel état, que quelques-uns soient maîtres et le plus grand nombre serviteurs. La société se transforme ainsi, peu à peu, à son insu, en dépit même de ses lois, par la force invincible de ses mœurs et par la puissance des intérêts.

C'est ce qui arriva à la société de l'empire romain. On la dirait immuable durant ces cinq siècles; elle alla, au contraire, se modifiant sans cesse, et il ne doit pas échapper à l'historien que dès cette époque elle entrait dans la voie où toutes les sociétés de l'Europe devaient marcher ensuite pendant huit siècles, c'est-à-dire dans la voie des institutions aristocratiques et féodales.

Si nous nous plaçons par la pensée au début du cinquième siècle, c'est-à-dire à la veille des invasions germaniques, voici sous quel aspect cette société se présente à nous. Dans les villes est une *plèbe* libre, mais qui depuis cinq ou six générations diminue en nombre et s'appauvrit. Dans les campagnes vivent deux classes très-nombreuses, celle des esclaves ou serfs (*servi*) et celle des colons (*tributarii, coloni*); ceux-là sont absolument assujettis au maître; ceux-ci sont réputés libres, mais ils sont attachés à une terre qu'ils ne possèdent pas, et ils doivent au propriétaire une redevance et des corvées. Ils sont d'ailleurs soumis à son égard à une sujétion personnelle; ils lui doivent le respect et l'obéissance. Au-dessus de ces foules s'élève, si l'on ne tient pas compte du peu de petits cultivateurs libres qu'il reste encore, la classe riche et puissante des grands propriétaires fonciers.

Il ne semble pas qu'il y ait, du moins en Gaule, de très-vastes domaines, de *latifundia*. Chaque grande fortune est composée, en général, de plusieurs *villæ*, qui sont souvent fort éloignées les unes des autres[1]: ce qui

---

[1] Cela ressort surtout des actes de testament des familles gallo-romaines du cinquième et du sixième siècle.

prouve que ces grandes fortunes se sont formées lentement, en plusieurs générations, par une série d'acquisitions et de mariages. Chaque villa est ordinairement une grande ferme, entourée de ses champs, de ses prés, de ses vignes et de ses bois. A elle est attachée, à titre de garniture du fonds (*instrumentum fundi*), une troupe d'esclaves ou serfs de la terre. Il y a parmi eux des laboureurs, des bergers, des vignerons ; il y a aussi le boulanger, le charpentier, le maçon, les femmes qui tissent et celles qui cousent les vêtements ; c'est tout un petit peuple auquel le maître a préposé un chef, que l'on appelle intendant, *villicus*, ou prévôt, *præpositus*[1].

Autour ou à côté de cette partie du domaine qui est cultivée par des esclaves au profit du maître, est une autre partie du même domaine qui est divisée en tenures (*coloniæ*) ; là habitent les serfs casés (*servi casarii*), les colons, les tributaires, les affranchis ; chacun d'eux cultive sa parcelle, et après qu'il s'est acquitté de ses corvées et redevances, il jouit des fruits.

A l'égard des colons comme des esclaves, le propriétaire du sol est un véritable maître. Ils sont ses hommes, *homines ejus*, dit la loi romaine. Il a sur eux un droit de justice ; nous voyons des lois qui le chargent de punir, non-seulement les fautes qu'ils ont commises contre lui, mais même celles qui ne l'atteignent pas et qu'il semble

---

[1] Ulpien, au Digeste, XXXIII, 7, 8 : *In instrumento fundi ea esse... homines qui agrum colunt, et qui eos exercent præpositive, quorum in numero sunt villici* — Ibid., 12 : *Etiam pistorem et tonsorem qui familiæ rusticæ causa parati sunt, et fabrum qui villæ reficiendæ causa paratus sit, et mulieres quæ panem coquant, et lanificas*

que l'État seul devrait châtier[1]. Il exerce sur ses paysans à peu près les mêmes droits que l'autorité publique exerce sur lui-même.

Ce grand propriétaire porte presque toujours le titre de *senator*, titre qui a été acquis par sa famille dans une des générations antérieures et qu'il conserve par droit d'héritage. Cette qualification est devenue tellement inhérente à l'état de grand propriétaire foncier, que nous la trouvons parfois employée par les écrivains dans des cas où ils ne songent certainement pas au rang et ne veulent désigner autre chose que la qualité de riche propriétaire[2].

Sidoine Apollinaire nous décrit l'existence intime de ces seigneurs, au milieu desquels il a vécu. Pendant l'hiver, ils habitent ordinairement la ville; car ils sont assez souvent les chefs du corps municipal; il faut qu'ils assistent aux assemblées, aux séances des tribunaux, aux fêtes publiques. Pendant l'été, ils vont de *villa* en *villa*, suivis d'un nombreux cortège de clients, d'affranchis, d'esclaves. La demeure seigneuriale[3] est vaste; elle renferme plusieurs appartements, des salles de réception, des thermes, et le portique, où l'on étale, non les armures et le blason, mais les images des ancêtres avec les insignes des hautes fonctions qu'ils ont remplies. Une telle

---

[1] Code Théodosien, XVI, 5, 52 et 54.

[2] Ainsi un chroniqueur du cinquième siècle, voulant dire que les Burgondes partagèrent le sol avec les propriétaires, dit : *terras cum gallicis senatoribus diviserunt.* (Marius d'Avenches, ann. 456.)

[3] Il est digne de remarque que, dans le langage des derniers temps de l'empire, la demeure du maître, qui s'élève au milieu de la *villa*, s'appelle *prætorium*. Voyez Palladius (*De re rustica*, chap. 8, 11, 22, 24).

demeure ne ressemble assurément pas à ce que sera plus tard la forteresse féodale ; et pourtant, dès cette époque, et en présence des incursions des barbares, les grands sentent le besoin de fortifier leurs habitations ; ils commencent à bâtir sur les hauteurs, à s'entourer d'enceintes, et leurs maisons s'appellent déjà des châteaux, *castella*[1]. Ils vivent là, partageant leur temps entre les soins de l'exploitation rurale et les plaisirs de la chasse ou de la littérature. On cause, on fait des vers, on s'écrit, on s'informe des affaires publiques. La vie est large et opulente ; il y a surtout un grand luxe de serviteurs et de chevaux[2]. Plusieurs font un magnifique emploi d'une immense fortune, comme ce Léontius qui aime les grandes constructions et les tableaux ; comme cet Ecdicius qui, dans une famine, est assez généreux et assez riche pour nourrir quatre mille pauvres, et qui, plus tard, dans une incursion des Wisigoths, lèvera à ses frais et sur ses terres une troupe de cavaliers et mettra l'ennemi en fuite[3].

Tous les documents qui laissent apercevoir l'esprit d'une époque, montrent que cette noblesse était aussi honorée par le gouvernement que respectée par les populations. Il est bien vrai que les lois ne lui assuraient aucun pouvoir et que la constitution de l'empire ne lui donnait pas formellement le droit de s'occuper des af-

---

[1] Sidoine, *Lettres*, V, 14 : *Montana castella*. — On rencontre aussi quelquefois les mots *turris* et *burgus*. — Voyez la description d'une villa appelée *Burgus*, dans Sidoine, *Carmina*, XXII.

[2] Voyez les vers où Paulin de Pella décrit sa riche maison : *Instructa obsequiis et turbis fulta clientum.* (*Eucharisticum*, v. 367-437.)

[3] Grégoire de Tours, II, 24 ; Sidoine, *Carm.*, 22 ; *Lettres*, III, 3.

faires de l'État. C'était elle, pourtant, qui remplissait les hautes magistratures des cités ; c'était elle qui fournissait les duumvirs ou le *defensor*, et qui formait le corps des principaux ; c'était elle qui composait les assemblées provinciales et les députations par lesquelles les peuples étaient mis en rapport avec le prince. C'était même chez elle que le gouvernement impérial choisissait ordinairement ses hauts fonctionnaires. Il n'allait pas les chercher dans les classes inférieures ; les hauts grades de son administration n'étaient pas donnés, par voie d'avancement, aux employés subalternes ; ils appartenaient, par une sorte de droit de naissance, aux grandes familles. L'empire prenait volontiers ces sénateurs ou ces nobles gaulois pour en faire ses préteurs et ses consuls, ses gouverneurs de province, ses préfets du prétoire et ses ministres. Toutes les dignités, excepté celles de l'ordre militaire, leur étaient réservées et étaient presque héréditaires dans leurs familles [1]. Un jeune noble, comme le Gaulois Protadius, comme Rutilius, comme Sidoine Apollinaire [2], entrait dans les hauts emplois au sortir de

---

[1] Sidoine, *Lettres*, 1, 3 : *Adipiscendæ dignitati hereditariæ incumbam, cui pater, avus, proavus præfecturis magisteriisque micuerunt.*

[2] Symmaque (*Lettres*, IV, 23) écrit au Gaulois Protadius : *Secundum natales tuos honorum culmen indeptus es.* Ce personnage remplit, en effet, comme ses ancêtres, toute la carrière des honneurs et finit par être préfet de Rome (Rutilius, *Itiner.*, v. 550) ; il avait deux frères : Minervius qui devint *comes rerum privatarum* et Florentinus qui fut préfet de Rome. — Rutilius, autre Gaulois, était d'une famille depuis longtemps dans les hautes fonctions ; son père avait été gouverneur d'Étrurie et *comes largitionum* ; lui-même fut consul et *magister officiorum*. — Le grand-père et le bisaïeul de Sidoine Apollinaire avaient été préfets, son père et lui-même le furent à leur tour.

ses études; il lui suffisait de montrer que son père, son aïeul, son bisaïeul, avaient jadis obtenu les honneurs; il devenait alors, comme de plein droit, gouverneur de province, préfet du prétoire, maître des offices, consul; puis, jeune encore, ayant achevé la carrière des grands emplois (*cursus honorum*), il revenait vivre dans ses propriétés, opulent, considéré, influent dans les assemblées, poussant à son tour les plus jeunes dans la carrière, correspondant avec ceux qui étaient encore dans les charges, maniant indirectement les affaires de sa province, et, s'il était chrétien, terminant sa brillante carrière dans les honneurs de l'épiscopat. Telle fut l'existence de Sidoine Apollinaire et celle de la plupart de ses amis.

On voit que cette aristocratie des grands propriétaires fonciers ne se désintéressait pas des affaires publiques et n'en était pas non plus systématiquement écartée. Elle était au contraire fort puissante. Quoique le gouvernement fût, en principe, une monarchie absolue et personnelle, il est visible que cette monarchie n'administrait que par l'intermédiaire de l'aristocratie, qui se trouvait ainsi de toutes les manières la classe dirigeante de la société[1].

La différence la plus frappante qui distingue cette noblesse romaine de celle que nous verrons se constituer plus tard, c'est qu'elle n'était pas une caste militaire. Le gouvernement impérial avait pris soin, dès le troisième siècle, d'interdire aux sénateurs de faire partie de

---

[1] Les lois interdisaient aux simples curiales d'aspirer aux honneurs; il fallait donc que l'empire prît ses fonctionnaires dans la haute classe.

l'armée. Cette règle, qui se trouvait d'accord avec l'esprit public et les mœurs, empêcha l'aristocratie de réunir tous les éléments de force. Elle avait la terre, elle n'avait pas les armes. Nous verrons plus loin quelle suite d'événements a mis les armes et la terre dans les mêmes mains et comment l'aristocratie, en se continuant à travers les âges, a transformé ses habitudes et son caractère.

CHAPITRE XVII

Si la société était corrompue.

Avant de quitter cette étude sur les institutions que Rome a données à la Gaule, une question se pose à côté de laquelle on ne peut passer sans s'arrêter. On voudrait savoir comment l'homme vivait en ce temps-là, quel était le tour ordinaire de ses pensées, la disposition habituelle de ses mœurs. On se demande, au milieu de ces institutions publiques, ce que valait l'individu humain.

Une chose frappe d'abord les yeux ; c'est que, durant cette période de leur histoire, les Gaulois ont beaucoup travaillé. Leur pays est encore couvert, après quinze siècles, des preuves visibles de leur travail ; on rencontre partout des restes de routes presque indestructibles ; cette œuvre immense, qui eut à cette époque la même valeur que les chemins de fer ont de nos jours, fut exécutée, sous l'empire romain, par des Gaulois, aux frais de la Gaule, et pour le profit commun de la Gaule et de l'empire. A cette même époque, les anciennes bourgades se transformèrent en villes; les *oppida* devinrent des cités populeuses. Le nombre des villes qu'il y a eu sous l'empire romain égale celui qu'il y a aujourd'hui ; s'il en a été fondé quelques-unes depuis lors, elles n'ont fait que remplacer celles que le temps ou quelques accidents de guerre avaient détruites. Ces villes étaient couvertes de monuments publics ; partout s'élevaient des temples, des palais, des basiliques, des théâtres, des thermes, des aqueducs. Ce ne sont pas des Italiens qui sont venus construire tout cela. On ne voit à aucun indice que Rome ait envoyé ses architectes, ses ingénieurs ou ses ouvriers. Tout ce grand travail a été accompli par l'esprit et la main des Gaulois.

La domination romaine n'a ruiné ni appauvri aucun des peuples qui lui ont été soumis. La raison de cela se voit sans peine. Le fond du caractère romain n'était pas l'amour de la guerre, c'était l'amour de l'argent. Rome ne fit pas ses conquêtes par un vain désir de gloire, elle les fit pour s'enrichir. Il n'est pas de notre sujet d'énumérer ici tous les moyens qu'elle savait employer pour atteindre ce but; il suffit de dire qu'à mesure qu'elle conquérait un pays, elle se gardait bien d'y rien détruire et d'y tarir les sources de la richesse. On a beaucoup parlé du pillage des provinces ; il ne faut ni le nier ni l'exagérer ; ce qui est sûr, c'est que l'esprit romain était trop pratique pour ignorer que le pillage est une maigre ressource. Rome aimait bien mieux, quand elle était maîtresse d'un pays et que sa domination n'y était plus contestée, y développer l'agriculture, le commerce et l'industrie. Elle cherchait en cela son profit ; mais il n'était pas possible qu'elle s'enrichît sans enrichir en même temps les peuples.

Un exemple rendra cette vérité plus claire. La Gaule était à peine soumise, et déjà les commerçants romains étaient accourus. Ils avaient vu d'un coup d'œil où devait être le centre des opérations commerciales dans le pays, et ils s'étaient établis, vers le milieu du cours de la Loire, à Génabum. Cet établissement fut interrompu par une révolte de la Gaule ; mais il n'est pas douteux qu'il ne se soit ensuite relevé et qu'il n'en ait été fondé de semblables à Lyon, à Toulouse, à Paris, à Trèves. Représentons-nous ce qui dut se passer alors : la vie laborieuse dans les villes, la navigation active sur les rivières, les transports continuels sur les routes, les échanges plus faciles et plus nombreux, les laboureurs encouragés à semer par l'espoir de vendre avantageusement leurs grains, des ateliers se formant partout pour tisser les étoffes ou fabriquer les armes, tout un monde enfin de commerçants, de bateliers, d'agriculteurs, d'industriels surgissant comme par enchantement. Rome fut partout la grande inspiratrice du travail ; elle en donna au monde le goût et presque la passion.

Elle propagea en même temps son amour pour la richesse, pour le bien être, pour le luxe et les arts, pour l'existence confortable et somptueuse. Par elle, les habitudes de travail et d'opulence s'étendirent à tous les peuples.

« Le monde, dit Tertullien, devient chaque jour mieux cultivé et plus riche ; partout des routes, partout le commerce ; les déserts d'autrefois sont transformés en riants domaines ; on laboure où il n'y avait que des forêts, on sème où il y avait des sables, on dessèche les marais ; il y a aujourd'hui plus de villes qu'il n'y avait autrefois de maisons[1]. »

Cette existence universellement laborieuse et prospère dura environ trois siècles ; c'est l'époque des Césars, des Flaviens, des Antonins et des Sévère. Elle fut interrompue ensuite, par l'effet des troubles intérieurs et des compétitions des princes, et peut-être plus encore par la lutte acharnée que se firent les deux religions. La vie publique et la vie privée furent également agitées. Le travail se ralentit et la richesse cessa de croître.

Est-ce à dire que la misère se soit alors abattue sur la Gaule ? On est fort embarrassé quand on lit les écrivains des derniers temps de l'empire. Ils parlent fréquemment de la pauvreté des populations ; mais ils parlent aussi fréquemment de leur prospérité. Ils disent que les villes sont en ruine, et ils disent aussi qu'elles sont florissantes. Ils signalent d'immenses désastres où il semble que des contrées entières devaient s'abîmer à jamais, et nous voyons pourtant que les cités demeurent populeuses et que les monuments restent debout. Ici ils se plaignent que les campagnes soient en friche ; là ils

---

[1] Tertullien, *De anima*, 30.

vantent les abondantes moissons. Dans telle page de Salvien, la Gaule est réduite à l'extrême indigence, et dans telle autre page elle se livre à un luxe, à des plaisirs, et même à des vices qui ne sont possibles que dans une société riche. Au milieu de ces contradictions, il faut douter, il faut surtout se garder des extrêmes.

La première lecture de quelques textes de lois donne à penser que les curies étaient ruinées; une lecture plus attentive montre que, si elles étaient moins prospères qu'au siècle précédent, cela tenait en grande partie à ce qu'il s'était formé au-dessus d'elles une classe plus riche. Il y avait eu un déplacement de richesse plutôt qu'un appauvrissement. Croire que la Gaule fût alors aussi heureuse qu'au temps des Antonins serait une erreur manifeste; croire qu'elle fût absolument épuisée et misérable en serait une autre.

Il est facile de répéter que les mœurs étaient corrompues dans l'empire romain; il est moins facile de trouver dans les documents la preuve de cette corruption. Quelques satires et quelques épigrammes ne démontrent rien. Il serait aussi contraire à la bonne méthode historique de juger cette époque sur deux ou trois fantaisies littéraires que de juger la société athénienne d'après les comédies d'Aristophane ou notre siècle d'après nos romans. Le vice est de toutes les sociétés; celles qui savent le signaler et le poursuivre n'en sont pas plus infectées que celles qui manquent d'écrivains pour le peindre.

Il est vrai que l'empire romain grâce à une longue

paix et à un grand travail, était riche ; mais les nations paisibles et prospères ne sont pas nécessairement des nations dépravées. Richesse n'est pas vice, et pauvreté n'est pas toujours vertu. Le luxe n'est pas la même chose que la corruption.

Dans les siècles de l'empire romain, deux religions également ardentes à la lutte étaient en présence. Elles s'accusaient réciproquement de libertinage. Nous ne devons pas croire aux calomnies que les païens jetaient à la société chrétienne ; nous ne sommes pas non plus tenus de croire aux accusations par lesquelles les chrétiens répliquaient à leurs adversaires.

Il nous est resté de nombreux témoignages qui nous permettent de connaître la vie privée de ces temps-là. Les inscriptions, les lois, les poésies, les biographies, les lettres intimes nous décrivent les mœurs et les occupations journalières. Rien de tout cela ne nous offre le tableau d'une société foncièrement corrompue. Les inscriptions signalent sans cesse, et dans un langage simple et franc, la piété filiale, les habitudes de la vie de famille, le mariage respecté, l'affection des serviteurs pour leurs maîtres et la sollicitude des maîtres pour leurs serviteurs. Une cité veut-elle faire l'éloge d'un de ses membres ; elle rappelle dans une inscription « sa gravité et l'honnêteté de ses mœurs. » Cela ne saurait prouver que ces vertus fussent universellement pratiquées ; mais cela prouve au moins qu'elles étaient universellement appréciées.

On estimait fort la vie de famille. Le poëte Ausone se plaît à parler de sa mère, « qui était toute au devoir conjugal et à l'éducation de ses enfants[1]. » Le même écrivain rappelle l'austérité de son aïeule; les soins avec lesquels son grand-père et son oncle élevèrent sa jeunesse. Il travaille lui-même à l'éducation de son fils et de son petit-fils. Rutilius dans ses vers, Symmaque dans ses lettres, Sidoine dans ses lettres et dans ses poésies, nous montrent les plus grands personnages de leur temps occupés des soins de leur famille et menant une existence à la fois opulente et régulière. Le riche Protadius, après avoir parcouru la carrière des honneurs et des fonctions impériales, revient vivre dans ses propriétés du nord de la Gaule et il consacre ses loisirs à réunir les documents de l'histoire de son pays[2]. Sidoine Apollinaire n'emploie les siens qu'à faire des vers et à écrire à ses amis; ses œuvres nous sont restées et nous y voyons les habitudes quotidiennes des riches et des grands. Ils ont de vastes habitations, des châteaux au milieu de beaux parcs; ils aiment la chasse, les chevaux, le bain, les jeux de paume ou de dés, les conversations élégantes, les repas en compagnie de quelques amis, le chant et la musique, les vers et les beaux discours; quant à des débauches et à des plaisirs grossiers, il n'en est jamais question. Sidoine parle des femmes de la plus haute classe; il les montre partageant leur temps entre les travaux d'aiguille et la lecture : car elles ont des bibliothèques et elles lisent[3]. Il ne parait pas en connaître dont la conduite mérite le blâme.

---

[1] Ausone, *Parent.*, 2 : *Conjugique fides et natos cura regendi.*
[2] Symmaque, *Epistolæ*, IV, 18, 32, 36, *ad Protadium.*
[3] Sidoine, *Carmina*, XXII, *et alias passim.*

Il est vrai que, d'autre part, Salvien dit « que tous les Aquitains se ressemblent, que leur ventre est un gouffre et leur vie une prostitution ; qu'il n'est pas un seul homme riche qui ne soit vautré dans la débauche, pas un qui garde la foi conjugale, pas une femme qui ne soit outragée dans sa maison comme la plus vile des créatures. » — « Quel est le riche, ajoute-t-il, qui ne soit pas souillé de tous les crimes ? où est celui qui n'est pas coupable d'homicide ? » L'Église chrétienne, si vous l'en croyez, ne vaut pas mieux que la société païenne ; « elle est la sentine de tous les vices ; elle est un assemblage de fornicateurs et d'adultères, de larrons et de meurtriers [1]. » Mais à qui fera-t-on croire qu'un langage aussi violent et aussi déclamatoire soit conforme à la vérité ?

L'un des traits saillants de cette société était son goût pour les travaux et les jouissances de l'esprit. Jamais l'instruction littéraire ne fut appréciée plus haut ; jamais on n'estima tant l'art de bien parler et de bien écrire. Les écoles de Trèves, d'Autun, d'Arles, de Bordeaux, de Toulouse, de Clermont, de Marseille restèrent très-florissantes jusqu'au cinquième siècle. On enseignait la grammaire et les mathématiques, la poésie et l'éloquence. Ausone cite un professeur de philosophie aux leçons duquel on se pressait. Il y avait des écoles de droit, et l'on y enseignait, non-seulement la pratique,

---

[1] *Quid est aliud pœne omnis cœtus christianorum quam sentina vitiorum? Quotumquemque invenies in ecclesia non aut ebriosum, aut helluonem, aut adulterum, aut fornicatorem, aut latronem, aut homicidam?* (Salvien. *De gubernatione Dei*, III, 9. Cf. IV, 3, 5.)

mais la science; on y commentait encore les lois des Douze-Tables. Le professeur était entouré de considération ; on arrivait par l'enseignement à l'illustration et aux plus grands honneurs. Les hommes qui avaient rempli les plus hautes fonctions de l'État, comme Ausone, comme Rutilius, comme Sidoine, comme Protadius (nous ne citons que des Gaulois), croyaient s'honorer encore par la littérature. On écrivait beaucoup : œuvres médiocres, il est vrai, et qui méritaient peu de vivre; mais aux yeux de l'historien qui observe les différentes époques de l'humanité et qui les compare, c'est une chose de grande valeur dans une société que ce souci des travaux intellectuels.

Essayons de nous représenter, ici l'homme riche tout occupé de ses vers et de ses harangues, là le professeur de philosophie attirant la foule pour lui démontrer la spiritualité de l'âme, ailleurs le prêtre chrétien enseignant les dogmes de la religion et les lois de la morale; ayons en même temps sous les yeux ces villes couvertes de monuments, ces temples et ces basiliques que chaque génération construit, ces villas somptueuses que décrit Sidoine Apollinaire, ces moissons dont Salvien lui-même vante la richesse; calculons ensuite ce que tout cela suppose de labeur quotidien, et demandons-nous si tout ce travail de l'esprit, de l'âme, ou des bras, serait compatible avec une absolue dépravation des mœurs.

Dire que l'empire romain a péri par l'effet de sa corruption, c'est dire une de ces phrases vides de sens qui nuisent si fort au progrès de la science historique et à la connaissance de la nature humaine.

Cette société a été, comme toutes les autres, un mélange de vertus et de vices, de bonnes et de mauvaises mœurs, d'énergie d'âme et de faiblesse. Si elle ne répond pas de tous points à l'idéal de moralité et d'intelligence que notre esprit peut concevoir, encore faut-il, pour être juste, la comparer à tout ce qu'il y avait alors dans l'humanité. En dehors de l'empire, il n'existait que les Perses en Asie et les Germains en Europe. Ceux-ci, pour être ignorants et grossiers, n'étaient pas nécessairement plus vertueux. Tacite ne dit pas qu'ils fussent exempts d'aucun des vices de la nature humaine. Il remarque leur penchant à l'ivrognerie, leur passion pour le jeu, leur amour de l'argent et du plaisir[1]. Il montre que l'adultère et la prostitution même leur étaient connus[2]. Il signale surtout avec une singulière énergie de style leur paresse et leur haine pour le travail[3]. Les écrivains du quatrième siècle montrent leur convoitise, leur brigandage. Salvien lui-même qui n'est pas suspect d'une haine particulière à leur égard, laisse voir leur perfidie et leur incontinence. Sans doute il ne faut pas le croire quand il dit « que tout est vice dans leur conduite; » mais on peut penser, comme lui, « que les Romains et les barbares se valaient par les vices[4]. »

---

[1] Tacite, *Germ.* 23, 24. *Hist.*, IV, 73 : *Libido atque avaritia.*

[2] Au chapitre 19, Tacite décrit le châtiment de la femme adultère, en ajoutant, il est vrai, que la faute est rare. — Ibid. : *Publicatæ pudicitiæ nulla venia, non maritum invenerit.*

[3] Tacite, *Germ.*, 15 : *Dediti somno ciboque hebent; amant inertiam.* — 45 : *Solita Germanorum inertia.*

[4] *Omnium barbarorum vita vitiositas.* (Salvien, *De gubern. Dei*, IV, 14, édit. Baluze, p. 87.) — *Possunt nostra et barbarorum vitia esse paria. . Pares vitiositate barbaris sumus.* (*Ibid.*)

On ne saurait exiger de l'histoire un jugement formel sur la valeur morale des différents peuples. Au moins y a-t-il grande apparence qu'à l'époque dont nous parlons, la société de l'empire romain, si imparfaite qu'elle fût, était encore ce qu'il y avait de plus régulier, de plus intelligent, de plus noble dans le genre humain. C'était en elle qu'on travaillait le plus. C'était chez elle que les qualités d'esprit étaient le plus appréciées. C'est d'elle enfin qu'est sortie l'Église chrétienne qui, dans les siècles suivants, en dépit du désordre social, a sauvé tout ce qui était conscience, élévation d'âme, et culture intellectuelle.

LIVRE III

L'INVASION GERMANIQUE

CHAPITRE PREMIER

Les anciens Germains.

Entre l'histoire de la Gaule romaine et celle de la France, se place l'invasion germanique. Cet événement doit être étudié avec attention; il importe, en effet, de savoir s'il a apporté de grands changements dans les institutions ou dans les idées politiques, dans l'état social ou dans les mœurs de la Gaule.

Pour résoudre ce problème, il faut avant tout se faire une idée exacte des populations que l'on appelle germaines. Avant de voir ce qu'elles étaient au moment de l'invasion, il est nécessaire d'observer ce qu'elles avaient été quatre siècles auparavant. On saura ainsi quel était leur vrai caractère, quel était le fond de leur état social, et si elles apportaient dans le monde où elles allaient entrer quelques institutions qui leur fussent particulières.

L'empire romain avait pour limites du côté de la Gaule le cours du Rhin. Au delà de ce fleuve étaient des peuples divers qu'il était assez difficile de désigner par un seul nom. Les habitants de l'empire avaient pris l'habitude, on ne sait pour quel motif, de les appeler Germains[1]; mais eux-mêmes ne s'appelaient pas ainsi. Le terme de Teutons, qui est devenu depuis d'un grand usage, ne s'appliquait qu'à la moindre partie d'entre eux. On ne voit à aucune marque certaine que ces peuples eussent un nom qui leur fût commun.

C'est qu'ils ne formaient pas un corps de nation. Il n'existait entre eux aucune sorte d'unité. Ils ignoraient, non-seulement la centralisation, mais même le fédéralisme. Ils étaient une quarantaine de peuples absolument indépendants et sans lien, et ils se faisaient souvent la guerre pour se disputer le sol.

Ces hommes, que nous appellerons du nom convenu de Germains, n'appartenaient pas à une autre race que les peuples de l'empire. Leurs ancêtres, comme ceux des Gaulois, des Italiens, des Hellènes, étaient venus de l'Asie centrale et faisaient partie de la grande race indo-européenne. Ces quatre groupes de peuples, que le cours des siècles avait rendus si différents entre eux,

---

[1] Le mot Germain signifie-t-il homme de guerre? Cela est possible. Ce qui est certain, c'est qu'il n'était pas un nom ethnique, et qu'il était plutôt usité dans la bouche des Romains que dans celle des Germains. On ne voit pas que les populations de la Germanie l'aient jamais adopté. Il n'est porté par aucun de ceux qui ont plus tard envahi l'empire. Au cinquième et au sixième siècle, lorsque ces peuples voulaient se désigner par une appellation commune, ils n'en connaissaient pas d'autre que celle de *barbari;* c'est ainsi que, dans leurs codes mêmes, les Wisigoths et les Burgondes appellent tous les hommes de leur race.

avaient eu la même origine et s'étaient longtemps ressemblé. Ils avaient emporté du berceau commun un même fonds de croyances, de langage, de pensées, d'institutions sociales. Seulement, le progrès avait été rapide pour les uns et lent pour les autres. Les Hellènes d'abord, puis les Italiens, à la fin les Gaulois avaient accru leur force intellectuelle par la culture; les Germains, au contraire, sous un ciel rigoureux et sur un sol encore couvert de forêts et de marécages, n'avaient pu faire les mêmes progrès. Ils se trouvaient donc encore, ou peu s'en fallait, au même degré de civilisation où avait été toute cette famille de peuples dix siècles auparavant.

Leur religion était celle des âges primitifs de leur race[1]; ils adoraient les dieux qu'avaient autrefois adorés les plus vieilles populations de la Grèce et de l'Italie : le soleil qui éclaire, la terre qui nourrit, le glaive qui tue[2]. Plus la religion était grossière et le dogme vague, plus le prêtre avait d'empire. « Chez les Semnons, dit Tacite, c'est la divinité qui règne; tout lui est soumis et obéissant[3]. » « Les prêtres, dit-il ailleurs, ont le pouvoir d'enchaîner et de frapper de mort. » « Ce sont eux qui président les assemblées publiques, et ils ont le droit de punir. » L'un des plus graves châtiments était une sorte d'excommunication par laquelle ils interdisaient à un homme l'approche des cérémonies religieuses[4]. L'usage des sacrifices humains n'avait pas encore dis-

---

[1] Sur la religion des Germains, voyez un chapitre qui épuise la matière, dans le livre de M. Geffroy, *Rome et les barbares*.

[2] *Mucrones pro numinibus colunt.* (Ammien, XVII, 12.)

[3] *Regnator omnium Deus; cætera subjecta et parentia.* (Tacite, 39.)

[4] *Nec sacris adesse ignominioso fas.* (Tacite, 6.)

paru¹. Ils avaient des auspices comme les Romains et les Grecs²; les prophétesses étaient aussi vénérées chez eux qu'elles l'avaient été à Dodone et à Delphes³. Ils n'avaient pas d'ailleurs plus de temples que les Italiens n'en avaient eu au temps d'Évandre, et leurs idoles étaient des objets informes comme celles des plus anciens Grecs⁴. La notion même de l'art leur manquait.

Ces Germains ont été tour à tour injustement rabaissés ou exaltés sans mesure. La vérité est entre les deux extrêmes. Ils n'étaient pas des sauvages et ne ressemblaient en aucune façon aux peuplades de l'Amérique ou de l'Australie. Le géographe Strabon, qui écrivait cinquante ans après César, à une époque où les commerçants romains visitaient la Germanie et où beaucoup de Germains vivaient à Rome, dit que ces peuples étaient de son temps ce que les Gaulois avaient été avant la conquête romaine ; « Gaulois et Germains se ressemblent physiquement et politiquement ; ils ont le même genre de vie et les mêmes institutions⁵. »

Ils n'étaient pas des nomades. Jamais la race indo-européenne n'eut de goût pour la vie errante. Tacite, qui rapporte tous les traits qui l'ont frappé chez les Germains, n'en signale pas un seul qui soit la marque d'un

---

¹ *Certis diebus humanis quoque hostiis litare fas habent.* (Tacite, 9.)
² *Auspicia et sortes, ut qui maxime, observant.* (Tacite, 10.)
³ Tacite, c. 9. — Cf. César, I, 50 ; Strabon, VII, 2.
⁴ *Deos non in ullam humani oris speciem simulare.* (Tacite, c. 9.) — L'historien ne veut pas dire par là que les Germains n'eussent pas d'idoles.
⁵ Strabon, IV, 4, 2 : Τῇ φύσει καὶ τοῖς πολιτεύμασι ἐμφερεῖς εἰσι καὶ συγγενεῖς ἀλλήλοις. — VII, 1, 2 : Γερμανοὶ μικρὸν ἐξαλλάττοντες τοῦ Κελτικοῦ φύλου... παραπλήσιοι δὲ καὶ μορφαῖς καὶ ἤθεσι καὶ βίοις.

peuple exclusivement chasseur ou pasteur. Il ne les représente jamais comme Hérodote a représenté les Scythes ou comme furent plus tard les Huns. Il les distingue des Sarmates en ce point surtout que ceux-ci vivent dans des chariots tandis que les Germains se construisent des maisons[1]. Il est si éloigné de croire qu'ils soient une population nomade, qu'il les dit autochthones; il lui semble, à lui qui a vu la Germanie et qui a conversé avec beaucoup de Germains, que ces hommes sont établis dans le pays depuis un temps immémorial; il est vraisemblable que les Germains qu'il a connus avaient perdu le souvenir de leurs anciennes migrations.

Ces hommes étaient agriculteurs. Ils aimaient la terre; ils se fixaient au sol autant qu'il leur était possible et ne le quittaient guère que quand ils en étaient chassés par d'autres peuples[2]. Ils le cultivaient aussi bien que le pouvaient faire des hommes peu industrieux, et ils se nourrissaient de blé[3].

Ils ne vivaient ni sous des tentes, ni sur des chariots,

---

[1] Tacite, *Germanie*, 46.

[2] Cela ressort de tout le livre de Tacite et, en particulier, de ce qu'il dit des Chauques et des Chérusques (ch. 35 et 36). Il n'en est pas moins vrai que les déplacements étaient fréquents. Comme les Germains n'avaient pas de villes, ils reculaient facilement devant tout peuple qui leur paraissait plus fort. (Voyez César, IV, 1.)

[3] Tacite, *Germ.*, 15 : *Agrorum cura*. — 23 : *Humor ex hordeo et frumento*. — 25 : *Frumenti modum dominus injungit*. — 26 : *Seges*. — 45 : *Frumenta cæterosque fructus*. — Un siècle auparavant, César, dans une expédition, avait « brûlé les récoltes des Sicambres, » *frumentis incensis* (César, IV, 19). — César dit aussi des Tenctères qu'ils s'enfuirent devant les Suèves, *quod ab agri cultura prohibebantur* (IV, 1). Il ajoute d'ailleurs (VI, 22) que les Germains avaient peu de goût pour le travail agricole, *non agriculturæ student*.

ni dans des huttes; ils avaient des maisons, des fermes, des villages, même des forteresses[1]; il leur manquait encore d'avoir des villes.

Les distinctions sociales étaient les mêmes chez les Germains que chez tous les anciens peuples. Ils avaient des esclaves, que le maître pouvait vendre et qu'il pouvait tuer impunément[2]. La plupart d'entre eux étaient attachés à la terre, ce qui était assez naturel dans une société qui n'avait pas de villes; voués à la culture du sol, ils en donnaient les produits à leurs maîtres[3] : c'était la condition des anciens ilotes de Sparte, des thètes de l'Attique, des pénestes de Thessalie; tous ces hommes avaient été jadis des serfs de la glèbe fort semblables à ceux que Tacite remarquait en Germanie.

Au-dessus des esclaves, mais au-dessous des hommes libres se trouvait une classe d'affranchis, comme dans la société romaine; ce sont probablement les mêmes hommes que la langue germanique appelait lites; ils ne s'élevaient pas fort au-dessus de la servitude[4].

Dans la liberté même il y avait des degrés. Tacite dis-

---

[1] César, racontant son expédition en Germanie, dit qu'il brûla *vicos et ædificia* (IV, 19). Il parle même d'*oppida* (IV, 19 et VI, 10). Tacite décrit la manière de construire, (c. 16) : *Non cæmentorum apud illos aut tegularum usus; materia ad omnia utuntur informi... quædam loca diligentius illinunt terra ita pura ac splendente ut picturam ac lineamenta colorum imitentur.* Ce ne sont pas là des huttes ni de simples cabanes. Tacite parle aussi de leurs villages (*vici*) dont les constructions ne se touchent pas, *non in nostrum morem connexis ædificiis.*

[2] *Verberare servum ac vinculis coercere rarum; occidere solent... impune.* (Tacite, 25.) — *Alligari se ac venire patitur.* (Ibid., 24.)

[3] Tacite, Germ., 25 : *Cæteri servi... Suam quisque sedem, suos penates regit; frumenti modum dominus, aut pecoris, ut colono injungit.*

[4] *Libertini non multum supra servos sunt.* (Tacite, 25.)

tingue fréquemment les simples hommes libres et les nobles[1]. Tous les documents germaniques signalent aussi l'existence d'une noblesse héréditaire. Elle est mentionnée par le code des Bavarois, par celui des Thuringiens, par celui des Frisons, par ceux des Anglo-Saxons. Un écrivain du neuvième siècle nous apprend qu'encore à cette époque les Saxons étaient partagés en trois ordres, celui des nobles, celui des hommes libres, et celui des *lites*, sans parler des esclaves[2].

Cette noblesse germaine ne ressemblait pas à celle que nous avons observée dans l'empire romain. Elle se rapprochait plutôt de l'aristocratie primitive de l'ancienne Grèce et de l'ancienne Rome; elle se composait de familles qui disaient descendre des dieux et qui étaient revêtues d'un caractère sacré. Comme les Patriciens de Rome et les Eupatrides d'Athènes, ces anciens nobles de la Germanie étaient à la fois prêtres et guerriers[3].

---

[1] Tacite, *Germ.*, 25 : *Ingenui et nobiles*. — 13 : *Insignis nobilitas*. — 11 : *Plebs et principes*. — 14 : *Plerique nobilium adolescentium*. — *Annales*, I, 57 : *Feminæ nobiles*. — XI, 16 : *Amissis per interna bella nobilibus*. — Ce que nous avons dit plus haut de l'esprit aristocratique de la société romaine au milieu de laquelle vivait Tacite, nous dispense de faire remarquer que le mot *nobilitas* n'a pas dans la langue de cet écrivain le sens vague de notoriété; il a le sens très-précis de noblesse de naissance. Cela est surtout clair dans ce passage où l'historien dit d'un membre d'une famille royale : *Quum cæteros nobilitate anteiret* (Ann., XI, 17). — Il y a d'ailleurs, au chapitre 44 de la *Germanie*, un passage où il énumère les quatre classes de la société germaine, qu'il désigne par les mots : *servus, libertinus, ingenuus, nobilis*.

[2] *Saxonica gens in tribus ordinibus divisa consistit; sunt enim inter illos qui Edilingi, qui Frilingi, qui lazzi illorum lingua dicuntur.* (Nithard, IV, 2.) — Cf. *Vita S. Libuini*; Pertz, t. II, p. 668. — Le Capitulaire de 789, *De partibus Saxoniæ*, art. 15, distingue aussi la population en trois classes : *nobiles, ingenui, lidi*, sans compter les *servi*.

[3] César dit (VI, 22) que les Germains n'avaient pas de druides. Il n'y

Les légendes scandinaves, à défaut de légendes purement germaniques, peuvent nous donner une idée de ce vieil état social. C'était la divinité elle-même, disait-on, qui avait établi trois castes d'hommes éternellement inégales. Elle avait fait naître d'abord le serf « qui avait le teint noir, les mains calleuses, le dos voûté ; » sa tâche était de « labourer les champs, de creuser les tourbières, de garder les chèvres et les porcs. » Puis elle avait fait naître l'homme libre « aux yeux brillants, au teint coloré, » qui savait « dompter les taureaux, fabriquer la charrue, construire des maisons, établir des greniers. » Le Dieu avait enfin engendré le noble « aux joues vermeilles, au regard aussi perçant que celui du dragon, » qui savait « brandir la lance, ployer l'arc, chevaucher hardiment ; c'était lui qui possédait en toute propriété les champs héréditaires et la maison des ancêtres ; il connaissait aussi les runes, les rites sacrés, et le vol des oiseaux[1]. »

La famille s'était constituée chez les Germains suivant

---

avait certainement pas chez eux un clergé organisé comme le corps druidique ; mais ils avaient des prêtres. Tacite le montre maintes fois : il signale un trait qui marque que le chef de famille avait un pouvoir sacerdotal comme dans les anciens temps de la Grèce et de Rome (ch. 10).

[1] Edda de Sæmund, t. III, p. 173 à 190 ; nous en donnons la traduction latine : *Infantem peperit Edda, cute nigricantem, vocaruntque thræl (servum) ; erat ei manuum cutis rugosa, digiti crassi, facies fœda, dorsum incurvum... Aggeres construxerunt, agros oblimarunt, circa sues occupabantur et cespites effodiebant. Inde ortæ sunt servorum prosapiæ. — Infantem peperit Amma... Vocarunt karl (virum) rufum et rubicundum... didicit boves domare, aratrum fabricari, domos ædificare, horrea struere ; inde ortæ sunt prosapiæ colonorum. — Puerum peperit Modir... et nomen Iarl indiderunt ; flavus erat capillus, lucidæ genæ, oculi acuti. Didicit hastam quatere, equis insidere, gladios distringere.*

les mêmes règles que chez tous les peuples de la même race ; la *gens* antique de Rome, le γένος des Grecs se retrouvaient en Germanie. Cette famille était un groupe étendu et compact ; elle comprenait des hommes libres, des clients, des compagnons, des lites, des serviteurs[1]. Elle formait un corps tellement indivisible qu'en justice elle comparaissait tout entière, qu'elle était solidairement responsable des dettes ou des fautes de chacun de ses membres, et que même à la guerre elle marchait en un seul faisceau[2]. Elle était soumise à l'autorité du chef de famille qui avait gardé chez les Germains presque toute la puissance qu'il avait eue dans les premiers temps de Rome et de la Grèce[3].

Sur l'état politique de ces Germains au premier siècle de notre ère, nous trouvons des renseignements d'une rare précision dans les ouvrages de Tacite. Ce qu'on y remarque surtout, c'est qu'ils n'en étaient plus au régime de la tribu. Cette expression, ni aucune autre qui exprime la même idée, ne se rencontre jamais chez l'historien. Parler des tribus germaines, se figurer ces hommes vivant en petits groupes et dans un régime tout primitif, serait s'éloigner beaucoup de la vérité. Ils formaient des États (*civitates*), des peuples, et c'est tou-

---

Runas illum Deus docuit; nomen suum indidit, filium proprium profitens, quem obtinere jussit hereditarios campos et antiquas habitationes... Calluit runas; didicit avium clangorem intelligere.

[1] Tacite, *Annales*, I, 57 : *Segestes... magna cum propinquorum et clientium manu.* — César, VI, 22 : *Gentibus cognationibusque hominum.*

[2] Tacite, *Germ.*, 7 : *Nec fortuita conglobatio turmam aut cuneum facit, sed familiæ et propinquitates.*

[3] Voyez Geffroy, *Rome et les barbares*, p. 195.

jours par ces mots que César, Strabon, Tacite désignent les corps politiques qu'ils ont vus en Germanie[1]. Ces États étaient même considérables. Par le nombre d'hommes qu'ils comprenaient, ils dépassaient de beaucoup les anciennes cités de la Grèce et de l'Italie. Tel d'entre eux, celui des Bructères, pouvait mettre sur pied 60,000 guerriers[2]; les Chérusques, les Chauques, les Marcomans étaient plus puissants encore.

Tacite énumère les peuples germains. Dans la région du Rhin sont les Bataves, les Cattes, les Tenctères, les Bructères, les Chamaves, les Angrivariens; derrière cette première ligne sont les Frisons, les Chauques qui s'étendent depuis la mer du Nord jusqu'à la forêt Hercynienne, et les Chérusques qui occupent presque tout le bassin du Wéser. Dans la partie méridionale, depuis le cours du Danube jusqu'aux monts de la Bohême et jusqu'au cours de l'Elbe est la grande race des Suèves qui comprend plusieurs grands peuples, les Semnons, les Langobards, les Reudignes, les Avions, les Angles, les Varins, les Eudoses, les Suardones, les Nuitones, les Hermondures, les Narisques, les Marcomans, les Quades. Plus loin, vers l'Est, sont les Gothins, les Oses, les Buriens, la puissante nation des Lygiens, et en remontant vers la Baltique, les Gothons, les Rugiens, les Lémoves, les Suions, au delà desquels commence le monde nomade des Sarmates[3]. On peut compter une quarantaine

---

[1] César, IV, 6; V, 55; VI, 23 : *Civitates Germanorum*. Tacite emploie les mots *gentes, civitates, populi, nationes*. Strabon dit ἔθνη.

[2] Tacite, *Germanie*, 33.

[3] Sur la géographie de la Germanie et sur ce qu'on peut ajouter aux indications de Tacite, voyez Zeller, *Histoire d'Allemagne*, liv. 1, ch. 1 et 2.

de peuples dans cette région plus grande que la Gaule, et nous ne devons pas nous figurer des peuples peu nombreux et se mouvant à l'aise dans ce vaste territoire ; « ils n'occupent pas seulement le sol, dit Tacite, ils le remplissent[1] ». Sauf quelques grandes forêts encore impénétrables, il ne semble pas qu'il y ait d'espaces vides dans la Germanie telle que Tacite l'a connue. Les faits montrent que ces peuples se touchent de si près qu'ils sont sans cesse en guerre pour se disputer une plaine, une saline, ou la possession d'une rivière.

L'État germain, semblable à ce qu'était l'État gaulois avant César, est un grand corps organisé. Il est composé de plusieurs groupes qui ont eux-mêmes une vie propre et que les historiens latins appellent des cantons, *pagi*. Chacun de ces cantons à son tour se subdivise en villages, *vici*. Le village qui n'est souvent qu'une grande famille entourée de ses nombreux serviteurs, est ordinairement gouverné par le chef de famille ; le canton semble être administré partout par la réunion des chefs de village ; l'État a un gouvernement central dont Tacite a décrit l'organisme.

On s'est quelquefois représenté ces Germains comme des peuples parfaitement libres à qui la sujétion aurait été inconnue et l'obéissance insupportable. Les historiens anciens ne les présentent pas sous cet aspect ; Tacite lui-même se garde de ces exagérations. Il parle souvent

---

[1] Tacite dit cela des Chauques : *Tam immensum terrarum spatium non tenent modo, sed implent*, ch. 33. — Il ne parle jamais de ces grands espaces dont les peuples germains, s'il faut en croire César, auraient aimé à s'entourer. Il dit des Germains, *Gens numerosa*. (Ch. 19.)

de la liberté des Germains, mais on sait bien que dans sa pensée la liberté n'était nullement incompatible avec le régime monarchique.

C'est ce régime, en effet, qui paraît avoir prévalu chez les anciens Germains. Tacite signale chez eux des dynasties royales. « Les Marcomans et les Quades, dit-il, ont eu jusqu'à nos jours des rois de leur nation, issus de la noble race de Marbod et de Tuder[1]. » Il cite ailleurs les Gothons « qui sont en puissance de rois[2]. » Il nomme deux autres peuples « qui ont pour leurs rois un singulier respect. » Il signale les Suions qui sont assujettis à la monarchie la plus despotique qu'on puisse imaginer[3]. Il dit de tous les Germains « qu'ils tirent leurs rois des familles les plus nobles[4]. » Il parle des Chérusques qui ont une race royale[5]. Partout il nous présente des rois ou au moins des chefs qu'il appelle princes. Quant à des magistrats élus et annuels, simples représentants

---

[1] Tacite, *Germanie*, 42.

[2] Tacite, *Germ.*, 43 : *Gothones regnantur*. Tacite ne présente pas cette royauté comme un fait exceptionnel; il dit seulement qu'elle est chez les Gothons plus absolue que chez les autres Germains : *Regnantur paulo adductius quam cæteræ Germanorum gentes.*

[3] Voyez tout le chapitre 44 de la *Germanie*.

[4] Tacite, *Germ.*, 7 : *Reges ex nobilitate sumunt.* — Quelques interprètes ont pensé que cette phrase indiquait une royauté élective; cela est douteux; le mot *sumere* n'exprime pas dans la langue latine l'idée d'élection. Tacite ne dit nulle part que les Germains eussent l'habitude d'élire leurs rois; il montre seulement que la royauté était quelquefois disputée et que les partis portaient tour à tour tel ou tel roi au pouvoir. Il faut se garder de prendre des faits exceptionnels pour une institution régulière de droit public. Il ressort du tableau qu'il trace, que la royauté était héréditaire; au moins, ne devait-elle pas sortir d'une certaine famille.

[5] Tacite, *Ann.*, XI, 16 : *Uno relicto stirpis regiæ.* Les Bataves aussi avaient une famille royale. (*Histoires*, IV, 13.)

d'une association libre, il n'en montre jamais. Les écrivains qui sont venus après lui, Dion Cassius, Ammien Marcellin, Jornandès, parlent sans cesse de rois à la tête des peuples germains, et aucun d'eux ne décrit rien qui ressemble à des institutions républicaines[1].

Il est vrai que cette royauté n'était presque jamais sans limites. C'est qu'il y avait dans l'ancienne Germanie deux pouvoirs rivaux de la royauté. D'une part était le sacerdoce, qui exerçait un grand prestige sur des populations crédules et qui possédait même une partie de l'autorité judiciaire[2]. D'autre part étaient les chefs inférieurs, chefs de canton ou chefs de bande guerrière, les uns « qui étaient princes par droit de naissance[3], » les autres qui le devenaient en attirant autour d'eux une foule de clients et de compagnons de guerre qui leur restaient attachés même pendant la paix[4]. On conçoit

---

[1] Les Bructères avaient un roi au temps de Trajan. (Pline, *Lettres*, II, 7.) — Au temps de Marc-Aurèle, un peuple germain avait un roi qui n'était qu'un enfant de douze ans. (Dion Cassius, LXXI, 11.) — Les Alamans avaient des rois en 354; il existait même des insignes royaux : *Ejus vertici flammeus torulus aptabatur*. (Ammien, XVI, 12.). — Les Francs avaient des rois au temps de Maximien. (Mamertin, *Panégyr.*, III, 5; Eumène, *ibid.*, VII, 10.) — Ammien cite des rois chez les Burgondes, les Alamans, les Quades, les Francs en 374 (XXVIII, 5; XXIX, 6; XXX, 3). — Jornandès donne la généalogie complète de la famille royale des Goths. — Ne pensons pas, d'ailleurs, que la royauté fût une institution récente; les Cimbres et les Teutons avaient eu des rois. Strabon signalait des rois chez les Gètes (VII, 3, 6 et 8); Hérodote en montre déjà chez les anciens Cimmériens (IV, 11), et cette royauté était toujours héréditaire.

[2] Tacite, *Germ.*, 7 et 11.

[3] *Insignis nobilitas etiam adolescentulis principis dignationem assignat.* (Tacite, *Germ.*, 13.)

[4] *Hæc dignitas, hæ vires, magno semper juvenum globo circumdari, in pace decus, in bello præsidium.* (Tacite, *Germ.*, 13.)

que dans une société ainsi constituée la royauté eût peu de force. Ce sacerdoce et cette aristocratie étaient plus puissants que les rois[1].

Il existait dans chaque tribu des assemblées publiques, et elles étaient de deux sortes. Comme il était clair que le roi ne pouvait rien entreprendre sans l'assentiment des prêtres qui disposaient des auspices, et des chefs qui disposaient des guerriers, il devait consulter sur toutes choses ces prêtres et ces chefs, et il ne pouvait gouverner qu'en se conformant à leurs avis. Il y avait donc autour des rois une sorte de sénat aristocratique assez semblable à celui que l'histoire nous montre autour des anciens rois de Rome et de la Grèce[2].

Il se tenait aussi chez les Germains, comme dans ces anciennes cités, des réunions de tous les hommes libres. Aucune loi ne pouvait être établie ni aucune guerre entreprise sans le consentement de cette sorte d'assemblée générale[3]. Mais pour se faire une idée juste de ce qu'était cette assemblée et de la place qu'y pouvait tenir la liberté publique, il faudrait savoir dans le détail comment elle exerçait ses attributions et surtout de quelle manière on y votait. Tacite n'explique pas comment elle procédait à une élection, comment elle délibérait sur une loi. Il se borne à dire que tous les guerriers y étaient convoqués, et par ces guerriers nous devons entendre ceux qui

---

[1] Il semble qu'il y ait eu chez beaucoup de peuples germains un grand prêtre placé à côté du roi et partageant en quelque façon le pouvoir avec ui. Strabon signale ce grand prêtre chez les Cattes (VII, 1, 4) et chez les Gètes (VII, 3, 5); Ammien le signale chez les Burgondes (XXVIII, 5).

[2] Tacite, *Germ.*, 11 : *Principes consultant.*

[3] Tacite, *ibid.* : *De majoribus rebus consultant omnes.*

n'étaient ni esclaves, ni colons, ni lites, ceux qui avaient
été admis au rang de membres de la tribu et au privilége
de porter les armes. Il ajoute que ces assemblées n'ont
pas lieu à un jour fixe, mais qu'elles commencent quand
on se trouve assez nombreux. Il fait encore remarquer que
les hommes mettent peu d'empressement à se réunir et
qu'ils croient faire acte de liberté en y venant tard ; on dirait qu'il s'agit ici d'une obligation pénible plutôt que
d'un droit précieux. Une fois réunis, placés sous la sévère présidence d'un de leurs prêtres, ils écoutent en
silence les propositions du roi ou des chefs[1]. Enfin, ils
ne votent pas et ils ne peuvent répondre à la proposition
qui leur est faite que par un murmure s'ils la rejettent,
ou par un cliquetis d'armes s'ils l'approuvent. Voilà tous
les traits que nous connaissons de ces assemblées ; ils sont
caractéristiques ; cette absence de suffrage régulier et
ce défaut absolu d'initiative marquent assez combien il
y avait de distance entre les réunions des guerriers germains et les comices organisés de la Grèce et de Rome.
Il est visible que de telles assemblées devaient avoir peu
d'indépendance et exercer peu d'action sur la marche
des affaires. Elles ratifiaient les volontés des chefs plutôt
qu'elles ne dictaient les leurs. Aussi Tacite marque-t-il
bien clairement que c'était entre le roi et les chefs que
les affaires étaient réellement discutées[2]. Nous devons

---

[1] Tacite, *ibid.* : *Silentium per sacerdotes, quibus et coercendi jus est,
imperatur. Rex vel princeps... audiuntur. — Si displicuit sententia,
fremitu aspernantur ; si placuit, frameas concutiunt.*

[2] Tacite, *ibid.* : *Ita tamen ut ea quoque quorum penes plebem arbitrium est, apud principes pertractentur.* M. Geffroy (*Rome et les barbares*,
p. 214) remarque fort justement que ces *principes*, non élus, ne peuvent

nous représenter ces assemblées partagées en deux groupes bien distincts ; dans une plaine, la foule des guerriers ; sous une tente ou sur un tertre élevé, le roi entouré des prêtres, des chefs, de tous les grands. La petite assemblée a délibéré plusieurs jours à l'avance, et quand la grande est enfin réunie, elle ne peut que marquer son assentiment ou sa désapprobation.

On a supposé que, chaque peuple germain étant partagé en plusieurs cantons, les chefs de ces cantons étaient élus par les suffrages du peuple ; mais cette conjecture ne s'appuie sur aucun texte ancien [1]. Tout porte à croire que l'État germain se divisait en plusieurs groupes, et que ces groupes avaient leurs chefs et leurs petits rois comme l'État entier avait son roi suprême. Ammien Marcellin signale, en effet, une hiérarchie de chefs, les uns qu'il appelle *reges*, les autres qu'il appelle *reguli*. Il énumère ainsi les principaux personnages d'un peuple germain : un roi (*rex*), un sous-roi (*subregulus*), des

présenter même une ébauche du régime représentatif. Ammien explique la pensée de Tacite, quand il dit que chez les Quades, qui avaient un roi, tout se décidait *ex communi procerum voluntate* (XXX, 6).

[1] On a allégué la phrase de Tacite : *Eliguntur principes qui jura per pagos reddant* (ch. 12) ; mais il faut l'observer de près. Tacite ne dit pas que dans chaque *pagus* un chef soit élu par la population ; il dit, ce qui est tout à fait différent, que c'est dans l'assemblée centrale de l'État, *in iisdem conciliis*, que l'on choisit les chefs qui rendront la justice aux différents cantons. — Ce que nous avons vu des assemblées montre assez comment ils pouvaient être choisis ; ils l'étaient dans la réunion préparatoire des chefs et par eux, à la condition seulement que leur nom fût accueilli ensuite par le cliquetis d'armes de l'assemblée. — Ce passage de Tacite montre aussi que les juges étaient nécessairement des *principes*, c'est-à-dire des nobles et des chefs. — Il y a loin de là à la théorie des *grafen* électifs, que l'on a imaginée en dehors de tous les documents.

grands (*optimates*) et enfin « les chefs qui gouvernent les diverses fractions du peuple[1]. »

Un peuple germain, pris dans son ensemble, n'avait pas toujours un monarque à sa tête ; parfois le roi suprême faisait défaut, et il n'y avait d'autre autorité que celle de ces chefs de canton ou de ces rois de second ordre. Ils traitaient en commun les affaires générales et chacun d'eux régnait sur son petit territoire. Il résultait de là que le gouvernement central était républicain, tandis que le gouvernement local, dans le canton, était monarchique. La royauté n'était pas au centre, mais elle était partout[2].

Le droit de rendre la justice appartenait à ceux qui, à des degrés divers, exerçaient l'autorité. Sur ce point important des institutions germaniques, nous ne possédons d'autres renseignements qu'un chapitre de Tacite. Il importe de l'observer de près ; car on en a tiré des conclusions exagérées. « Les crimes les plus graves, dit-il, ceux qui entraînent la peine de mort, sont jugés devant le conseil public. Pour le jugement des délits et des contestations privées, l'usage est que l'on désigne dans ces mêmes assemblées ceux des chefs qui doivent par-

---

[1] Ammien, XVIII, 2 : *Reges omnes et reguli.* — XVII, 12 : *Regalis Vitrodorus, Viduari regis filius, et Agilimundus subregulus, aliique optimates, et judices variis populis præsidentes.* — Cf. XXVII, 5. — De même Dion Cassius (LXXI, 16, édition Boissée), mentionne un premier roi, un second roi, et plusieurs grands.

[2] C'est le sens des paroles de César, qui d'ailleurs ne s'appliquent qu'à une partie des Suèves : *Principes regionum atque pagorum inter suos jus dicunt* (VI, 23). — Remarquons que *jus dicere* dans la bouche d'un Romain, habitué à réunir inséparablement l'autorité judiciaire et l'autorité politique, désigne toute autre chose qu'un simple droit de juger.

courir les cantons et les villages. Çà et là ces juges s'arrêtent et tiennent leurs assises. Ils ne jugent pas sans être entourés d'une centaine d'habitants du canton[1]. » On voudrait savoir quels étaient les droits de ce chef et quels étaient ceux de ces cent habitants qui l'entouraient. Était-ce un grand jury analogue au jury anglais? Était-ce même un tribunal que le chef ne faisait que présider, et qui jugeait souverainement? Toutes ces suppositions ont été faites ; mais Tacite se borne à dire que ces hommes servaient de conseillers au chef qui jugeait et qui prononçait les sentences[2].

La peine de mort n'était pas inconnue des Germains. Elle frappait les crimes commis contre la société, ne fût-ce que celui d'avoir été lâche dans un combat. Elle était prononcée par la bouche des prêtres et le coupable était immolé aux dieux, suivant un principe commun à tous les peuples primitifs et dont on trouve la trace dans le vieux droit romain[3].

Quant aux crimes d'ordre privé, ni l'État ni la religion n'intervenaient pour les punir. Il appartenait à la famille lésée d'en poursuivre la vengeance. Le fils de la victime pouvait, à son choix, rendre meurtre pour meurtre ou conclure un arrangement avec l'assassin et recevoir de lui une indemnité. Cette façon de payer le crime n'était pas particulière aux Germains ; elle

---

[1] *Centeni singulis ex plebe comites.* (Tacite, *Germ.*, 12.) — Notons que ce mot *plebs* ne peut désigner que les *ingenui*, c'est-à-dire la seconde des quatre classes de la société germanique.

[2] *Consilium simul et auctoritas.* (Tacite, *ibid.*) — Sur le sens de ce mot *auctoritas*, voyez, à la fin de ce volume, Notes et éclaircissements, n° 4.

[3] Tacite, *Germ.*, 7 et 12.

fut commune à toutes les sociétés primitives, et on la peut voir dans la vieille législation des Grecs. A Athènes, aussi bien que dans la Germanie, c'était à chaque famille qu'il appartenait de venger le crime dont un des siens avait été frappé, et elle avait toujours le droit de transiger avec le coupable et de recevoir l'*argent du meurtre*[1].

Si l'on regarde deux peuples à une même époque, on est frappé de leurs différences; il semble d'abord que chacun d'eux ait un génie propre, des institutions spéciales, une nature humaine particulière. Mais ce n'est pas ainsi qu'il faut comparer les peuples. Pour juger s'ils se ressemblent ou s'ils diffèrent, il les faut observer, non au même point du temps, mais dans les mêmes périodes de leur développement. Deux groupes de populations peuvent avoir été régis par les mêmes institutions et avoir traversé les mêmes changements politiques; parce que l'un d'eux a marché moins vite que l'autre, ils paraissent différer beaucoup; la vérité est qu'ils se ressemblent. Si Tacite avait connu le vieil état social des populations sabelliennes et helléniques, il y aurait trouvé presque tous les traits de caractère qui le frappèrent si fort en Germanie. L'usage de marcher toujours

---

[1] Harpocration : Ὑποφονία, τὰ ἐπὶ φόνῳ διδόμενα χρήματα τοῖς οἰκείοις τοῦ φονευθέντος, ἵνα μὴ ἐπεξίωσιν. — Le prix d'une vie d'homme s'appelait ποινὴ τῆς ψυχῆς. (Voyez Hérodote, II, 134.) — Rapprocher de cela deux passages de Démosthènes, l'un qui marque que la famille était seule chargée de poursuivre le coupable, et qu'elle pouvait transiger avec lui (Discours contre Nausimaque, 22), l'autre qui indique que la famille du meurtrier était solidaire du meurtre vis-à-vis de la famille de la victime (Discours contre Aristocrate, 82-84). Ce sont là les restes d'un vieux droit criminel qui avait fort ressemblé à celui des Germains.

armé avait été celui des anciens Grecs[1]. La répugnance des Germains à former des villes et le soin qu'ils prenaient d'isoler leurs habitations sont des traits de mœurs que Thucydide signale chez les Athéniens avant la guerre médique[2]. La solidarité des membres de chaque famille pour l'expiation des fautes comme pour le partage des indemnités, a été une institution reconnue par le plus vieux droit de Rome, et on en trouve des vestiges dans le droit grec. Ce que disent les lois germaniques de l'homme qui veut renoncer à sa famille, rappelle une antique formalité que les Romains et les Grecs avaient connue.

Le droit civil des Germains était celui qu'avaient eu toutes les vieilles sociétés, en Grèce, en Italie et même dans l'Inde. Le mari achetait la femme à ses parents et marquait par là que le père lui avait cédé sa puissance sur elle. La femme était en tutelle toute sa vie, ainsi que dans l'Inde et dans la Grèce ; de l'autorité du père, elle passait sous celle du mari, puis sous celle des parents du mari défunt, et c'était de ceux-ci qu'un nouvel époux devait l'obtenir par un nouvel achat[3]. La succession, au moins celle de la terre, passait au fils et non pas à la fille ; le patrimoine se transmettait de mâle en mâle sans que les parents par les femmes fussent admis au partage ;

---

[1] Tacite, *Germ.*, 15 et 18 ; Thucydide, I, 5.

[2] Tacite, *Germ.*, 16 ; Thucydide, II, 16.

[3] C'est ce qui explique le *reipus* des lois germaniques. (Voy. *Loi salique*, 47.) — On sait que dans le vieux droit romain la veuve avait pour tuteur le plus proche agnat de son mari, et qu'elle ne pouvait se remarier sans le consentement de ce tuteur ; le *reipus* est le vestige d'une règle semblable qui restait en vigueur chez les Germains.

cette règle, que l'on peut observer dans la loi salique, dans les codes des Ripuaires, des Bavarois, des Burgondes[1], avait été autrefois en vigueur dans l'Inde et dans la Grèce, et le droit romain en conservait encore des restes très-visibles. Les ordalies, les épreuves, les jugements de Dieu avaient été usités partout. Le bouclier qui était dressé devant tout tribunal germain a beaucoup d'analogie avec la pique qui était fichée en terre devant le tribunal des Quirites. L'usage des cojurateurs germains trouve son pendant dans l'ancienne Rome ; là aussi la famille accusée comparaissait tout entière devant le tribunal, escortée de ses amis et de tous ceux qui se portaient garants pour elle et s'engageaient à prendre leur part de responsabilité. Il n'est pas jusqu'à ces assemblées de guerriers germains applaudissant l'orateur par le cliquetis des armes, qui ne se retrouvent trait pour trait chez les anciens Gaulois[2]. Les institutions des Germains et leur vie domestique, leurs habitudes et leurs croyances, leurs vertus et leurs vices étaient ceux de toutes les nations de l'Europe.

Ce qui les distinguait le plus des peuples dont nous venons de parler, c'est qu'ils n'étaient pas parvenus à cette forte constitution de l'État que les Grecs et les Romains avaient atteinte depuis plusieurs siècles. Le régime de la Cité ne s'établit jamais chez eux avec cette

---

[1] *Loi salique*, 59 (61) : *De terra nulla in muliere hereditas, sed ad virilem sexum tota terra pertineat* (les textes les moins anciens portent *terra salica*. Pardessus, p. 33, 64, 318). — *Loi des Ripuaires*, 58 : *Femina in hereditatem non succedat*. — Les lois des Burgondes, des Bavarois, des Saxons n'accordent l'héritage à la fille qu'à défaut de fils.

[2] Tacite, *Germ.*, 11 ; César, *De bello gallico*, VII, 21.

régularité et cette rigueur qu'il eut à Athènes, à Sparte, à Rome. La famille resta plus longtemps forte, et l'État resta toujours faible. Les petits groupes du canton et de la tribu qui s'étaient effacés d'assez bonne heure dans la cité grecque ou italienne, conservèrent longtemps en Germanie leur indépendance et leur vie propre. Aussi les Germains se trouvaient-ils encore au temps de Tacite dans cet état social par lequel avaient passé les anciens Grecs avant que leurs cités fussent fortement organisées. Un peuple germain, au lieu d'être, comme nos sociétés démocratiques, un assemblage de milliers d'individus égaux entre eux et directement soumis à l'autorité publique, était une fédération de cantons, de villages, de grandes familles nobles, de bandes de guerriers volontairement associés; et les chefs de ces divers groupes, forts de leur noblesse ou du nombre de leurs serviteurs, étaient plus puissants que le roi et que l'État.

De là vient que les Germains apparaissaient à Tacite comme doués d'une liberté dont Rome depuis bien des siècles n'offrait plus l'exemple. Il admirait que cette royauté ne fût jamais absolue; c'est que le véritable pouvoir ne résidait pas en elle; il se partageait entre les chefs de famille, les chefs de canton, les chefs de bande, tous ceux qui étaient nobles ou prêtres, tous ceux qui exerçaient cette espèce d'autorité que les langues germaniques appelaient *mund*, tous ceux qui traînaient à leur suite une nombreuse escorte de clients, de compagnons, de serviteurs. Là était la puissance, là était la force de discipline pour cette société. La liberté, très-grande vis-à-vis de l'autorité publique, était à peu près nulle vis-à-vis de ces chefs locaux ou de ces chefs domestiques. On a beaucoup vanté l'esprit d'indépendance des Germains ; pourtant l'immense majorité de ces hommes étaient dans les liens d'une sujétion personnelle. A titre d'esclaves ou de paysans attachés à la glèbe, de lites ou d'affranchis, de compagnons de guerre, ils étaient étroitement soumis, non au roi ou à l'État, mais à la personne d'un autre homme ; ils avaient un maître. Ce qui dominait de beaucoup dans la Germanie, loin que ce fût la liberté, c'était la subordination.

CHAPITRE II

Les Germains au cinquième siècle.

Entre l'époque où Tacite décrivait les institutions des Germains et celle où ils sont entrés dans l'empire, il s'est écoulé trois siècles. Nous devons observer ce que ces peuples étaient devenus dans ce long intervalle.

Il n'y a pas d'indice qu'ils eussent fait aucun progrès. Ils n'avaient pas plus de villes qu'au temps de Tacite et leur sol n'était pas mieux cultivé. Aucune unité ne s'était faite entre eux. Leurs institutions n'avaient reçu aucun développement, n'avaient acquis aucune solidité. Ils n'étaient supérieurs ni moralement ni politiquement à ce qu'ils avaient été. Ils n'étaient pas devenus plus forts.

Il s'était même produit une série de faits qui avaient dû inévitablement les affaiblir.

On sait que dans cet espace de temps, les Germains ne cessèrent pas d'avoir des relations avec l'empire. Or ces relations étaient de deux sortes. Pendant qu'une moitié des Germains lui faisaient la guerre, l'autre moitié étaient ses alliés; quelques-uns par peur, la plupart par intérêt et par cupidité acceptaient son influence. La politique romaine répandait chez eux l'argent; elle avait partout ses émissaires, ses partisans, ses amis; elle corrompait sans beaucoup de peine une foule de chefs et il lui arrivait souvent de faire donner la royauté aux hommes de son choix. Tacite montre bien que cette politique réussissait déjà de son temps; Dion Cassius et Ammien Marcellin attestent qu'elle se continua avec le même succès dans les siècles qui suivirent[1].

Il n'est pas difficile de deviner quels en furent les effets. Supposons qu'une population déjà divisée en elle-même et où les institutions politiques manquent de force, soit livrée durant dix générations de suite à cette intervention étrangère et à cette corruption constante, nous voyons sans peine ce qu'y peuvent devenir les institutions et les mœurs. Tacite, Dion, Hérodien, Ammien, tous les historiens sont d'accord pour montrer que les Germains se prêtèrent, sauf quelques exceptions rares, à cette influence énervante et mauvaise. Ils prirent facile-

---

[1] Tacite, *Germ.*, 42; *Ann.*, XII, 29; XI, 16. Spartien, *Adrien*, 12 et 17. Jules Capitolin, *Marc-Aurèle*, 17. Dion Cassius, LIX, 9. Ammien, *passim*. Eutrope, VIII. — Voyez dans Ammien (XVII, 12, XVIII, 2) combien les germains se plaçaient volontiers *in clientela rei romanæ*.

ment les vices que leurs ennemis désiraient qu'ils eussent. On ne peut douter qu'il n'y eût là une première cause de trouble dans l'existence de ces sociétés, un premier élément de désorganisation.

Il y en avait un autre. On ne se rend pas assez compte de ce que fut l'histoire intérieure de la Germanie pendant ces trois siècles. Il est incontestable qu'il s'est déroulé une série d'événements qui intéressaient sa vie intime. Il n'y a pas eu, à la vérité, d'historiens germains pour nous en conserver le souvenir; les historiens romains ou les ont ignorés ou se sont peu souciés de nous les transmettre. Il est pourtant resté quelques traces et quelques sûrs indices des révolutions qui, durant toute cette période, agitèrent la Germanie et changèrent la face des sociétés germaines. On sait, par exemple, qu'une guerre civile éclata chez le peuple des Cattes et qu'après des luttes dont nous ne connaissons pas le détail, une partie d'entre eux fut chassée du pays et réduite à chercher un refuge dans l'empire romain[1]. On sait encore que chez les Chérusques il y eut une guerre civile tellement acharnée et sanglante que toute la noblesse y périt[2]. Une autre guerre civile nous est signalée chez un peuple sarmate que les écrivains du temps rangent parmi les Germains et qui habitait alors au nord du Danube; les esclaves s'insurgèrent contre les classes libres et les chassèrent du pays[3]. Par ces trois faits qui ont échappé

---

[1] Tacite, *Hist.*, IV, 12 : *Seditione domestica pulsi.*

[2] Tacite, *Ann.*, XI, 16 : *Amissis per interna bella nobilibus.* — Cf. XIII, 17-18; XIII, 54-56.

[3] Ammien, XVII, 12 : *Conjuratio clandestina servos armavit... Vicerunt dominos.* — Strabon parlait déjà des dissensions des Daces (VIII, 3).

à l'oubli, on peut juger de ce qui se passa dans la Germanie tout entière. On peut croire qu'elle fut, pendant ces trois siècles, déchirée par des luttes de partis qui furent en même temps des guerres de classes, c'est-à-dire les plus cruelles de toutes les guerres et les plus dissolvantes pour une société.

Gardons-nous de penser que les révolutions soient un mal particulier aux nations civilisées ; elles sont aussi fréquentes chez les barbares, et elles ne sont assurément pas moins violentes. Si nous avons peu de renseignements sur celles de la Germanie, au moins en voyons-nous clairement les effets. Que l'on compare aux institutions que décrivait Tacite celles que les Germains ont au cinquième siècle, et l'on pourra calculer combien de luttes et de déchirements il y a eu dans l'intervalle.

Les Germains avaient eu autrefois une noblesse héréditaire et sacrée ; au cinquième siècle cette noblesse a disparu presque partout. De ces familles que l'on disait descendre des dieux, il n'en reste que quatre chez les Bavarois, deux chez les Goths, une chez les Francs. Si quelques autres survivent, elles sont tombées dans l'obscurité ; elles ont perdu leur prestige et jusqu'au souvenir de l'empire qu'elles avaient exercé autrefois.

Le sacerdoce même a disparu. Les Germains avaient eu autrefois une religion, quelques dogmes, beaucoup de cérémonies ; les prêtres avaient possédé une grande puissance et, au temps de Tacite, ils conservaient encore une sorte d'empire. Trois siècles plus tard, nous ne voyons plus rien de semblable. Plusieurs de ces peuples deviennent chrétiens avec une facilité qui prouve assez que leur sacerdoce n'avait plus aucune force. D'autres restent encore païens, comme les Francs; ils conservent quelques rites grossiers, un culte d'habitude, quelques idoles informes; mais on ne voit pas plus de traces de croyances dans leur âme que de prêtres dans leur société.

Une autre institution qui avait été presque partout renversée, c'était la royauté héréditaire. L'un des objets de la politique romaine avait été de la faire disparaître chez la plupart des peuples et de la remplacer par une royauté élective qui se prêtait mieux à l'influence étrangère. La liberté n'avait rien gagné à ce changement; mais les rivalités des partis et les haines intérieures s'en étaient accrues, et les révolutions étaient devenues plus faciles.

Mais voici la différence capitale entre la Germanie du temps de Tacite et celle du cinquième siècle. Les anciens Germains étaient en général sédentaires et, autant qu'il leur était possible, fixés au sol qu'ils cultivaient. Chacun de ces peuples avait sa place qu'il occupait depuis plusieurs générations et qu'il ne quittait que lorsqu'il en était violemment chassé. Tacite parle des Chauques, les plus puissants et « les plus nobles des Germains, » qui « exempts de cupidité et d'ambition, tranquilles et renfermés chez eux, ne provoquaient aucune guerre. » Il parle aussi d'un autre grand peuple, les Chérusques, « qui nourrissaient la molle oisiveté d'une paix que personne n'osait troubler[1]. » Il signale ailleurs comme une

---

[1] Tacite, *Germ.*, 35, 36.

chose fréquente « la longue paix dans laquelle s'endormaient ces peuples. » Que l'on observe les traits dont il peint les Chauques « toujours préoccupés des règles du droit, » les Chérusques, « que l'on appelait par excellence le peuple bon et juste » et qui n'était pas insensible aux douceurs du repos et de la civilisation ; et l'on pourra conjecturer quels véritables progrès les Germains auraient accomplis s'ils étaient restés dans cette voie. Au temps de Tibère, le Marcoman Marbod avait essayé de fonder un empire paisible et fortement constitué au centre de la Germanie[1]. Un essai de même nature avait été tenté chez les Gètes ; un roi avait voulu relever sa nation « par le travail, par la sobriété et par la discipline[2]. » Les Germains n'étaient certes pas incapables de ces vertus et ils pouvaient grandir pacifiquement par le travail au milieu d'institutions régulières.

Par malheur pour la Germanie, il se trouvait quelques peuples à qui cet état régulier répugnait. Ce qui était plus fâcheux encore et ce qui devait avoir de plus graves conséquences pour l'avenir, c'est que, dans le sein même des peuples paisibles, les mœurs germaines autorisaient tout homme qui aimait la guerre ou qui en convoitait les profits à sortir de l'état de paix et à se faire soldat sous un chef de son choix. Rien n'était plus ordinaire et ne semblait plus légitime. Un homme se levait au milieu d'une assemblée ; il annonçait qu'il allait faire une expédition, en tel lieu, contre tel ennemi ; ceux qui avaient confiance en lui et qui désiraient du butin, l'acclamaient

---

[1] Velleius, II, 109 ; Tacite, *Ann.*, II, 26, 44, 62.
[2] Strabon, VII, 3, 11.

pour chef et le suivaient. Il se formait ainsi, sans l'autorisation du roi, sans l'assentiment du peuple, une bande guerrière qui allait combattre et piller où elle voulait. Le lien social était trop faible pour retenir les hommes malgré eux contre les tentations de la vie errante et du gain ; il était admis que chacun fût libre de choisir entre les institutions paisibles de l'État et le régime de la bande guerrière.

Cet usage devait être, un jour, funeste à l'empire romain ; il le fut d'abord à la Germanie elle-même. Nous devons nous représenter cette sorte de désertion presque annuelle, ces forces vives qui sortaient périodiquement du pays. Tantôt elles n'y revenaient pas, et c'était déjà un mal. Tantôt elles y revenaient, et c'était un mal plus grand ; car après des courses vagabondes et un brigandage sans scrupule, elles rapportaient des habitudes mauvaises, des goûts malsains, des richesses mal acquises et des convoitises inassouvies ; elles rapportaient surtout la haine des travaux de la paix et une indiscipline dédaigneuse à l'égard des lois sévères de la patrie. Que l'on songe que cela dura pendant douze générations d'hommes, et que l'on calcule tous les vices et tous les désordres qui durent s'infiltrer dans la population germanique et la corrompre. Il n'est pas un peuple au monde qui puisse conserver ses mœurs, son caractère, ses institutions, en présence de tels faits se renouvelant incessamment durant trois siècles. La société germaine se dissolvit.

Il est une décadence pour les nations civilisées, et il en est une aussi pour les peuples barbares. Chacune d'elles a ses vices qui lui sont propres ; mais il y a deux symptômes qui leur sont communs : l'un est l'affaiblissement graduel des institutions, l'autre est la diminution lente ou rapide de la population, lente chez les nations civilisées, plus rapide chez les barbares.

Regardons ce qu'est devenue la population germanique deux siècles après Tacite. Tous les peuples qui avaient été grands et forts ont cessé de l'être, et plusieurs ont même tout à fait disparu. Il n'est plus parlé ni des Cattes, ni des Chauques, ni des Chérusques. Les Cimbres, déjà peu nombreux au temps de Tacite, les Teutons, qui existaient encore au temps de Pline, ne se retrouvent plus. On ne voit plus ni ces puissants Marcomans qui avaient pu lever 75,000 guerriers, ni les Hermondures, ni les Quades, ni les Semnons « la nation sacrée » qui avait occupé jadis cent cantons, ni les Lygiens, autrefois si puissants, ni les Narisques, ni les Eudoses, ni les Suardones, ni les Buriens. On rencontre encore les noms de Bructères, de Chamaves, de Sicambres; mais ces noms ne désignent plus les grandes nations que Tacite avait connues et n'en représentent que les faibles restes. Tout ce que Tacite avait décrit, tout ce qu'il avait admiré, a cessé d'être.

A la place des peuples dont il parlait avec quelque complaisance, nous trouvons les Alamans, les Francs, les Saxons. Ces noms nouveaux ne désignent pas des populations nouvelles ; ils ne sont pas non plus des noms de peuples, et c'est pourquoi ils n'existaient pas du temps de Tacite ; ils sont des noms de guerre. Franks[1] et

---

[1] Le mot *Francs*, qui apparaît pour la première fois vers l'an 240, n'est

Saxons signifient guerriers; Alamans signifie hommes de pays divers[1] : assemblages d'hommes que la guerre ou le hasard avait formés. On a imaginé de nos jours que c'étaient des confédérations d'anciens peuples; ce n'en était que des débris. Les Francs étaient tout ce qu'il restait des Cattes, des Sicambres, des Bructères, des Chamaves, des Tenctères, des Angrivariens[2]; les Saxons semblent les restes des Chauques et des Chérusques; les Alamans des Quades, des Hermondures et de plusieurs autres peuples. Qu'on ajoute à cela les Burgondes dont l'origine est inconnue, quelques hordes qui portaient encore le grand nom des Suèves, les Langobards qui devaient rester longtemps obscurs, voilà tout ce qui subsistait de l'ancienne Germanie.

Ce n'était pas seulement la population qui s'était amoindrie; les institutions surtout avaient péri. Il ne faut se faire illusion ni sur le nombre ni sur l'organisation de ces Francs et de ces Alamans. Ils n'étaient que des bandes guerrières. Il est bien vrai que le guerrier

jamais employé par les écrivains comme le nom spécial d'un peuple. La table de Peutinger porte : *Chauci, Ampsuarii, Cherusci, Chamavi, qui et Franci.* — Ammien (XX, 10) montre Julien portant la guerre contre les Francs, et attaquant tour à tour les *Salii*, les *Chamavi*, les *Attuarii*. — Il est probable que le mot frank signifie guerrier; on a pourtant proposé une autre étymologie : frank serait le mot *vrang*, errant, et aurait désigné des hommes sortis de leur pays pour chercher aventure.

[1] Οἱ Ἀλαμανοὶ ξυνήλυδές εἰσιν ἄνθρωποι καὶ μιγάδες καὶ τοῦτο δύναται αὐτοῖς ἡ ἐπωνυμία. (Agathias, *Hist.*, I, 6.) — L'historien grec fait observer qu'il tient ce renseignement d'Asinius Quadratus, « qui a écrit avec une grande exactitude l'histoire des Germains. »

[2] Sulpicius Alexander, cité par Grégoire de Tours (II, 9), mentionne, parmi les Francs, des Bructères, des Chamaves, des Ampsuaires, des Cattes. On sait que Clovis était, de son nom national, un Sicambre.

germain traînait après soi sa femme, ses enfants, ses vieillards, ses lites et ses esclaves ; il occupait des villages, il cultivait ou faisait cultiver le sol ; ces bandes avaient donc quelque apparence de peuples. Ce qui leur manquait, c'était l'organisation politique. Observons bien l'ancien régime de l'État germain, tel que Tacite l'expose ; nous ne trouvons plus rien de semblable chez les Francs et les Alamans. Le gouvernement y est fort instable ; tantôt ils ont des ducs et tantôt ils ont des rois. La liberté n'est pas mieux assurée, et nous ne voyons jamais ni l'assemblée nationale, ni la réunion régulière des grands. Ils n'ont aucune législation certaine ; une partie des Francs essaye, à la vérité, de se donner des lois ; mais le reste et tous les Alamans semblent avoir attendu jusqu'au sixième siècle. Ils ont des traditions, des coutumes, mais rien d'arrêté ni de fixe. L'ancien régime de l'État, avec ses règles nettes et précises, avait disparu dans les désordres et les guerres civiles des derniers siècles. Les peuples s'étaient dissous et il n'était resté que les bandes. Ces troupes de Francs et d'Alamans obéissaient, non à des lois, mais à des chefs ; elles les choisissaient avec quelque apparence de liberté ; mais elles leur vouaient une obéissance absolue sous la seule condition que le butin fût également partagé. Tout cela était l'opposé du régime légal et pacifique que Tacite avait vu. Ces nouveaux Germains n'avaient plus les institutions politiques de la vieille Germanie. Ils avaient perdu aussi le goût de la vie sédentaire, l'attachement au sol, l'idée de la patrie.

Ces débris de peuples tenaient bien peu de place. Dès

la fin du second siècle de notre ère, la Germanie était presque vide. Il arriva alors que les peuples du Nord et de l'Orient s'y précipitèrent. Les Vandales quittèrent les bords de la Baltique et s'avancèrent sur l'Elbe. Les Goths abandonnèrent la Scandinavie et allèrent prendre position sur le Danube ; les Gépides et les Hérules se placèrent derrière eux. En même temps les Alains et les Huns accoururent de l'Orient. La Germanie, qui, au temps de Tacite, avait été remplie de peuples nombreux et forts, n'eut rien à opposer à tous ces nouveaux venus. C'était une terre qui manquait d'hommes ; elle appartenait au premier occupant [1].

Ces peuples nouveaux n'étaient pas bien puissants et ils ne pouvaient refaire une Germanie bien vigoureuse. Ce qu'il y avait de plus fort parmi eux, c'étaient les Goths ; l'historien Jornandès, qui appartenait à cette nation, ne nous en donne pourtant pas une idée bien haute. Il nous dit que, dans toute la première moitié du troisième siècle, ces Goths établis au nord du Danube et vivant sous des rois, étaient au service de l'empire romain dont ils recevaient une solde [2]. Un peu plus tard, à la faveur des troubles de l'empire, ils franchirent le Danube et ravagèrent quelques provinces ; ils étaient alors au nombre de 30,000, en y comprenant Ostrogoths et Wisigoths. Dès que Dioclétien eût remis l'ordre dans l'empire, ces barbares redevenus humbles lui offrirent leurs

[1] Voyez sur tous ces faits : Ammien, XXVI, 3 et 5 ; XXVII, 5 et 14. Jornandès, *De reb. get.*, 13, 14, 22, 35. Paul Diacre, *De gest. Langobardorum.* Procope, *De bello gothico*, II, 14-15 ; *De bell. Vand.*, I, 2.

[2] *Reipublicæ romanæ fœderati erant et annua munera percipiebant... Distracta sibi stipendia ægre ferentes.* (Jornandès, c. 6.)

services et s'engagèrent par un traité à lui fournir des soldats[1]. Ils songèrent dès lors à combattre les autres barbares plutôt qu'à faire la guerre à l'empire. Ils luttèrent avec succès contre les Gépides et les Vandales et soumirent un grand nombre de petites peuplades inconnues. Jornandès, à ce moment, exalte la grandeur où ils étaient parvenus, non aux dépens de l'empire, mais aux dépens des autres Germains. Toutefois Ammien Marcellin, qui vivait à cette époque, raconte un fait qui peut nous faire juger leur faiblesse. Ils avaient soutenu, à titre de soldats auxiliaires, un compétiteur à l'empire; Valens, résolu à les châtier, se porta contre eux avec une armée et entra dans leur pays; « Aussitôt, dit l'historien, l'effroi s'empara des Goths et ils s'enfuirent avec leurs familles bien loin dans les montagnes[2]. » De leur retraite, ils implorèrent la paix et livrèrent des otages (367). Ce trait suffit à montrer que ce qu'on a appelé de nos jours l'empire gothique n'était pas bien puissant. Ajoutons que, peu d'années après, la guerre civile éclata entre ces Goths[3]. Puis vinrent les Huns; à leur seule apparition et avant toute bataille, les Goths se divisèrent et leur empire se décomposa. Tout cela paraît grand, vu de loin; de près, ce n'est que faiblesse, désorganisation, impuissance.

---

[1] *Fœdere inito cum imperatore, quadraginta suorum millia illi contra omnes gentes obtulere, quorum et numerus et millia usque ad præsens in republica nominantur fœderati.* (Jornandès, c. 6.)

[2] *Imperator transgressus est Istrum, resistentibus nullis, quum ultro citroque discurrens nullos inveniret; omnes enim formidine perciti montes petivere Serrorum arduos et inaccessos.* (Ammien, XXVII, 5.)

[3] *Athanaricus proximorum factione genitalibus terris expulsus.* (Ibid.)

Les Germains qui vont se montrer dans l'histoire au cinquième siècle et qui envahiront l'empire romain, ne sont pas un peuple jeune qui vient hardiment se faire sa place entre les peuples. Ce sont les restes d'une race affaiblie, qui a été assaillie et vaincue pendant trois siècles par les Romains, qui a été ensuite assaillie et vaincue encore par les Slaves et par les Huns, qui a été surtout déchirée par ses longues luttes intérieures, qui a été énervée par une série de révolutions sociales et qui a perdu ses institutions.

CHAPITRE III

Cause principale des invasions germaniques.

Cette race germanique que nous venons de voir s'affaiblissant et se dissolvant chez elle, est pourtant la même qui a fait à l'empire romain une guerre de cinq siècles et qui, à chaque génération, a tenté de l'envahir. Il faut chercher les vraies causes et observer le caractère de cette lutte.

On remarquera d'abord qu'entre ces peuples germains qui tour à tour attaquèrent l'empire, il n'y eut jamais aucune entente, aucun mouvement concerté, aucun effort commun. Le sentiment national paraît avoir été absolument étranger à ces entreprises. Il n'y a indice chez ces hommes ni d'un amour pour la patrie qu'ils quittent, ni d'une haine pour l'étranger qu'ils attaquent.

Se représenter la Germanie se précipitant tout entière et de dessein prémédité sur l'empire romain, est une illusion tout à fait contraire à la réalité. De ces Germains dont parle l'histoire, la moitié fut de tout temps à la solde de Rome[1]. De tout temps aussi ces peuples se combattirent les uns les autres plus volontiers qu'ils ne combattaient l'empire. Qu'on les observe à l'époque de Tacite ou à l'époque de l'empereur Honorius, on les trouvera toujours plus occupés de guerres entre eux que de guerres contre Rome[2]. Tacite remarquait déjà qu'ils n'étaient jamais plus acharnés que quand ils se battaient Germains contre Germains[3]. Quatre siècles plus tard un chroniqueur faisait cette réflexion qu'il suffisait que deux nations germaines fussent voisines pour qu'elles fussent ennemies[4]. Dans le sein d'un même peuple on trouvait la division ; il y eut toujours deux partis chez les Chérus-

---

[1] *Chauci in commilitium adsciti sunt.* (Tacite, *Ann.*, I, 60. Cf. I, 56 ; II, 16 ; IV, 18 ; XV, 58 ; *Hist.*, I, 51 ; IV, 59 ; *Germ* , 29, 41.

[2] Voyez, dans Tacite, la lutte acharnée entre Arminius et Marbod, celle de Catualda contre Marbod, celle des Bructères contre leurs voisins celle des Chérusques et des Cattes, celle des Cattes et des Hermondures. *Maneat his gentibus odium sui.* (Germ., 33.) — Au troisième siècle, nous connaissons les guerres des Saxons contre les Thuringiens, des Goths contre les Gépides, des Gépides contre les Burgondes, des Saxons contre les Francs. — Au quatrième, nous trouvons les luttes des Burgondes contre les Alamans, des Alamans contre les Francs, des Goths contre les Vandales. *Undique se barbaræ nationes vicissim lacerant alternis dimicationibus et insidiis; Gothi Burgundios excidunt; Thuringi adversus Vandalos concurrunt.* (Mamertin, *Panegyr.*, III, 16 et 17.)

[3] Tacite, *Ann.*, II, 46 ; XIII, 57.

[4] *Quoniam propinqui sibi erant.* (Grégoire de Tours, II, 2.)

ques. Il en fut de même chez les Francs ; quand leurs chefs Sunno et Marcomer attaquent l'empire, c'est un autre chef franc, Arbogast, qui les contient et les arrête ; le chroniqueur fait même cette remarque « qu'il les poursuivait avec toute l'animosité que les hommes de cette race ont les uns pour les autres[1]. »

Il en fut ainsi jusqu'à la fin. Au temps de Tacite les Germains se battaient entre eux en Germanie ; au cinquième siècle, entrés dans l'empire, ils continuent à se combattre avec la même fureur. Les Burgondes et les Wisigoths remplissent le midi de la Gaule de leurs sanglantes querelles, en attendant que les Francs les subjuguent les uns après les autres.

Quels sont, au contraire, les sentiments ordinaires de ces Germains à l'égard de Rome ? Depuis le fameux Arminius qui avait commencé par servir l'empire et qui avait obtenu avec le droit de cité le titre de chevalier romain[2], jusqu'au Franc Mellobaude qui fut grand dignitaire de la cour et consul, on ne saurait compter combien de Germains s'attachèrent à l'empire. Tous ces hommes n'étaient pas pour cela des traîtres. Beaucoup pensaient très-sincèrement, ainsi que le disait l'un d'eux, que l'intérêt des Germains était d'être les alliés de Rome[3]. Il leur paraissait en tous cas aussi légitime d'être l'ami de Rome que d'être son ennemi. Ils ne se cachaient pas de la servir. L'idée d'un devoir envers la patrie germanique n'entrait pas dans leur esprit ; leur cœur n'a-

---

[1] *Gentilibus odiis insectans.* (Grégoire de Tours, II, 9.)
[2] Velleius, II, 118.
[3] *Romanis Germanisque idem conducere.* (Tacite, *Ann.*, I, 58.)

vait non plus aucun sentiment d'antipathie contre le nom romain ou le nom gaulois.

On est porté à se figurer ces barbares comme de farouches adversaires de la civilisation romaine. Le type du paysan du Danube est toujours présent à notre esprit[1]. C'est pourtant sous des traits bien différents que les historiens anciens nous les dépeignent. Un jour, deux de leurs députés étaient à Rome; ils se font conduire au théâtre; ils remarquent au premier rang quelques places vides; « ce sont, leur dit-on, les places d'honneur que l'on accorde aux ambassadeurs des nations les plus fidèles à l'empire. » « Eh bien ! répliquent-ils, aucune nation ne surpasse les Germains en fidélité à l'égard de Rome, » et ils vont occuper ces places[2]. Les faits de cette sorte sont innombrables. Tacite et Ammien ne cessent de montrer que les Germains aimaient à vivre à Rome, qu'ils en prenaient autant qu'ils pouvaient les habitudes et qu'ils échangeaient volontiers leurs noms germaniques contre des noms romains[3].

La pensée de poursuivre une race étrangère et détestée

---

[1] Il faut noter que ce type du *Paysan du Danube* n'a pas été imaginé au temps de l'empire romain; c'est un Espagnol, Guévara, qui en a été l'inventeur au seizième siècle. (Geffroy, *Rome et les barbares*, p. 80.)

[2] *Postquam audiverant earum gentium id honoris datum quæ virtute et* AMICITIA ROMANA *præcellerent,* « *nullos mortalium armis aut* FIDE *ante Germanos esse* » *exclamant.* (Tacite, *Ann.*, XIII, 54 Cf., I, 57-58.)

[3] Velleius (II, 107) raconte un fait dont il a été témoin oculaire, et qui prouve la vive admiration des Germains pour Rome. Voyez, dans Tacite, ces Germains qui vivant à Rome prennent les noms d'Italicus et de Flavius. (*Ann.*, II, 9; XI, 16.) Ammien en cite qui s'appellent Latinus (XIV, 10), Sérapion (XVI, 12), Macrianus (XVIII, 2), Gabinius (XXIX, 6).

ne se manifeste jamais chez les Germains; dans leurs invasions même, l'historien ne rencontre aucun de ces traits qui caractérisent une guerre de races. Si les Germains sont entrés dans l'empire, ce n'est assurément ni le patriotisme ni la haine qui les a poussés.

Les invasions ont été quelquefois attribuées à l'excès de population et à la surabondance de force; mais cette conjecture a contre elle l'observation des faits. C'est une étrange erreur que d'avoir cru que la Germanie fût « une pépinière de nations[1], » comme si l'humanité y avait été plus féconde qu'ailleurs. La barbarie n'est jamais féconde. Comment la population aurait-elle été nombreuse sur un sol qui était alors couvert de forêts et de marécages, chez des peuples peu laborieux et qui ignoraient l'industrie, dans un état social troublé par des guerres incessantes? Tacite dit que de son temps la population n'était pas en rapport avec l'étendue du sol, et qu'il y avait en Germanie plus de champs qu'on n'en pouvait cultiver. S'il en était ainsi dès le temps de Tacite, cela fut encore plus vrai après lui, lorsque quelques-uns de ces peuples, comme les Bructères et les Chérusques, eurent été exterminés par leurs voisins, lorsque plusieurs autres eurent été détruits par les armes de Rome, lorsque le reste se fut affaibli dans de longues luttes intestines. Ce ne fut certainement pas parce qu'ils étaient trop nombreux et trop forts que les Germains attaquèrent l'empire.

[1] *Officina gentium et vagina nationum.* On a souvent répété ces paroles de Jornandès (*De reb. get.*, 2); mais dans le texte elles ne s'appliquent pas à la Germanie; elles s'appliquent à la Scandinavie, et sont une allusion à de vieilles légendes religieuses.

Quelques historiens ont accusé l'extrême avidité de cette race et ont cru que l'invasion n'avait été qu'un grand brigandage. Il est incontestable que l'amour de l'or, qui est commun à la nature humaine, se rencontre chez ces Germains comme chez tous les peuples. Il ne faut pourtant rien exagérer. Ces hommes avaient les vertus et les vices de toutes les sociétés ; mais ils n'avaient ni vertus ni vices qui leur fussent propres. S'ils aimaient l'or, ils aimaient aussi la terre ; ils pouvaient devenir laborieux ; ils l'auraient été dans leur pays si l'état social de la Germanie eût permis le travail. Il y a autant d'injustice à supposer qu'une immense convoitise arma cette population contre les richesses de l'empire, qu'il y a d'ingénuité à prétendre, ainsi que d'autres l'ont fait, que ce fut l'amour de la vertu qui les lança contre ce qu'on appelle la corruption romaine. Car chacun, suivant ses haines, a rabaissé ou exalté ces Germains, comme s'ils étaient les pères des Allemands d'aujourd'hui.

La vraie cause des invasions se trouve dans les désordres intérieurs et dans les révolutions sociales qui bouleversèrent la Germanie durant ces quatre siècles. On doit en effet remarquer que, dans tout cet intervalle de temps, chaque fois qu'un peuple germain fait une tentative d'invasion, c'est qu'il a été chassé du pays qu'il occupait par un autre peuple [1]. Souvent aussi les envahisseurs ne sont autres qu'un parti qui a été vaincu dans

---

[1] C'est ce que César constatait déjà : *Venisse invitos, ejectos domo* (IV, 7). — *Causa transeundi fuit quod agri cultura a Suevis prohibebantur.* (Ibid., IV, 1.) — Strabon (IV, 3) : Ἐξελαυνόμενοι κατέφευγον. — Tacite, XIII, 55 : *Pulsi a Chaucis et sedis inopes.* — *Germ.*, 29 : *Seditione domestica pulsi.* — Il en fut de même au troisième, au quatrième siècle.

une guerre civile. C'est parce qu'une révolution intérieure les chasse, que ces hommes cherchent à pénétrer dans l'empire. Ils demandent des terres, non pas parce que la terre manque en Germanie, mais parce que les haines de leurs voisins ou de leurs compatriotes leur interdisent d'y rester. Il y a deux séries de faits qui se correspondent, les guerres intestines en Germanie et les incursions dans l'empire.

Ce qui précipita surtout l'invasion, ce fut cette ruine des institutions et des mœurs germaines que nous avons signalée plus haut. Le régime de l'ancien État germain s'affaissa partout ; avec lui, l'ordre, l'organisation sociale, tous les goûts et toutes les habitudes de la vie sédentaire disparurent. A tout cela succéda le régime de la bande guerrière, c'est-à-dire la vie instable, le dégoût pour la culture du sol des ancêtres, l'absence de mœurs et d'idées fixes. Que l'on observe attentivement chacune de ces tentatives d'invasion qui se renouvellent pendant quatre siècles ; on en comptera infiniment peu qui soient faites par des peuples organisés ; elles le sont par des bandes guerrières [1].

On remarquera même que, dans les deux premiers siècles, les peuples avaient été ordinairement alliés de Rome tandis que les bandes sorties de ces mêmes peuples

---

[1] Aussi arrivait-il que, si les légions romaines pour châtier une agression se présentaient sur le territoire du peuple d'où cette agression était partie, on pouvait presque toujours leur dire ce que les Quades dirent à Valentinien : *Non ex communi voluntate procerum gentis delictum, sed per extimos quosdam latrones.* (Ammien, XXX, 6.) Le mot *latrones* désigne ici la bande d'aventuriers que le peuple renie. Pareilles observations se rencontrent plusieurs fois dans les écrivains du temps.

étaient ses ennemies. La plupart des chefs réguliers des États germains professaient hautement qu'il était utile et même patriotique de s'allier à Rome, tandis que les chefs des bandes guerrières tenaient le langage opposé. Les premiers comprenaient que l'alliance romaine, sans nuire beaucoup à la liberté, était la garantie de l'état sédentaire et du progrès. Mais ces espérances de ce qu'il y avait de plus éclairé en Germanie furent trompées, et la désorganisation se continua toujours ; les révolutions furent incessantes, et à la fin les peuples mêmes disparurent, en ne laissant plus d'eux que des bandes guerrières.

A partir de ce moment, il n'y eut plus rien en Germanie qui fût capable de retenir les hommes et de les fixer au sol. Partout l'état sédentaire fit place à l'état instable. La vraie Germanie était dissoute ; alors les mêmes éléments de trouble qui l'avaient décomposée se portèrent contre l'empire romain.

Aussi peut-on constater que c'est dans le moment où la Germanie était le plus bouleversée et le plus en désarroi que les invasions ont redoublé d'intensité. Sous l'empereur Auguste elles avaient été peu dangereuses ; elles commencent à le devenir sous Marc-Aurèle ; à mesure que les institutions sociales de la Germanie s'affaissent et que la série des révolutions brise les peuples, le nombre des envahisseurs augmente. Sous Honorius, la Germanie est devenue presque un désert dans lequel toutes les hordes nomades des Slaves et des Huns circulent à l'aise, et c'est à ce moment même que l'invasion est dans toute sa force. Tant il est vrai qu'en tout cela il ne s'agissait pas d'une lutte entre deux races ou entre deux nations. La lutte était entre l'empire romain et le régime de la bande guerrière, c'est-à-dire entre l'état sédentaire et l'état instable. Le théâtre de cette lutte avait été d'abord au delà du Rhin, et les peuples Germains en avaient été les premières victimes. Quand le mal eut dévoré la Germanie, il attaqua l'empire.

CHAPITRE IV

Du succès des invasions germaniques.

Les sociétés en dissolution sont toujours un dangereux voisinage. Si faibles qu'elles soient, elles ont toujours la faculté de nuire. Incapables de rien fonder chez elles, elles peuvent détruire ce qui est à leur portée. Il n'est pas d'empire, si fortement constitué qu'il soit, qui puisse vivre en sûreté à côté d'elles.

Entre civilisés et barbares, la lutte n'est pas égale. Les nations civilisées appliquent les neuf dixièmes de leurs forces à la paix et au travail; les barbares appliquent à la guerre tous leurs bras et toute leur âme. Il peut donc arriver que des sociétés très-fortes soient matériellement vaincues par des sociétés très-faibles.

Rome, avant de connaître les Germains, s'était toujours attaquée à des populations bien assises. Les Gaulois même et les Espagnols étaient fixés au sol et avaient des villes. Les populations ondoyantes et instables qui sortirent de la Germanie lui firent une guerre d'un genre nouveau. Ce n'est pas la même chose d'avoir à lutter contre un État régulièrement constitué ou contre une société sans organisation. On connaît le premier; on sait ce que sont ses forces et où elles sont ; on peut prévoir comment et de quel côté il attaquera. On distingue aussi les points qu'il faut attaquer en lui et les organes vitaux contre lesquels doivent porter les coups. On devine ses desseins, parce que ses desseins ont toujours quelque suite ; on peut avoir avec lui des négociations, des traités, un droit international ; on a avec lui un fond d'idées communes qui fait que la guerre est loyale et la paix à peu près sûre. Rien de semblable avec la société ou barbare ou désorganisée. On ne peut savoir ses desseins, puisqu'elle-même n'en a pas d'arrêtés. On ne sait où sont ses forces, puisqu'elles se déplacent toujours. On ne peut la frapper à son centre et à son cœur, puisqu'elle n'a pas de capitale. On ne peut traiter avec elle, parce que les pouvoirs avec qui l'on traiterait, ou manquent de stabilité ou manquent de bonne foi. Il n'y a pas de lois avec elle, puisqu'elle n'en a pas en elle-même. C'est un ennemi insaisissable, contre lequel aucune victoire ne sert, avec lequel aucun traité n'a de valeur. Une telle guerre déroute les règles de la stratégie comme celles de la morale. Attendre l'ennemi chez soi est dangereux parce qu'on ne peut jamais prévoir de quel côté il attaquera ; le poursuivre chez lui est plus dangereux encore parce qu'en un pays barbare l'armée d'un peuple civilisé ne peut pas vivre.

Il n'y avait aucune proportion entre la puissance de l'empire et la faiblesse des Germains ; pourtant ces Germains soutinrent contre l'empire une guerre sans fin, le menacèrent plus d'une fois de la ruine, et telle fut enfin l'issue de la lutte que l'empire parut être vaincu et détruit par leurs armes.

Il faut toutefois bien distinguer les faits. La science historique, comme toutes les sciences, procède par l'analyse. Qui ne regarde que l'ensemble des choses est exposé à beaucoup d'erreurs. L'événement qu'il s'agit d'étudier ici a été infiniment complexe ; pour le saisir dans toute sa vérité, il faut en décomposer les différentes parties. Les Germains sont entrés dans l'empire de trois manières : 1° comme ennemis et par la force des armes ; 2° comme laboureurs et serviteurs ; 3° comme soldats au service de l'empire lui-même. Nous devons observer séparément ce que devint chacune de ces trois catégories de Germains.

On peut faire commencer l'énumération des incursions hostiles à celle d'Arioviste. Ce chef de bandes guerrières fut repoussé par César, et ses bandes à peu près exterminées. Toutes les invasions tentées au temps d'Auguste furent arrêtées de même. Plus tard, quand le Batave Civilis ouvrit la Gaule à des hordes de Bructères et de Tenctères, tout cela fut rejeté au delà du Rhin. En cent cinquante années d'efforts, la Germanie n'avait pas entamé l'empire ; tout au contraire, il s'était formé sur la rive du Rhin deux provinces toutes romaines sous ce même nom de Germanie qui n'était nullement hostile. La population y était germaine de naissance, ayant été admise ou amenée de force par le gouvernement romain lui-même; mais elle était toute romaine par la fidélité, par l'obéissance, par les habitudes de la vie et même par la langue. Là s'élevaient les grandes villes de Cologne, Mayence, Trèves, Coblentz, Strasbourg, Saverne, Bâle. Ces villes, couvertes de monuments, de temples, de basiliques, d'amphithéâtres, remplies d'une population laborieuse et riche, n'avaient rien de commun avec la Germanie d'au delà du Rhin; elles prouvaient seulement de quels progrès la race germanique était capable et ce qu'aurait pu devenir la Germanie elle-même si elle avait eu dès lors des institutions fixes.

Vers le milieu du second siècle, le désordre redoubla dans le pays et eut pour résultat immédiat une nouvelle poussée contre les frontières romaines. Marc-Aurèle lutta vingt ans avec la plus grande énergie contre cette tentative d'invasion, et les frontières ne furent pas franchies.

Au troisième siècle le danger reparut. C'était le temps où l'empire romain était déchiré par les compétitions des princes et l'anarchie militaire. Les armées romaines, occupées à se battre entre elles, laissèrent les frontières sans défense. Les Germains les franchirent. Les uns passant le Danube allèrent piller la Grèce; d'autres se répandirent en Italie; des bandes franques entrèrent dans la Gaule, la parcoururent en tous sens, la ravagèrent pendant douze ans. Tous ces pillards eurent d'ailleurs le même destin; peu d'entre eux revirent la Germanie; moins encore s'établirent dans l'empire; ils périrent et disparurent au milieu de leurs dévastations mêmes et il ne resta rien d'eux que les ruines qu'ils avaient faites.

Dès que l'empire eut recouvré son unité intérieure, les invasions furent arrêtées. Claude II, en 268, détruisit une armée d'Alamans qui avait passé les Alpes, et peu après il repoussa sur le Danube 300,000 barbares. Aurélien écrasa encore quelques hordes alamaniques. Nouvelles irruptions sous le règne éphémère de Tacite ; Probus rejeta les envahisseurs au delà des frontières, les poursuivit même chez eux, battit Burgondes, Alamans et Vandales dans leur propre pays[1].

Sous Dioclétien, une armée d'Alamans pénétra en Gaule jusqu'à Langres ; elle fut vaincue et ramenée de l'autre côté du Rhin. Constantin repoussa tous les envahisseurs. Sous Constance Chlore, les Alamans renouvelèrent leurs tentatives ; ils s'emparèrent de Strasbourg et brûlant tout se répandirent dans les vallées des Vosges ; mais le César Julien les atteignit, les refoula, les vainquit près de Strasbourg et les poursuivant dans leur pays ne les laissa en paix qu'à la condition qu'ils fourniraient comme tribut assez de bois et de matériaux pour rebâtir les villes romaines qu'ils avaient renversées. Les essais d'invasion furent renouvelés sous Valentinien ; trois victoires des armées impériales les arrêtèrent.

Ce qui est digne de remarque en tout cela, c'est la facilité avec laquelle l'empire avait raison de ses ennemis. On est porté à s'exagérer la force de ces barbares. Ils étaient vaincus par des armées romaines fort peu nombreuses, qui souvent ne comptaient pas 50,000 hom-

---

[1] Trébellius Pollion, *Claude*, 8 ; Vopiscus, *Probus*, 13, 15, 20.

mes. Ces barbares, race affaiblie, mal armés, mal conduits, ne prenaient de villes que celles qui n'étaient pas défendues[1], n'avançaient dans le pays qu'aussi longtemps qu'ils ne rencontraient pas d'armée romaine, évitaient les batailles[2], se battaient sans ordre et sans tactique, et après le premier échec imploraient la paix. On peut voir dans les historiens du temps leurs supplications, les génuflexions de leurs chefs, les traités humiliants qu'ils concluent, les tributs en matériaux ou en hommes qu'ils s'engagent à payer[3]. Pourtant ils recommençaient toujours leurs incursions, parce que, dans l'état flottant où était la Germanie, ces incursions leur étaient une nécessité. Les Francs étaient poussés par les Saxons, les Alamans l'étaient par les Burgondes; il fallait avancer.

Vers la fin du quatrième siècle, un nouveau coup frappa cette Germanie déjà si malheureuse : les Huns arrivèrent de l'Asie. Ce n'était pas un peuple bien puissant; ils fuyaient eux-mêmes devant une autre population plus orientale. Ils étaient plusieurs hordes nomades

---

[1] Voy. Ammien, XVI, 12; XXVII, 2, 10.

[2] Ammien, XXVIII, 5 : *Saxones ante colluctationem adeo terruit ut signorum fulgore præstricti venialem poscerent pacem.*

[3] Tacite, *Ann.*, II, 22 : *Supplices veniam accepere.* — Dion Cassius, LXXI, 11 : Εἰρήνην αἰτούμενοι... παραδώσοντες ἑαυτοὺς ἐπρεσβεύσαντο. — Cf. *ibid.*, LXXI, 16. — Ammien, XVII, 10 : *Romanæ potentiæ jugo subdidere colla jam domita et, velut inter tributarios nati et educati, obsecundabant imperiis.* — Ibid., XVII, 13 : *Vitam precati, tributum annuum et servitium spoponderunt.* — Ibid., 12 : *Quum se cum facultatibus et liberis terrarumque suarum ambitu Romanæ potentiæ offerrent.* — Ibid., XXVII, 10 : *Infimi et supplices.* — Ibid., XXX, 6 : *Pacem suppliciter obsecrantes, membris incurvatis, metu debiles.* — Sulpice Sévère, *Vita S. Martini*, 4 : *Legatos de pace miserunt sese suaque omnia dedentes.*

qu'aucun lien n'unissait ; ils ne sont devenus puissants que soixante années plus tard, quand Attila les a groupés pour un moment en un seul faisceau. Mais, si faibles qu'ils fussent alors, la Germanie plus faible encore ne pouvait pas les arrêter. Au nord du Danube étaient les Goths dont le roi Hermanrich travaillait à fonder un État solide. Aux premiers coups des premières hordes des Huns, l'édifice s'écroula ; les Ostrogoths se soumirent humblement aux nouveaux venus ; les Wisigoths éperdus demandèrent un asile à l'empire qui le leur accorda ; nous dirons ailleurs leur histoire.

Les Huns avançaient lentement. La Germanie ou du moins ce qu'il en restait fuyait effaré. Tout ce qui était au nord du Danube se réunit, au nombre de 200,000 hommes sous les ordres d'un chef nommé Radagaise et se précipita sur l'Italie. Ils furent exterminés en Toscane, et tout ce qui ne fut pas tué fut pris et vendu comme esclave (406)[1].

Mais à ce même moment, l'empire, toujours trop faible en soldats, avait rappelé les légions qui gardaient le Rhin. Aussitôt toute la portion occidentale de la Germanie, Suèves, Burgondes, Vandales, trouvant la frontière sans défense, la passèrent. Ils étaient environ 200,000. Quelques milliers de Francs, serviteurs de l'empire, essayèrent seuls de les arrêter. Il n'y avait pas d'armée en Gaule ; les Germains y furent les maîtres. D'ailleurs ils ne songèrent pas à s'y établir ; ils ravagèrent, ils détruisirent, puis les Suèves passèrent en Es-

---

[1] Saint Augustin, *Cité de Dieu*, V, 23 et Orose (VII, 37) racontent la ruine complète de ces 200,000 barbares.

pagne et les Vandales en Afrique. Des troupes d'Alains et de Burgondes restèrent en Gaule, mais dans des conditions de paix particulières dont nous aurons à parler plus loin. Cette invasion de 406, la seule qui ait à peu près réussi, ne fonda rien et ne changea pas la face du pays ; ce fut un torrent qui passa.

Les Huns avançaient toujours. Le départ des 400,000 envahisseurs de l'année 406 avait fait le vide en Germanie ; les Huns régnèrent dans ce désert. Peu à peu ils arrivèrent sur le Rhin ; c'est ici le seul moment où ils aient eu quelque force ; un chef hardi avait réuni leurs différentes hordes sous son autorité. Il franchit le fleuve et marcha sans rencontrer d'armée jusqu'à Orléans. Jamais l'invasion n'avait été si redoutable. En 451, la plaine de Châlons offrit ce spectacle : d'un côté étaient les Huns que suivaient à titre de sujets les Ostrogoths, les Gépides, les Thuringiens et les Alamans ; de l'autre était un général de l'empire, Aétius, qui commandait à des Wisigoths, à des Burgondes, à des Francs, à des Saxons, tous sujets de l'empire et « soldats romains ; » de sorte que, si l'on excepte les Lombards et le gros des Saxons restés en Germanie, tout ce qui était Germain obéissait alors ou au Hun Attila ou à l'empereur Valentinien. La défaite d'Attila sauva l'empire de l'invasion, et en même temps rendit l'indépendance au sol germanique.

Tels sont les essais d'invasion hostile et à main armée que l'histoire peut compter. Il est facile de juger du mal qu'ils ont fait ; les contemporains nous disent assez ce qu'il y eut de villes détruites, de provinces ravagées,

DU SUCCÈS DES INVASIONS GERMANIQUES. 353

d'existences humaines brisées[1]. Que l'on cherche pourtant ce que sont devenus tous ces envahisseurs ; ils n'ont rien laissé d'eux. A ne considérer que la Gaule, il est constant qu'il n'y resta rien de ces Alamans qui en 259 dévastèrent le pays et passèrent ensuite en Italie où ils disparurent ; rien de ces autres Germains qui profitèrent de la mort d'Aurélien pour piller la Gaule, mais furent ensuite exterminés par Probus ; rien de ces 60,000 Alamans qui, après quelques pillages, furent massacrés par Constance Chlore ; rien de toutes ces bandes qui avaient détruit quarante-cinq villes et avaient fait de l'Alsace un désert, mais qui furent à la fin anéanties par Julien ; rien des Saxons qui firent irruption en 370 et qui furent exterminés jusqu'au dernier[2] ; rien de ce qu'on appelle la grande invasion de 406, puisque l'armée de Radagaise fut détruite en Italie, et que ceux qui s'étaient portés d'abord contre la Gaule passèrent de là en Espagne et en Afrique où ils n'eurent pas une longue existence ; rien enfin de l'invasion des Huns et des Ostrogoths qui furent vaincus à Châlons.

Ce ne furent pas là des invasions ; ce furent seulement des essais d'invasion : immenses déplacements d'hommes d'où il n'est sorti rien de durable ; beaucoup de tumulte et peu d'effets ; beaucoup de ruines et pas une victoire.

---

[1] Encore faut-il se garder des exagérations. Les écrivains parlent de villes détruites, et il est avéré que ces villes sont restées debout. Les documents du septième siècle montrent qu'il y avait encore à Cologne, à Trèves, à Metz, à Reims, des églises, des palais, des monuments de toute sorte qui avaient été construits avant l'invasion. Les Germains n'avaient donc pas tout détruit. (Voyez Digot, *Hist. d'Austrasie*, t. I, p. 119-130.)

[2] Orose, VII, 24. Ammien, XXVIII, 5.

Les Germains qui s'établirent en Gaule et qui purent y laisser quelque chose de leur sang et de leurs mœurs, furent seulement ceux qui y entrèrent comme laboureurs ou à titre de soldats de l'empire.

CHAPITRE V

Des Germains établis dans l'empire comme laboureurs.

Les Germains n'avaient aucune haine contre le gouvernement impérial ni contre la société romaine. Le sentiment d'une antipathie de races était inconnu en ce temps-là. Ce qui les forçait à sortir de leur pays, c'était le désordre qui y régnait. La plupart d'entre eux étaient, non des conquérants, mais des fuyards ; ils cherchaient, non la domination ou la gloire, mais un asile. Se réfugier dans l'empire romain, et y vivre en paix, était toute leur ambition. Chez eux, le sol était pauvre et l'existence troublée ; dans l'empire, ils savaient que la terre était fertile et que les fruits du travail étaient garantis par des institutions fixes. Ils se portèrent vers ces contrées comme vers un séjour désirable ; l'empire leur apparaissait comme une terre privilégiée où l'on ne pouvait pas manquer d'être heureux. Ils aspirèrent donc à se faire une place dans cette société riche. Si quelques-uns d'entre eux essayèrent d'y entrer par force, la plupart préférèrent s'y introduire par des voies pacifiques.

Ils n'avaient pas cette fierté sauvage dont on leur a,

plus tard, fait honneur. Il faut se souvenir que, lorsque les Cimbres et les Teutons étaient venus se heurter, sans le savoir, contre les forces romaines, ils s'étaient excusés auprès du consul et avaient demandé qu'on les reçût comme serviteurs de Rome; ils offraient à la fois leurs armes pour la guerre et leurs mains pour le travail [1]. Ainsi firent dans la suite presque tous les Germains. Sous Auguste, les Ubiens et les Sicambres *firent dédition* [2], c'est-à-dire se déclarèrent formellement sujets de Rome, et entrèrent à ce titre dans les limites de l'empire. Il en fut de même des Tongriens, qui furent établis par Auguste sur la basse Meuse. Les Cattes chassés par une guerre civile, demandèrent qu'on leur permît « de faire partie de l'empire [3]. » Le peuple des Mattiaques se plaça dans les mêmes conditions d'obéissance. Tibère, après une brillante expédition en Germanie, ramena 40,000 sujets (*dedititii*), à qui il assigna des demeures sur les bords du Rhin [4]. Sous Néron, on vit le peuple des Ansibariens se présenter à la frontière et offrir de se mettre sous la sujétion de Rome, si on leur permettait d'occuper quelques terres qui étaient vacantes [5]. Or cette sujétion n'était pas un vain mot: les peuples germains qui y étaient soumis, fournissaient des soldats, payaient parfois des impôts, recevaient les ordres des gouverneurs de provinces.

---

[1] Florus, III, 3 : *Ut vellet,* MANIBUS *atque* ARMIS *suis uteretur.*
[2] Suétone, *Auguste,* 21 : *Ubios et Sicambros* DEDENTES SE.
[3] Tacite, Germ , 29 : *Ut pars imperii romani fierent.*
[4] Suétone, *Tibère,* 9 : *Quadraginta millia* DEDITITIORUM *trajecit in Galliam.*
[5] Tacite, XIII, 55 : *Gentem suam* DITIONI *nostræ subjiceret*

Si l'on se transporte au quatrième siècle, on ne voit pas que les Germains fussent moins empressés à obéir. Les Vandales furent pendant quarante années « sujets et serviteurs des empereurs[1]. » Quand les Wisigoths furent autorisés à passer la frontière, ils s'engagèrent à obéir aux lois et aux ordres qu'on leur donnerait[2] ; ils offrirent même d'abandonner leur religion nationale et d'adopter celle des Romains ; même après leur révolte contre Valens, ils restèrent serviteurs de l'empire, *in servitio imperatoris ;* c'est un historien de leur nation qui nous l'affirme[3]. Il en était de même des Francs, des Burgondes, des Alains. « Tous ces hommes, dit Jornandès, servaient l'empire, *romano serviebant imperio.* »

On peut même faire cette remarque que les Germains n'étaient pas plus fiers dans leur langage que les autres sujets des empereurs. En s'adressant au prince, ils observaient les règles de l'étiquette aussi bien que s'ils fussent nés en Italie ; ils l'appelaient des noms de maître et de dieu, *dominum et deum appellabant*[4].

Ils n'avaient donc aucune répugnance à entrer pacifiquement dans la société romaine. Aussi arriva-t-il que, dans cette même période de cinq siècles durant laquelle les invasions armées furent toujours repoussées, on vit

---

[1] Jornandès, 7 (22) : *Per quadraginta annos imperatorum decretis, ut incolæ, famularunt.*

[2] Jornandès, 8 : *Ut imperatoris legibus viverent ejusque imperiis subderentur.*

[3] Jornandès, 9 : *Cunctus Gothorum exercitus in servitio Theodosii imperatoris perdurans, romano se imperio subdens.*

[4] Ammien, XXI, 5.

pourtant un grand nombre de Germains pénétrer dans l'empire.

Beaucoup y vinrent à titre d'ouvriers, de travailleurs, d'hommes de service. Dans les premières années du cinquième siècle, l'évêque Synésius, s'adressant à l'empereur d'Orient, lui disait : « Il n'y a presque pas une seule de nos familles qui n'ait quelque Goth pour serviteur; dans nos villes, le maçon, le porteur d'eau, le portefaix, sont des Goths. »

D'autres Germains préféraient cultiver le sol. L'acheter leur était impossible; ils n'y pouvaient être que des laboureurs à gages ou des colons. Ils offrirent leurs services, et il y avait des motifs pour que les propriétaires fussent empressés à les accepter.

Les bras, en effet, manquaient alors pour la culture. Ce n'est pas que le nombre des habitants eût diminué dans l'empire; aucun document, du moins, n'autorise à affirmer qu'il y ait eu alors une dépopulation générale, et il n'est pas vraisemblable que la longue période de paix et de travail qui s'étendit depuis le règne d'Auguste jusqu'à ceux des Sévères ait pu dépeupler l'empire. C'est la classe agricole, seule, qui était insuffisante. On avait depuis deux siècles défriché beaucoup de forêts, créé des routes, amélioré le sol; la terre cultivable s'était fort étendue, et le nombre des cultivateurs n'avait pas augmenté dans la même proportion. Il s'était formé, au contraire, des professions nouvelles; les travaux de l'industrie avaient enlevé des bras à l'agriculture au moment même où il aurait fallu que ces bras fussent plus nombreux. En même temps, l'usage des affranchissements et l'élévation incessante des basses classes avaient épuisé peu à peu cette couche inférieure de la société dont le dur labeur fécondait la terre. Le progrès général devint ainsi, par un certain côté, une cause d'embarras. Il arriva à la classe agricole de l'empire romain ce qui serait arrivé dans notre siècle à la classe ouvrière si la science n'avait pas inventé les machines; le nombre des bras n'aurait pas été en rapport avec les besoins croissants. La population générale de l'empire pouvait augmenter; la population agricole restait au-dessous de ce qu'il eût fallu. Le mal parut surtout lorsque Trajan eut jeté de grandes colonies d'agriculteurs sur la rive gauche du Danube, peuplant la Dacie aux dépens de l'Italie et de la Gaule.

Pour toutes ces raisons la culture manquait d'hommes; il fallait donc en chercher au dehors. Si l'on ne trouvait moyen d'avoir des bras étrangers, la main-d'œuvre était chère, les frais de culture démesurés, les propriétaires ruinés, les impôts impayés, les récoltes incomplètes, et la vie de l'empire pouvait se trouver arrêtée comme elle l'est dans un corps vigoureux où un organe ne s'est pas fortifié dans la même proportion que les autres. L'empire lutta pendant trois siècles contre cette difficulté; l'adjonction de laboureurs germains était son salut.

Aussi trouvait-on qu'il ne s'en présentait jamais assez, et ne se contentait-on pas de ceux qui offraient spontanément leurs services. On profitait de chaque victoire pour en introduire de force le plus qu'on pouvait, à la grande satisfaction des propriétaires du sol.

Les historiens du temps font, en effet, remarquer que l'entrée de nombreux Germains dans l'empire coïncidait toujours avec les victoires des armées impériales. Ce sont les grands succès de Marc-Aurèle qui ont rempli de colons barbares la Pannonie et l'Italie[1]. C'est après les victoires de Claude II, en 270, qu'on vit affluer sur les terres en friche une foule de barbares prisonniers[2]. C'est après les brillantes expéditions de l'empereur Probus, en 277, qu'on vit les champs de la Gaule labourés par des captifs germains. Les contemporains signalent la joie qu'éprouvaient les populations à pouvoir dire : « Les barbares labourent pour nous ; pour nous ils sèment[3]. » On se félicita de même, en 291, de voir des Francs, « admis sous les lois de l'empire, cultiver les champs des propriétaires trévires et nerviens[4] ». C'est alors aussi que « les terres des pays de Beauvais, d'Amiens, de Langres, que le manque de bras avait rendues stériles, reprirent une vigueur nouvelle par le travail du

---

[1] Dion Cassius, LXXI, 11 ; Jules Capitolin, *Marcus*, 22.

[2] Trébellius Pollion, *Claude*, 8 : *Impletæ barbaris servis romanæ provinciæ; factus colonus ex Gotho, nec ulla fuit regio quæ Gothum servum non haberet.* — Zosime, I, 46 : « Tous ceux qui eurent la vie sauve furent incorporés dans les troupes romaines ou répartis sur des champs qui leur furent assignés à cultiver et auxquels ils demeurèrent attachés. »

[3] Vopiscus, *Probus*, 15 : *Barbari vobis arant, vobis serunt.*

[4] Eumène, *Panegyr. Constantio* : *Receptus in leges Francus Nerviorum et Trevirorum arva jacentia excoluit.* — On a parfois traduit ce passage comme s'il signifiait que le pays fût un désert et qu'on l'eût donné aux Francs. L'ensemble du discours d'Eumène montre bien que sa pensée est toute autre ; *arva jacentia*, dans le langage du temps, désigne des terres qui n'ont pas assez de serfs ou de colons ; quant au mot *excoluit*, il ne peut pas signifier que ces Francs soient devenus propriétaires, encore moins que les anciens propriétaires aient été dépossédés. Il s'agit en tout cela d'une acquisition de colons étrangers et non pas d'un abandon du sol.

laboureur barbare. » Quelques années plus tard, en 296, les victoires de Constance Chlore forcèrent les Chamaves et les Frisons à labourer la terre pour les Gaulois, et un contemporain fait remarquer que le prix du blé baissa aussitôt[1]. Constantin alla arracher à leur pays un certain nombre de Francs, et les dissémina en Gaule. Un peu plus tard les Francs Saliens, vaincus, furent cantonnés au nord de la Gaule par la volonté de Julien ; et, sujets de l'empire, on leur imposa l'obligation de cultiver la terre[2]. Théodose remporta une grande victoire sur les Alamans ; une foule de captifs de cette nation furent amenés en Italie et astreints à cultiver les rives du Pô[3]. En 377, des Goths, vaincus, furent disséminés dans le pays de Parme et de Modène « pour cultiver la terre[4]. » Plus tard encore et jusque sous le règne d'Honorius, on chantait les grands succès de Stilicon qui obligeait les Sicambres à changer leurs épées contre des socs de charrue. Tous ces faits, assurément, n'apparaissaient pas aux yeux des contemporains comme une conquête du pays par une population étrangère ; ils y

---

[1] Eumène, *ibid.*, c. 9 : *Arat ergo mihi Chamavus et Frisius, cultor barbarus laxat annonam.* — C'est à peu près ce que dit Eutrope (IX, 15) : *Ingentes captivorum copias in romanis finibus locaverunt.*

[2] Ammien, XVII, 8 : *Francos dedentes se cum opibus liberisque suscepit.* — Julien, *Lettre aux Athéniens* : Ὑπεδεξάμην μοῖραν τοῦ Σαλίων ἔθνους, χιλίους ἐξελὼν ἐζώγρησα, οὐ τὴν ἄχρηστον ἡλικίαν, ἀλλ' ἄνδρας ἡβῶντας. — Cette chasse à l'homme, à l'homme robuste et qui peut servir, est digne d'attention.

[3] Ammien, XXVIII, 15 : *Quoscunque Alamannorum cepit, ad Italiam misit ubi, agris acceptis, jam* TRIBUTARII *circumcolunt Padum.* — N'entendons pas par *agris acceptis* que ces Alamans aient reçu la propriété ; le mot *tributarii* désigne des colons attachés à la glèbe.

[4] Ammien, XXXI, 9 : *Rura culturi.*

voyaient plutôt l'empire conquérant des sujets étrangers.

Il ne faudrait pas supposer que ces Germains, entrés spontanément ou amenés de force, devinssent propriétaires du sol. Nous devons au contraire remarquer que dans les documents qui mentionnent cette attache des Germains à la terre, on ne rencontre pas une seule des expressions qui, dans la langue latine, désignaient le droit de propriété. Ils n'étaient reçus sur la terre romaine qu'à titre de cultivateurs et de colons[1]. On les répartissait entre les provinces qui avaient le plus besoin de bras ; les uns étaient disséminés sur les terres du domaine public ; les autres étaient partagés entre les propriétaires du sol. « Nous voyons, dit un écrivain du temps, des files de prisonniers barbares arrêtées dans nos rues ; on commence par les distribuer entre les habitants de la ville pour les servir, en attendant qu'on leur ait désigné les champs à la culture desquels ils seront attachés[2]. »

Les instructions impériales avertissaient d'ailleurs les propriétaires que ces Germains qui leur étaient donnés par le gouvernement seraient traités, non comme esclaves, mais comme colons ; par conséquent ils ne pouvaient

---

[1] C'est bien ce que signifie le mot *tributarii* d'Ammien et la phrase de Zosime : Γῆν εἰς γεωργίαν λαβόντες ταύτῃ προσεκαρτέρησαν. C'est aussi le sens de la phrase de Nazarius, *Paneg. Constant.*, 17 : *Ut loca culta redderent serviendo.* — Cf. Ammien, XIX, 11 : *Parati ut, quietem colentes, tributariorum onera subirent et nomen.*

[2] Eumène, *ibid.*, 9 : *Videmus totis porticibus civitatum sedere captiva agmina barbarorum, atque hos omnes provincialibus ad obsequium distributos donec ad destinatos sibi cultus solitudinum ducantur.*

être ni vendus ni transportés ailleurs, et ils devaient toujours rester attachés aux mêmes champs. C'était moins à l'homme qu'à la terre que l'empire les donnait. Chacun d'eux était inscrit et comme immatriculé à une glèbe (*ascriptitius*); il ne pouvait jamais s'en détacher ni ses fils après lui. Une de ces lois est ainsi conçue : « La nation barbare des Scyres, après la défaite des Huns auxquels elle s'était jointe, a été assujettie à notre empire. En conséquence, nous permettons à tous propriétaires de prendre des hommes de cette nation pour augmenter le nombre des travailleurs sur leurs champs; qu'ils sachent toutefois que ces hommes ne seront pas leurs esclaves; ils n'auront pas le droit de les attacher aux travaux domestiques. Ces barbares seront seulement soumis aux lois du colonat; ils travailleront, à titre d'hommes libres, aux ordres et au profit des propriétaires. Il ne sera permis à personne d'en enlever un du champ auquel il aura été attaché; celui qui fuira sera poursuivi et rendu à son maître [1]. »

Ce règlement montre avec une clarté parfaite quelle était la condition des Germains. Ils n'entraient dans l'empire qu'en se soumettant aux lois très-dures du colonat. Ils n'étaient pas précisément esclaves d'un maître, mais ils l'étaient du sol qu'ils cultivaient pour le

---

[1] Loi de 409, au code Théodosien, V, 4, 3, édition Hænel, p. 460-462. La victoire sur les Scyres est mentionnée par Zosime (IV, 34 et V, 22). Sozomène raconte aussi leur désastre; il dit que tout ce qui ne fut pas tué fut vendu à vil prix ou même distribué gratuitement, et il ajoute : « J'en ai vu beaucoup dans la Bithynie, vivant épars sur les champs et labourant les vallées et les collines. » (Sozomène, *Hist. ecclésiast.*, IX, 5.)

maître. Loin qu'ils s'emparassent de la terre, c'était la terre qui s'emparait d'eux.

Le nombre de ces colons germains a été si grand au quatrième siècle que plusieurs historiens modernes ont cru pouvoir affirmer que cette transplantation de barbares avait été la source unique du colonat et par conséquent du servage de la glèbe[1]. Cette opinion est exagérée; mais du moins il est certain que la plus grande partie des colons qui remplissaient alors l'empire étaient venus ou avaient été amenés de la Germanie, et que, dans la classe des serfs de la glèbe qui a duré jusqu'à 1789, il y a eu beaucoup de sang germanique.

Outre ces colons, il existait dans l'empire un très-grand nombre de véritables esclaves, les uns venus de la Germanie à la suite de leurs maîtres[2], les autres faits prisonniers à la guerre. Il n'y avait aucune différence entre eux et les esclaves indigènes.

---

[1] Voyez Zumpt, *Uber die Enstehung des Colonats*, et les notes de Boecking, *Notitia dignitatum*, t. II, p. 1044. Comp. Giraud, *Hist. du droit français*, p. 149.

[2] Code Théodosien, VII, 13, 16 : *Servos fœderatorum et dedititiorum.* — XIII, 4, 4 : *Servos barbaros.* — Trébellius Pollion, *Claude*, 8. Lampride, *Alex. Sévère*, 58. Ammien, XXVIII, 1, 5. Eutrope, IX, 15.

CHAPITRE VI

Des Germains établis dans l'empire comme soldats.

Ce que nous avons dit plus haut des usages de la bande guerrière en Germanie a suffisamment montré qu'il était permis au Germain de prendre du service à l'étranger. Aucune loi du pays, aucune coutume, aucune prescription des mœurs ou de l'opinion ne s'opposait à ce qu'un Germain se fît soldat de Rome.

L'empire romain, de son côté, cherchait volontiers des soldats au dehors. Ce n'était pas, ainsi qu'on l'a dit, qu'il eût besoin des étrangers pour comprimer ses citoyens ; son pouvoir était trop respecté pour qu'il eût à faire un tel calcul. Mais l'origine de l'empire avait coïncidé avec un universel désir de paix ; il avait donc paru naturel de décharger les peuples du fardeau des obligations militaires qui les avait si fort écrasés et épuisés dans les siècles précédents. Comme il fallait pourtant des légions aux frontières et quelques troupes dans la capitale, on avait établi des armées permanentes, ce qui est, de tous les systèmes d'organisation militaire, celui qui coûte le moins cher aux populations et à l'État.

Il semble que l'empire ait eu toujours quelque peine à recruter ces armées. Les classes élevées et moyennes de la société fuyaient le service militaire. Le gouvernement lui-même se refusait à confiner dans les camps des milliers d'existences qui étaient mieux employées dans les travaux de l'esprit ou dans les occupations du commerce. S'il avait exigé le service militaire de la population aisée, il aurait arrêté le travail et tari la source de la richesse. Il ne prit donc ses soldats que dans les classes inférieures et surtout dans celle des cultivateurs du sol.

On ne tarda pas à s'apercevoir que ces cultivateurs étaient déjà trop peu nombreux. Le recrutement des armées menaçait de ruiner l'agriculture. Aussi voyons-nous que les propriétaires faisaient effort pour garder leurs meilleurs serviteurs[1] et ne cessaient de demander qu'on leur permît de fournir de l'argent au lieu d'hommes[2]. Les gouvernements monarchiques ne sont pas les plus absolus; il leur est impossible d'imposer à la population autant de charges pécuniaires et militaires que les gouvernements libres peuvent leur en faire supporter. L'empire romain ne put donc faire ses levées de soldats qu'avec le plus grand ménagement.

Il songea naturellement à enrôler des Germains. Il n'avait aucune haine pour ces hommes, et ne leur sentait aucune haine contre lui. Ils demandaient à le servir; ils étaient robustes, braves, disciplinables; il les prit à son service. César avait déjà des Germains dans son armée; Auguste en eut dans sa garde[3]. Dès les premiers temps de l'empire, il y eut des cohortes de Frisons, de Bataves, d'Ubiens et de Caninéfates dans les camps ro-

---

[1] Végèce, I, 7 : *Tales sociantur armis quales domini habere fastidiunt.*

[2] Ammien, XIX, 11 : *Aurum gratanter provinciales pro corporibus dabunt.* — Il était permis aux propriétaires d'acheter des barbares et de les donner pour le service militaire à la place de leurs paysans.

[3] Tacite, *Ann*, I, 24; XIII, 18. Suétone, *Auguste*, 49.

mains[1]. On vit plus tard, à côté des légions, des troupes d'Alamans, de Francs, de Saxons, d'Hérules, de Goths, de Sarmates; on vit même des Alains et des Huns[2].

L'empressement des barbares était grand à se mettre à la solde de l'empire. La Germanie offrait plus de soldats que Rome n'en demandait. En 370, l'empereur Valentinien appela quelques milliers de Burgondes; il s'en présenta quatre-vingt mille; on jugea prudent de les renvoyer chez eux. Les solliciteurs, en nombreuses bandes armées, se pressaient à la frontière, tendant les bras pour qu'on les admît sur l'autre rive. Il arrivait parfois que, poussés par la faim plus que par la haine, ils voulaient entrer de force au service de l'empire; plusieurs de leurs incursions n'ont pas eu d'autre cause.

On a dit quelquefois que ces barbares n'avaient servi Rome que pour apprendre à la combattre. Les faits contredisent cette opinion. Les Germains furent, au contraire, des soldats remarquablement fidèles. Les défections, commes celles d'Arminius et de Civilis, furent infiniment rares. Les soldats Germains défendirent l'empire contre tous ceux qui l'attaquèrent, et particulièrement contre les autres Germains. Loin qu'ils aient ouvert les portes de l'empire à leurs compatriotes, ils ne manquèrent jamais au devoir de garder les frontières, et parmi tant d'essais d'invasions, il n'y a presque pas d'exemple que les envahisseurs aient trouvé de la connivence chez ceux de leurs compatriotes qui étaient soldats romains.

[1] Tacite, *Ann.*, I, 56; II, 16; IV, 73; XV, 58; *Hist.*, I, 61, 70, 95.
[2] Sidoine, *Panégyr. de Majorien*, v. 480 et suiv.

L'empire ne crut donc pas qu'il y eût de danger à employer ces auxiliaires. Il ne prit pas la précaution de les disséminer au milieu des troupes nationales, et cela n'eût pas été possible. Ils formaient de petits corps spéciaux; on les appelait fédérés ou lètes. Le premier de ces deux mots rappelait l'engagement qu'ils avaient contracté envers l'empire; le second était un terme de leur langue qui marquait leur sujétion et par lequel ils voulaient dire qu'ils étaient *les hommes* de l'empereur[1].

Chaque troupe était ordinairement composée d'hommes originaires du même pays. Elle obéissait à un chef de sa nation, et le gouvernement impérial lui laissait assez souvent le droit d'élire elle-même ce chef[2]. Elle gardait sa langue, ses coutumes, et même, si elle voulait, sa religion. Elle n'était astreinte qu'à l'obligation de combattre pour l'empire. En guise de solde, on lui donnait des terres de l'État. Elle s'y établissait d'une manière à peu près fixe; elle cultivait ses champs ou les faisait cultiver par les esclaves qu'elle avait amenés de Germanie; elle y vivait avec ses femmes et ses enfants. Elle était à la fois une garnison et une colonie. Un écri-

---

[1] Il y avait une distinction entre les fédérés et les lètes; ceux-ci étaient de véritables sujets de l'empire; ceux-là conservaient une certaine indépendance, et n'étaient astreints qu'au service militaire dans des conditions déterminées par le contrat appelé *fœdus*. (Voy. Ammien, XX, 4.) — La situation des fédérés est déjà décrite par Tacite, pour les Bataves. (*Hist.*, IV, 12, *Germ.*, 29.). Celle des *lètes* paraît avoir été la même que celle des *dedititii*; il est possible que ces deux mots, l'un latin, l'autre germain, aient été synonymes. Ammien, XX, 8 : *Lœtos, cis Rhenum editam barbarorum progeniem, vel ex dedititiis qui ad nostra desciscunt.*

[2] Déjà dans les armées de Vespasien il se trouvait des troupes de Germains qui obéissaient à des chefs nationaux. (Tacite, *Hist.*, III, 5 et 21.)

vain contemporain définit clairement cette double situation du soldat barbare : « Voyez ce Chamave, dit-il ; il laboure et il sème ; que l'empire fasse une levée d'hommes, le voilà qui accourt ; il obéit à tous les ordres, il subit sans murmure les punitions ; il s'estime heureux d'être sous le nom de soldat un serviteur[1]. » Il ne repoussait pas la qualification de lète qui indiquait son absolue dépendance ; la terre qu'il occupait était une terre létique, et cela signifiait que, sans être propriétaire, il en avait la jouissance sous la condition d'un service perpétuel[2].

On lit dans la *Notitia Dignitatum*, qui est comme l'almanach impérial de l'année 400, qu'il y avait des lètes Suèves en garnison au Mans et en Auvergne, des lètes Bataves à Arras, des lètes Francs à Rennes, d'autres lètes Francs à Tournai et d'autres encore près du Rhin, des troupes de Sarmates à Paris, à Poitiers, à Valence, des lètes ou des fédérés de différentes nations germaniques à Reims, à Senlis, à Bayeux. Il en était ainsi dans toutes les provinces ; des barbares, soldats des empereurs, tenaient garnison en Espagne, en Italie, en Égypte, en Phénicie et même à Constantinople. Les Germains n'étaient pas les seuls étrangers qui servissent l'empire ; il y avait des troupes de Maures et de Perses.

Les légions romaines, qui étaient composées de provinciaux, avaient toujours le pas sur ces troupes barbares. On ne voit à aucun signe que les soldats étrangers

---

[1] Eumène, *Panegyr. Constantio*, 9 : *Accurrit, et obsequiis teritur, et tergo coercetur, et servire se militiæ nomine gratulatur.*

[2] Code Théodosien, XIII, 2, 10.

fussent plus estimés que les soldats indigènes; les récits de bataille que l'on a de cette époque portent à croire qu'ils l'étaient moins. Ces barbares, la plupart du temps, ne remplissaient que l'office des anciennes troupes auxiliaires des armées romaines[1]; les grands coups étaient ordinairement portés par les légions. On leur reprochait d'ailleurs leur goût pour le pillage; il leur arrivait trop souvent, ainsi que le raconte Ammien Marcellin, de se jeter sur une ville ouverte et de la mettre à rançon[2]; on peut remarquer aussi dans plusieurs passages du code Théodosien que le gouvernement avait quelque peine à protéger contre leurs convoitises la population civile. Au demeurant, ils ne trahissaient pas l'empire, et comme ils avaient intérêt à le défendre, ils le défendaient avec courage.

Il s'en fallait beaucoup que ces Germains établis dans l'empire fussent considérés comme une race supérieure et maîtresse. On se refusait même à les regarder comme les égaux de la population provinciale. On continuait à les appeler, dans la langue officielle elle-même, du nom de barbares; c'était assez dire quelle distance on mettait entre eux et tous ceux qu'on appelait alors citoyens romains. Les lois impériales leur interdisaient de s'unir par mariage aux familles indigènes. On sait que le droit romain était attentif à empêcher les unions entre des classes trop inégales; il n'admettait pas le mariage entre

---

[1] Ces barbares n'étaient pas appelés proprement *milites;* ce titre était réservé aux soldats indigènes. On les appelait *auxilia, numeri, gentiles.* Zosime (V, 5) écrit cette phrase significative : « Alaric était mécontent de ce qu'il ne commandait pas aux soldats, mais seulement aux barbares. »

[2] Ammien, XVI, 11.

une personne libre et un esclave; en vertu du même principe il réprouvait toute union entre un Gaulois et une femme barbare ou entre un barbare et une femme gauloise[1]. Ces nouveaux venus étaient placés par la loi au-dessous des dernières classes de la plèbe libre.

Plusieurs de ces troupes de fédérés ou de lètes ont fondé dans la Gaule des établissements durables. Un corps de Taïfales que l'empire avait cantonné aux environs de Poitiers se maintint et se perpétua à la même place; on l'y retrouve un siècle et demi plus tard[2]. Il en fut de même d'un corps de Saxons qui était cantonné près de Bayeux; il y resta toujours, s'y fit chrétien, et son nom demeura longtemps attaché à ce petit pays[3]. Ce que l'on sait de ces deux troupes dut arriver pour beaucoup d'autres. Plusieurs cantons où la *Notitia* mentionne des garnisons sarmates ont conservé jusqu'à nos jours le nom de Sarmaise. Il est vraisemblable que parmi les Francs que nous verrons plus tard habiter les différentes parties du territoire gaulois, il y en avait plus d'un qui descendait des lètes, c'est-à-dire des soldats de l'empire et qui occupait à ce titre une ancienne terre létique.

---

[1] Code Théodosien, III, 14 : *Nulli provincialium, cujuscumque ordinis et loci fuerit, cum barbara sit uxore conjugium, nec ulli gentilium provincialis femina copuletur.*

[2] Comparez la *Notitia dignitatum*, t. II, p. 122, et Grégoire de Tours, IV, 18 et V, 7; le nom de *Taifalia* est resté attaché à ce canton, et se retrouve aujourd'hui sous la forme de Tiffauge-sur-Sèvre.

[3] Grégoire de Tours, V, 27; Fortunatus, *Carmina*, III, 8. Le nom de *Otlinga Saxonica*, appliqué à ce canton, se trouve encore dans un diplôme de Charles le Chauve. Voy. Ducange, *Glossarium*, au mot *Otlinga*.

CHAPITRE VII

Etablissements des Wisigoths et des Burgondes.

Ce qui fut nouveau au cinquième siècle, ce ne fut pas l'admission de soldats germains au service de l'empire, ce fut leur admission en troupes nombreuses et compactes. Au lieu de petits corps qui étaient disséminés au milieu des légions romaines, il y eut de grandes armées, et elles furent plus fortes que le gouvernement impérial.

En 376, les Wisigoths qui fuyaient éperdus devant les Huns[1], se présentèrent aux frontières de l'empire sur la rive du Danube. C'était une foule en désordre que les contemporains évaluent à 200,000 personnes[2]. Ils demandaient à être reçus, à quelque condition que ce fût, sur la terre romaine; ils tendaient les mains en suppliants[3]; ils offraient d'être les sujets de l'empire[4].

On les fit attendre plusieurs semaines sans qu'ils pus-

---

[1] Orose, VII, 33 : *Gens Hunnorum Gothos sparsim conturbatos ab antiquis sedibus expulit.* — Jornandès, *De reb. get.* : *Gothi, ut Hunnos viderunt, expavescunt.* — Cf. Ammien, XXXI, 3; Zosime, IV, 20.

[2] Eunape, fragm. 42, édit. Dindorf, p. 237 : Πλῆθος ἦν οὐ πολὺ τῶν εἴκοσι μυριάδων ἀποδέον.

[3] Zosime, IV, 20 : Τὰς χεῖρας ἀνατείναντες ἱκετεύειν δεχθῆναι. — Eunape : Χεῖρας τε ὤρεγον μετ' ὀλοφυρμῶν καὶ προέτεινον ἱκετηρίας.

[4] Ammien, XXXI, 4 : *Missis oratoribus ad Valentem, suscipi se humili prece poscebant...* — Jornandès : *Legatos ad Romaniam direxere ut, partem Thraciæ si illis traderet* AD COLENDUM, *ejus legibus viverent ejusque imperiis subderentur.* — Cassiodore, *Hist.*, VIII, 13 : *Expulsi de propriis, ad Romanorum loca confugiunt, servire potius volentes Imperatori.*

sent ou osassent traverser le fleuve; enfin l'empereur Valens leur envoya l'autorisation de le franchir en livrant leurs armes. Ce fut un moment de joie dans l'empire d'Orient; on calcula que ces 200,000 barbares peupleraient les maisons d'esclaves, les champs de colons, et que les plus robustes serviraient comme soldats[1].

Par malheur l'empire, alors occupé d'une guerre contre la Perse, n'avait pas de troupes en Europe. Les barbares sachant qu'ils étaient menacés de l'esclavage, pressés d'ailleurs par la faim[2], sentant surtout qu'il n'y avait aucune force militaire dans le pays, se révoltèrent[3]. La négligence des fonctionnaires impériaux avait permis à beaucoup d'entre eux de garder des armes. Ils parcoururent la Thrace pillant et détruisant tout. L'empereur revint d'Asie à la hâte; il n'avait que peu de troupes; mais il avait autrefois vaincu ces mêmes Goths et il les méprisait; sans attendre les renforts qui couraient le rejoindre, il les attaqua imprudemment, fut vaincu et tué (378).

[1] Ammien : *Negotium lætitiæ fuit magis quam timori, quod tot tirocinia...* Le même historien ajoute que beaucoup d'entre eux furent emmenés comme esclaves : *Mancipia, inter quæ et filii optimatum ducti sunt.* Eunape dit qu'à cette nouvelle chaque habitant de l'empire espéra τὴν οἰκίαν καταπλήσειν οἰκετῶν καὶ τὰ χωρία βοηλατῶν. Zosime rapporte qu'on ne voyait en cela rien autre chose que κτῆσιν οἰκετῶν ἢ γεωργῶν. Personne, pas même Ammien, ne prévoyait en ce moment ce qui devait arriver deux années plus tard.

[2] Jornandès : *Quibus evenit penuria famis.* — Orose : *Fame adacti.*

[3] Tous les historiens du temps présentent ce mouvement comme une révolte : *Rebellare coacti sunt,* dit Jornandès (*De successione temporum*); Παράλογος ἐπανάστασις, dit Eunape. Il est à remarquer aussi que tous, au lieu d'accuser les barbares, accusent les fonctionnaires impériaux. On dirait que l'opinion publique de ce temps-là ait donné raison à ces Germains.

Les barbares ravagèrent alors les plaines, sans pouvoir s'emparer des villes, n'ayant d'ailleurs aucun plan suivi. Le nouvel empereur Théodose réunit une armée et les battit dans plusieurs rencontres[1]. Il pouvait les rejeter hors des frontières, il les garda comme sujets de l'empire. Tous les historiens du temps sont d'accord pour affirmer qu'ils reconnurent l'empereur pour leur maître et qu'ils se mirent à son service comme soldats fédérés[2]. Le prince disposait d'eux à son gré ; ayant une expédition à faire du côté de l'Occident, il y envoya 20,000 d'entre eux.

Le fameux Alaric commandait précisément ce corps d'auxiliaires[3] ; de retour dans le pays, il accrut son commandement et se fit accepter comme roi par les hommes de sa nation. Ainsi que tous les chefs de fédérés, il était en même temps roi à l'égard de ses soldats et officier à l'égard de l'empire[4]. Il ambitionna un titre plus élevé que celui de roi, celui de maître de la milice romaine, qui était le plus haut grade militaire de l'em-

---

[1] Jornandès, *De success. temporum* : *Theodosius Gothos diversis præliis vicit*. — Orose, VII, 34 : *Theodosius Gothos magnis multisque præliis vicit*. — Cassiodore, *Hist.*, IX, 4 : *Theodosius in Thracias est profectus... immensa cædes facta est barbarorum*. — Ausone dit deux fois (édit. Corpet, t. II, p. 40 et 260) que la défaite de Valens fut vengée.

[2] Orose : *Universæ Gothorum gentes romano se imperio dediderunt*. — Jornandès, *De reb. get.* : *Cunctus Gothorum exercitus in servitio Theodosii imperatoris perdurans, romano se imperio subdens... dicti sunt fœderati*. — Latinus Pacatus (*Panegyrici*, XII, 22) : *Dicam ne receptos in servitium Gothos, castris tuis militem, terris sufficere cultorem*.

[3] Zosime, V, 5. Jornandès, *ibid.*

[4] Socrate, *Histoire ecclés.*, VII, 10. Cassiodore, XI, 9 : *Alaricus, ditioni Romanorum subjectus, et romanis dignitatibus honoratus*.

pire[1]. Sur le refus de l'empereur, il se révolta et ravagea la Grèce, mais fut à la fin vaincu par une armée envoyée d'Italie.

Quelques années après, nous trouvons ce même personnage en relations amicales avec l'empereur d'Occident; Honorius qui prétendait joindre l'Illyrie à sa part d'empire, prit Alaric à sa solde et le chargea de conquérir cette province. Alaric après des efforts infructueux fut repoussé par les armées de l'empereur d'Orient et rentra dans les États d'Honorius[2]. Il n'y était toujours qu'un chef de fédérés; il voulut être maître de la milice romaine. Honorius consentit à lui accorder le traitement attaché à ce grade; mais il lui en refusa le titre et les priviléges. Le Wisigoth rabattit alors de ses prétentions et demanda seulement une solde plus forte ou des cantonnements plus étendus[3]. Cela même lui fut refusé. C'est alors qu'il prit le parti de mettre la main sur la capitale de l'empire et de faire nommer par le sénat un autre empereur, Attalus, duquel il obtint sans peine le titre qu'il convoitait depuis si longtemps.

Mais il y eut alors, dans Rome même, une série de querelles que les chroniqueurs ne racontent pas et dont ils laissent seulement voir le caractère général. La société italienne était alors divisée entre le parti païen et le parti chrétien; car dans ces temps où les historiens modernes ont cru voir une lutte de races, les hommes

---

[1] Zosime, V, 5.

[2] Ces faits sont racontés par Olympiodore, *Fragm.* 3 (collection Didot, t. IV, p. 58); Sozomène, IX, 4; et Cassiodore, *Hist.*, X, 24.

[3] Sozomène, IX, 7. — Orose, VII, 38 : *Alaricum cunctamque Gothorum gentem pro pace et quibuscumque sedibus suppliciter orantem.*

étaient surtout occupés d'une grande lutte religieuse. Attalus, que le Wisigoth avait fait nommer empereur, était l'espoir et l'appui du parti païen. Soit qu'Alaric, qui était chrétien, eût regret d'avoir relevé ce parti, soit qu'il reconnût l'impuissance d'Attalus à gouverner, il se détacha de celui qu'il avait fait empereur et se rapprocha d'Honorius qui régnait encore à Ravenne. Ce nouvel accord dura peu, Honorius persistant à refuser au barbare le plus haut grade de l'armée romaine; Alaric se porta de nouveau contre Rome; la ville lui fut livrée par un parti[1]; il la mit au pillage en n'épargnant que les églises.

Ataulph qui lui succéda comme chef des Wisigoths fédérés, fit sa soumission à Honorius dont il devint le beau-frère. Il rentra au service de l'empire[2]. C'est avec l'autorisation et peut-être l'ordre formel du gouvernement impérial qu'il passa d'Italie en Gaule et de Gaule en Espagne, pour combattre des usurpateurs. Son successeur Wallia fut, comme lui, le chef d'une armée fédérée aux ordres de l'empereur; son contrat d'engagement portait qu'il soutiendrait toute espèce de combats pour l'État romain[3], et c'est après plusieurs victoires

---

[1] Τὴν Ῥώμην εἷλε προδοσίᾳ. (Sozomène, IX, 8.)

[2] Orose, VII, 43 : *Militare fideliter Honorio imperatori ac pro defendenda romana republica vires Gothorum praeoptavit.*

[3] Isidore de Séville, *Histor. Goth.* : *Wallia promisit imperatori propter rempublicam omne certamen implere.* — Orose, VII, 43 : *Pacem optimam cum Honorio, datis obsidibus, pepigit.* — Orose a été témoin oculaire de ces faits, et voici comment il en parle : *Modo Gothi illi... societatem romani foederis precibus sperant; exiguae habitationis sedem, non ex sua electione, sed ex nostro judicio, rogant; semetipsos in tuitionem romani regni offerunt.* (Orose, I, 16.)

remportées en Espagne au service d'Honorius qu'il reçut en récompense l'Aquitaine[1].

On ne peut certainement pas supposer que ces barbares fussent des sujets obéissants; ils étaient au moins, d'une certaine façon, sujets de l'empire. Le titre de roi que prenait le chef des Wisigoths n'indiquait pas dans la langue de ce temps-là une autorité souveraine et indépendante. Depuis trois siècles on était accoutumé à voir des rois Germains au service de l'empire, dans les troupes ou même parmi les courtisans de l'empereur. L'historien Orose, qui était témoin de ces événements, marque bien que les rois Wisigoths, s'ils avaient la force d'être des maîtres, affectaient au moins d'être des serviteurs. Jornandès rapporte que ce fut seulement le septième de ces rois Wisigoths, Euric, qui eut la pensée de s'affranchir de la sujétion impériale et d'occuper la Gaule méridionale en souverain, *jure suo*[2]. Cette prétention nouvelle indique clairement que jusque-là les Wisigoths s'étaient regardés comme sujets de l'empire. Elle étonna d'ailleurs les contemporains et fut repoussée comme une usurpation.

Il y a en tout cela quelque chose que les hommes de nos jours ont peine à comprendre. Ils sont portés à n'admettre que les relations simples et nettes, et ne conçoivent guère de milieu entre la condition d'un sujet docile

---

[1] Isidore de Séville : *Confecto bello in Hispania, Gallias repetit data ei ab imperatore ob meritum victoriæ secunda Aquitania.*

[2] Jornandès, *De reb. get.* : *Euricus, crebram mutationem principum cernens, Gallias suo jure nisus est occupare.* — Sidoine (*Lett.*, VII, 6) dit la même chose sous une autre forme : *Evarix rupto dissolutoque fœdere antiquo.* Or *fœdus* désigne le lien qui unissait le soldat fédéré à l'empire.

et celle d'un maître. La situation que les documents de ce temps-là nous dépeignent était plus vague et plus complexe. Ces barbares obéissaient à l'empire et l'attaquaient en même temps, sans s'apercevoir de cette contradiction. Ils étaient fort peu dociles parce qu'aucune force ne les contraignait à l'être, et pourtant ils prétendaient servir l'empire. Ils étaient ses soldats, même dans le moment où ils ravageaient ses provinces. Ils n'étaient jamais des ennemis ; ils étaient souvent des rebelles. S'ils se révoltaient ainsi, c'est parce qu'ils croyaient que leurs services étaient méconnus, leur solde insuffisante, leurs cantonnements trop étroits [1]. L'idée qu'ils fussent des conquérants et des envahisseurs n'entrait pas dans leur esprit, bien qu'ils tinssent la même conduite à peu près que s'ils avaient été des envahisseurs et des conquérants.

Les Burgondes ont eu une histoire assez semblable à celle des Wisigoths. On ne connaît pas l'origine de ce peuple ; on sait seulement qu'à la fin du troisième siècle de notre ère il avait été presque entièrement exterminé par les Gépides [2]. Au siècle suivant, il avait voulu entrer au service de l'empire ; mais ses offres avaient été repoussées. En 406, les Burgondes se présentèrent en ennemis ; à la suite des Alains et des Vandales ils franchirent le Rhin. Pendant sept ou huit années, à la faveur des désordres de l'empire et des luttes des compétiteurs, ils parcoururent et ravagèrent la Gaule vide d'armée

---

[1] Sidoine, *Lett.*, III, 1 : *Gothi Septimaniam suam fastidiunt; veterum finium limitibus effractis, metas in Rhodanum et Ligerim proterminant.*

[2] Jornandès, *De reb. get.*, ch. 6 (17).

romaine. Puis, à la suite d'événements dont le souvenir a disparu, ils s'entendirent avec le gouvernement impérial, qui leur accorda un cantonnement entre les Vosges et le Rhin, apparemment à titre de sujets et de soldats fédérés. En 436, un chroniqueur contemporain rapporte « qu'ils se révoltèrent contre l'empire; » mais le général romain Aétius les remit dans le devoir[1]. Nouveaux mouvements l'année suivante; cette fois une partie de leurs bandes fut massacrée par les troupes impériales, et le peu qu'il en resta fut confiné dans le pays qu'on appelait alors Sabaudie[2]. Plus tard, ils servirent avec zèle l'empereur Majorien et reçurent en récompense la province qui s'appelait Première Lyonnaise.

Ces Burgondes, sous des chefs nationaux, étaient une armée au service de l'empire. Leurs rois, en véritables fonctionnaires, briguaient les titres des dignités romaines et étaient fiers de les obtenir. Gundioc et Childéric étaient maîtres de la milice, *magistri militiæ;* Gondebaud était patrice[3]; Sigismond écrivait à l'empereur : « Mon peuple vous appartient; je vous obéis en même temps que je lui commande; je parais roi au milieu des miens, mais je ne suis que votre soldat[4]. »

---

[1] Idatii chronicon : *Burgundiones qui rebellaverant a Romanis duce Aetio debellantur.* — Cassiodore, *Chron.* : *Gundicharium Burgundionum regem Aetius bello subegit pacemque ei reddidit supplicanti.*

[2] Idatii chronicon : *Burgundionum cæsa viginti millia.* — Prosperi Tyronis chr. : *Bellum contra Burgundiones memorabile exarsit, quo universa pene gens deleta; Burgundionum reliquiis Sabaudia datur.*

[3] Sidoine, *Lett.*, V, 6. — *Epistola Hilarii papæ ad Leontium.* Voyez une chronique citée par dom Bouquet, t. II, p. 13, n. d.

[4] On a deux lettres du roi des Burgondes, Sigismond, écrites en 517 à 'empereur. Rédigées par l'évêque Avitus, ministre de ce roi, elles ont

Il est bien vrai que cette armée burgonde n'était pas plus docile que l'armée wisigothique. Le gouvernement impérial ne réussissait pas aisément à se faire obéir de ces singuliers soldats. Il avait toujours à les contenir, souvent à les combattre. Ils se trouvaient à l'étroit dans leurs cantonnements et voulaient en étendre les limites; il fallait se défendre contre leur cupidité. Maintes fois il arrivait ce que raconte un chroniqueur à l'année 436 : « Cette année-là, les Goths rompirent leur engagement et attaquèrent la plupart des villes voisines. » Tantôt c'est Arles qu'ils assiègent, tantôt c'est Narbonne, tantôt c'est Clermont. Les Burgondes font de même; on les voit de temps à autre surprendre une ville et la mettre au pillage. Retenir chacune de ces armées dans le pays qui lui avait été assigné, était la grande affaire et la suprême difficulté du gouvernement impérial.

Par bonheur, ces armées se détestaient mutuellement. Les Burgondes ne pouvaient souffrir le voisinage des Wisigoths, qui ne pouvaient souffrir celui des Alains ni des Suèves. Pendant une trentaine d'années, l'empire se servit des uns pour affaiblir ou maîtriser les autres. Le

---

tous les caractères de pièces officielles, et elles marquent les rapports légaux qui existaient entre les chefs burgondes et l'empire. On les trouvera dans le Recueil des lettres d'Avitus, ou dans dom Bouquet (t. IV). En voici les passages les plus caractéristiques : *Vester quidem est populus meus, sed me plus servire vobis quam illi præesse delectat. Cum gentem nostram videamur regere, non aliud nos quam milites vestros credimus ordinari. Per nos administratis remotarum spatia regionum. Ambio si quid sit quod jubere dignemini... Post obitum fidelissimi vobis patris mei, proceris vestri, ad commendanda meæ militiæ rudimenta* (militia dans la langue du temps signifie service) *sicut debebam, unum de consiliariis meis misi.* Chaque mot marque la dépendance la plus complète.

général de l'empire Aétius employa tour à tour les Wisigoths contre les Burgondes et les Burgondes contre les Wisigoths. Quand les Wisigoths se révoltaient, il enrôlait des troupes de Huns ; quand les Huns voulurent envahir, il fit marcher les Wisigoths[1].

On s'est quelquefois représenté la barbarie conjurée contre l'empire ; c'est le contraire qui se voit dans les chroniques du temps. Tous ces barbares se combattaient entre eux, et ils se disputaient les faveurs impériales. Le roi Ataulph s'engageait envers l'empereur Honorius à combattre toutes les autres nations germaniques dans l'intérêt de l'empire. De leur côté, les rois des Suèves et des Vandales disaient au même empereur : « Reste en paix avec nous tous ; laisse-nous seulement nous battre entre nous. » Le chroniqueur contemporain ajoute : « Tout cela est à peine croyable, et tout cela est pourtant vrai ; aussi voyons-nous chaque jour quelqu'une de ces nations barbares en exterminer une autre ; nous avons vu deux troupes de Goths s'entre-détruire ; ces peuples se déchirent entre eux[2]. » Qu'on lise le livre du Goth Jornandès ; on n'y trouvera aucun sentiment hostile à l'empire ; mais on y remarquera une violente animosité contre les Gépides, les Vandales, les Burgondes, les Huns. Plus tard, les mêmes haines entre Germains se retrouveront dans tous les récits de Grégoire de Tours.

Le gouvernement impérial avait beaucoup de peine à se faire respecter de ces demi-sujets ; il y avait pourtant un point sur lequel il les trouvait toujours dociles ;

---

[1] Voy. les chroniques d'Idace et de Prosper d'Aquitaine.
[2] Orose, VII, 43, et VII, 37.

dès qu'il leur donnait l'ordre de combattre d'autres Germains, ils obéissaient. Ils défendirent toujours les frontières avec la plus grande vaillance contre les hommes de leur race. Ils s'insurgèrent souvent contre l'empire, ils ne le trahirent jamais. Une fois à son service, ils n'hésitèrent pas à regarder les autres Germains comme leurs vrais ennemis. Leur patrie n'était plus la Germanie, c'était l'empire.

CHAPITRE VIII

Relations des Germains avec la population gauloise.

Pour savoir quels furent les rapports légaux entre la population indigène et ces armées barbares, il faut observer les règlements que l'empire avait établis depuis un siècle pour ses propres soldats.

L'usage de réunir les troupes en grandes armées placées aux frontières avait été généralement abandonné ; on avait préféré les disséminer, en temps de paix, et les cantonner dans l'intérieur du pays. A cet effet, le territoire de l'empire avait été partagé en circonscriptions militaires, comme il l'était déjà en circonscriptions administratives. La Gaule entière formait un grand commandement à la tête duquel était un chef que l'on appelait maître des soldats, *magister militum*. Elle se partageait en plusieurs provinces militaires ; chacune de celles-ci était sous les ordres d'un chef appelé duc ou comte, *dux*, *comes*, qui n'était pas très-différent des généraux qui commandent de nos jours les divisions territoriales. Ces régions se partageaient encore en arrondissements militaires dans chacun desquels était établie à demeure fixe une légion romaine, ou une *aile* de cavalerie, ou un corps de fédérés barbares [1].

Les soldats devaient défendre le pays où ils étaient cantonnés ; par compensation, chaque pays devait nourrir et loger ses soldats. En vertu de ce principe, le territoire d'une cité était assigné à une troupe dont il devenait en quelque sorte le domaine propre. Il lui appartenait en effet, non pas en ce sens que les propriétaires du sol en fussent dépouillés, mais en ce sens qu'ils devaient fournir à tous les besoins du soldat. Ceux-ci avaient droit au logement ; c'est ce qu'on appelait *hospitalitas*. Ils avaient droit aussi à des réquisitions de vivres, de fourrages, de chevaux, de vêtements.

Chaque chef de corps faisait lui-même ces réquisitions. Il avait pour cela sous ses ordres quelques agents assez semblables à des officiers d'administration ; les uns déterminaient les logements à occuper ; les autres fixaient les quantités de vivres et de fourrages qui étaient jugées nécessaires. Ces agents délivraient aux soldats des bons ou billets (*pittacia*) en vertu desquels les contribuables devaient livrer les fournitures [2].

Ces charges pesaient exclusivement sur les proprié-

---

[1] Notitia dignitatum, *passim*.

[2] Code Théodosien, VII, 8, *De metatis;* VII, 4, *De erogatione militaris annonæ*. Novelles de Théodose II, tit. 25.

taires fonciers. La règle était que chacun d'eux dût livrer le tiers de sa maison et une quantité de denrées proportionnelle à la valeur de ses domaines.

Pour comprendre cet arrangement, il faut se rappeler que le soldat de ce temps-là ne ressemblait pas à celui du nôtre. Ce n'était pas un jeune homme enlevé pour quelques années à la vie civile et astreint à l'existence commune d'une caserne. Le soldat romain, sous l'empire, était soldat presque toute sa vie; il se mariait; il avait sa famille. L'existence en commun ne lui était pas imposée; chaque soldat, avec sa femme, ses enfants, ses vieillards, parfois même un ou deux esclaves, était logé dans une partie du domaine d'un grand propriétaire et y vivait de réquisitions.

L'armée exerçait ainsi une sorte de droit de prélèvement sur le sol qu'elle devait aussi défendre. Le territoire assigné à chaque troupe devenait, dans une certaine mesure, son bien. Il n'était pas sa propriété dans le sens juridique et rigoureux du mot; mais il était sa possession, au moins pour une part. Cette part de jouissance lui tenait lieu de solde.

Le gouvernement impérial veillait d'ailleurs à ce que la mesure fût bien gardée entre les droits des propriétaires et ceux des soldats. Il exigeait surtout que tous les billets d'hospitalité et les bons de réquisitions, délivrés par les chefs militaires, fussent contrôlés par les autorités civiles. On peut voir aussi dans ses lois combien il était attentif à protéger les propriétaires contre les abus de la force et les convoitises exagérées.

Les armées de Wisigoths et de Burgondes qui furent

admises dans l'empire, furent traitées suivant les usages et les règlements qui étaient en vigueur. Il fallait les nourrir et les vêtir ; on ne leur donna pas une solde en argent, mais on leur assigna des provinces à occuper. C'est en ce sens que les chroniqueurs disent que le gouvernement, après avoir vaincu les Burgondes, leur donna la Sabaudie. On donna de même aux Wisigoths, pour les récompenser de services rendus, les cités de Bordeaux, de Poitiers, de Périgueux, d'Angoulême, de Toulouse. Cela ne signifiait pas que ces pays fussent détachés de l'empire ni que les chefs wisigoths et burgondes s'en formassent des royaumes ; on entendait seulement que ces chefs exerceraient sur ces territoires la même espèce d'autorité que les ducs romains y avaient exercée auparavant. On ne voulait pas dire non plus que le sol de ces provinces devînt la propriété des Germains, mais seulement que les soldats fédérés auraient droit à l'hospitalité et aux réquisitions. Ces provinces devenaient leur solde. Le roi Wisigoth ou Burgonde fut dans la région qui lui était assignée ce qu'avait été le duc ; ses officiers distribuèrent les ordres de logement et de fournitures.

En général, les nouveaux venus furent des *hôtes* beaucoup plus incommodes que n'avaient été les anciens soldats de l'empire. On devine bien à quels excès et à quels désordres l'*hospitalité* pouvait donner lieu, avec de tels hommes et dans un tel moment. Il n'est pas besoin de dire que le contrôle des autorités civiles fut inefficace et dut même disparaître[1].

---

[1] Cette hospitalité, avec ses dangers et aussi ses avantages, est décrite par Paulin dans son *Eucharisticum*, v. 285-290.

C'est ainsi que les Gaulois virent les Germains s'établir au milieu d'eux. Ils n'étaient nullement conquis, puisque ces Germains arrivaient sous le nom de soldats fédérés et par l'ordre du gouvernement impérial ; mais c'était une population militaire qui venait s'installer dans le pays et qui devait y vivre aux frais de la population civile. Il n'y avait là ni invasion ni conquête ; mais il y avait un mal qui ressemblait fort à celui que la conquête et l'invasion produisent ordinairement.

Les historiens modernes ont été très-frappés de ce que la population gauloise n'avait pas résisté à l'entrée des Germains. Les uns ont attribué cela à la lâcheté des Gaulois, les autres à leur haine pour l'empire. Ni l'une ni l'autre explication n'est conforme aux documents que nous avons de cette époque.

Les faits sont loin de montrer que cette population fût lâche. Les historiens du temps indiquent plus d'une fois que les Gaulois formaient les meilleures troupes de l'empire. « Ils sont soldats à tout âge, dit Ammien Marcellin ; jeunes et vieux courent au combat avec la même ardeur, et il n'est rien que ne puissent braver ces corps endurcis par un constant exercice ; l'habitude des Italiens de s'amputer le pouce pour échapper au service militaire est inconnue aux Gaulois[1]. » Le même historien parle ailleurs de leur force corporelle aussi bien que de leur courage, *corporum robur audaciaque.* Il s'en faut donc beaucoup que ce fût une race dégénérée. Ammien raconte avec admiration l'histoire de deux

---

[1] Ammien, XV, 11. Cf. XIX, 6 ; XXIII, 5.

légions gauloises qui se battirent avec une ardeur indomptable contre toute une armée de Perses, à mille lieues de leur patrie. Ils n'avaient pas moins de courage chez eux. C'est avec des Gaulois que l'empereur Julien avait maintes fois vaincu des Germains bien supérieurs en nombre, et l'historien dit à cette occasion que « jamais on n'avait vu le soldat gaulois aborder l'ennemi sans l'anéantir ou sans l'obliger à crier merci. »

Dire que ces hommes détestaient l'empire et qu'ils le virent tomber avec une secrète joie, est une autre hypothèse qui ne s'appuie sur aucune preuve. Qu'il y ait eu quelques révoltes de bagaudes et d'esclaves, cela n'empêchait pas l'ensemble de la société de rester de cœur toute romaine. La répugnance des contribuables à payer les impôts n'indique nullement qu'ils préférassent la domination des Germains à celle de l'empire. Une phrase de l'historien grec Zosime a pu faire penser qu'une partie de la Gaule s'était volontairement détachée de l'empire en 408 ; mais un écrivain gaulois nous montre qu'en 417 cette même province obéissait avec calme à un gouverneur romain, et cinquante ans plus tard Procope remarquait encore que ce même pays témoignait un courageux attachement à l'empire[1]. On ne trouve pas dans tout ce siècle un seul fait ni une seule phrase qui soit l'indice d'un sentiment de haine contre Rome ou contre le gouvernement impérial.

Si les Gaulois ne résistèrent pas aux barbares, la raison en est simple : ces barbares se présentaient comme

---

[1] Rutilius, *Itinerarium*, I, 213. Procope, *De bello gothico*, I, 12. — Voyez, à la fin du volume, Notes et éclaircissements, n° 2.

soldats de l'empire ; ils marchaient sous ses étendards, et c'était lui qui leur fixait leurs cantonnements. La population civile n'avait qu'à obéir à l'ordre impérial. Elle n'avait le droit de résister aux fédérés que si ceux-ci dépassaient les limites qui leur étaient assignées ; c'est ce que firent beaucoup de cités gauloises. Elles luttèrent maintes fois contre les exigences des chefs barbares ; on vit Arles, Narbonne, Clermont soutenir des siéges et repousser des assauts. Ces événements n'avaient pas et ne pouvaient avoir le caractère d'une grande lutte nationale ; c'étaient de simples conflits entre la population militaire et la population civile. Le gouvernement intervenait comme arbitre suprême, et on le vit plusieurs fois donner tort aux villes et les contraindre à se soumettre.

Dans les provinces mêmes qui étaient attribuées aux Wisigoths et aux Burgondes, les Gallo-Romains restaient sujets de l'empire. Ils obéissaient aux fonctionnaires impériaux, gouverneurs, présidents, préfets du prétoire. C'était à titre de sujets de l'empire et en vertu des règlements impériaux qu'ils avaient des obligations pécuniaires envers les fédérés germains.

Leur situation n'en était guère plus douce. Sans être conquis, ils sentaient bien que leurs charges s'aggravaient et que leur existence était troublée. Ces soldats étrangers étaient brutaux et cupides. On n'avait contre eux aucun appui ; car il est clair que les fonctionnaires impériaux étaient sans force. On était à leur merci. Les lettres de Sidoine Apollinaire font bien comprendre la singulière situation d'un peuple qui était encore officiellement sujet de l'empire, mais qui était à tout moment forcé de courber la tête sous le caprice d'un chef de soldats étrangers, et que le gouvernement régulier ne pouvait plus défendre.

Les souffrances de cette population furent très-vives ; tous les chroniqueurs contemporains les attestent. « Nous sommes sous le joug des barbares, dit Salvien qui écrit pourtant dans une ville évidemment restée romaine ; nous leur payons tribut ; nous sommes au milieu d'eux comme au milieu d'ennemis ; nous vivons en péril et en crainte, comme des captifs ; ils sont les maîtres du sol romain[1]. » Sidoine Apollinaire raconte les maux de l'Auvergne qui était placée, pour son malheur, entre les Wisigoths et les Burgondes, et qui était le théâtre de leurs querelles et la proie de leurs convoitises. « Les barbares sont déchaînés, dit un chroniqueur, et les provinces sont mises à sac. » « En cette année, dit un autre, l'état de l'empire fut plus misérable qu'il n'avait jamais été ; il n'y avait pas une province qui n'eût des barbares comme occupants[2]. »

On a d'abord peine à comprendre qu'aucun des écrivains de cette époque ne raconte une conquête, et qu'ils soient pourtant tous d'accord pour décrire les douleurs des contemporains. C'est qu'il importait assez peu à la

---

[1] Salvien, *De gubern. Dei*, liv. IV, V, VI : *Inundarunt Gallias gentes barbaræ. Vectigales barbaris sumus. Nulla jam pax, nulla securitas. Barbari quos Deus in medio reipublicæ sinu positos possessores fecit ac dominos soli romani.* — Il faut, d'ailleurs, tenir compte des habitudes de style de Salvien, pour donner à ces passages leur vrai sens.

[2] Chroniques d'Idace et de Prosper Tyro à l'année 450 : *quum ne una quidem sit absque barbaro cultore provincia.*

population que ces étrangers entrassent en soldats ennemis ou en soldats de l'empire ; il fallait également satisfaire leur cupidité. D'une ou d'autre façon, il fallait les payer. Toute résistance ou tout mauvais vouloir excitait leurs colères et justifiait leurs violences. Les générations contemporaines furent aussi malheureuses que si elles avaient été conquises ; mais les conséquences pour l'avenir, ainsi que nous le verrons dans la suite de ces études, furent tout à fait différentes.

CHAPITRE IX

Comment l'autorité impériale disparut.

Nous avons montré qu'il y avait deux parts à faire parmi les Germains : ceux qui attaquèrent l'empire, et ceux qui se mirent à son service. Les premiers furent ou repoussés ou détruits ; les seconds seuls subsistèrent. L'empire romain ne fut donc pas renversé par ceux qui l'attaquaient ; il le fut par ceux qui s'étaient faits ses soldats.

Les Germains n'eurent pourtant pas le dessein arrêté de le renverser. C'est à peine si cette pensée traversa l'esprit de quelques-uns d'entre eux. Le roi Wisigoth Ataulph avouait qu'il avait un moment songé à le détruire et à élever sur ses ruines un empire gothique ; mais il ajoutait que « s'étant aperçu que les Goths étaient encore trop barbares pour obéir à des lois, et que sans lois il est impossible de fonder un État, il s'était donné pour tâche d'employer les forces des Goths à rétablir le lustre et l'autorité de l'empire romain [1]. »

Ces hommes avaient une singulière vénération pour l'empire. Un roi wisigoth, mis en présence de l'empereur, s'écriait : « Oui, l'empereur est un dieu sur la terre, et quiconque lève la main contre lui doit payer ce crime de son sang [2]. » Un roi des Burgondes écrivait à un empereur : « Je suis plus fier de vous obéir que de commander à mon peuple. »

Le titre de roi que prenaient ces chefs ne doit pas nous faire illusion. Il ne signifiait pas ce qu'il a signifié plus tard ; personne ne pensait alors à le mettre en balance avec le titre d'empereur. On le regardait même comme fort au-dessous de ceux de patrice, de consul, de maître de la milice [3].

Quand ces rois parlaient ou écrivaient aux empereurs, ils prenaient le ton le plus humble ; ils se disaient leurs serviteurs, leurs esclaves, *famulus vester, vester servus* [4].

---

[1] Orose, VII, 43. — L'historien ajoute que les deux successeurs d'Ataulph pensèrent comme lui.

[2] Jornandès, *De reb. get.*, 9 (28) : *Deus terrenus est imperator, et quisquis adversus eum manum moverit, ipse sui sanguinis reus existit.*

[3] Le mot germain que les écrivains latins rendent par *rex* désignait toute espèce de chefs ; les commandants des plus petites troupes avaient ce titre, ainsi qu'on peut le voir dans Ammien ; mais les grecs se gardaient d'appeler ces chefs du nom de βασιλεῖς ; ils les appelaient ῥῆγες. Procope dit du grand Théodoric : Οὐ τοῦ ὀνόματος βασιλέως ἐπιβατεῦσαι ἠξίωσεν, ἀλλὰ ῥὴξ διεβίω καλούμενος.

[4] *Jube me servum tuum ire in Gallias*, dit le roi Childéric à l'empereur. (Frédégaire, *Epitom.*, 11.) — *Sum vester servus*, dit le grand Théodoric à l'empereur Zénon. (Jornandès, *De reb. getic.*, 57.)

La haine ou le mépris de l'empire ne se manifeste par aucun signe ; jamais on ne voit ces Germains se glorifier de lui faire la guerre ou se vanter de l'avoir vaincu.

Il est bien vrai que ces chefs de fédérés s'insurgeaient souvent pour obtenir une augmentation de vivres ou de terres ; ils ressemblaient aux anciennes armées romaines qui, dès le temps de Tibère, s'étaient révoltées pour avoir une augmentation de solde. Ces luttes n'avaient jamais pour objet de renverser l'empire. Si un chef détrônait un empereur, il se hâtait d'en nommer un autre et de se déclarer son sujet. Les barbares se battaient entre eux pour faire prévaloir les princes de leur choix. C'est ainsi que les Wisigoths soutinrent d'abord Attalus, plus tard Avitus, tandis que les Suèves combattirent pour Majorien, et les Burgondes pour Glycérius[1]. Ces rois Germains ne pensaient pas à se faire empereurs eux-mêmes ; ils choisissaient toujours des Romains ; pour eux, ils n'osaient toucher à la pourpre.

Mais il s'accomplit alors un changement dans la nature du pouvoir impérial. Depuis César et Auguste, les empereurs avaient été les chefs des armées en même temps que de la population civile, et il en fut ainsi jusqu'à Théodose. A partir d'Honorius, il n'y eut presque plus que des armées barbares ; elles étaient commandées par leurs chefs nationaux, et l'empereur n'exerçait pas sur elles une autorité directe. Le pouvoir militaire et le

---

[1] Voyez sur ces faits : Sidoine, *Panégyr. d'Avitus;* Orose, VII, 43 ; les Chroniques de Prosper d'Aquitaine, à l'année 414 ; d'Idace, à l'année 456 ; de Marius d'Avenches, à l'année 460 ; de Cassiodore, à l'année 473.

pouvoir civil cessèrent alors d'être dans les mêmes mains.

On distingue assez nettement, au milieu même des faits confus de cette première moitié du cinquième siècle, la politique des empereurs. En même temps qu'ils prenaient à leur service des armées barbares, ils cherchaient à conserver des troupes romaines; ils veillaient surtout à maintenir l'autorité hiérarchique des hauts fonctionnaires romains qu'on appelait *maîtres de la milice*. Ils auraient voulu que les chefs fédérés fussent sur le pied des anciens ducs militaires et eussent au-dessus d'eux les grands dignitaires de l'empire. C'est pour cela qu'Arcadius et Honorius refusèrent si obstinément à Alaric le rang de maître de la milice; ils aimèrent mieux voir ravager leurs provinces que de céder sur ce point-là. L'histoire d'Honorius et de Valentinien III fut un long effort pour maintenir l'autorité impériale au-dessus des chefs barbares. Mais ces barbares, par une série d'efforts en sens contraire, finirent par obtenir deux choses : d'abord, qu'il n'y eût plus de troupes romaines; ensuite, que les grands commandements et les titres les plus élevés de la hiérarchie militaire leur fussent donnés.

Dès ce moment, l'empereur n'eut plus aucune autorité sur les armées. Il resta le chef de l'ordre civil; les rois barbares furent les chefs de l'ordre militaire. Il arriva alors ce qui était inévitable : le chef militaire, qui avait la force en main, tint sous lui l'autorité civile. Un roi wisigoth régna sous le nom du rhéteur Avitus, un chef suève sous le nom de Sévère et d'Anthémius; les rois barbares firent et défirent les empereurs. C'est ainsi qu'à une autre époque et dans d'autres contrées, les sultans ont relégué les califes au fond de leur palais. On ne songea pas à supprimer l'empire ; on continua à lui prodiguer le respect ; mais on ne lui laissa aucun pouvoir.

Les mêmes faits se reproduisirent dans les provinces. L'empire prétendait y maintenir ses fonctionnaires civils ; aussi trouvons-nous des préfets du prétoire en Gaule jusqu'au milieu du cinquième siècle. De cette façon la population civile avait ses administrateurs romains et la population militaire avait ses chefs germains. Mais cela ne put pas durer longtemps. On devine quels conflits durent éclater entre ces deux pouvoirs et quel fut celui qui dut céder. Les chefs civils furent bientôt effacés et relégués dans l'ombre ; réduits à l'impuissance, ils finirent par disparaître.

Les rois barbares prirent leur place. Nous voyons ces rois, durant tout le cinquième siècle, briguer les titres de proconsul et de patrice et les solliciter ardemment auprès du gouvernement impérial. Il y avait là autre chose qu'une simple satisfaction de vanité. Ces titres étaient ceux des hautes dignités de l'ordre civil. Quand un roi barbare les obtenait, cela signifiait que les pouvoirs civils lui étaient délégués sur le même territoire où il exerçait déjà les pouvoirs militaires.

Dès lors le roi germain fut à la fois chef de soldats et gouverneur de province. Il administra ; il leva les impôts ; ce fut à lui que les curies des villes envoyèrent leurs contributions. Il rendit la justice ; il monta sur le prétoire, comme les anciens préfets et fonctionnaires impériaux, et ce fut devant lui que les habitants durent porter leurs procès[1]. Il réunit ainsi en lui toutes les attributions ; il est vrai qu'il les tenait de l'empire lui-même dont il était le délégué et le fonctionnaire ; mais ce singulier fonctionnaire ne pouvait pas être révoqué ; il avait les armes ; il avait les impôts ; il pouvait tout et il agissait en maître dans sa province.

L'empire fut alors dans une situation assez analogue à celle où nous verrons plus tard la royauté franque. Les chefs qui paraissaient dépendre de lui, étaient incomparablement plus forts que lui. N'ayant plus ni les impôts ni les soldats dans sa main, il ne reçut plus l'obéissance directe des sujets. Il n'eut plus qu'une suzeraineté nominale ; il fut respecté, mais impuissant.

En 476, un de ces chefs germains, Odoacre, se fit roi en Italie. Il ne supprima pas pour cela l'empire ; mais ne voulant pas avoir un empereur trop près de lui, il imagina de transporter la dignité impériale au prince qui régnait à Constantinople. Il y a là un fait qui peut nous surprendre, mais qui ne paraît pas avoir surpris les contemporains. Ils savaient en effet que Rome et Constantinople étaient les deux capitales d'une même monarchie. Ils ne se figuraient pas, comme on a fait depuis, deux empires ; il n'existait pour eux qu'un seul État qui pouvait avoir légalement deux princes. Celui qui siégeait à Constantinople portait, aussi bien que celui qui résidait à Rome, le titre officiel d'empereur des Romains. Ces deux hommes n'étaient qu'un seul souverain en deux

---

[1] Voyez les Lettres de Sidoine, *passim.* Cf. Lettre de saint Remi à Clovis : *Justitia ex ore vestro procedat; prætorium tuum omnibus pateat.*

personnes; ils signaient conjointement leurs actes législatifs. Ils ne devaient avoir qu'une volonté et qu'une âme; c'était ce qu'on appelait alors l'indivisibilité morale de l'empire, *unanimitas imperii*. On ne concevait pas que l'un d'eux régnât sans l'assentiment et l'accord formel de l'autre, et c'est pour ce motif que, durant soixante ans, on avait vu chaque nouvel empereur d'Occident commencer par demander l'assentiment de celui qui régnait à Constantinople[1].

Dans cette année 476, le sénat de Rome, qui était encore le représentant officiel et légal du monde romain, adressa une légation à l'empereur Zénon pour lui déclarer que l'empire n'avait besoin que d'un seul chef, et pour le reconnaître comme unique empereur de l'Orient et de l'Occident[2]. De son côté le chef barbare Odoacre lui fit porter les insignes impériaux, ce qui était reconnaître son autorité. Il la reconnut plus formellement encore en sollicitant de lui « la dignité de patrice et le droit de gouverner les populations italiennes. » Il obtint ce qu'il demandait; dès lors il fut à la fois roi barbare et patrice romain, c'est-à-dire chef militaire et chef civil, sous la suzeraineté peu gênante de l'empereur.

Les chefs germains qui occupaient la Gaule firent

---

[1] Jornandès, c. 45 : *Jussu Marciani imperatoris orientalis Majorianus imperium occidentale suscepit gubernandum.* — Cap. 46 : *Leo imperator Anthemium Romæ principem ordinavit.* — Chronique d'Idace : *Per Avitum legati ad Marcianum mittuntur pro unanimitate imperii.*

[2] Malchus, *Fragm.* 10 : Ὅτι ἰδίας αὐτοῖς βασιλείας οὐ δέοι, κοινὸς δὲ ἀποχρήσει μόνος αὐτοκράτωρ ἐπ' ἀμφοτέροις τοῖς πέρασι. — Malchus était contemporain de ces événements; les fragments qui nous ont été conservés de son livre sont dans la Collection des fragm. des hist. grecs de Didot, t. IV.

comme Odoacre; ils acceptèrent pour empereur le prince qui régnait à Constantinople. Les rois burgondes particulièrement lui prodiguèrent les marques de la soumission. Pendant cinquante années, chacun d'eux sollicita les dignités de maître de la milice et de patrice. Ils ne régnèrent, ainsi qu'ils le disaient eux-mêmes, qu'en lui obéissant; ils se glorifiaient d'être des officiers impériaux.

Il n'est donc pas absolument exact de dire que l'empire romain ait été détruit en 476; aux yeux des contemporains, il ne cessa pas d'être. Que son chef fût à Rome ou à Constantinople, peu importait; il existait toujours un empire romain qui embrassait tout l'ancien monde.

Ce qui disparut, ce fut la force de l'empire. Il resta debout comme une sorte de dignité sainte et inviolable. Germains et Gaulois le respectèrent également; mais personne ne lui obéit. C'étaient les chefs germains qui avaient la force et l'autorité; c'était d'eux qu'on recevait des ordres, à eux qu'on devait se soumettre. Toutefois ce n'est pas un fait insignifiant dans l'histoire que ces chefs barbares se soient considérés comme des délégués d'un pouvoir plus haut, et il n'a pas été sans conséquence qu'ils aient laissé le grand nom de l'empire planer au-dessus d'eux.

CHAPITRE X

Comment les rois francs sont devenus les maîtres de la Gaule.

Les Francs n'étaient pas un des anciens peuples germains. Ni Tacite, ni Strabon, ni Pline n'ont connu leur nom ; il n'apparaît dans l'histoire qu'au troisième siècle de l'ère chrétienne. Ils étaient les restes de peuples autrefois puissants, les Bructères, les Tenctères, les Chamaves, les Ansibariens, les Sicambres. Ils formaient des bandes émigrantes et guerrières, à qui les révolutions intérieures plus encore que l'amour des combats avaient donné naissance. Peu nombreux, nullement unis, n'agissant jamais de concert, ils se montrent toujours en petites troupes ; jamais ils ne forment ni un grand peuple ni une grande armée.

Placés d'abord entre le Rhin et l'Elbe, c'est-à-dire entre l'empire romain et les Saxons, ils sont toujours les ennemis des Saxons et les amis de l'empire. Ils demandent sans cesse à être admis sur la terre romaine comme laboureurs ou comme soldats. Quelques-uns essayent d'entrer de force, font des incursions, sont toujours repoussés ; mais ils réussissent par leurs défaites mêmes ; ils sont amenés dans l'empire comme captifs ou comme colons[1].

---

[1] Ammien, XVII, 8 : *Francos aggressus perculsit et precantes potius quam resistentes, dedentes se cum opibus liberisque suscepit... Chamavos*

Au commencement du cinquième siècle, il ne restait presque plus de Francs sur la rive droite du Rhin. Ils étaient tous dans l'empire ; mais aussi tous étaient sujets de l'empire[1].

On pouvait distinguer parmi eux plusieurs catégories. Il y avait d'abord ceux qui étaient esclaves ou colons et qui vivaient disséminés sur les terres des propriétaires Gallo-Romains. Il y avait ensuite les lètes, c'est-à-dire ceux qui étaient serviteurs et soldats de l'empire ; on en compte, d'après la *Notitia imperii*, neuf troupes d'infanterie et trois de cavalerie; ils tenaient garnison dans différentes villes de la Gaule, en Espagne, en Italie, jusque dans l'Égypte et la Mésopotamie et dans la garde même des empereurs. Il y avait, en troisième lieu, quelques groupes de Francs qui, plus heureux et mieux traités, formaient des corps de soldats fédérés et occupaient avec leurs familles d'assez vastes cantonnements dans le bassin de l'Escaut ou sur la rive du Rhin, près des frontières qu'ils avaient la charge de défendre.

Nous n'avons pas à nous occuper des colons et des lètes Francs ; ils ont vécu obscurs et se sont perdus au sein des populations; mais les groupes de fédérés ont eu une histoire plus brillante.

Ils ressemblaient aux armées wisigothique et burgonde, à cela près qu'ils étaient beaucoup plus faibles. Le gouvernement impérial eut toujours assez d'adresse

---

adortus, partim cecidit, partim compegit in vincula. — Eumène, *Panegyr.*, VII, 6, 2 : *Intimas Franciæ nationes a propriis sedibus avulsas, ut in desertis Galliæ regionibus collocarentur.*

[1] Cassiodore, *Hist.*, IV, 13 : *Constans imper. Francos Romanorum subjecit imperio.* — Chronique d'Idace : *Victi Franci a Constante.*

pour les tenir divisés en petits corps indépendants les uns des autres. Aussi lui fut-il assez facile de les maintenir dans l'obéissance. Si parfois une de leurs bandes venait à se montrer exigeante et prétendait agrandir ses cantonnements, ainsi que fit un jour celle de Chlodion, il n'était pas très-malaisé de la réprimer par la force. On voit même que le gouvernement impérial osait quelquefois nommer lui-même leurs chefs[1], ce qu'il n'eût pas pu faire à l'égard des Wisigoths et des Burgondes. Ces chefs, qui recevaient de leurs soldats le titre de rois, étaient des officiers au service de l'empire. Ils figuraient dans la hiérarchie militaire ; ils prenaient rang de ducs et ils avaient au-dessus d'eux le *maître des soldats*, représentant de l'empereur.

Pendant près d'un siècle et demi, les Francs obéirent à l'empire romain. Cette vérité est attestée par la loi salique elle-même ; quand ils écrivirent ce code, ils se souvenaient encore « du joug très-dur que les Romains avaient fait peser sur leurs têtes [2]. »

Quelques traits de leur histoire ont échappé à l'oubli et peignent bien leur situation. Un de leurs chefs nommé Chlodion étant mort, ses deux fils se disputent son commandement ; l'un l'obtient de la volonté des guerriers ; l'autre va porter à Rome ses réclamations ; il s'adresse au maître des soldats Aétius et à l'empereur Valentinien III, obtient d'eux de l'argent, et en retour se lie à eux par les nœuds les plus étroits de la clientèle[3].

---

[1] Libanius, III ; Mamertin, *Panég.*, X ; Grégoire de Tours, II, 12.

[2] Deuxième prologue de la Loi salique (Pardessus, p. 345) : *Romanorum jugum durissimum de suis cervicibus excusserunt.*

[3] Ce fait est attesté par l'historien Priscus, qui déclare s'être rencontré à

Un chroniqueur qui écrivait au septième siècle, rapporte une tradition qui lui venait certainement du cinquième; il raconte que le chef franc Childéric, le père de Clovis, fut dépouillé de son commandement, vers 457, par son supérieur hiérarchique, le maître des soldats Ægidius. Pendant plusieurs années, les Francs n'eurent pas de chef national; ils obéirent directement et sans intermédiaire au fonctionnaire impérial et ils payèrent même des impôts au fisc[1]. Quelques années s'étant ainsi écoulées, le sceptre impérial changea de mains et Ægidius tomba en disgrâce; Childéric se présenta alors devant le nouveau prince et lui dit : « Je suis ton serviteur; ordonne-moi d'aller en Gaule, et je te vengerai d'Ægidius[2]. » L'empereur agréa sa demande; il lui donna de l'argent et tous les moyens de retourner dans son pays. Childéric redevint ainsi chef des Francs par la volonté de l'empereur. On ne sait s'il continua à lever des contributions sur ses compatriotes au profit de l'empire; ce qui est certain, c'est qu'il fit la guerre contre d'autres Germains, sous les ordres du fonctionnaire romain Paulus, et qu'il combattit tour à tour les Wisigoths et les Saxons. Ce récit du chroniqueur marque bien ce que c'était alors qu'un roi franc[3].

Rome, dans une de ses ambassades, avec le jeune prince Franc : Ὃν κατὰ τὴν Ῥωμήν εἴδομεν. (Priscus, *fragm.* 16, éd. Dindorf, p. 329.)

[1] *Ægidius omnes Francos singulis aureis tributavit; illi acquiescentes impleverunt.* La suite du récit marque que cet argent était porté dans la capitale de l'empire.

[2] *Dixit Childericus ad imperatorem : Jube me servum tuum ire in Gallias; furorem indignationis tuæ super Ægidio ulciscar.*

[3] Cette tradition est rapportée par Frédégaire. (*Epitomata*, c. 11, édit. Guadet et Taranne, t. II. p. 292.) — Elle a un caractère tel, qu'il n'est

Il nous a été conservé une lettre adressée à Clovis par saint Remi, archevêque de Reims, vers l'année 481, au début de la carrière du chef franc. « Nous avons appris, dit le prélat, que tu as pris en main le commandement militaire, ainsi que l'ont eu tes ancêtres. » C'est par cette expression qu'il désigne ce qu'on a depuis appelé l'avénement de Clovis au trône. L'évêque ajoute, à la vérité, qu'il rend la justice, et que, comme les fonctionnaires romains, il siége sur un prétoire. On sait en effet que tous ces chefs militaires, dans l'étendue de leurs cantonnements, avaient le droit de justice et l'autorité administrative ; il n'y avait plus de fonctionnaires civils à côté d'eux. Le terme par lequel le prélat désigne le pouvoir de Clovis est significatif ; il l'appelle *beneficium* ; ce mot, dans la langue latine de ce temps-là, signifiait une délégation, une possession précaire et révocable ; il ne pouvait s'appliquer qu'à cette sorte de pouvoir emprunté qu'on exerce au nom d'un autre. Quant au territoire sur lequel s'étendait l'autorité de Clovis, l'évêque ne l'appelle pas du nom de royaume ; il l'appelle province, et ce mot ne pouvait

pas possible de supposer qu'elle ait été imaginée après le règne de Clovis ; elle est contemporaine de Childéric. Avant d'arriver jusqu'à Frédégaire, elle n'a pas manqué de subir quelques altérations ; ainsi, la destitution du chef franc est exprimée sous cette forme : *Franci eum de regno ejiciunt ;* l'obéissance au fonctionnaire romain est marquée ainsi : *Franci Ægidium regem adsciscunt.* Mais ce qui n'est n'est pas oublié, c'est le lourd tribut payé à l'empereur. Frédégaire commet d'ailleurs un anachronisme, quand il dit que la capitale était alors Constantinople, et que l'empereur s'appelait Maurice. Ces erreurs ne portent pas sur les traits caractéristiques de l'anecdote. Le récit de Grégoire de Tours est plus bref, mais ne contredit pas celui de Frédégaire.

en aucune façon s'appliquer à un état indépendant[1]. Cette lettre permet de juger sous quel aspect la situation apparaissait aux contemporains : saint Remi regardait Clovis comme un chef militaire subordonné, au moins nominalement, à l'empire; il est vraisemblable que les Gaulois, les Francs, et Clovis lui-même pensaient comme le prélat.

En l'année 486, quatre armées vivaient sur le sol de la Gaule. Trois étaient composées de Germains ; c'étaient celles des Wisigoths, des Burgondes et des Francs. Une quatrième était formée de quelques Bretons insulaires et de plusieurs corps de soldats romains qui, cantonnés jadis dans ces contrées, y vivaient avec leurs familles et s'y perpétuaient[2]. Après avoir obéi à Ægidius ils obéissaient alors à Syagrius son fils.

---

[1] Cette lettre de S. Remi est dans dom Bouquet (t. IV, p. 51). Elle ne porte pas de date ; mais le ton qu'emploie le prélat, la nature des conseils qu'il donne et qui ne peuvent s'adresser qu'à un jeune homme, tout indique que cette lettre est du commencement de la carrière du chef franc. — On a cru voir une allusion à la conversion de Clovis dans les mots *sacerdotibus tuis honorem debebis deferre*. Il s'agit de prêtres et d'évêques chrétiens, comme il y en avait dans tous les cantonnements des armées fédérées. Ces prêtres, comme chefs naturels de la population civile, exerçaient déjà quelque influence, et il n'était pas surprenant que les chefs barbares, même idolâtres, dussent s'entourer de leurs conseils. Childéric, père de Clovis, était païen ; il faisait pourtant des dons de terres aux églises chrétiennes ; c'est ce que nous apprend son petit-fils Clotaire Ier, dans sa *Constitutio* de 560, article 2. Il n'y a pas dans la lettre de S. Remi un seul mot qui indique que Clovis fût déjà chrétien ; comparez cette lettre à celle que le même prélat écrivit à Clovis converti, au sujet de la mort de sa sœur; dans la seconde, il parle de la religion ; il n'en dit pas un mot dans la première. Dans la seconde, écrite après les victoires de Clovis, il lui dit : *Gloria vestra, populorum caput estis;* dans la première, il ne parle que de l'héritage qu'il tient de son père, *paternas opes*, et ne fait nulle allusion à la puissance qu'il acquit par lui-même.

[2] Procope, *De bello gothico*, I, 12 : Στρατιῶται Ῥωμαίων ἐς Γάλλων τὰς

Ce personnage ne portait aucun des titres de la hiérarchie impériale ; il n'était pas gouverneur de province, préfet du prétoire, maître des soldats ; il se faisait appeler roi [1]. Cette qualification ne lui donnait aucune autorité légale sur les cités gauloises ; elle ne pouvait désigner qu'un commandement militaire ; Syagrius était roi des soldats romains, comme d'autres étaient rois des soldats francs, wisigoths ou burgondes. Il est possible qu'il fût plus attaché à l'empire que les trois chefs barbares ; mais on ne voit à aucun signe qu'il en fût le représentant officiel. Il n'obéissait ni plus ni moins qu'eux à l'autorité impériale qui siégeait à Constantinople. Les Gaulois virent-ils en lui un représentant de leur nationalité? C'est une conjecture que l'on peut faire, mais qui ne s'appuie sur aucun document ni aucun fait. Rien ne prouve que les cités gauloises l'aient préféré aux chefs germains, et il est avéré qu'elles ne firent rien pour le soutenir.

Chacun de ces quatre chefs exerçait son commandement militaire sur une partie de la Gaule : le roi des Wisigoths au sud de la Loire, le roi des Burgondes dans la vallée du Rhône, le roi des Romains entre la Loire et la Somme, le roi des Francs sur l'Escaut. La Gaule se partageait entre eux, en ce sens que chaque région devait nourrir leurs soldats, et qu'à défaut de fonc-

ἐσχατίας φυλακῆς ἕνεκα ἐτετάχατο · οἳ δὴ οὔτε ἐς Ῥώμην ὅπως ἐπανήξουσιν ἔχοντες, οὐ μὴν οὔτε προσχωρεῖν ἀρειάνοις βουλόμενοι...

[1] Grégoire de Tours, II, 27 : *Syagrius rex Romanorum*. — Les deux termes *rex* et *romanorum* étaient également contraires aux usages de la chancellerie impériale ; il n'est pas possible que ce titre ait été conféré à Syagrius par l'empire.

tionnaires civils c'était à eux qu'il fallait payer les impôts.

Ces armées, qui n'avaient aucun lien entre elles, et que ni l'autorité impériale ni la population gauloise n'avait intérêt à maintenir en harmonie, devaient inévitablement entrer en lutte. Il suffisait que les chefs fussent ambitieux ou les soldats cupides. Depuis un siècle, toute armée fédérée s'était efforcée d'agrandir ses cantonnements, soit aux dépens de l'empire, soit aux dépens des autres armées. Ces barbares n'avaient pas cessé de se disputer ce qu'on appelait la possession des cités gauloises, c'est-à-dire les revenus qu'elles procuraient. Ainsi les Wisigoths et les Burgondes s'étaient perpétuellement fait la guerre pour décider qui des deux aurait l'Auvergne dans son lot. Les cités prenaient quelquefois parti pour les uns ou pour les autres ; elles ouvraient ou fermaient leurs portes suivant leurs préférences, et il leur arrivait parfois d'être cruellement mises à sac lorsque celui qu'elles avaient repoussé se trouvait être le vainqueur. Toute l'histoire de la Gaule au cinquième siècle est remplie de cette sorte de luttes.

Des quatre armées qui occupaient le pays en 486, la moins nombreuse était celle de Clovis ; elle était aussi la plus pauvre, et elle avait plus besoin qu'aucune autre d'agrandir son lot. Clovis attaqua successivement les trois autres chefs, en commençant par le plus faible. Syagrius, dont l'autorité était mal établie, fut aisément vaincu. Ce chef écarté, Clovis se trouva en présence des cités gauloises et de ces corps de troupes romaines qui occupaient à demeure fixe et presque par droit héréditaire, divers cantons entre la Somme et la Loire. Pendant dix années, Clovis lutta ou négocia tour à tour avec chacune de ces cités et chacun de ces corps de troupes. Il y eut là une série de petits combats et de petits traités dont le détail nous échappe, mais dont le résultat définitif est bien connu. Les cités firent à la fin alliance avec Clovis à des conditions telles « que les Gaulois et les Francs devaient former un même peuple[1]. » Quant aux corps de troupes, après avoir longtemps lutté et sans avoir été vaincus, « ils se donnèrent au chef franc ; » ils gardèrent d'ailleurs sous ce nouveau commandement leur organisation militaire toute romaine; « les fils et les petits-fils de ces soldats romains continuèrent à former des corps séparés, avec les mêmes registres et les mêmes cadres qu'ils avaient eus sous l'empire. » « On les reconnaît encore aujourd'hui, dit un historien du siècle suivant ; ils marchent sous leurs vieilles enseignes ; ils ont les mêmes règlements qu'autrefois ; ils ont encore l'ancien uniforme militaire des armées romaines[2]. »

Clovis s'étant fait ainsi une armée de Francs et de Romains se trouva aussi puissant que les rois des Burgondes et des Wisigoths. Il engagea alors de nouvelles luttes,

---

[1] Procope, *De bello gothico*, I, 12 : ἐς ἕνα λαὸν συνελθόντες.

[2] Procope, *ibid.* : Στρατιῶται δὲ Ῥωμαίων σφᾶς ἔδοσαν, καὶ ἐς ἀπογόνους τοὺς σφετέρους συμπάντα παραπέμψαντες διεσώσαντο τὰ πάτρια ἔθη, ἃ δὴ σεβόμενοι καὶ ἐς ἐμὲ τηρεῖν ἀξιοῦσιν. Ἔκ τε γὰρ τῶν καταλόγων ἐς τόδε τοῦ χρόνου δηλοῦνται ἐς οὓς πάλαι ταττόμενοι ἐστρατεύσαντο, καὶ σημεῖα τὰ σφέτερα ἐπαγόμενοι ἐς μάχην καθίστανται, νόμοις τε τοῖς πατρίοις ἐς ἀεὶ χρῶνται, καὶ σχῆμα τῶν Ῥωμαίων διασώζουσι. — Clovis n'avait pas seulement des Francs dans son armée ; les chroniques signalent un Gallo-Romain, Aurélianus, qui combattait à Tolbiac ; il s'empara, pour Clovis, de la ville de Melun, et en fut nommé duc. (*Vita S. Remigii*, ab Hincmaro, 32 et 34.)

contre ces deux chefs barbares et les vainquit l'un après l'autre. Il arriva alors que, des quatre armées que nous avons comptées en Gaule, il n'en resta plus qu'une ; Clovis fut le seul chef militaire de tout le pays.

Dans cette suite d'événements il n'y avait eu rien qui ressemblât à une invasion ou à une conquête. Clovis n'avait pas fait la guerre à la race gauloise. Sauf quelques villes qui avaient pris parti pour les autres chefs ou qui avaient disputé sur le chiffre des impôts à payer, cette population n'avait pas été attaquée par lui. Elle avait assisté impassible et presque indifférente à des querelles entre chefs d'armées qui lui étaient également étrangers. Saint Remi qui était un Gaulois ne cessa pas d'être l'ami de Clovis ; ce n'est certes pas qu'il fût traître à sa patrie ; mais c'est qu'il ne voyait ni dans le chef franc un envahisseur, ni dans ces événements une conquête de son pays. Grégoire de Tours est aussi un Gaulois ; jamais il ne présente Clovis comme un ennemi ou un vainqueur de sa race[1]. Les évêques du Midi, qui étaient tous des Gaulois, représentaient alors mieux que personne les intérêts, les opinions, les vœux et ce qu'on pourrait appeler le patriotisme des cités ; ils étaient pour la plupart les amis de Clovis et les ennemis des Wisigoths et des Burgondes.

[1] Grégoire de Tours (*Hist. Franc.*, V, *prologue*) résume l'histoire de Clovis par ces mots : *Adversos reges interfecit, noxias gentes elisit, patrias gentes subjugavit*. *Adversos reges* désigne les rois, comme Alaric, Gondebaud, Syagrius ; *noxias gentes*, sous la plume de Grégoire de Tours, ne saurait s'appliquer aux Gaulois catholiques, et ne peut désigner que des païens ou des ariens ; *patrias gentes* signifie les petits corps francs que Clovis mit sous son autorité en assassinant leurs chefs. Il n'y a pas un mot qui indique une victoire remportée sur l'empire ou sur la Gaule.

Clovis étant ainsi devenu maître du pays, quelle sorte de pouvoir devait-il exercer sur les Gaulois? Ne les ayant pas vaincus, il ne pouvait pas régner sur eux par droit de conquête. Quant à les traiter en peuple libre et à leur demander de l'élire pour roi, personne ne pouvait y penser. Il ne se présentait qu'une seule manière de les gouverner. Clovis voyait devant lui, toujours debout, l'empire romain; il savait que les Gaulois, qui s'appelaient eux-mêmes Romains, ne connaissaient d'autre autorité légale que celle de cet empire. Lui-même, comme son père Childéric et comme les autres chefs germains qu'il avait vaincus, était accoutumé à l'idée d'être subordonné au pouvoir impérial. Cette subordination ne le gênait en rien et pouvait lui être utile. Il fit donc ce que tous les chefs germains avaient fait avant lui : il gouverna les Romains à titre de délégué et de représentant de l'autorité romaine.

La cour de Constantinople avait le même intérêt à conférer cette délégation que Clovis à la recevoir; car elle avait pour politique de conserver avec soin sa suzeraineté nominale sur toutes les parties de l'empire, espérant reprendre un jour l'autorité réelle, comme Justinien y réussit en effet pour l'Italie et pour l'Afrique. L'empereur Anastase qui, en ce moment même, avait besoin des forces de Clovis pour tenir les Goths en échec, fut heureux de pouvoir donner au chef franc le titre de Maître des soldats et celui de Patrice des Romains; le premier était le signe de l'autorité militaire, le second de l'autorité civile. L'empereur y ajouta même le titre de consul, qui ne conférait aucun pouvoir, mais qui était encore, aux yeux de tous, « le plus grand honneur qu'un mortel pût obtenir. » Il lui envoya tous les insignes de cette dignité[1]. Ce qui peut paraître aux hommes de nos jours une formalité vaine et puérile, fut pour les hommes de ce temps-là un événement considérable. Les Francs et les Gallo-Romains attribuèrent la plus grande importance au présent de l'empereur Anastase. Clovis célébra à Tours, le 1er janvier 509, son entrée en charge comme consul, avec toute la solennité et suivant le cérémonial qui était en usage dans l'empire. Le chroniqueur ajoute « qu'à partir de ce jour on lui parla comme à un consul et à un empereur. » Il était en effet devenu un haut dignitaire de l'empire romain.

Il n'était facile à Clovis ni de fonder un gouvernement nouveau ni de renverser celui auquel les hommes étaient accoutumés. Une seule chose était possible et était en même temps conforme aux habitudes d'esprit de ce temps-là, c'était qu'il exerçât, à titre de délégué ou d'intermédiaire des empereurs, l'autorité impériale[2].

Aussi ne prit-il jamais le titre de roi des Gaulois; ce titre n'aurait pas eu de sens. Il n'était roi que des

---

[1] Grégoire de Tours, II, 38 : *Chlodovechus ab Anastasio imperatore codicillos de consulatu accepit, et tunica blatea indutus est et chlamyde.* — Cf. *Gesta regum Francorum*, 17; *Vita S. Remigii*, c. 53. — Aimoin, c. 22 : *Epistolas suscepit Anastasii, in quibus hoc continebatur quod complacuerit sibi et senatoribus eum esse patricium Romanorum.* Il n'y avait rien de surprenant à ce qu'un Franc fût consul; quatre Francs l'avaient été avant Clovis : Dagalaïphe en 366, Mérobaude en 377, Richomer en 384, Bauto en 385. Il est d'ailleurs possible que ces *codicilli* ne fussent qu'un diplôme honoraire.

[2] Cela est exprimé clairement dans la *Vie de S. Remi* : *Remigius prædixit qualiter successura ejus posteritas regnum esset gubernatura omnique* ROMANA DIGNITATE *potitura.* (*Vita Remigii*, c. 37.)

Francs ; à l'égard des Gaulois il était, comme les anciens préfets du prétoire, un représentant de l'empire.

Dans ses actes officiels, Clovis s'intitulait *rex Francorum et vir illuster*. Ce titre d'homme illustre n'était pas une appellation élogieuse ; c'était un terme officiel qui était usité depuis deux siècles dans l'empire romain et qui désignait formellement les fonctionnaires du rang supérieur tels que les préfets du prétoire. Les mots *rex Francorum* marquaient l'autorité de Clovis sur les guerriers francs ; les mots *vir illuster* indiquaient son rang dans la hiérarchie impériale et l'autorité qu'il exerçait sur la population gauloise. Un prologue de la loi salique appelle Clovis roi et proconsul. Un hagiographe le qualifie roi des Francs et prince de la population romaine[1]. Il fallait un double titre pour marquer la double nature de son pouvoir.

L'histoire de Théodoric le Grand éclaire celle de Clovis ; voici comment elle est racontée par l'historien des Goths Jornandès : « L'empereur Zénon ayant appris que Théodoric avait été élu roi par les siens, agréa ce choix et ordonna au nouveau chef de se rendre en sa présence. Il lui fit le plus honorable accueil et lui donna rang parmi les dignitaires du palais. Plus tard, il le nomma maître des soldats[2] ; il le fit même consul, ce qui est considéré comme le bien suprême et le premier honneur de ce monde[3]. Le roi Théodoric s'était lié à l'empereur

---

[1] *Rex Francorum et populi romani princeps.* (Vita S. Martini Vertav.
[2] *Magister militum effectus.* (Jornandès, *De successione temporum*.)
[3] Jornandès, *De rebus geticis*, 19 (57) : *Factus est consul ordinarius, quod summum bonum primumque in mundo decus edicitur.*

par un engagement personnel ; il était devenu son fils d'armes et son client. Il lui dit un jour : « Rien ne me manque depuis que je suis votre serviteur ; je prie cependant Votre Bonté d'écouter favorablement le vœu de mon cœur. » La permission de parler librement lui ayant été donnée, il ajouta : « L'Italie et la ville de Rome, cette capitale et cette maîtresse du monde, sont dans les mains d'un roi barbare qui opprime votre sénat et cette partie de l'empire ; envoyez-moi avec mes Goths ; il vaut mieux que, moi qui suis votre esclave, je possède ce royaume par votre don[1]. » Zénon y consentit ; il envoya Théodoric en Italie, en remettant à son autorité le sénat et le peuple de Rome. Vainqueur d'Odoacre et maître de l'Italie, Théodoric obtint de l'empereur la permission de déposer l'habit de sa nation et de revêtir le costume des dignités romaines, ce qui signifiait qu'il régnait aussi bien sur les Romains que sur les Goths[2]. Longtemps après, quand il fut près de mourir, il réunit ses comtes et leur recommanda d'aimer le sénat et le peuple romain, et de témoigner toujours une pieuse vénération au prince qui régnait à Constantinople[3]. »

---

[1] Jornandès, *ibid.* : *Ut ego qui sum vester servus, vobis donantibus, regnum illud possideam.*

[2] Jornandès, *ibid.* : *Tertio anno, Zenonis imperatoris consulto habito, suæ gentis vestitum reponens, insigne regii amictus, quasi jam Gothorum Romanorumque regnator, adsumit.* Par *regii amictus*, il ne faut pas entendre les insignes de la royauté gothique, qu'il déposait au contraire. Jornandès, qui, suivant l'usage de son époque, désigne l'empire romain par le mot *regnum*, entend par *Regius amictus* des insignes de dignités romaines analogues à ceux qu'Anastase envoya à Clovis.

[3] Jornandès, *ibid.* : *Principem orientalem placatum semper propitiumque haberent.*

Cette situation de l'Ostrogoth Théodoric était aussi celle de Clovis. Le roi franc affecta de se considérer comme un serviteur et un délégué du prince ; lui aussi, il fut fier d'obtenir les titres et les insignes des dignités romaines, et il gouverna les populations comme s'il eût été une sorte de vice-empereur.

Ses fils et ses petits-fils firent comme lui. Ils entretinrent des relations suivies avec la cour de Constantinople. Les chroniqueurs mentionnent fréquemment les ambassades qu'ils lui envoyaient[1]. Il nous a été conservé quelques lettres adressées par eux aux empereurs ; ils les appellent du nom de maître, *dominus*, qui était le terme obligé quand un sujet parlait à son prince. Théodebert écrit : « Au maître illustre et glorieux, triomphateur et toujours Auguste, l'empereur Justinien. » Childebert s'adresse à l'empereur Maurice et l'appelle « Le sérénissime prince de l'empire romain, notre père, notre empereur[2]. »

Lorsque Théodebert se fut emparé de la Provence, il ne crut pas la posséder régulièrement s'il n'en obtenait la concession par un diplôme en bonne forme de l'empereur Justinien. Soixante ans plus tard, une négociation fut conduite entre un autre roi franc et l'empereur Maurice pour que celui-ci concédât quelques petits cantons situés sur le versant méridional des Alpes, qui n'avaient pas été compris dans la cession primitive[3].

---

[1] Grégoire de Tours, III, 33 ; IV, 39 ; VI, 2 ; X, 2, 4 ; *De gloria mart.*, I, 34. — Frédégaire, *Epit.*, 18 ; *Chron.*, 6, 62.

[2] Ces lettres sont dans le Recueil de dom Bouquet, t. IV, p. 58, 59.

[3] Procope, *De bello gothico*, III, 33. — Cf. *Lettres de Grégoire le Grand*, liv. XIII, lett. 6, 7, 47.

Les empereurs adressaient des instructions aux rois mérovingiens. « J'ai reçu, écrit Théodebert, avec une entière dévotion la lettre que votre autorité m'a envoyée. » Ailleurs, le même Théodebert s'excuse de ne pas avoir exécuté un ordre de l'empereur en alléguant que cet ordre lui est parvenu trop tard. Héraclius veut que dans tout l'empire les Juifs soient baptisés ou mis à mort ; il envoie des instructions sur ce point au roi des Francs Dagobert Ier, qui s'y conforme sans retard [1].

Ce qui est encore bien significatif, c'est que, pendant plusieurs générations, les monnaies qui furent frappées en Gaule, à Lyon, à Reims, à Metz, à Trèves, à Cologne, portèrent l'effigie des empereurs de Constantinople ; au lieu d'y lire les noms des rois francs, on y lit ceux d'Anastase, de Justin Ier, de Justinien, de Justin II [2]. Dans la pensée des hommes de ce temps-là, l'empire romain n'avait pas péri ; non-seulement il subsistait, mais encore c'était par lui qu'on régnait. Il n'est pas douteux que Constantinople ne fût alors considérée comme la vraie capitale du monde [3].

On doit bien penser que les rois francs ne s'astreignirent pas longtemps à une subordination qu'il leur était si facile de faire cesser. Un chroniqueur a marqué ce changement avec des expressions dont la netteté est remarquable ; parlant de l'année 524, c'est-à-dire treize ans après la mort de Clovis, il dit : « C'était le temps où

---

[1] Dom Bouquet, t. IV, p. 59. Frédégaire, *Chronique*, 65.

[2] Voy. Digot, *Histoire d'Austrasie*, t. III, p. 38. Il y a une réserve à faire pour Théodebert qui, à la fin de son règne, fit graver son nom et son effigie ; mais cet exemple ne paraît pas avoir été suivi par son successeur.

[3] Les chroniques appellent Constantinople *urbs regia*.

la Gaule était sous la domination de l'empereur Justin. » Parlant ensuite de l'année 539, il écrit : « Alors les rois, laissant de côté les droits de l'empire et ne tenant plus compte de la souveraineté de la République romaine, gouvernaient en leur propre nom et exerçaient un pouvoir personnel[1]. » Ainsi les hommes du sixième siècle distinguaient la période où les chefs germains avaient gouverné comme délégués des empereurs, de celle où ils régnèrent comme souverains indépendants. La première, si l'on prend pour point de départ la date de 406, eut une durée d'environ cent trente années ; elle se prolongea sous les rois wisigoths et burgondes, sous Clovis et ses fils. Ce fut donc une suite de quatre ou cinq générations d'hommes qui, après l'entrée des Germains, se crurent encore sujets de l'empire et le furent en réalité dans une certaine mesure. Ces générations ne se sont pas fait des événements dont elles étaient témoins l'idée qu'on s'en est faite depuis. Elles n'y ont pas vu une conquête. Elles en ont sans doute beaucoup souffert et beaucoup gémi ; elles ont été victimes de beaucoup de désordres, de convoitises, de violences ; mais elles ne se regardèrent jamais comme une race vaincue sous la main et sous le joug d'une race victorieuse. Ce n'est pas sous cet aspect que les faits se présentèrent à elles.

La population gauloise persista à croire à l'existence de l'empire et à considérer l'empereur des Romains

---

[1] *Vita S. Treverii* (Bouquet, t. III, p. 411) : *Eo tempore quo Gallia sub imperii jure Justini consulis exstitit. — Quum Galliarum Francorumque reges, sublato imperii jure et postposita Reipublicæ dominatione, propria fruerentur potestate, evenit ut Theodebertus rex...*

comme son chef suprême. Nous pouvons même penser qu'elle s'attacha d'autant plus à ce pouvoir éloigné qu'elle n'en sentait plus le poids. Il lui apparaissait, non comme un joug sous lequel il fallait se courber, mais comme une autorité vénérable, sacrée, qui ne pouvait plus être malfaisante ; c'était une sorte de providence lointaine qu'on invoquait et qui était la consolation dernière et l'espoir des malheureux [1].

Les chroniqueurs du sixième et même du septième siècle présentent une singularité qui étonne d'abord. Quoiqu'ils écrivent en Gaule et soient sujets des rois francs, ils notent avec soin l'avénement des empereurs de Constantinople ; ils sont attentifs à ce qui se passe dans la capitale de l'empire. Ils comptent les années par les consuls de Constantinople ou par le règne des empereurs. La chronique de saint Waast, par exemple, s'exprime ainsi : « Il fut ordonné évêque la cinquième année du règne de Justinien, sous le consulat de Dédicius et de Paulinus, l'an de Rome 1283. » La même chronique dit ailleurs : « Saint Bertin mourut la première année de l'empereur Tibère II (578). Le roi des Francs Dagobert mourut la troisième année de l'empereur Léon [2]. » Cette manière de parler est significative ; elle marque la manière de penser d'une époque.

---

[1] Beaucoup d'hommes avaient les yeux fixés sur Constantinople ; on voit par plusieurs anecdotes que les mécontents, les ambitieux, les prétendants s'adressaient à l'empereur. (Grégoire de Tours, VI, 24 et 26 ; VII, 36. Frédégaire, *Chron.*, 6.)

[2] La Chronique de S. Waast, dans la forme où nous l'avons, n'a été écrite qu'au onzième siècle ; il est clair qu'elle emprunte sa manière d'indiquer les dates à des archives du septième.

Que la population gauloise ait conservé les lois romaines qu'elle avait eues avant Clovis, il n'y a rien là qui puisse surprendre. Mais ce qui est plus digne d'attention c'est que, dans le temps même où elle était devenue royaume franc, trente ans après la mort de Clovis, elle recevait encore les lois que promulguaient les empereurs de Constantinople et se croyait tenue à les observer. Il a été démontré que les collections de Justinien avaient eu force de loi dans la Gaule jusqu'au milieu du moyen âge. Ainsi, il y avait déjà un siècle que les Germains étaient les maîtres du pays, et la population regardait encore du côté de la capitale de l'empire pour en suivre les lois; ce n'étaient pas les rois francs qui légiféraient pour la Gaule, c'étaient les empereurs de Constantinople.

CHAPITRE XI

Que la population gauloise n'a pas été réduite en servage.

On se représente ordinairement, au début de l'histoire de France, une immense irruption de Germains. On se figure la Gaule inondée, écrasée, asservie. Que des Germains soient entrés dans l'empire, qu'ils l'aient même, de plusieurs façons, envahi, c'est ce qui n'est pas contestable ; mais ce qui l'est, c'est le caractère qu'on assigne d'ordinaire à cet événement, ce sont les grandes conséquences qu'on lui attribue.

Il semble qu'il ait changé la face du pays et qu'il ait donné à ses destinées une direction qu'elles n'auraient pas eue sans lui. Il est pour beaucoup d'historiens, et pour la foule, la source d'où est venu tout l'ancien régime. Les seigneurs féodaux se sont vantés d'être les fils des conquérants ; les bourgeois et les paysans ont cru que le servage de la glèbe leur avait été imposé par l'épée d'un vainqueur. Chacun s'est ainsi figuré une conquête originelle d'où était venu son bonheur ou sa souffrance, sa richesse ou sa misère, sa condition de maître ou sa condition d'esclave. Une conquête, c'est-à-dire un acte brutal, serait ainsi l'origine unique de l'ancienne société française. Tous les grands faits de notre histoire ont été appréciés et jugés au nom de cette iniquité première ; la féodalité a été présentée comme le règne des conquérants, l'affranchissement des communes comme le réveil des vaincus, et la Révolution de 1789 comme leur revanche.

Il faut d'abord reconnaître que cette manière d'envisager l'histoire de la France n'est pas très-ancienne ; elle ne date guère que de trois siècles. Les anciens chroniqueurs, qui étaient contemporains de l'établissement des Germains et qui l'ont vu de leurs yeux, mentionnent sans nul doute beaucoup de ravages et de violences ; mais ils ne montrent jamais une race vaincue, une population entière assujettie. Nous possédons d'innombrables écrits de ces temps-là ; ils ne présentent jamais l'idée d'un peuple réduit au servage. Le moyen âge a beaucoup écrit ; ni dans ses chroniques, ni dans ses légendes, ni dans ses romans nous ne voyons jamais que la conquête germanique ait asservi la Gaule. On y parle sans cesse de seigneurs et de serfs; on n'y dit jamais que les seigneurs soient les fils des conquérants étrangers ni que les serfs soient des Gaulois vaincus. Philippe de Beaumanoir au treizième siècle, Comines au seizième, et beaucoup d'autres écrivains cherchent à expliquer l'origine de l'inégalité sociale, et il ne leur vient pas à l'esprit que la féodalité et le servage dérivent d'une ancienne conquête. Le moyen âge n'eut aucune notion d'une différence ethnographique entre Francs et Gaulois. On ne trouve, durant dix siècles, rien qui ressemble à une hostilité de races. La population gauloise n'a jamais conservé une souvenir haineux des Francs ni des Burgondes; aucun des personnages de ces nations n'est présenté comme un ennemi dans les légendes populaires. Ni les écrits ni les traditions de toute cette époque ne portent la trace de la douleur qu'un universel asservissement eût mise dans l'âme des vaincus.

L'opinion qui place au début de notre histoire une grande invasion et qui partage dès lors la population française en deux races inégales, n'a commencé à poindre qu'au seizième siècle et a surtout pris crédit au dix-huitième. Elle est née de l'antagonisme des classes, et elle a grandi avec cet antagonisme. Elle pèse encore sur notre société présente : opinion dangereuse, qui a répandu dans les esprits des idées fausses sur la manière dont se constituent les sociétés humaines, et qui a aussi répandu dans les cœurs des sentiments mauvais de rancune et de vengeance. C'est la haine qui l'a engendrée, et elle perpétue la haine.

Les Germains n'ont pas réduit la population gauloise en servitude. Ils n'étaient à son égard ni des vainqueurs ni des maîtres. Comme ils ne s'étaient pas présentés en ennemis, qu'ils avaient affecté d'être les soldats de l'empire romain et que, sans jamais attaquer ouvertement cet empire, ils ne s'étaient battus qu'entre eux, ils ne pouvaient pas même avoir la pensée d'asservir la population indigène.

Il est hors de doute qu'ils commirent beaucoup de violences. Ils eurent des convoitises et des colères auxquelles nul ne résista impunément. Il dut arriver plus d'une fois ce que Grégoire de Tours raconte d'une ville d'Auvergne qui avait refusé d'ouvrir ses portes : « Les Burgondes massacrèrent les hommes et réduisirent en esclavage les femmes et les enfants. » Ces actes de colère et de vengeance durent être fréquents ; mais entre de tels actes, si nombreux qu'on les veuille supposer, et un asservissement en masse de la population gauloise il reste encore une incalculable distance. Croire que les Germains firent tomber les Gaulois au rang de serfs serait croire une chose qu'ils n'avaient ni le droit ni le pouvoir d'accomplir.

Tous les documents du temps attestent que la population gauloise, sauf quelques exceptions malheureuses, resta dans les mêmes conditions sociales où elle se trouvait avant l'arrivée des Germains. Ceux qui étaient hommes libres demeurèrent libres ; ceux qui étaient esclaves ou colons restèrent dans la servitude ou dans le colonat.

Les Gaulois, qui s'appelaient citoyens romains avant

l'invasion, persistèrent à garder ce titre. On peut voir dans les actes législatifs et dans les formules que cette expression se conserva durant deux siècles, et qu'elle continua à désigner l'état de liberté par opposition avec l'état de servitude [1].

Ni l'esclavage ni le servage de la glèbe ne datent de l'invasion ; ils sont infiniment plus anciens qu'elle. Ils n'ont pas non plus pesé uniquement sur la population gauloise. Avant l'invasion, il y avait eu des esclaves chez les Gaulois, il y en avait eu aussi chez les Germains. Quant au servage de la glèbe, forme adoucie de l'esclavage, il existait également des deux côtés du Rhin. Les serfs de la glèbe qu'il y a eu en Allemagne jusqu'aux temps modernes, sont certainement de race germanique ; ceux qu'il y a eu en Gaule appartiennent indifféremment aux deux races. Les Germains qui entrèrent dans l'empire, amenèrent leurs esclaves et leurs serfs à leur suite, et ils ne pensèrent pas plus à affranchir ceux de leur race qu'à asservir les hommes libres de race gauloise.

Les codes germaniques qui ont été écrits au sixième et au septième siècle mentionnent des esclaves barbares [2] et les montrent soumis aux mêmes conditions que les esclaves romains.

Même sous la domination des Francs, la Germanie

---

[1] Voy. les formules d'affranchissement, dans le Recueil de M. de Rozière, n°⁸ 62 et 65 : *Sicut alii cives romani vitam ducat ingenuam ; ut civis romanus vivat ingenuus.* Au n° 63, l'expression *civitas romana* est employée comme synonyme de *ingenuitas*.

[2] Loi des Burgondes, 10 : *Si quis servum natione barbarum.* — Loi des Ripuaires, 58 : *Servum Ripuarium.*

fournissait beaucoup d'esclaves à la Gaule. On lit dans la Vie de saint Germain, évêque de Paris, écrite au sixième siècle : « Combien d'esclaves il racheta! Toutes les nations en peuvent porter témoignage : Goths, Bretons, Saxons, Burgondes l'imploraient pour se faire délivrer de la servitude[1]. »

Nous avons des testaments du sixième et du septième siècle; quelques-uns distinguent parmi les nombreux esclaves du testateur « ceux qui sont de naissance romaine et ceux qui sont de naissance barbare[2]. » On peut compter dans ces testaments des centaines de noms d'esclaves; ils appartiennent à peu près en nombre égal à la langue latine et à la langue germanique.

CHAPITRE XII

S'il est vrai que la propriété du sol ait été enlevée aux Gaulois.

Les guerriers germains n'étaient venus en Gaule que pour acquérir des terres et de l'argent. Il est hors de

[1] *Vita S. Germani*, a Fortunato, c. 74.
[2] Testamentum Bertramni : *Famulos meos tam natione romana quam et barbara... Quos de gente barbara comparavi.* Voyez, dans les *Diplomata*, les testaments de S. Remi, d'Erminétrude, d'Abbon. Les esclaves d'Erminétrude s'appellent Guntrachaire, Munégisile, Innachaire, Gundofred, Leudefred, Théodachaire, Théodoric, Leubosuinthe, Childegunthe; et au milieu de ces noms se trouvent un Vigilius, un Honorius, une Eusébia : les noms germains sont en majorité.

doute qu'ils ont beaucoup pillé ; on ne saurait douter non plus qu'ils ne se soient emparés par force de beaucoup de terres. Si cette vérité avait besoin d'être prouvée, elle le serait par plusieurs chartes où nous voyons les rois mérovingiens obliger des Francs à restituer des domaines qu'ils ont pris. La loi des Burgondes mentionne aussi des usurpations de propriété et les réprouve. Beaucoup de violences ont été commises dans ce temps de désordre et sont restées impunies.

Quelques historiens modernes sont allés plus loin ; il leur a paru vraisemblable que les chefs germains eussent dépossédé, par un décret régulier, la population gauloise des deux tiers de ses terres, et eussent ensuite distribué ces terres entre leurs guerriers par la voie du sort. Cette opinion ne s'appuie pas sur les documents.

On a conservé de nombreux écrits de cette époque : histoires, chroniques, vies des saints, poésies, lettres, diplômes royaux, actes de la vie privée, textes de lois; on n'y trouve pas une seule phrase qui mentionne avec précision ni une confiscation générale des terres ni un partage de ces terres entre les nouveaux venus.

Conçoit-on un acte aussi grave que celui-là, qui toucherait aussi sensiblement les hommes, qui remuerait aussi profondément tous leurs intérêts et toute leur âme, et dont aucun historien contemporain ne parlerait? Jornandès, Paul Orose, Procope, Sidoine Apollinaire, Fortunatus, Grégoire de Tours nous ont tracé le tableau très-complet de toute cette époque ; aucun d'eux ne signale ni cette universelle spoliation ni ce partage.

Qu'on essaye de se figurer ce que serait un tel déplacement de la propriété, à combien de difficultés il donnerait lieu dans la pratique, combien de temps et combien d'actes administratifs il faudrait pour l'accomplir ; qu'on se figure encore quelles traces matérielles il aurait laissées après lui, quelles douleurs et quelles rancunes il aurait mises pour longtemps dans les cœurs ; et l'on sera surpris de ne trouver, parmi tant d'écrits et tant de témoins de toute sorte, ni l'indice de ces difficultés, ni la mention de ces actes administratifs, ni l'expression de ces rancunes.

On a trouvé dans la langue de cette époque le mot *sors* employé pour désigner une terre, et on a conclu de l'existence seule de ce terme qu'il y avait eu un tirage au sort des terres du pays ; mais ce mot *sors* avait dans la langue latine, depuis plusieurs siècles, le sens de propriété, de patrimoine ; il s'appliquait à toute terre possédée héréditairement[1]. Il avait eu cette signification dans la langue de l'empire romain, et il la conserva dans la langue de l'époque mérovingienne. Aussi est-il employé dans un grand nombre d'actes pour désigner un héritage[2]. Les propriétés des Romains s'appelaient *sortes*

---

[1] Voyez plus haut, page 195, note 2.

[2] *Sors* est synonyme de *hereditas*; c'est ce qui ressort clairement de l'étude de la loi des Burgondes : *De puellis quæ se Deo devoverint, si duos fratres habuerint, jubemus ut tertiam portionem de* HEREDITATE *patris acquirant,* HOC EST *de ea tantum terra quam pater* SORTIS JURE *possidens mortis tempore dereliquit* (XIV, 5). Cette même loi (art. 1) prononce que le père peut disposer de ses acquets comme bon lui semble, mais que, pour le patrimoine, il est tenu de suivre les anciennes lois ; le patrimoine est désigné par les mots : *terra sortis titulo acquisita,* tandis que les acquets sont désignés par : *de labore suo.* Comparez ce même article au titre LXII de la Loi salique et au titre LVIII de la Loi des Ripuaires : il s'agit, dans

aussi bien que celles que pouvaient posséder les barbares, bien qu'il n'y ait eu de tirage au sort ni pour les uns ni pour les autres[1].

On a trouvé dans les lois des Wisigoths et des Burgondes deux phrases qui peuvent être interprétées comme une allusion à d'anciens partages[2]. Pour ce qui est des Francs on n'a pas trouvé un seul mot qui se rapporte, fût-ce par une vague allusion, à des terres confisquées aux Gaulois et partagées entre les guerriers. Il n'est aucun indice de cela ni dans les lois des Francs, ni dans les diplômes et les chartes des rois mérovingiens, ni dans les chroniques.

Montesquieu a dit que les guerriers francs ont dû prendre ce qu'ils ont voulu ; mais les documents montrent le contraire. Il y a plusieurs actes des rois où nous voyons qu'un guerrier franc a prétendu s'emparer d'une terre, que le propriétaire a porté plainte, et que le roi a condamné le guerrier à restituer ce qu'il avait pris.

D'autre part, les actes de donation de terres sont fort nombreux : nous y pouvons remarquer qu'aucun d'eux ne porte sur des terres enlevées à des particuliers; ils ont toujours pour objet le sol du domaine public qui

---

tous les trois, du patrimoine qui est appelé tantôt *terra salica*, tantôt *hereditas*, tantôt *terra sortis titulo acquisita*. La loi des Burgondes, tit. LXVIII, parle d'un père qui fait le partage de son bien, *si pater sortem suam diviserit;* la même disposition et les mêmes termes se retrouvent dans un texte de la loi salique (Pardessus, p. 219). Plus tard, *sors* s'est toujours opposé à *beneficium* pour désigner la propriété complète : *Sortes et dominicata.* (Charte citée dans Ducange, au mot *sors.*) — *Duo mansa cum terris adjacentibus quas nos sortes vocamus.* (Ibid.)

[1] Lex Wisig., X, 2 : *Sortes gothicæ et romanæ.* — *Diplomata*, passim.
[2] Voyez, à la fin du volume, nos *Notes et Éclaircissements*, n° 5.

était passé des empereurs aux mains des rois et qui suffisait à récompenser largement tous les guerriers[1].

Le droit de la guerre, tel qu'il était entendu par les Germains, autorisait le pillage, l'enlèvement de l'or, des objets mobiliers, des esclaves même; il n'autorisait pas la confiscation du sol. Les guerriers de Thierry lui disent en 532 : « Si tu refuses d'aller avec tes frères contre la Bourgogne, nous te quitterons et nous irons avec eux; » Thierry leur répond : « Suivez-moi et je vous conduirai dans un pays où vous recueillerez autant d'or et d'argent que vous voudrez, et où vous prendrez des troupeaux, des esclaves, des vêtements en abondance. » Il ne leur promet pas les terres des vaincus. La conquête de l'Auvergne fut ce qu'il y eut de plus cruel dans toute l'histoire des Francs; mais, même alors, les guerriers ne songèrent pas à prendre possession du sol. Ils tuèrent, ils pillèrent, ils emportèrent tout ce qu'ils purent; mais ils laissèrent la terre à ses anciens maîtres[2].

Dans les innombrables écrits de ce temps nous ne voyons jamais qu'un homme de naissance franque possédât une terre en vertu de la conquête ou du droit de l'épée. Ces expressions ni aucune autre qui leur ressemble ne se rencontrent jamais. Plusieurs centaines de diplômes et de chartes disent en termes précis qu'on

---

[1] Les concessions de terres qui sont mentionnées par les Vies des saints de cette époque portent expressément que les domaines concédés dépendaient du fisc, *ex fisco*. Lorsque Clovis donne une terre à S. Fridolin, le chroniqueur remarque qu'il était en droit de la donner : *Nam ad regalem potestatem ab antiquis temporibus locus pertinere non ambigebatur.*

[2] Grégoire de Tours, *Mirac. martyrum*, 23 : *Neque relictum est aliquid præter terram quam secum ferre non poterant.*

possédait la terre par héritage, par achat ou par donation ; aucun d'eux ne laisse supposer qu'on la possédât par suite d'un partage ou à titre de conquérant.

Les chroniqueurs et les hagiographes qui écrivaient à cette époque, nous présentent l'histoire intime de beaucoup de familles gauloises ; ils ne montrent pas qu'elles aient été dépossédées violemment par un décret des rois germains. Ils nous donnent beaucoup de généalogies de familles qui étaient riches avant l'invasion et qui sont restées tout aussi riches après elle. Sidoine Apollinaire possédait de nombreux domaines ; il ne dit ni dans ses vers ni dans ses lettres qu'il en ait été dépouillé. Il continue à écrire à ses riches amis, et il ne parle jamais d'une spoliation qui les aurait plongés dans la pauvreté.

L'Église possédait beaucoup de terres avant l'arrivée des Germains ; il n'y avait pas de motifs pour que ses domaines fussent mieux respectés que ceux des particuliers, puisque les Germains étaient ou idolâtres ou hérétiques. Sa richesse foncière ne lui fut enlevée ni par les Francs ni par les Wisigoths.

L'établissement des Germains a si peu changé la distribution de la propriété, que l'impôt foncier continua d'être perçu d'après les mêmes registres et le même cadastre qui avaient été dressés sous l'empire.

Ces Germains ne firent que ce qu'il était naturel et possible qu'ils fissent. La manière dont ils entraient en Gaule leur ôtait tout prétexte de déposséder la population : l'auraient-ils voulu, ils n'étaient ni assez nombreux ni assez forts pour y réussir. Ils n'avaient pas même besoin d'enlever aux particuliers leurs terres ; les domaines publics suffisaient à satisfaire leurs plus ardentes convoitises.

Le droit de propriété ne fut jamais contesté à la population gallo-romaine. Les lois germaniques elles-mêmes assurèrent les mêmes garanties et la même protection à la propriété du Gaulois qu'à celle du Germain.

Aucune statistique n'est possible pour une telle époque. On ne saurait essayer de compter combien il y eut de terres qui passèrent aux mains des nouveaux venus, ni dans quelle proportion les Gaulois et les Germains se partagèrent insensiblement le sol. Mais quand on lit les chroniques et les actes de cette époque, on est frappé de l'opulence des familles gallo-romaines. Un bon nombre de testaments, d'actes de vente ou de donation, nous montrent des Gaulois qui possèdent par héritage quinze ou vingt grands domaines, dont chacun renferme des terres labourables, des vignes, des prés, des bois, et beaucoup de serviteurs[1].

Salvien écrit son livre du *Gouvernement de Dieu* en un temps où les barbares sont les maîtres : il accuse ses concitoyens de vivre dans la mollesse et la débauche, au milieu des festins, parés de brillantes étoffes de soie et d'or. Cette accusation, vraie ou fausse, prouve au moins que les Gaulois étaient restés riches. Il leur reproche en effet « d'amasser des trésors. » Il dit que les habitants de Trèves, après le pillage de leur ville par

---

[1] Entre autres exemples, on lit dans la vie de saint Remi (c. 48) qu'un riche propriétaire nommé Eulogius vendit à l'église de Reims, après l'établissement des Francs, une de ses villas pour le prix de 5000 livres pesant d'argent, plus d'un million d'aujourd'hui.

les Germains, « avaient conservé plus de richesses que de bonnes mœurs[1]. »

Les écrivains du cinquième siècle font un tableau très-vivant de la société qu'ils ont sous les yeux : c'est une société délicate et raffinée, où il se trouve de grandes et opulentes existences, où l'on voit encore des théâtres, des écoles, des boutiques de libraires, où l'on rencontre beaucoup de professeurs et de poëtes ; tous les symptômes d'une société riche sont encore là, et pourtant les Germains sont en Gaule depuis cinquante ans. Il arrive souvent à ces écrivains de comparer les Gaulois aux barbares ; ce sont les barbares qu'ils représentent comme pauvres, ce sont les Gallo-Romains qu'ils disent riches. S'ils poursuivent l'excès du luxe, c'est chez les Gaulois qu'ils le montrent. Non-seulement ils ne parlent jamais d'une confiscation générale du sol, mais encore la peinture qu'ils font de leur siècle montre que la plus grande partie de la richesse foncière est restée à la population indigène. Grégoire de Tours, au siècle suivant, trace la généalogie de beaucoup de Gaulois : il compte combien ils possédaient de villas et de domaines, et nous voyons avec une pleine évidence que la terre est, en général, demeurée dans les mêmes mains qui la possédaient avant l'invasion.

---

[1] Voici comment Salvien parle des Gaulois : *Circumstant locupletes matresfamiliæ, nobiles viri, sericis atque auratis vestibus... Opulentissimi ac splendidissimi cultus homines. Thesauri eorum divitiæque cumulantur.* (Adversus avaritiam, III, 19.)

CHAPITRE XIII

Que les Gaulois n'ont pas été traités comme une race inférieure.

Aucun chroniqueur ne dit que les Gaulois fussent des opprimés, ni les Germains des maîtres. Si on lit Grégoire de Tours et Fortunatus, en se représentant par la pensée la société qu'ils décrivent, on voit bien qu'il y a deux races, mais on ne voit pas que l'une soit réputée sujette de l'autre. Quand les chroniqueurs nous présentent un personnage, ils indiquent s'il est de naissance gauloise ou de naissance franque ; mais ils ne marquent jamais que le Franc soit supérieur au Gaulois. Parler de sujétion gauloise et de domination germanique, c'est parler de choses dont les hommes de ce temps-là ne paraissent avoir eu aucune idée. Il est bien vrai que les rois à qui il fallait obéir étaient de race germaine; mais on n'obéissait pas aux Germains. Ces rois eux-mêmes, nous l'avons vu, ne gouvernaient pas les Gaulois à titre de chefs des Francs ; ils prenaient vis-à-vis d'eux un titre tout romain.

Une foule d'anecdotes, qui sont racontées dans les chroniques et dans les vies des saints, montrent que dans les relations de la vie ordinaire les Gaulois étaient avec les Francs sur un pied d'égalité. Nous ne pouvons pas saisir un symptôme de haine entre les deux races, comme il y en aurait eu infailliblement entre une population maîtresse et une population assujettie. Nous ne voyons jamais ni le Gaulois maudire le Franc comme un vainqueur, ni le Franc dédaigner le Gaulois comme un vaincu.

Il s'en faut beaucoup que le nom de Gaulois, ou plutôt celui de Romain que ces populations gardèrent, soit devenu un terme de mépris. Les Germains, dans leurs actes officiels et même dans leur langage ordinaire, continuèrent pendant plusieurs générations à s'appeler barbares. Ils appelaient les indigènes Romains; or il n'est pas douteux que ce nom ne fût pour le moins aussi honoré que celui de barbares.

La population gauloise garda sa langue qui était le latin. Ce qui est surtout digne d'attention, c'est que le latin ne devint pas un idiome inférieur et vulgaire; il ne fut pas relégué au second rang comme il arriva à la langue des Anglo-Saxons après la conquête normande. Il resta la langue principale du pays; il fut la langue officielle. Les rois francs écrivirent en latin, ils rendirent la justice en latin; ce fut en latin que leurs ordonnances furent rédigées. Lorsqu'on mit en écrit les codes germaniques, on se servit du latin. Il a été conservé des actes de donation et de testament qui ont été rédigés par des Francs ou pour des guerriers de cette race; ils étaient toujours écrits en langue latine.

La population gauloise garda ses lois; l'usage des codes germaniques ne lui fut jamais imposé. Rien n'indique non plus que les lois romaines fussent regardées comme inférieures à celles des Germains. Qu'un Gaulois et un barbare fussent en procès, le barbare n'avait aucun privilége; la règle était que le procès fût jugé d'après la loi du défendeur[1].

Si les Gaulois avaient été réduits à l'état de race sujette, il n'est pas probable qu'on leur eût laissé l'usage des armes ; or les cités gardèrent leurs milices commandées par des officiers qui portaient des titres romains. Les Gaulois étaient astreints, comme les Francs, au service militaire, et les mérovingiens ne craignaient pas de les employer comme soldats. Dans les querelles des rois et dans les batailles, les troupes gauloises figurent fréquemment; il ne paraît d'ailleurs à aucun signe qu'elles fussent méprisées[2].

Les Gaulois n'étaient pas seulement soldats ; ils pouvaient commander les armées. Les Mérovingiens leur confièrent plus d'une fois les plus hauts grades militaires. Il est même assez curieux que le général le plus habile et le plus heureux du sixième siècle ait été un Gaulois; il s'appelait Ennius Mummolus. Les rois Chilpéric et Gontran se disputant la possession de l'Aquitaine, leurs deux armées étaient commandées par deux Gaulois, Mummolus et Désidérius[3]

Les Gaulois siégeaient dans les tribunaux au même titre que les Francs. Ce qu'on appelait *mall* en langue germanique et *conventus* en langue latine était composé d'hommes des deux races indifféremment. Les assesseurs s'appelaient *rachimbourgs* dans une langue et *boni viri*

---

[1] Pardessus, *Loi salique*, 2ᵉ dissertation.
[2] Grégoire de Tours, IV, 30, 45, 51; V, 37; VII, 21, 31; VIII, 30; IX, 31 ; X, 27.
[3] Grégoire de Tours, IV, 22, 24, 42, 43, 45, 46 ; V, 13.

dans l'autre. Les Francs n'y étaient en majorité que dans le cas où ils formaient la majorité des propriétaires du canton [1]. Dans chaque procès on avait égard à la race de l'accusé ou du défendeur ; on n'avait pas égard à celle du juge. Il pouvait arriver qu'un Franc fût jugé par un tribunal composé en majorité de Gaulois.

On a dit que les Francs avaient été exemptés de l'impôt et que les Gaulois seuls y avaient été assujettis ; mais c'est là une assertion qui n'a été appuyée jusqu'ici d'aucune preuve certaine. Il n'y a pas dans les ordonnances des rois un seul mot qui indique que les hommes de race franque fussent traités autrement que ceux de race gauloise. Tous les actes législatifs des Mérovingiens s'adressent indistinctement aux deux populations.

Le mépris pour la race gauloise ne perce nulle part dans les documents d'origine germanique. Les lois des Wisigoths et des Burgondes prononcent dans les termes les plus clairs que les Romains sont en toutes choses les égaux des Germains. La loi salique ne laisse voir par aucun mot que les Gaulois fussent des vaincus et des sujets. Elle commence par un prologue qui est une sorte de chant national ; le peuple franc vante ses vertus, il ne parle pas de ses victoires ; il rappelle qu'il a été sujet de l'empire, et qu'il s'en est affranchi ; il ne dit pas qu'il ait été à son tour conquérant et dominateur [2].

Les Gaulois tenaient le même rang que les Francs dans l'entourage de Clovis et de ses successeurs. Les rois se servaient indifféremment des uns et des autres comme

---

[1] Pardessus, *Loi salique*, p. 515 et 579.
[2] Nous expliquerons ailleurs les différences du *wergeld*.

conseillers, comme ambassadeurs, comme ministres, comme généraux d'armée. Saint Remi et Aurélianus étaient les principaux conseillers de Clovis; les ministres de Clotaire Ier étaient Plato et Sabaudus; ceux de Théodebert furent successivement Sécundinus, Astériolus, Parthénius et l'Aquitain Aridius [1]. Un peu plus tard nous voyons le Romain Protadius et le Romain Claudius devenir maires du palais en Bourgogne; deux autres gaulois le furent même en Austrasie [2]. Les fonctions administratives étaient souvent exercées par des hommes de naissance gauloise; on en voit beaucoup qui sont comtes, ducs, patrices. Une ordonnance d'un roi Burgonde est adressée à tous les comtes du royaume « tant romains que burgondes [3]. » Même dans les provinces du nord, beaucoup de ducs et de comtes étaient des Gaulois. Si l'on examinait la liste des hauts fonctionnaires dont les noms nous sont parvenus, on y compterait plus de Gaulois que de Germains [4]. Il arrivait donc fréquemment que des Francs fussent administrés par un comte gaulois, fussent cités en justice et punis par lui, dussent enfin le suivre à la guerre et lui obéir comme à leur capitaine. Cela était ordinaire, et nous ne voyons à aucun

---

[1] *Vita S. Remigii.* — Grégoire de Tours, III, 33; IV, 16; *De gloria mart.*, 48; *Vitæ Patrum*, 8. — *Vita S. Aridii.*

[2] Frédégaire, *Chron.*, 27, 28. Grégoire de Tours, VI, 11; IX, 30; *Mirac. S. Martini*, 6.

[3] Loi des Burgondes, 106 : *Comites tam burgundiones quam romani.*

[4] Les comtes de Tours furent successivement Alpinus, Leudaste, Eunomius, Ennodius, Bérulfus; les patrices de Bourgogne furent Celsus, Amatus, Mummolus; la Provence eut pour recteurs Jovinus et Albinus; deux comtes du Gévaudan s'appellent Palladius et Romanus; l'Auvergne a pour comte un Hortensius. (Voyez Grégoire de Tours, *passim.*)

signe que cela surprît ou choquât les contemporains.

Les mariages étaient permis entre les deux races, et ils n'étaient pas rares. Les chroniqueurs et surtout les auteurs des Vies des saints signalent souvent ces mariages au sixième et au septième siècle[1]. Il n'y a pas d'indice que l'union d'un Franc avec une Gauloise passât pour une mésalliance ; tout porte à croire, au contraire, qu'une telle union était fort recherchée et était réputée honorable. La famille carlovingienne comptait des Gallo-Romains dans sa généalogie[2].

Les deux races ne se distinguaient pas par le costume ; les Francs adoptèrent, au moins en temps de paix, l'habillement romain, c'est-à-dire la toge ou robe traînante, quelquefois la chlamyde[3]; il ne paraît pas que, même à la guerre, le vêtement fût différent pour les hommes des deux populations. Elles ne se distinguaient pas même par les noms. Ce serait une grande erreur de croire que tous les personnages qui portent des noms germaniques fussent des Germains. On rencontre des hommes qui s'appellent Richomer, Arbogast, Gaugéric, Bodégisile, Gundulf, Leudaste, Chremnolène, Sadrégisile; et dont les chroniqueurs disent qu'ils sont de naissance romaine, c'est-à-dire gauloise[4]. Plusieurs

---

[1] Par exemple, l'auteur de la *Vie de S. Médard* dit que son père était *Nectardus, de Francorum genere, mater vero romana, nomine Protagia.*

[2] Dom Bouquet, t. II, p. 698; III, p. 677. Pertz, t. II, p. 309-313.

[3] Voyez *Vita S. Medardi*, c. 7.

[4] Richomer, patrice de Bourgogne, était *genere romanus* (Frédégaire, 29); Bodégisile était Romain (Grégoire de Tours, X, 2); Gundulf, duc et maire du palais, était *genere senatorio* et parent de Grégoire de Tours (*ibid.*, VI, 11); Sadrégisile, duc d'Aquitaine, était Romain (*Gesta Dagoberti*, 6 et 35).

Francs au contraire portent des noms tout à fait romains. Comme les noms n'étaient pas héréditaires, ils variaient au gré du caprice et de la mode ; maintes fois il arrivait que le Germain donnât à son fils un nom romain, et que le Gaulois donnât au sien un nom germanique. On rencontre des exemples de deux frères dont les noms appartenaient aux deux langues ; quelquefois un même personnage avait deux noms, dont l'un était germanique et l'autre latin.

Francs et Gaulois vivaient ensemble ; les familles s'unissaient et se confondaient. Au bout de deux ou trois générations, il était devenu fort difficile de les discerner les uns des autres. Au septième siècle, il y avait bien peu d'hommes dont on pût dire avec certitude s'ils étaient de sang gaulois ou de sang germanique.

CHAPITRE XIV

Des conséquences de l'invasion germanique.

L'invasion germanique a été un événement considérable ; il n'est pas douteux qu'elle n'ait frappé vivement les générations contemporaines et qu'elle n'ait influé sur la suite des événements et des institutions. Aussi était-il nécessaire d'examiner de près la manière dont elle s'est accomplie, afin de ne pas s'égarer sur la nature des résultats qu'elle a pu produire.

Si elle a modifié la constitution de la société gauloise, ce n'est pas par le sang germain qu'elle y a introduit; car ces Germains étaient peu nombreux. Il faut écarter l'idée qu'on se fait de grandes multitudes d'hommes. Les Wisigoths, qui se présentent comme le plus puissant de tous ces peuples, n'étaient pourtant qu'une foule de 200,000 personnes, en y comptant les enfants et les femmes[1], lorsqu'ils passèrent le Danube; ils durent être beaucoup réduits par les ravages mêmes qu'ils commirent en Thrace, en Grèce, en Italie; car ces courses vagabondes affaiblissent encore plus les ravageurs que leurs victimes. Lorsqu'ils furent passés en Gaule et en Espagne, ils vécurent dans un état de guerre perpétuel contre les Vandales, les Suèves, les Burgondes et les Francs; leur population ne put certainement pas s'accroître[2]. A la bataille de Vouglé, le chroniqueur ne nous dit pas quel était leur nombre; mais il rapporte que pour résister à l'attaque des Francs, ils avaient eu besoin de se faire renforcer par des troupes gauloises[3].

Les Burgondes avaient été 80,000 lorsqu'ils s'étaient présentés sur la rive du Rhin. On ne peut évaluer ce qu'ils perdirent d'hommes dans leurs déplacements et dans leurs luttes incessantes contre les Wisigoths; mais on sait qu'en 435 Aétius les ayant vaincus et ayant accordé la paix à leurs supplications, ils se virent inopi-

---

[1] Eunape, fragm. 42, édit. Dindorf, p. 237.

[2] *Gothi, Suevi, Vandali Hispaniam vastant, plurimique peste fameque absumuntur.* — *Gothorum viginti millia contra Vandalos pugnantia se mutuo concidunt.* (Flavii Dextri chronicon, ad ann. 424; 429).

[3] Grégoire de Tours, *Hist Franc.*, II, 37.

nément attaqués par une des hordes de Huns, « qui massacra le roi des Burgondes avec sa race et son peuple[1]. » Tout ne périt pas pourtant, car un autre chroniqueur ajoute que l'empire assigna le pays de Sabaudie « à ce qu'il restait de Burgondes. » Que ces hommes se soient ensuite étendus dans la vallée du Rhône à la faveur du désordre général ou en récompense des services rendus à l'un des princes qui se disputaient alors le trône impérial, cela ne prouve pas qu'ils fussent devenus bien nombreux.

Quant aux Francs, tous les chiffres que nous donnent les chroniqueurs sont singulièrement faibles; il ne semble pas que Clovis, au moment de son baptême, eût plus de 6,000 guerriers francs sous ses ordres.

Il y a eu dans le détail des faits de cette époque un point qu'on a négligé. Lorsqu'une troupe de Germains traversait l'empire en le ravageant, elle ne manquait guère de voir des hommes de la population indigène affluer vers elle et grossir ses rangs. C'étaient des esclaves fugitifs; c'étaient des colons; c'étaient des hommes ruinés, des mécontents, comme il s'en trouve dans toute société. Les uns pour s'affranchir de l'autorité d'un maître, d'autres pour fuir le travail, d'autres encore pour échapper à la justice sévère de l'empire ou à ses impôts, se jetaient dans le camp des Barbares. Salvien laisse bien voir que beaucoup d'hommes, affectant de se plaindre des fonctionnaires et des percepteurs, ne rou-

---

[1] Prosperi Aquit. chronicon : *Gundicarium Burgundionum regem Aetius bello obtinuit pacemque ei supplicanti dedit; qua non diu potitus est, nam Hunni eum cum populo atque stirpe sua deleverunt.*

gissaient pas d'aller au-devant des étrangers et de se joindre à eux pour partager la proie¹. Ces hommes étaient peut-être ce qu'il y avait de plus cupide et de plus cruel parmi les envahisseurs. Ils excitaient les barbares au pillage, dirigeaient leur marche, les conduisaient aux villes les plus riches ou leur en ouvraient les portes. C'étaient eux, peut-être, qui faisaient la principale force de ces armées dévastatrices. Beaucoup de ces Wisigoths, de ces Burgondes, de ces Vandales, dont parle l'histoire, étaient des Italiens, des Gaulois, des Espagnols, des Africains. Mêlés aux Germains, confondus avec eux, ils faisaient croire aux populations que ces envahisseurs étaient nombreux, et ils l'ont fait croire à la postérité.

Il entra dans la Gaule, si l'on en excepte les provinces du Nord-Est, peu de sang germanique. Aussi doit-on observer que cet établissement de Germains n'a presque rien changé à la langue des Gaulois. Elle est restée, en général, telle qu'on la parlait parmi le peuple dans les derniers temps de l'empire. Rien n'a été changé ni à ses radicaux, ni à ses règles grammaticales, ni à son accent. Elle s'est ensuite modifiée d'âge en âge conformément aux lois naturelles des langues, sans que l'invasion germanique semble avoir été pour rien dans sa lente et régulière transformation. On peut même ajouter que, s'il se rencontre dans notre langue française quelques mots d'origine germanique, ils n'y ont pas été apportés par

---

¹ Des faits de même nature sont signalés par Ammien, XXXI, 6 ; Sozomène, IX, 8; Paulin de Pella, *Eucharisticum*, v. 334 ; lettre de Théodoric le Grand, dans dom Bouquet, t. IV, p. 7.

les Germains du cinquième siècle et ne s'y sont introduits que beaucoup plus tard. Les populations neustriennes du neuvième siècle nous ont laissé, dans le serment de Strasbourg, un spécimen authentique de la langue qu'elles parlaient : on n'y trouve pas un seul mot qui ne soit d'origine purement latine.

Beaucoup de noms d'hommes ont pris une forme germanique, parce que chacun, Franc ou Gaulois, choisissait arbitrairement son nom et celui de ses enfants. Mais les noms géographiques, qui ne variaient pas au gré de la mode, sont restés ceux que la population gallo-romaine avait donnés à ses montagnes, à ses rivières, à ses villes. Ni les Vosges, ni les Ardennes, ni le Rhin ni la Meuse n'ont changé de nom. Cologne, Trèves, Coblentz, Mayence, Verdun, Metz, Toul, Saverne ont gardé leurs noms gaulois ou romains. Ce qui est plus singulier encore c'est que de simples *villæ*, même dans la vallée du Rhin, conservèrent durant deux siècles des dénominations tout à fait latines, ainsi qu'on peut le voir dans les actes de vente et de donation du septième siècle.

Les Germains n'ont eu aucune action sur les croyances religieuses de la société. Ni les Francs n'ont songé à établir en Gaule leur vieux culte, ni les Wisigoths n'ont réussi à y implanter leur arianisme. Rien n'a disparu des croyances, des rites, de la discipline même de l'Église gauloise. Les Germains qui sont entrés en Gaule, en Espagne, en Italie, n'ont pas empêché le catholicisme de se développer conformément aux habitudes d'esprit des populations de ces contrées.

Ils n'ont pas changé les lois du pays. Il est vrai qu'ils

ont gardé les leurs pendant plusieurs générations, et que l'on a vu le droit germanique et le droit romain vivre quelque temps côte à côte; mais à mesure que cette dualité s'est effacée, c'est le droit germanique qui a cédé la place. Il n'a pas eu d'action sur le droit français. Les Germains n'ont implanté dans la législation du pays ni le rachat du crime à prix d'argent, ni la solidarité des parents pour le crime commis par un membre de la famille, ni le partage du prix du meurtre entre les parents de la victime, ni la procédure par cojurateurs, ni l'incapacité de la fille à hériter, ni l'achat de la femme, ni l'exclusion du petit-fils de l'héritage du grand-père. Toutes ces coutumes des Germains ont peu à peu disparu; le droit français s'est constitué suivant les principes du droit romain et sans autres modifications que celles qui étaient rendues nécessaires par le nouvel état social du pays.

Quant aux mœurs et au caractère de la nation, on ne voit pas non plus que les Germains y aient mis leur empreinte. Croire que la société romaine était corrompue et que les barbares l'ont régénérée, est une opinion toute moderne; ni Grégoire de Tours, ni Jornandès, ni Salvien, ni aucune des nombreuses *Vies des Saints* de cette époque ne font l'éloge des vertus germaines. La pensée que ces hommes valussent mieux que les anciens habitants n'est venue à l'esprit de personne en ce temps-là. Quand on compare, d'après les documents et sans partialité d'aucune sorte, l'état moral de la Gaule avant et après l'entrée des Germains, on est forcé de reconnaître qu'avant cet événement la vie privée était plus calme, mieux ordonnée, plus régulière, et qu'après ce même événement il y a eu beaucoup plus de convoitises, de débauches, de crimes. Ce n'est pas à dire que les Germains aient apporté des vices nouveaux; mais tous les vices de la nature humaine furent alors déchaînés, ainsi qu'il arrive toujours dans le désordre social.

Il est difficile de croire que les envahisseurs aient introduit en Gaule les institutions politiques de la vieille Germanie; car ils les avaient eux-mêmes perdues depuis plusieurs générations. Nous ne devons pas oublier que ces Germains qui s'établirent dans l'empire n'étaient pas des peuples; ils n'étaient que des armées. Les uns étaient des restes de nations détruites; les autres étaient des guerriers de toute nation qui avaient quitté leur pays pour se mettre au service de l'empire ou pour le piller. Pas un seul peuple organisé suivant les règles que Tacite avait décrites, n'entra dans l'empire.

L'invasion n'a donc apporté en Gaule ni un sang nouveau, ni une nouvelle langue, ni un nouveau caractère, ni des institutions essentiellement germaniques. Ce n'est pas par là qu'elle a eu de grandes conséquences pour l'avenir.

Mais elle a mis le trouble dans la société, et c'est par cela même qu'elle a exercé une action considérable sur les âges suivants. En faisant tomber l'autorité romaine, elle a supprimé les règles, déjà fort affaiblies, sous lesquelles la société avait longtemps vécu. Par le désordre même qu'elle a jeté partout, elle a donné aux hommes de nouveaux besoins et de nouvelles habitudes, qui à leur tour ont enfanté de nouvelles règles sociales.

Il y a d'ailleurs à faire cette remarque que la conséquence de l'invasion ne s'est pas produite brusquement ni d'un seul coup. Qu'on regarde les cent cinquante années qui suivent la mort de Clovis, qu'on observe comment les hommes étaient gouvernés, comment ils vivaient et ce qu'ils pensaient, on reconnaîtra qu'ils différaient peu de ce qu'ils avaient été au dernier siècle de l'empire. Qu'on se transporte, au contraire, au huitième et au neuvième siècle, on verra que, sous des dehors plus romains peut-être, la société est absolument différente de ce qu'elle avait été sous l'autorité de Rome. Les grands résultats de l'invasion germanique, obscurs au sixième siècle, apparaîtront au huitième.

LIVRE IV

LE ROYAUME DES FRANCS

CHAPITRE PREMIER

Du pouvoir monarchique sous les Mérovingiens.

La famille mérovingienne, devenue maîtresse de la Gaule, ne songea pas à détruire les institutions politiques qu'elle y trouvait établies. Elle prétendit, au contraire, gouverner à la manière romaine et continuer l'empire.

Si nous voulons nous faire une idée exacte de ces princes, il faut nous représenter des hommes qui parlent le latin, qui s'habillent à la romaine, qui s'amusent à écrire en latin, qui se plaisent surtout à siéger sur leur prétoire à la façon des empereurs, et à y dicter des arrêts[1]. En conservant le titre de roi des Francs, ils

---

[1] Voyez Grégoire de Tours, *passim*, et les poésies de Fortunatus. Ce poète-évêque nous met sous les yeux les usages, les mœurs, les caractères qu'il avait autour de lui.

y ajoutent volontiers les titres tout romains de *prince*, de *patrice* et d'*homme illustre*[1].

Ils prennent les insignes impériaux, la couronne d'or, le trône d'or, le sceptre, la chlamyde et la tunique de pourpre[2]. Leurs images les représentent en costume d'empereurs romains et en robe consulaire[3].

Ils ont une cour qu'ils appellent, comme les empereurs, le palais sacré[4]. On leur voit une suite de dignitaires et de courtisans qui s'appellent comtes, domestiques, chanceliers, référendaires, camériers[5]. Tous ces noms sont romains; toutes ces dignités sont passées du palais des empereurs dans le palais des rois francs. Les hommes des plus grandes familles, Francs ou Gaulois indifféremment, se pressent à cette cour ; rangés autour du prince, ils attendent ses ordres ; ils lui font cortége dans les cérémonies; ils le suivent dans ses chasses et

---

[1] La charte la plus authentique qu'on ait de Clovis porte : *Chlodoveus, rex Francorum, vir illuster*. Plusieurs chartes de Childebert, de Clotaire Ier, de Théodebert, et les formules de Marculfe contiennent aussi la double dénomination. On rencontre quelquefois le titre tout romain de *princeps*. (*Diplomata*, n° 354.)

[2] Grégoire de Tours, II, 58 ; III, 24 ; *Gesta Dagoberti*, 59. — Fortunatus, *Vita S. Radegundis*, 13.

[3] Voyez Montfaucon, *Monum. de la monarchie française*, I, p. 52.

[4] L'expression *sacrum palatium* se trouve dans un acte de 663 ; *sacratissimus fiscus*, dans deux actes de 677 et de 700. Le trésor royal est appelé *sacellum publicum* dans un diplôme de 705.

[5] *Aulici regii*. (Grégoire de Tours, V, 35 ; X, 29.) — *Proceres aulici*. (Frédég., 36.) — *Militia palatina*. (*Vita S. Valentini*.) — *Referendarii, domestici, cubicularii*. (Formules, n° 442.) — *Regalis aulæ domesticus*. (*Vita S. Germani*, 61.) — *Domestici et comites*. (Grégoire de Tours, IX, 19 ; X, 28.) — *Per domesticos servientes et proceres* (*Vita S. Radegundis*, 10.) — Fortunatus (*Carm*, VII, 16) donne une liste des dignitaires d'une cour mérovingienne. Cf. Grégoire de Tours, IX, 36.

dans ses fêtes¹. Les enfants de la plus haute naissance forment une sorte d'école de pages où ils apprennent à servir². Cette vie de cour est large et brillante ; il ne faut pas se figurer ces rois vivant dans des fermes de paysans grossièrement construites ; ils ont à leur disposition les nombreux palais qui avaient été construits au siècle précédent pour l'usage des empereurs ou de leurs fonctionnaires.

C'est en effet sous l'aspect d'empereurs que ces rois se présentaient aux yeux des contemporains. Ils appelaient les hommes, sans distinction de race, du nom de sujets, *subjecti*. Ceux-ci à leur tour, et encore sans distinction de race, les appelaient du nom de maître, *dominus*³. On leur disait : Votre Excellence, Votre Magnificence, Votre Sublimité, Votre Gloire. Ils laissèrent quelque temps le titre de Majesté aux empereurs de Constantinople, mais ils finirent par le prendre aussi⁴.

¹ Vita Sigiranni, 3 : *Assolet fieri in aula regali ut ex nobili prosapia geniti diversis fulciantur honoribus.* — V. Desiderii Cat., 1 : *Syagrius, post diutina palatii ministeria et familiaria regis contubernia.* — V. Sigiberti, 2 : *Viros illustres in palatio deservientes.* — Diplomata, n° 323 : *Quod in aula regia et servitio principis elaboravi.*

² Vita Lantberti, 3 : *Pater commendavit eum in aula regia erudiendum.* — Grégoire de Tours, Mirac. S. Martini, IV, 37 : *Puerorum unus aulicorum.* — Cf. Formules, n° 158.

³ Chlotarii regis constitutio : *Usus est clementiæ principalis necessitatem* SUBJECTORUM *tractare.* — Grégoire de Tours, VIII, 43 : DOMINO *nostro regi* (ce sont des Francs qui parlent). — Formules, n°ˢ 412 et 515.

⁴ Grégoire de Tours, IV, 26, 47 ; V, 19. — Epistola synodi paris. ad Sigibertum : *Gloria vestra.* L'évêque S. Amand écrit au roi Sigebert IV : *Sublimitas tua.* — Les formules n°ˢ 154, 550, portent *serenitas nostra, nostra celsitudo.* — On trouve l'expression *regia majestas* dans les Diplomata, n° 354 et dans quelques Vies des saints ; on trouve même des expressions comme celles-ci : *Childebertus Augustus, Clotilda Augusta, sub diva memoria Hilderici regis.*

Si grande qu'eût été la servilité sous les empereurs, elle fit encore des progrès sous les mérovingiens. La sujétion à leur égard s'exprimait par le terme qui désignait l'état de servitude, *servire*. Les plus grands leur disaient : nous sommes vos esclaves, *sumus vestri servi* [1].

Ces rois prenaient en tout les empereurs pour modèles. Dans leurs ordonnances et dans leurs moindres diplômes, ils copiaient la phraséologie pompeuse de l'empire. C'était le même langage, les mêmes formules ampoulées, le même étalage des vertus officielles. On croirait encore entendre les empereurs.

Comme les princes qui régnaient à Constantinople, ils prononçaient qu'ils tenaient leur pouvoir de Dieu : « C'est le roi des cieux, dit Gontran dans une ordonnance, qui nous a confié l'autorité. » — « Nul n'ignore, dit Dagobert, que les peuples ont été mis en notre pouvoir par la bonté de Dieu [2]. »

Aussi cette royauté n'était-elle pas élective. Quelques historiens ont professé que le droit public des Francs prescrivait que le roi fût élu par le peuple ; mais cette assertion ne s'appuie sur aucun fait, sur aucun document de cette époque. Les fils de Clovis lui succédèrent sans qu'il y eût même une apparence d'élection, et il en fut ainsi durant un siècle et demi. On vit des rois qui

---

[1] Gontran s'adressant à une réunion de guerriers leur dit : *Rex est cui vos deservire debetis*. (Grég. de Tours, VII, 33.) — Les courtisans de Chilpéric lui disent en parlant d'eux-mêmes : *servi vestri*. (*Ibid.*, V, 21.) — Un évêque écrit : *Domino gloriosissimo Sigiberto vester servus Desiderius episcopus*.

[2] *Præceptio Guntramni*, dans Baluze, t. I, col. 9. — Cf. dom Bouquet, t. III, p. 529 ; *Diplomata*, n° 410 ; Formules, n° 442. — On ne trouve, au contraire, jamais un mot qui fasse allusion à une élection populaire.

furent renversés et d'autres qui furent mis à leur place par un parti vainqueur ; mais on ne vit jamais d'élection régulière¹. Le principe d'hérédité était universellement admis. La royauté était considérée comme un patrimoine. A défaut de fils, Gontran la lègue à son neveu : « Tu seras, lui dit-il, mon héritier dans la possession du royaume ; » puis, s'adressant aux guerriers, il leur dit : « Voici le roi auquel vous devrez obéir². » L'enfant mineur était légitimement roi à la mort de son père. Au début de chaque règne il y avait une réunion des principaux sujets, non pas pour délibérer sur un choix à faire, mais pour acclamer le nouveau roi, n'eût-il que cinq ans comme Childebert, n'eût-il que quatre mois comme Clotaire II³.

La royauté se partageait comme tout autre patrimoine. Les enfants, du vivant même de leur père, prenaient le titre de roi, et les filles celui de reine⁴. Un pape de ce temps-là écrivait que « chez les Francs aussi bien que chez les Perses, on était roi par droit de naissance⁵. »

Dans cette époque troublée il se présentait parfois des prétendants ; ils appuyaient toujours leurs prétentions

---

¹ Il importe de ne pas confondre des réunions de guerriers qui reconnaissent chaque nouveau roi (Grég. de Tours, III, 23; *Gesta Dagoberti*, 15), avec des assemblées nationales qui auraient élu le roi.

² Grégoire de Tours, VII, 35.

³ Grégoire de Tours, III, 23; VII, 7. — Cf. Frédégaire, 79 : *Post Dagoberti discessum, filius suus Clodoveus sub tenera œtate regnum patris adscivit, omnesque leudes eum sublimant in regnum.* Ces derniers mots marquent une cérémonie d'inauguration et non pas une élection.

⁴ Grégoire de Tours, III, 22; IV, 13; V, 50; IX, 20 et 40.

⁵ Gregorii magni homilia X : *In Persarum Francorumque terra reges ex genere prodeunt.* C'est ce que dit aussi Flodoard, *Hist. Rem. eccl.*, IV, 5.

sur le principe d'hérédité. Gondovald qui disputait le trône aux petits-fils de Clovis, n'alléguait pas le droit populaire ; il ne disait pas : « Les Francs peuvent me choisir pour roi s'ils le veulent. » Il disait : « Je suis roi aussi bien que vous, parce que j'appartiens comme vous à la famille mérovingienne [1]. »

Quand on observe la conduite, le langage, les pensées des hommes de cette époque, on ne voit à aucun signe qu'ils considérassent l'autorité royale comme un pouvoir émanant du peuple ; ils la concevaient au contraire comme un pouvoir qui s'imposait au peuple. Les guerriers francs disent à Clovis : « Nous sommes sous le joug de ta domination ; tu peux faire ce qu'il te plaît, et nul de nous ne peut résister à ta puissance [2]. »

Plaçons-nous par la pensée dans cet espace d'un siècle et demi qui s'étend du règne de Clovis à celui de Clotaire II. Les documents de cette époque sont nombreux et authentiques ; ils marquent en traits précis les habitudes de la vie publique et privée. Nous n'y voyons jamais que la nation possédât des droits politiques ; nous n'y voyons même pas que la pensée des droits politiques fût dans les esprits. Il n'y a pas d'indice qu'il se soit tenu, durant cette période, une seule assemblée nationale. Les champs de Mars, dont il est parlé, n'étaient pas alors des assemblées politiques. « Clovis, dit Grégoire de Tours, ordonna à toute sa troupe de se réunir en champ de mars pour montrer si ses armes étaient en bon état [3]. » Voir

---

[1] Grégoire de Tours, VII, 27.

[2] *Nos ipsi tuo sumus dominio subjugati; quod tibi placitum videtur, facito; nullus potestati tuæ resistere valet.* (Grég. de Tours, II, 27.)

[3] Grégoire de Tours, II, 27 : *Jussit omnem phalangem cum armorum*

ici une réunion de citoyens serait une étrange erreur; il ne s'agit que d'une revue de soldats. Que s'y passe-t-il en effet? Une seule chose : le chef, en parcourant les rangs, voit un guerrier dont les armes sont mal entretenues; il le frappe de sa hache, et aucune protestation ne s'élève contre cet acte de commandement.

Jamais les chroniqueurs ne nous montrent, à cette époque, un peuple délibérant[1]. Les décisions des rois, leurs guerres, leurs traités, ne sont jamais soumis à l'approbation d'une assemblée nationale[2]. Maintes fois un roi mérovingien entreprend une guerre, soit contre un peuple étranger, soit contre un de ses frères; quelquefois il consulte les guerriers[3]; jamais il ne consulte

apparatu advenire, ostensuram in campo martio suorum armorum nitorem. — Cf. Frédégaire, *epit.*, 16. *Vita Remigii*, 31. — Ce qui a introduit quelque confusion, c'est que les chroniqueurs emploient quelquefois le mot *populus* pour désigner ces réunions purement militaires; dans la langue du sixième siècle, *populus* et *exercitus* étaient synonymes. (Ex. : Grégoire de Tours, II, 31, 40; VII, 33; *Gesta reg. franc.*, 17.)

[1] On a produit plusieurs textes où se trouve le mot *placitum*; mais ce mot ne désignait que l'entourage du roi, la réunion des *optimates*. Nous ne voyons dans aucun de ces *placita* s'introduire une discussion politique.

[2] Voyez le traité d'Andelot; ce n'est pas une assemblée publique qui en a rédigé les articles; ni Grégoire ni Frédégaire ne mentionnent la présence d'un peuple délibérant; il n'y a que les rois et leurs fidèles.

[3] On a cru que ces assemblées de guerriers étaient particulières à la race germanique. Elles étaient déjà en usage dans l'empire romain; Ammien les signale maintes fois. Il raconte, par exemple, que Constance harangua ses soldats, et leur demanda s'il leur convenait qu'il fît la paix avec les Germains; il les consulta aussi sur l'élévation de Julien au rang de César. L'historien ajoute cette particularité que les armées romaines, dans ces sortes d'assemblées, exprimaient leur approbation en faisant résonner le bouclier sur la genouillère, et leur mécontentement en frappant de la pique sur le bouclier. Les Germains ne faisaient pas autrement. Il faut nous garder d'attribuer à une race des coutumes qui appartiennent à la nature humaine tout entière.

une nation. Voici presque toujours ce qui se passe : dès que le roi a décidé la guerre, il adresse à ses fonctionnaires dans les provinces l'ordre de réunir l'armée, et celle-ci se met aussitôt en marche dans la direction indiquée[1].

Nous verrons plus loin qu'il y a eu des assemblées politiques; mais elles ne commencent que plus de cent années après la mort de Clovis. Elles ne sont pas d'ailleurs des assemblées vraiment nationales, et elles ne dérivent pas non plus d'un principe de liberté publique; elles font partie d'un système d'institutions dont nous parlerons ailleurs.

Les rois mérovingiens sont des rois absolus. Ils ont, aussi bien que les empereurs, le droit de faire des ordonnances. Ils appellent ces ordonnances des mêmes noms qui étaient usités sous l'empire, *constitutio* ou *decretum*, et ils les rédigent suivant le formulaire de la chancellerie impériale[2]. Ils disent : nous ordonnons, nous prescrivons. Ils donnent dans des considérants le motif qui les détermine; ce motif n'est jamais la volonté nationale, c'est « leur mission de roi, » ou c'est « le désir de complaire à la volonté de Dieu[3]. » On a des ordonnances de Childebert, de Clotaire, de Gontran; aucune d'elles ne porte qu'elle ait été soumise à la discussion d'une assemblée nationale; elles émanent mani-

---

[1] Grégoire de Tours, IV, 30, 51 ; V, 1, 27 ; VI, 31 ; VII, 24 ; VIII, 30 ; IX, 31 ; X, 3. Frédégaire, 73, 74, 87.

[2] On trouve même le mot *oracula* employé, comme au temps des empereurs, pour désigner les actes royaux. (*Diplomata*, n°s 417, 463.)

[3] Voyez *Decretio Chlotarii, Præceptio Guntramni*, dans Walter, *Corpus juris germanici*, t. II.

festement du roi seul. Un décret de Childebert marque qu'il a été rédigé par le roi de concert avec « ses grands, » « ses leudes. » Mais les grands ne sont, à cette époque, que les fonctionnaires royaux ; et ceux qu'on appelle les leudes du roi sont des hommes qui sont placés dans sa dépendance personnelle. Il s'en faut de tout que ces grands et ces leudes soient les représentants d'une nation et qu'ils forment un corps politique en face du roi[1].

Nous avons les codes des Francs ; ce sont les rois qui les ont fait rédiger. Il est vrai que la loi salique garde dans son prologue la trace d'une législation primitive qui aurait été l'œuvre d'hommes choisis dans la population ; mais on ajoute que les rois Clovis, Childebert et Clotaire ont modifié le code, qu'ils l'ont corrigé. Quant à la loi des Ripuaires, elle est manifestement l'œuvre des rois seuls ; c'est Thierri qui en a désigné les premiers rédacteurs et qui l'a fait écrire « sous sa dictée. » La seconde rédaction en a été faite sur l'ordre de Dagobert par quatre fonctionnaires royaux (*viri illustres*) ; rien n'indique que la population franque ait été consultée[2].

---

[1] *Decretio Childeberti.* (Walter, p. 9.)

[2] Comparez la loi des Bavarois ; les Mérovingiens, qui en sont les auteurs, disent : *Hoc volumus inter Baiuwarios custodiri* (IX, 17) ; *judicaverunt antecessores nostri* (VIII, 2). — De même, dans le code des Burgondes, on voit que le roi a légiféré en vertu de sa propre puissance ; les comtes et autres fonctionnaires n'ont fait que signer la loi. — Il est bien vrai que les rois emploient parfois les termes *cum populo, cum Francis tractavimus* ; ce sont là des formules qu'il ne faut pas prendre dans leur sens littéral ; aucun chroniqueur n'indique la tenue d'une seule assemblée nationale qui ait délibéré sur les lois. — Nous verrons le sens de la formule carlovingienne *Lex fit consensu populi et constitutione regis.*

Aussi ces codes sont-ils fort loin de nous présenter l'image d'un peuple libre. On n'y trouve pas la moindre allusion à des droits politiques. La royauté s'y montre au contraire avec toute l'autorité et toutes les prétentions qu'avait eues autrefois la monarchie impériale. Le roi y est appelé maître[1]. Tout ce qui approche du roi est privilégié ; le « fidèle du roi » a une valeur triple de celle de l'homme libre ; l'esclave qui appartient au roi vaut aussi trois fois plus que l'esclave ordinaire ; le vol des bœufs du roi est puni plus sévèrement que s'il s'agit des bœufs d'un sujet. La loi des Ripuaires prononce que l'homme qui refuse d'obéir à un ordre quelconque du roi, sera frappé d'une amende de soixante pièces d'or. « Celui qui est infidèle au roi est puni de mort et ses biens sont confisqués[2]. » On reconnaît à ces traits la monarchie la plus absolue et l'absence la plus complète de liberté publique. Le code des Bavarois, qui a été rédigé par les rois francs, contient un article sur le crime de lèse-majesté. Les Germains accordaient à leur chef le droit d'assassiner impunément. Nous lisons : « Celui qui aura tué un homme par ordre du roi ne pourra pas être poursuivi pour ce meurtre, car il n'a fait qu'obéir au commandement de celui qui est son maître et à qui il ne peut rien refuser[3]. » On chercherait en vain dans les lois barbares une garantie contre les actes arbitraires des rois.

Il faut surtout remarquer que dans leurs ordonnances les rois mérovingiens s'adressent à tous leurs sujets sans

---

[1] Loi salique, titres I, et XLI.
[2] Loi des Ripuaires, titres LXV et LXIX. Cf. Formules, n° 42.
[3] Loi des Bavarois, I, 8.

distinction de race; ils ne laissent voir à aucun signe que leur autorité soit moindre à l'égard des Francs qu'à l'égard des Gaulois. Il n'y a pas un seul texte qui permette de penser que, légalement, l'obéissance des uns fût moins complète que celle des autres[1].

On n'est pas surpris de voir que la population gallo-romaine ait accepté ce pouvoir absolu des rois. Elle trouvait de grands avantages à ce que ses nouveaux maîtres adoptassent la façon de gouverner à laquelle elle était accoutumée. Quant aux Francs, on est d'abord porté à penser qu'ils auraient dû voir avec chagrin ces tentatives monarchiques. Pourtant la lecture des écrits de cette époque ne marque pas qu'ils se soient mis en état d'hostilité contre ce régime. Loin de protester contre la création d'une cour, ils en briguèrent les titres; ils disputèrent aux Gallo-Romains les dignités de comte du palais, de domestique, de référendaire, de cubiculaire. Au lieu de s'opposer à l'établissement d'une administration, ils en recherchèrent les emplois et les profits. Les chroniqueurs nous mettent souvent sous les yeux leur conduite et leur langage; nous ne voyons jamais qu'ils réclament l'exercice de droits politiques ou le retour à de vieilles libertés.

Il est vrai que ces chroniqueurs racontent souvent des

---

[1] Voyez *Exhortatio ad Francorum regem*, dans la *Nova veterum script. collectio*, t. VI. Ce sont des conseils que S. Amand, évêque de Strasbourg, adresse à son élève le roi Sigebert IV. Or ces conseils sont ceux que Bossuet ou Fénelon pourrait adresser au successeur de Louis XIV; ils ne contiennent aucune allusion à des libertés publiques, à un droit national, à des assemblées qu'il faudrait écouter; le roi y apparaît comme un maître tout-puissant qui n'est soumis qu'à Dieu.

actes d'insubordination. Tantôt c'est la population d'une ville qui s'insurge pour ne pas payer d'impôts, tantôt c'est l'armée qui se soulève contre des rois qui ne lui procurent pas assez de butin[1]. Ces émeutes et cette indiscipline n'ont rien de commun avec la liberté; elles en attestent plutôt l'absence. Si ces hommes avaient possédé des institutions libres, s'ils avaient eu des assemblées nationales, s'ils avaient voté leurs impôts et décidé leurs guerres, ils n'auraient pas eu lieu de s'insurger. On voit bien que les guerriers francs savent mal obéir, on ne voit pas qu'ils sachent être libres. Ils n'ont aucune institution régulière qui assure leurs droits. Ils ne connaissent d'autre contre-poids à l'omnipotence royale que la révolte et l'assassinat. Un d'eux dit au roi Gontran : « Nous savons où est la hache encore fraîchement affilée qui a tranché la tête de tes frères; elle te fera bientôt sauter la cervelle. » Aussi ce prince avait-il soin « qu'aucun homme portant une arme ne pût approcher de lui. » Les chroniqueurs ne nous montrent jamais ce roi Gontran en présence d'une assemblée délibérante; mais, un jour qu'il se trouve dans une église, il s'adresse tout à coup à la foule des fidèles en prière : « Je vous conjure, s'écrie-t-il, hommes et femmes ici présents, de ne pas m'assassiner comme vous avez assassiné mes frères[2]. »

[1] Grégoire de Tours, III, 11; IV, 2, 14; V, 29; VI, 31; IX, 30.
[2] Grégoire de Tours, VII, 8 et 14; IX, 3.

CHAPITRE II

L'administration mérovingienne.

Les rois mérovingiens, maîtres d'un tel pouvoir, n'eurent pas à chercher des moyens nouveaux pour gouverner les hommes ; ils usèrent de ceux dont l'empire romain s'était servi. Les empereurs avaient organisé une administration centrale et une administration provinciale ; les rois francs gardèrent l'une et l'autre. Il faut dire quelques mots de ce qu'elles étaient à la fin de l'empire.

Dans la langue ordinaire du quatrième siècle, l'administration centrale s'appelait le palais, *palatium*[1] ; les hauts dignitaires de cette administration, que nous appellerions aujourd'hui des ministres, portaient le titre de maîtres, *magistri*, ou de compagnons, *comites*. Le premier de tous était le maître des offices du palais[2] ; il était le chef de toute l'administration. Son autorité s'exerçait sur les employés et fonctionnaires de tout ordre, et il avait même sur eux un droit de justice ; les gouverneurs de province recevaient de lui leurs let-

---

[1] Code Théod., VI, 35 ; code de Just., XII, 29 ; Ammien, XXVI, 5.
[2] *Magister officiorum palatinorum*, ou *magister palatii*, ou simplement *magister*. (Code Théodos., VI, 10, 4.) — *Magisteria dignitas*. (Cassiodore, Variar., VI, 6.) — *Magisterium palatinum*. (Sidoine, Lett., I, 3.) — Cf. Procope, *De bello persico*, 8. — On peut voir dans Cassiodore (*ibid.*) la formule de nomination de ce personnage et la liste de ses fonctions.

tres de nomination[1]. Les autres grands dignitaires étaient le comte du trésor public, le comte du domaine, le prévôt de la chambre, le comte des gardes du corps, le comte des écuries ou connétable[2]. Au-dessous de ces hauts personnages il y avait une série de bureaux dont les chefs s'appelaient des référendaires, des chanceliers, des notaires.

Les rois wisigoths qui régnèrent en Espagne copièrent trait pour trait cette organisation[3]; les rois mérovingiens l'imitèrent de leur mieux. Le mot palais ou maison, *palatium*, *domus*, resta employé dans leur langage officiel pour désigner, non pas l'habitation du roi, mais l'administration centrale. Le chef de cette administration était appelé recteur du palais, gouverneur ou maire de la maison, quelquefois même maître du palais[4].

C'est ce fonctionnaire qui est connu dans l'histoire sous le nom de maire du palais. Il s'en faut de tout qu'il

---

[1] Cassiodore, VI, 6 : *Ad eum palatii pertinet disciplina... Potestatem maximam huic decrevit antiquitas, ut nemo judicum per provincias fasces assumeret, nisi hoc ipse fieri decrevisset.*

[2] *Comes sacrarum largitionum, comes rei privatæ, præpositus sacri cubiculi, comes domesticorum, comes stabuli.* (Voyez *Notitia dignitatum.* Ammien, *passim.* Code Théodos., XI, 1, 29 ; XVII, 3.

[3] Voyez Chronicon Maximi, *ad annum* 590.

[4] Ce fonctionnaire est appelé *rector palatii* (*Vie de S. Arnulf*, 4); *gubernator palatii* (Frédégaire, 55) ; *major domus sacri palatii* (*Diplomata*, 348); *aulæ imoque regni rector et major domus* (*Lettre de Desiderius à Grimoald*, Bouquet, t. IV, p. 38); *præfectus palatii et major domus.* (Eginhard, *V. Caroli*, 1); *princeps palatii* (Chronique de S. Waast, ann. 673); *magister palatii* (Chronique de Godefroi de Viterbe). *Dum magistri palatii omnia reipublicæ munia obirent, Pippinus magister palatii...* (*Ibid.*, dans Ducange, v° *magister.*)

fût un chef de l'aristocratie et un adversaire de la royauté ; les faits et les documents le présentent sous un tout autre aspect. Nommé par les rois, choisi indifféremment parmi les Gallo-Romains et les Francs, il fut, au moins durant les cent années qui suivirent la mort de Clovis, le chef tout-puissant de l'administration, le ministre de l'intérieur d'une monarchie absolue. Ses attributions étaient à peu près les mêmes que celles du maître des offices du palais de l'empire romain. Comme celui-ci, il nommait et révoquait, au nom du roi, tous les fonctionnaires de l'ordre administratif et exerçait sur eux un droit de justice ; de plus que lui, il avait la surveillance de l'administration financière [1].

Au-dessous du maître ou maire du palais était un comte (*comes palatii*) qui souvent tenait sa place et à qui il déléguait une partie de son pouvoir judiciaire. Les autres dignitaires étaient le prévôt de la chambre, le comte de l'écurie ou connétable, les trésoriers, le référendaire qui tenait le sceau du roi, et le chancelier qui était à la tête des bureaux [2]. Ceux-ci étaient constitués à peu près comme ils l'avaient été dans la capitale de l'empire ; on continuait à les appeler *sacra scrinia* ; ils étaient composés de rédacteurs, de copistes, de *notaires* [3].

---

[1] *Palatium gubernabat et regnum* (Frédégaire, 80) ; il avait dans ses attributions : *Ex primatibus facere disciplinam et interficere* (*ibid.*, 58 et 59) ; il levait les impôts (Grégoire de Tours, IX, 50). — Ce fonctionnaire ne fut élu par les leudes que dans des cas exceptionnels, tels que l'enfance de Childebert. Presque tous les maires qui figurent dans l'histoire sont des ministres dévoués et fidèles des rois.

[2] Voyez les Diplômes et les Formules. Le *comes stabuli* est mentionné par Grégoire de Tours, V, 40 et 88 ; IX, 38 ; X, 6.

[3] *Sacrum scrinium palatii.* (*Vita Bercharii.*) — *Notarius regalium*

Dans l'empire romain, l'administration provinciale comprenait un vaste réseau de fonctionnaires hiérarchiquement distribués. Un préfet du prétoire avait sous lui la Gaule, l'Espagne et la Bretagne ; un *vicarius* était spécialement chargé du gouvernement de la Gaule ; cette contrée était elle-même divisée en 17 provinces qui étaient administrées par des recteurs ou présidents. Enfin, la province se subdivisait en cités dans chacune desquelles se trouvait un comte, fonctionnaire nommé par l'empereur pour représenter le pouvoir central à côté de la curie qui gérait avec quelque indépendance les intérêts locaux. Les troupes étaient commandées par des maîtres des soldats, des ducs et des comtes.

De cette hiérarchie la partie la plus élevée disparut naturellement avec l'empire. Les royaumes étant beaucoup moins étendus, il n'y avait plus lieu d'avoir de préfets du prétoire. Le roi franc tenait la place de l'ancien *vicarius* de la Gaule. Les ducs et les comtes furent conservés. Les ducs prirent la place des anciens recteurs ou présidents de provinces ; les comtes furent maintenus dans chaque cité. Le comte avait ordinairement au-dessous de lui un vicaire ou vicomte. Les subdivisions de la cité étaient administrées par des fonctionnaires inférieurs qui portaient les noms de tribuns ou de juges. Tous ces titres étaient romains, toutes ces fonctions étaient empruntées à l'empire. Le seul changement fut qu'on cessa de séparer les pouvoirs civils des pouvoirs militaires ; les ducs

præceptorum. (Vita Rictrudis.) — *Ansebaldum qui scriptoribus testamentorum regalium præerat.* (Vita S. Mauri.) — *Commentarienses et notarii publici.* (Vita S. Maximini.)

et les comtes réunirent dans leurs mains toutes les attributions de l'autorité publique. Ils administraient, rendaient la justice, levaient les impôts, commandaient les troupes[1].

Ainsi le mécanisme administratif, sauf quelques modifications inévitables, passa de l'empire romain dans l'État franc. Un sujet de l'empereur de Constantinople qui eût visité la Gaule au sixième siècle, y eût trouvé des règles de gouvernement et des habitudes administratives qui n'étaient pas fort éloignées de celles de son pays.

L'usage était, sous l'empire, que chaque fonctionnaire reçût sa nomination sous la forme d'un long diplôme qui lui traçait ses attributions et ses devoirs et qui était rédigé suivant des formules arrêtées par la chancellerie impériale. Nous possédons encore de curieux modèles de ces diplômes, tels qu'ils étaient conservés en Italie au temps de Cassiodore. Ce même usage fut continué par les rois mérovingiens. Le fonctionnaire recevait un acte de nomination ainsi conçu : « Connaissant ta foi et ta capacité, nous te conférons l'autorité de duc ou de comte en tel pays, à cette fin que tu gardes une fidélité inviolable envers notre autorité royale ; que toute la population de ce pays, Francs, Romains, Burgondes, hommes de toute race, vivent en paix sous ton gouvernement ; que tu les conduises tous dans la voie droite suivant

---

[1] Voyez, sur les ducs, Grégoire de Tours, VIII, 17, 26, 30 ; IX, 14 ; *Vitæ Patrum*, 5 ; Frédégaire, *chr.*, 13, 43. — Sur les comtes, Grégoire de Tours, IV, 30, 35 ; VI, 22, 31 ; VII, 13 ; *Vitæ Patrum*, 7. — Sur les *vicarii* et *tribuni*, Grégoire de Tours, X, 21 ; *De glor. conf.*, 41 ; *Vita S. Germani*, 62, 68 ; *Diplomata*, passim.

leurs lois et coutumes; que tu sois le défenseur des veuves et des orphelins; que tu réprimes avec sévérité les larrons et les malfaiteurs; que les peuples se tiennent en ordre et en joie sous ton commandement et qu'enfin tout ce qui nous est dû en impôts soit par tes mains propres porté chaque année en notre trésor [1]. » Cette formule analogue à celles qui étaient employées en Italie, était passée des bureaux de la chancellerie impériale dans ceux de la chancellerie mérovingienne.

La règle suprême de l'empire avait été que les administrateurs fussent choisis par le pouvoir central et ne dépendissent que de lui. Cette règle fut conservée par les Mérovingiens. Ceux qu'on appelait comtes en langue latine, et *grafen* en langue germanique [2], étaient toujours nommés et révoqués par le roi [3]. On ne trouve pas trace d'élection populaire, même dans les cantons particulièrement habités par la race franque.

Ces fonctionnaires n'étaient que les agents du roi [4]; leur rôle était de faire exécuter ses ordres, de contraindre les hommes à obéir, de rendre la justice en son nom, de lever ses impôts, de commander ses soldats.

Autant ils dépendaient du prince, qui les nommait, les déplaçait, les destituait à son gré, autant ils étaient à l'égard des sujets des maîtres absolus. Les chroniqueurs ne nous montrent jamais que leur pouvoir fût limité ou contrôlé par une assemblée provinciale ou

[1] Formules, édit. E. de Rozière, n° 7.

[2] L'identité des grafen et des comtes est bien marquée dans la loi des Ripuaires, 53, et dans les *Capit. add. a Clodoveo*, 9. (Pertz, t. I, *Legum*.)

[3] Grégoire de Tours, IX, 12; IV, 42.

[4] Loi des Alamans, 35 : *Dux qui utilitatem regis facit*.

cantonale. Les curies, qui subsistèrent et dont nous parlerons ailleurs, n'avaient aucune action sur eux. Une foule de traits que raconte Grégoire de Tours marquent bien que la population n'avait aucun moyen légal de résister à leurs actes arbitraires.

Il n'est sans doute pas inutile de remarquer en quels termes on leur parlait. On leur disait : Votre Excellence, Votre Grandeur, Votre Magnificence. Voici, entre beaucoup d'exemples, comment un évêque écrivait à un comte : « A l'homme illustre Mummolénus, mon maître magnifique, serviteur du roi mon maître; j'implore votre puissance et votre grandeur et vous supplie de recommander mon humble personne au maître excellent qui règne pour notre bonheur[1]. » Ce n'était là peut-être que des formules de politesse; encore donnent-elles une idée des habitudes d'esprit qui régnaient à cette époque.

L'usage des légations, qui s'était établi sous l'empire, subsista sous les Mérovingiens; on vit souvent les cités envoyer des députations pour porter leur plaintes ou leurs vœux aux princes. Il était naturel qu'elles choisissent à cet effet leurs évêques, et c'est pour cette raison que nous voyons tant de prélats affluer incessamment vers le palais des rois; ils y portaient les réclamations ou les demandes des cités, comme dans les siècles précédents les députés des villes les avaient portées au palais des princes. Quant aux assemblées provinciales que les derniers empereurs avaient essayé de raviver, il n'en resta plus que le souvenir. Nous verrons que les conciles des évêques et des grands en prirent la place.

---

[1] *Fortunati opera*, X, 3. Cf. Formules, *passim*.

CHAPITRE III

Des impôts et du service militaire sous les Mérovingiens.

Il n'est pas douteux que les rois francs n'aient levé des impôts. En ce point encore, ils ne changèrent rien à ce qui existait avant eux. Leurs impôts furent les mêmes que ceux de l'empire[1].

Les contributions indirectes étaient :

1° La douane (*teloneum*), qui était établie aux frontières et à l'entrée des grandes routes ; l'existence en est constatée par plusieurs ordonnances et par plusieurs diplômes des rois ; ils avaient un corps d'agents douaniers (*telonarii*) comme en avait eu l'empire romain[2].

2° Les péages sur les ponts, sur les routes ; c'était une sorte de droit de circulation ; toute voiture y était assujettie, sauf les exemptions spéciales que le prince pouvait accorder[3].

3° Le droit de gîte ; sous les rois francs comme sous les empereurs, les villes et les particuliers étaient astreints à défrayer les princes dans leurs voyages ; il fallait même loger et nourrir leurs fonctionnaires, leurs soldats, et les fournir de chevaux ou de voitures. Ce

---

[1] *Tributa publica.* (Grégoire de Tours, VI, 22 ; VII, 15 ; IX, 30.) — *Functiones.* (*Ibid.*, V, 29 ; Formules, 571 ; *Constitutio Clotarii*, 11.) — *Census publicus, census qui reipublicæ solvitur.* (*Vita S. Eligii*, 15, 32.)

[2] *Decretum Clotarii*, ann. 615, art. 9 ; *Diplomata*, n°ˢ 337, 397.

[3] *Diplomata*, n°ˢ 397, 425, *et alias passim*.

droit de gîte était fort onéreux ; Grégoire de Tours remarque que le roi Chilpéric étant venu passer quelques jours à Paris, il en coûta cher aux habitants. Il parle ailleurs d'un duc « qui fit beaucoup de mal aux citoyens d'Angers par les vivres, le vin et le foin qu'il prit dans leurs maisons[1]. »

4° Les corvées ou travaux. Cette sorte d'impôt existait déjà sous l'empire ; il se continua certainement sous les Mérovingiens. La lecture des chroniques montre en effet que l'on voyageait alors beaucoup et qu'on se transportait en peu de jours d'une extrémité à l'autre de la Gaule ; cela prouve que les anciennes routes impériales étaient entretenues ; or elles ne purent l'être que par les travaux incessants des populations. L'obligation des corvées et des charrois est d'ailleurs signalée dans plusieurs diplômes du temps.

Le seul impôt romain qui ait disparu est le chrysargyre ; on n'en voit pas de trace, et l'on s'explique bien que la langueur où l'industrie tomba en ait rendu la perception impossible [2].

Le principal impôt direct était, comme au temps de l'empire, la contribution foncière. Non-seulement elle continua d'être perçue comme au temps des empereurs ; mais encore elle le fut d'après les mêmes registres de répartition qui avaient été rédigés par les fonctionnaires

---

[1] Grégoire de Tours, VI, 51 ; VIII, 42. — Loi des Ripuaires, 67. — Formules, n° 703.

[2] On peut consulter, pour une étude plus complète du sujet, Championnière, *de la propriété des eaux courantes*, ch. 4 et 6 ; et A. Vuitry, *des impôts sous les Mérovingiens*, dans les *Séances et travaux de l'Académie des Sciences morales*, 1873.

impériaux. Ceux que l'on fit ensuite furent dressés d'après le même modèle. La contribution était proportionnelle à l'étendue de chaque domaine, à la valeur des produits, au nombre des esclaves qui le cultivaient[1].

Le mode de recouvrement était à peu près le même que sous l'empire; les cités désignaient chaque année parmi leurs principaux contribuables un certain nombre de collecteurs qui avaient la charge de percevoir l'impôt et étaient responsables pour ceux qui ne payaient pas. L'argent était remis aux mains du comte qui l'envoyait ou le portait lui-même au trésor royal. Il s'établissait parfois des compagnies financières qui versaient à l'avance les sommes exigées pour l'année et qui percevaient ensuite l'impôt à leur profit[2], non sans se faire indemniser par les contribuables de leurs avances et de leurs risques.

Les contributions directes pésaient sur tous les propriétaires indistinctement; les ecclésiastiques y étaient assujettis aussi bien que les laïques[3].

On a conjecturé que les hommes de race franque étaient exempts de toute contribution publique. Il est

[1] Grégoire de Tours, IX, 30 : *Quum tributariam functionem infligere vellent dicentes quia librum præ manibus haberent.* — V, 29 : *Chilpericus descriptiones novas et graves in omni regno suo fieri jussit... functiones infligebantur multæ tam de terris quam de mancipiis.* — Cf. Grégoire de Tours, VI, 22; V, 35; VII, 23; X, 7. Lettre du Synode de Clermont à Théodebert, en 535 : *Ut securus quicumque proprietatem suam possidens debita tributa solvat.*

[2] Grégoire de Tours, VII, 23; X, 7.

[3] Que l'impôt fût payé par les terres de l'Église, c'est ce qui est bien marqué par Grégoire de Tours, IV, 2, et X, 7. Cf. Lettres du pape Grégoire le Grand, IX, 110; *Vita S. Eligii*, I, 32. Nous verrons ailleurs que l'Église obtint peu à peu des immunités.

pourtant impossible de trouver dans les nombreux documents de cette époque un seul texte qui signale ce privilége. Les chroniqueurs qui parlent souvent des charges des contribuables, ne laissent voir à aucun signe que les hommes de race germanique fussent traités autrement que ceux de race gauloise[1]. Ce qu'on appelait dans la langue officielle « les contributions d'une cité » était payé par tous les propriétaires du territoire de cette cité sans distinction de naissance. Il n'en pouvait être autrement ; l'impôt foncier n'était pas un signe de conquête ; il était la part proportionnelle que toute fortune particulière devait à l'autorité publique. Il avait eu ce caractère sous l'empire ; il le conserva sous les Mérovingiens, au moins pendant un siècle et demi. Il n'y a pas un mot qui indique que ceux d'entre les Francs qui devinrent propriétaires dans les différentes parties de la Gaule aient différé en rien des propriétaires gaulois qui les entouraient. Les chroniqueurs montrent des Francs aussi bien que des Gaulois se révoltant pour ne plus payer l'impôt ; cela ne saurait prouver qu'ils en fussent exempts[2]. Grégoire de Tours raconte une émeute de ces Francs au début du règne de Théodebald ; mais son récit même prouve qu'ils avaient payé l'impôt sans

---

[1] Grégoire de Tours, VII, 15 : *Multos de Francis qui tempore Childeberti ingenui fuerant, publico tributo subegit.* On a conclu de cette phrase que tous ceux qui étaient *ingenui* étaient exempts d'impôts ; Grégoire de Tours dit seulement que *beaucoup de Francs* dont on n'avait pas exigé de contributions au temps de Childebert Ier, durent en payer d'après les nouveaux registres (*descriptiones*) que Chilpéric venait d'établir.

[2] Grégoire de Tours, III, 36 ; VII, 15.

murmurer pendant le règne précédent[1]. L'historien dit qu'ils se vengèrent en massacrant un ministre; mais il n'ajoute pas que l'impôt ait été supprimé[2].

Le service militaire était exigé de tous les habitants du royaume, pourvu qu'ils fussent hommes libres. Les récits des chroniqueurs montrent que les Gaulois n'y étaient pas moins assujettis que les Francs[3]. Il n'existait pas d'armée permanente, à moins que l'on n'appelle ainsi quelques bandes guerrières spécialement vouées au service du roi. Dès que le prince entreprenait une guerre, toute la population valide devait prendre les armes et marcher sous le commandement de ses ducs et de ses comtes[4]. Elle ne recevait d'ailleurs ni solde, ni armes, ni vivres. Elle devait s'équiper, s'armer, se nourrir à ses frais pendant toute la campagne. Ceux qui avaient refusé de répondre à l'appel étaient punis d'une forte amende[5]. Les hommes de l'Église, ses colons, ses affran-

[1] *Franci in odio Parthenium habebant quod eis tributa antedicti regis tempore inflixisset.* (Grégoire de Tours, III, 36.)

[2] Si aucun document ne marque que les Francs fussent exempts d'impôts, il est, du moins, vraisemblable qu'ils en payèrent peu. Ceux d'entre eux qui étaient, non pas propriétaires, mais simplement bénéficiers, en furent exempts de droit; d'autres réussirent individuellement à s'en affranchir. Les mêmes raisons qui firent accorder l'immunité à beaucoup d'évêques, la firent accorder aussi à beaucoup de guerriers. Puisqu'il devint facile aux Gaulois, ainsi que nous le verrons plus tard, de ne plus payer l'impôt, cela fut pour le moins aussi facile aux Francs. L'impôt foncier disparut, au septième siècle, pour les uns et pour les autres; il fut remplacé partout par des fournitures de chevaux et par l'obligation du gîte, auxquelles les Francs furent soumis aussi bien que les Gaulois.

[3] Cela ressort clairement des récits de Grégoire de Tours, V, 27, et VIII, 30. Ailleurs (VI, 31), il dit que la cité de Bourges dut, sur l'ordre du roi, mettre sur pied 15,000 soldats. Cf. IV, 30 ; IX, 31 ; X, 3.

[4] Grégoire de Tours, VI, 31 ; X, 3. Frédégaire, chr., 87.

[5] Loi des Ripuaires, 65. *Diplomata*, n° 434.

chis, ses serviteurs de tout rang, pourvu qu'ils ne fussent pas clercs, étaient assujettis comme les autres habitants à cette dure obligation du service militaire[1].

CHAPITRE IV

La justice sous les Mérovingiens.

Sur l'organisation judiciaire de cette époque, les opinions les plus contradictoires semblent permises. A lire quelques articles de lois et quelques formules officielles, on croit voir que la justice était rendue par des assemblées publiques qui auraient eu quelque ressemblance avec nos jurys. A lire les histoires, les chroniques, les Vies des saints, les actes et les chartes du temps, tout ce qui décrit l'existence humaine et tout ce qui met sous les yeux la réalité, les choses se présentent sous un tout autre aspect.

On y voit que le véritable juge est toujours le duc ou le comte. C'est ce fonctionnaire seul qui possède le pouvoir judiciaire[2]. Il fait arrêter qui il veut de sa propre autorité. Il ordonne de conduire un homme en prison,

---

[1] Grégoire de Tours, V, 27; VII, 42.

[2] Grégoire de Tours appelle le même personnage *comes* et *judex* (VI, 8). — *Vicarius qui pagum illum judiciaria regebat potestate.* (Ibid., X, 5.) — *Gundobaldus, comitatum Meldensem accipiens, causarum actionem agere cœpit.* (Ibid., VIII, 18.) — *Ad discutiendas causas Racharius dux a rege dirigitur.* (Ibid , VIII, 12)

de le charger de chaînes, sans jugement ou en attendant le jugement. La détention préventive n'est pas rare[1].

Quand les chroniqueurs racontent un procès, ils parlent du comte comme si les justiciables n'avaient affaire qu'à lui. Il semble que la sentence ne dépende que de lui, qu'il soit le maître de condamner, d'absoudre ou de faire grâce; si une sentence injuste a été rendue, c'est au comte seul que le chroniqueur s'en prend; on ne voit jamais qu'il en fasse porter la responsabilité sur d'autres que lui[2].

Il est vrai que le comte, dans l'exercice de ses fonctions judiciaires, est presque toujours entouré de quelques personnes notables. Nous aurons à revenir plus tard sur le caractère de ces hommes que l'on appelait *rachimbourg* en langue germanique et *boni viri* en langue latine. Qu'il nous suffise de dire ici que ces hommes, qui dans deux ou trois textes de lois paraissent avoir une grande importance, en ont fort peu dans la pratique. Dans ces lois mêmes, on peut déjà s'apercevoir que leurs droits ne sont pas définis. Dans la pratique, on reconnaît qu'ils n'ont d'influence qu'autant que le comte leur en veut bien accorder. Grégoire de Tours parle d'un comte « qui siégeait en justice au milieu des principaux personnages du pays », mais qui, sans s'inquiéter de

[1] Grégoire de Tours, IV, 44; V, 19.
[2] La loi des Ripuaires, dans l'article 88, où elle interdit aux juges de recevoir des présents, énumère tous ceux qui participent à l'action judiciaire : *Ut nullus optimatum, majordomus, domesticus, comes, grafio, cancellarius vel quibuslibet gradibus sublimatus in judicio residens munera recipiat.* — Fortunatus (*Carm.*, VII, 5) montre un duc rendant la justice, et ne parle pas d'un jury.

son entourage, « prononçait les sentences les plus cruelles, condamnait des prêtres aux fers, infligeait à des guerriers le supplice du fouet[1]. » Qu'étaient donc ces assistants, sinon des témoins impuissants et affligés de l'arbitraire du comte ?

Leur nom officiel était *auditeurs*[2]. Il ne semble pas qu'ils fussent très-différents de ce qu'avaient été les assesseurs dans l'empire romain. Ils aidaient le juge de leurs lumières, mais le juge n'était pas tenu de se ranger à leur avis. En principe, le comte était tout-puissant; si l'assistance et lui étaient en désaccord, c'était l'avis du comte qui prévalait; les nombreux récits de procès que l'on a de cette époque montrent bien que cela ne faisait doute pour personne. L'assistance écoutait les débats, donnait son opinion; mais le comte seul prononçait. Aucune loi, ni dans les codes germaniques ni dans les codes romains, ne l'obligeait à se soumettre au vœu de la majorité.

Il arrivait souvent qu'un comte, par ignorance des lois, se déchargeât sur son entourage du soin de faire l'enquête, d'interroger les parties, de chercher de quel côté était la bonne cause; il s'estimait heureux qu'on lui dictât son arrêt et qu'on lui signalât la loi qu'il devait appliquer[3]. Mais dès qu'il lui plaisait d'agir par sa seule volonté, il en avait le droit, et c'est ce qu'il faisait toutes les fois que ses intérêts ou ses haines se trouvaient en jeu dans une affaire. Il pouvait alors, ou bien

---

[1] Grégoire de Tours, V, 49.

[2] Grégoire de Tours, *De glor. conf.*, 71. — Formules n°ˢ 457 et 484.

[3] Grégoire de Tours, V, 5. Formules, n°ˢ 470, 478, 484.

se passer absolument de l'assistance, comme on en voit plus d'un exemple, où bien ne la consulter que pour la forme[1].

On rencontre, à la vérité, dans les récits des chroniqueurs quelques assemblées de justice qui décident seules et prononcent des arrêts, sans que le comte soit au milieu d'elles. Mais il faut remarquer deux choses : l'une, que ces assemblées ne prononcent jamais une peine ; l'autre, que leur décision n'a de valeur que si elle est acceptée des deux parties. Ce sont de simples tribunaux d'arbitrage ; ils peuvent réconcilier, ils n'ont pas le droit de punir[2]. La justice coercitive est tout entière et sans partage dans les mains du comte. A lui seul, comme à l'ancien fonctionnaire romain, appartient le *jus gladii*, l'autorité judiciaire.

---

[1] Il est vrai que les formules de jugement constataient avec soin la présence des assesseurs et la part qu'ils étaient censés avoir prise à la décision. C'est qu'on tenait à les rendre garants de l'arrêt rendu. Celui qui avait obtenu gain de cause dans un procès voulait que le texte du jugement fût signé par tous les assesseurs ; ils attestaient la sentence et en assuraient l'exécution.

[2] L'exemple le plus curieux est dans Grégoire de Tours, VII, 47 : Sichaire et Austrégisile, dans leurs querelles, avaient commis plusieurs meurtres ; le comte ne les poursuivait pourtant pas, par le motif qu'aucune des parties ne s'adressait à lui ; la justice n'était pas saisie. Les deux hommes s'accordent enfin pour paraître devant la réunion des notables de la cité de Tours ; l'assemblée les invite à se réconcilier, et fixe, non une peine, mais une indemnité que l'un devra payer à l'autre. L'un d'eux rejette cette décision, quitte le plaid librement, et va commettre un nouveau meurtre. Un tribunal arbitral se réunit encore à l'instigation de l'évêque, sans que le comte se mêle en rien à cette affaire. La seconde décision ne porte encore aucune peine et indique seulement une indemnité ; cette fois, elle est acceptée des deux parties. — Grégoire de Tours termine son récit en disant qu'en tout cela il n'y a pas eu action judiciaire suivant la loi, mais seulement arbitrage : *Hoc contra leges actum ut pacifici redd rentur* Cf. V. 5, et X, 8.

Il n'y a pas de preuve que les Francs aient eu des priviléges en matière de justice. Les assesseurs qui entouraient le juge appartenaient indifféremment aux deux races. Qu'on donnât à l'audience du comte le nom romain de *forum* ou de *placitum*, ou bien qu'on lui donnât le nom germanique de *mallum*, il s'agissait toujours du même tribunal [1].

Les codes germaniques, comme les codes romains, exigeaient que le juge siégeât en public et qu'il ne fût pas tout à fait seul; mais ni les uns ni les autres ne créaient de jurys souverains. Les lois des Francs n'indiquent jamais que le *mall* eût un droit de décision supérieur à celui du comte. Elles n'établissent même pas d'une manière précise de quelles personnes l'assistance devait être composée; cet oubli seul marque le peu d'importance et le peu de liberté de ces réunions que le comte pouvait toujours composer à son gré.

La justice mérovingienne était donc assez semblable à ce qu'avait été la justice impériale. Elle était liée à

---

[1] Le mot *mallum* fait d'abord illusion. Comme le sens intrinsèque du mot est celui de grande réunion d'hommes, on est porté à croire que le *mallum* était une sorte de vaste jury populaire. Il n'en est rien. Les mots, dans le langage officiel, n'ont pas toujours la signification que leur radical semble indiquer; il faut voir comment ils sont employés. Ce que les chroniques et les codes de lois appellent *mallum comitis* est exactement la même chose que ce qu'ils appellent *forum comitis, conventus* ou *audientia*; toutes ces expressions désignent un même tribunal où le comte rend la justice, entouré de quelques assesseurs. — Traduire *mallum* par assemblée populaire, c'est commettre la même erreur que si, dans le Digeste, on traduisait *forum* par assemblée du peuple. La loi des Ripuaires (titre LVIII) prononce que l'affranchi d'Église ne doit être jugé que par l'Église dont il est l'affranchi, et elle s'exprime ainsi: *Non aliubi nisi ad Ecclesiam ubi relaxatus est, mallum teneat;* or il est assez évident que le tribunal d'Église ne fut jamais une assemblée populaire.

l'autorité publique. Elle émanait du prince, non de la nation. Elle n'était rendue ni par le peuple, ni par un corps de juges indépendants ; elle l'était par des fonctionnaires. Elle se trouvait dans les mêmes mains qui avaient déjà l'administration, la perception des impôts, le commandement militaire.

Des jugements du comte on appelait au roi, de même qu'autrefois des arrêts du gouverneur de province on avait appelé à l'empereur. La règle était donc la même que sous l'empire romain ; contre le représentant du prince on n'avait de recours qu'au prince lui-même.

Le roi mérovingien était le grand juge du royaume. Voici comment ce principe de droit public était exprimé dans une formule officielle qui nous a été conservée : « Celui à qui Dieu confie le soin du gouvernement, doit examiner avec diligence les procès des hommes ; aussi siégeons-nous au nom de Dieu dans notre palais pour entendre et décider toutes les causes [1]. »

Le tribunal du roi, que l'on appelait le plaid du roi ou le plaid du palais, était de même nature que celui du comte. Le roi ne siégeait pas sans être entouré de quelques personnages ; mais rien ne montre qu'il y eût là un jury indépendant. Cet entourage se composait des grands (*optimates, proceres*) ; et par ces grands on n'entendait, au sixième siècle, que les fonctionnaires et les courtisans du roi. Nous avons, en effet, des actes de jugement avec la signature des hommes qui y ont pris

---

[1] Formules, n° 442. — Les Gallo-Romains, comme les Francs, pouvaient être jugés au tribunal du roi. (Grég. de Tours, IV, 41 ; VII, 23 ; VIII, 21. — *Vita S Præjecti.* — *Diplomata*, passim).

part; ce sont des ducs, des comtes, des *domestici*, des référendaires, des chanceliers, des sénéchaux, des chambellans [1]. Tous ces hommes étaient des agents du prince qui les avait nommés et qui pouvait les faire rentrer dans le néant. Une telle assistance pouvait bien aider le roi dans ses fonctions de juge; elle n'était pas de nature à lui enlever son pouvoir judiciaire [2].

Il arrivait souvent que le roi se fît remplacer par son maire du palais. Celui-ci était son premier fonctionnaire et, en quelque sorte, son unique ministre pour les affaires civiles. Tenant la place du roi, il présidait l'audience, écoutait les parties, consultait les assesseurs, prononçait l'arrêt. Voici un exemple qui donnera une idée du plaid royal au temps de Sigebert Ier : « Childéric, qui était alors le premier auprès du roi, c'est-à-dire le maire du palais, réclamait pour le fisc un domaine que l'église d'Aix possédait, suivant lui, injustement. L'évêque de cette ville fut cité à comparaître au tribunal du roi. Le roi n'ayant voulu ni juger lui-même ni assister aux débats, les *auditeurs* du plaid royal, sous la présidence du maire, examinèrent la cause. Au mi-

---

[1] Voyez dans les *Diplomata* un arrêt de Clovis III, de l'année 692, qui mentionne 4 évêques, 5 optimates, 2 grafions, 2 sénéchaux, et le *comes palatii*. — Un arrêt de 693 est rendu par un tribunal composé de 51 personnes, dont 12 évêques, 12 optimates, 8 comtes, 8 grafions, 4 *domestici*, 4 référendaires, 2 sénéchaux et le comte du palais. — Cf. Formules, n°^{s} 442, 454 : *Cum optimatibus nostris, majore domus illo, ducibus illis, patriciis illis, referendariis, domesticis, cubiculariis et comite palatii.*

[2] C'est déjà une chose bien significative que ces séances judiciaires se tinssent toujours dans le palais, *in palatio nostro* (Formules, 442, 443; *Diplomata*, 349, 440); *apud regis aulam in loco ubi causae ventilantur* (*Vita S. Praejecti*, 11). — Tous les chroniqueurs parlent de la justice royale comme si elle émanait du roi seul. (Voyez Frédégaire, c. 58.)

lieu de l'audience, Childéric se leva brusquement, injuria l'évêque, lui reprocha de s'être mis en possession d'un domaine qui appartenait au fisc, et le fit expulser brutalement de la salle où l'on jugeait. Puis, sans que l'évêque eût été entendu, l'assistance décida que le domaine en litige appartenait au fisc. Sur cette décision, le maire ajouta une peine et frappa l'évêque d'une amende de trois cents pièces d'or. » Le chroniqueur termine son récit par cette réflexion : « Tous les membres du plaid obéissaient au maire, et personne n'osait avoir un avis contraire au sien [1]. »

Il est digne de remarque que les peines qui étaient prononcées par ces tribunaux des comtes ou du roi étaient à peu près les mêmes que sous l'empire romain. Quand on lit les codes germaniques, on est d'abord dupe d'une illusion; il semble, à première vue, que cette justice ne connaisse pas de châtiments, et que tous les crimes puissent être rachetés à prix d'or. Mais les historiens, qui décrivent le détail des faits, montrent qu'il en était tout autrement. On lit dans leurs récits que les peines les plus ordinaires étaient l'amende, la confiscation des biens, la détention, l'emprisonnement dans un cachot souterrain avec les fers aux pieds, le gibet, la mort sous les coups ou la mort par le glaive [2].

---

[1] Grégoire de Tours, *De gloria confessorum*, 71.

[2] La peine de mort est mentionnée par Grégoire de Tours (V, 17, 26; VI, 8; VIII, 30; IX, 10; *De glor. confess.*, 101). *Vita S. Dalmatii*; *Vita S. Eligii*, c. 31 : *Ut omnia humana corpora quæ vel regis severitate vel judicum censura perimebantur, licentiam haberet ut de bargis et ex rotis et de laqueis sepeliret deposita*. *Edictum Chilperici*, c. 9; *Lex Ripuariorum*, 79 : Formules, n° 429. — La confiscation des biens fut aussi fré-

On y peut observer encore que ces peines frappaient les Francs aussi bien que les Gaulois. Ni les lois ni le récit des faits ne laissent voir qu'il y ait eu de priviléges en ces matières pour la race germanique [1].

La justice mérovingienne n'assurait aucune garantie à la liberté individuelle. Maintes fois nous voyons les rois prononcer la confiscation des biens, l'emprisonnement, la mort même, sans qu'il y ait enquête ni jugement régulier [2]. Quelques exemples vont le prouver. Un certain Magnovald avait, disait-on, fait périr sa femme; au lieu de le juger, le roi le mande auprès de lui pour assister à une fête; il ne réunit aucun jury, n'interroge même pas l'accusé; et, tandis que Magnovald, à une fenêtre du palais, au milieu des autres Francs, s'amuse d'un spectacle, le roi le fait frapper de la hache. Tel est le récit de Grégoire de Tours, et il n'ajoute pas que les Francs qui étaient là se soient plaints de ce procédé et y aient vu un attentat aux droits ou aux priviléges de leur race. Pareils faits se rencontrent à chaque page de l'historien : « Gontran-Boson fut mandé devant le roi; on lui enjoignit de paraître seul et sans aucun défenseur,

quente qu'au temps de l'empire, et elle portait aussi bien sur les alleux que sur les bénéfices. (Grégoire de Tours, V, 26 ; VI, 46 ; IX, 9, 10, 19 Frédégaire, *Chr.*, 21 ; *Diplomata*, n⁰ˢ 64 et 190)..

[1] L'auteur de la *Vie de S. Corbinien* parle d'un barbare que l'on conduit à la potence pour un vol. — L'auteur de la *Vie de S. Éloi* (c. 31) dit qu'on pendait en Austrasie. — Plusieurs des sentences de mort qui sont rapportées par Grégoire de Tours frappent des Francs. — L'article 79 de la loi des Ripuaires qui prononce la peine capitale, vise évidemment des Francs. — Dans Frédégaire (*Epit.* 58), Chrodin qu'on veut nommer maire du palais, dit que cette charge oblige à prononcer des arrêts de mort contre les plus grands personnages.

[2] Grégoire de Tours, IV, 13 ; V, 5, 15, 19, 25, 48 ; VIII, 29, 30.

afin que. si le roi le condamnait à mort, personne ne pût intercéder pour le soustraire au supplice; le roi en effet prononça contre lui la peine capitale. » Une autre fois, une reine fait massacrer deux familles franques de Tournai, coupables d'avoir troublé la paix publique, et nous ne voyons pas qu'aucune voix se soit élevée contre cette exécution [1]. Les ennemis du roi et ceux qu'il soupçonne de l'être sont toujours condamnés sans aucune forme de procès[2] : « Gaïlen fut pris; on lui coupa les mains, les pieds, les narines, et on le fit périr misérablement; Grindion fut condamné au supplice de la roue; Gucilian, autrefois comte du palais, eut la tête tranchée. » Le duc Rauching fut mandé au palais, et, sans l'entendre, on le mit à mort dans la chambre même du roi[3]. La vie du Franc n'était pas mieux protégée que celle du Gaulois; l'Église seule avait trouvé moyen de se faire respecter. L'évêque Ægidius, qui était le complice du duc Rauching, ne fut pas frappé comme lui ; jugé par ses collègues, il fut seulement dépouillé du sacerdoce et privé de ses biens. Il n'y avait alors de tribunaux vraiment indépendants que ceux de l'Église, et ils ne protégeaient que les ecclésiastiques. Sur les laïques les rois avaient un pouvoir absolu ; ni la race ni le rang ne donnait de priviléges.

[1] Grégoire de Tours, VIII, 56; IX, 10 ; X, 27.
[2] Grégoire de Tours, VIII, 11 : *Jussit Boantum qui sibi infidelis fuerat interfici.* — Cf. *ibid.*, X, 22. — *Vita S. Desiderii*, 5 : *ira regis terribilia promulgavit præcepta; alii truncati, alii perpetua servitute addicti sunt.* — Frédégaire, *Chr.*, 29 : *Wulfus, jubente rege, interficitur.*
[3] Grégoire de Tours, V, 19 ; IX, 9. Voy. aussi (*de glor. conf.*, 88) les exécutions ordonnées par le roi Gontran pour un cor de chasse qu'on lui avait volé.

Ces rois mérovingiens, héritiers des empereurs, s'armèrent comme eux de la loi de majesté[1]. Attenter à leur pouvoir ou même leur manquer de respect était un crime capital. « Bursolène et Dodon furent accusés de lèse-majesté, mis à mort et leurs biens confisqués. » « Les deux fils de Magnachaire avaient dit que la reine Austrechilde n'était pas de haute naissance; ils furent condamnés à mort. » Une fois, c'est un abbé qui est accusé de lèse-majesté parce qu'il a parlé avec peu de respect de la reine Brunehaut[2]. Une autre fois, c'est un comte qui, ayant parlé au roi avec quelque hardiesse, est chargé de fer et jeté en prison.

La vie des hommes était donc à la merci du prince, et la liberté n'avait rien gagné à la chute de l'empire romain. La royauté qui lui succédait était un despotisme sans limites légales.

Cette partie de notre étude s'arrête vers l'an 638, c'est-à-dire à la fin du règne de Dagobert Ier. Nous verrons plus loin à quelle sorte de difficultés la royauté mérovingienne se heurta et comment elle devint impuissante à gouverner les hommes[3].

---

[1] Grégoire de Tours, V, 26 : *Ob crimen læsæ majestatis judicio mortis suscepto.* — X, 19 : *Ob crimen majestatis reum esse mortis..* — Cf. V, 28.

[2] *Quod profanum aliquid de regina dixisset.* (Grégoire de Tours, VI, 37.) — Cf. V, 48; IX, 13.

[3] C'est alors aussi que nous observerons quelques institutions judiciaires ou politiques qu'il n'y avait pas lieu d'examiner ici parce qu'elles n'ont eu aucune importance dans cette première partie de la période mérovingienne.

CHAPITRE V

Le droit de propriété; l'alleu.

Nous avons montré plus haut que l'empire romain, loin d'amoindrir le droit de propriété privée, l'avait au contraire affermi et consacré; il en avait fait l'institution la plus solide qu'il y eût alors dans la société.

Ce droit de propriété que l'empire romain léguait à l'Europe du moyen âge avait deux traits caractéristiques qu'il importe de constater ici, afin de voir si nous les retrouverons dans les âges suivants. En premier lieu, la terre possédée en propre était héréditaire de plein droit; elle était transmissible par vente, par legs, par donation. En second lieu, elle n'était soumise à aucun domaine éminent; elle payait l'impôt public, mais elle n'était sujette à aucune redevance d'un caractère privé; elle ne devait ni foi ni service à personne.

Le propriétaire était donc sur sa terre un maître absolu, *dominus;* il pouvait disposer d'elle avec une liberté complète. Suivant la définition des jurisconsultes romains, la propriété était le plein pouvoir de l'homme sur la chose, *plena in re potestas.*

L'établissement d'une population germanique en Gaule n'était pas de nature à faire disparaître ou à altérer profondément ce droit de propriété sur le sol. Les nouveaux venus n'avaient jamais été des nomades. S'ils avaient quitté la Germanie, c'est parce qu'ils en étaient chassés ou qu'ils n'y trouvaient pas les moyens de vivre. Beaucoup d'entre eux s'étaient mis au service de l'empire pour obtenir les champs létiques que l'empire leur offrait en guise de solde. Ils avaient au plus haut degré le goût de la propriété foncière. L'or des Gallo-Romains les tentait, leur sol bien plus encore. Loin qu'ils se présentassent en ennemis de l'agriculture et de la propriété, ils étaient tourmentés du désir de devenir propriétaires et agriculteurs.

Aussi ne voit-on pas qu'ils aient eu même la pensée de mettre les champs de la Gaule en commun[1]. L'ambition de chacun d'eux fut d'acquérir par quelque moyen une part du sol et d'en faire sa propriété privée. Quelques-uns prirent les terres vacantes; d'autres en achetèrent avec l'argent du butin; la plupart d'entre eux s'adressèrent à leurs chefs qui avaient en mains l'immense domaine du fisc impérial et qui en distribuèrent des parts à leurs soldats et à leurs serviteurs. Les rois burgondes et wisigoths rappellent dans leurs lois qu'ils donnèrent ainsi beaucoup de terres, et ils indiquent clairement qu'ils les donnèrent en toute propriété et à titre héréditaire. Que les rois francs aient fait de même, c'est ce qui est attesté par leurs diplômes et par plusieurs testaments du septième siècle.

Les Germains n'ont donc pas recherché d'abord la possession bénéficiaire; ils ont aspiré à la vraie et com-

---

[1] Il n'y a pas un mot dans les documents qui indique que les nouveaux venus aient pratiqué, un seul jour, le régime de la communauté ou celui du partage périodique. Les mots *sors* et *consortes* que l'on rencontre dans les textes étaient en usage depuis plusieurs siècles dans la langue de l'empire, et ne peuvent être par conséquent une allusion à des usages propres à cette génération de Germains.

plète propriété, telle qu'ils la voyaient établie chez les Gallo-Romains. Beaucoup d'entre eux se sont répandus sur le territoire et y sont devenus propriétaires[1]. Grégoire de Tours en cite plusieurs sur le territoire de son diocèse. Les formules rédigées dans l'Anjou montrent qu'il y avait au sixième siècle des Francs qui étaient propriétaires en ce pays; on en trouvait aussi dans le pays de Bourges. Dans les actes de vente ou de testament, nous pouvons voir que ces hommes vendaient, donnaient, léguaient, échangeaient leurs terres. Il n'est donc pas douteux qu'ils n'aient exercé sur elles un droit de propriété aussi complet que celui qui était consacré par les lois romaines.

Observons les codes qui furent écrits par les Francs ; ils nous présentent l'image, non d'un peuple de guerriers, mais d'un peuple de propriétaires. Ils ne sont pas faits pour une troupe vivant en commun, mais pour une société où l'individu vit et possède isolément[2]. Riche ou pauvre, chacun a sa maison, son champ qui est bien à lui, sa haie qui enclôt son champ, la limite inviolable qui enserre sa propriété[3]. Si la terre était en commun,

---

[1] On représente quelquefois les Francs vivant en troupes et à l'état de guerriers; c'est une pure conjecture, et les textes ne la confirment pas. Les chroniqueurs ne mentionnent nulle part une garnison franque.

[2] La distinction du tien et du mien est aussi nette que posssible. *Si quis in horto alieno... Si quis in vinea aliena... in campo alieno... in silva alterius.* (Loi salique, 8, 26, 27.) — La loi ripuaire mentionne les actes authentiques de propriété : *Si quis villam aut vineam comparavit et testamentum accipere non potuerit* (tit. LX).

[3] Loi salique, tit. XXXVI, *De sepibus*. — Loi des Bavarois, XVII : *Per quatuor angulos campi aut designatis* TERMINIS. — XI : *Si quis* LIMITES *complanaverit aut* TERMINOS *fixos fuerit ausus divellere*. — Loi des

les lois ne régleraient que des partages de jouissance ; ce qu'elles constituent, au contraire, c'est toujours la propriété individuelle ; ce qu'elles protégent et garantissent, c'est le patrimoine.

Il est surtout digne de remarque que les lois germaniques ne contiennent aucune disposition qui soit relative au *bénéfice*. Ce n'est pas que ce mode de possession ne fût déjà en usage à l'époque où elles ont été rédigées ; mais elles n'en tiennent aucun compte, elles ne lui accordent aucune protection, elles le laissent en dehors du droit. Elles n'admettent et ne paraissent connaître que la propriété pleine, absolue, sans conditions et sans dépendance, celle qui est transmissible par héritage et par vente, celle enfin que les Germains trouvaient établie dans les lois de la population indigène.

Si nous nous plaçons vers le milieu de la période mérovingienne, c'est-à-dire au septième siècle, et si nous consultons les chartes, les diplômes, les actes de testament ou de donation, les formules, enfin tout ce qui marque en traits précis la manière dont les intérêts sont constitués dans une société, nous y voyons que le droit de propriété individuelle a traversé sans aucune atteinte la crise des invasions germaniques. Du qua-

---

Burgondes, LV : Terminum *si evellere præsumpserit.* — Dans les documents du sixième siècle, le mot *marca* ne se présente pas avec l'idée de terre indivise qu'on lui a parfois attribuée ; il signifie limite, soit limite d'un État, soit limite d'une propriété privée ; *foras terminum id est foras marcam ; quoties de commarcanis contentio nascitur, ubi evidentia signa non apparent* (Loi des Bavarois, XII, 9 ; XI, 5). C'est en ce sens que la loi des Ripuaires, tit. LX, après avoir parlé de la *terminatio* interdit de franchir la limite et d'entrer sur la propriété d'autrui : *Si quis extra* marcam *in* sortem *alterius fuerit ingressus.*

trième au septième siècle, il a conservé ses caractères essentiels. Les deux populations le comprenaient et le pratiquaient de la même manière. Aucun des codes qui furent rédigés pendant cette époque n'indique une différence entre la manière de posséder du Germain et la manière de posséder du Gaulois.

On a les formules de vente des biens fonciers ; elles sont conçues ainsi : « Je vous vends ce domaine qui est ma propriété, qui est de mon droit, *rem proprietatis meæ, villam juris mei*, et que je tiens d'héritage de mes parents, ou que j'ai acheté ; il comprend terres, champs, vignes, prés, forêts, eaux courantes ; je vous le vends sans nulle réserve ; je le transporte de mon droit au vôtre, de ma propriété et puissance en votre puissance et propriété, de telle sorte que vous ayez plein pouvoir d'en disposer à votre gré, et que vous le laissiez à vos descendants ou à ceux que vous choisirez pour héritiers[1]. »

On a d'autres formules où l'on voit des frères se partager l'héritage paternel. On en a où le père règle à l'avance sa succession. Dans quelques-unes le testateur, qui est un Gaulois, cite la loi romaine ; dans d'autres le testateur est un Franc et il allègue la loi salique. Dans toutes également la propriété se présente comme incontestablement héréditaire[2].

Il y a aussi des formules de donation ; les unes sont rédigées manifestement par des Gallo-Romains ; d'autres

[1] Formules, éd. E. de Rozière, nos 267, 268, 272, 277, 278.
[2] Comparer les formules 128, 129, 130, où la loi romaine est invoquée, aux formules 135, 136, 137, *secundum legem salicam*. Dans les unes comme dans les autres on lit : *Jure proprietario habeas, heredes accipiant, in hereditate succedas*, etc.

le sont par des Francs, comme l'acte de 570 où la donatrice est une fille de Clovis[1]. Partout il est fait mention de terres qui sont possédées en propre et avec un droit absolu. Que la donation soit faite par un Gaulois ou par un Germain, la formule, à deux ou trois mots près, est la même. L'un et l'autre disent : « Je donne à perpétuité cette terre qui me vient d'héritage ou d'acquet ; j'entends que vous la possédiez avec le plein droit de propriété et que vos héritiers l'aient après vous ; elle sera désormais en votre droit et puissance ; vous pourrez la vendre, la donner, la léguer, faire d'elle tout ce qu'il vous plaira d'en faire. » Ces formules étaient écrites ou prononcées, ici par des hommes qui invoquaient la loi romaine, là par des hommes qui citaient la loi salique ; les effets marqués dans les actes étaient toujours les mêmes.

Pour le Franc comme pour le Gaulois, la propriété était individuelle, transmissible, héréditaire ; elle était en même temps indépendante, libre de tout service, de toute obligation, de toute foi, de toute redevance. Le pouvoir du propriétaire sur le sol était absolu ; c'était la *plena in re potestas* dont parlaient déjà les jurisconsultes romains. Ainsi, entre les deux époques, à travers l'invasion germanique, la tradition de la propriété privée n'avait pas été interrompue. Telle elle avait été sous l'empire, telle nous la retrouvons dans le droit et dans la pratique de la société mérovingienne.

Les forêts, les pâturages, les cours d'eau eux-mêmes

---

[1] Comparer les formules 197, 219, 221, 226, où est cité le code Théodosien, aux formules 134, 228, 229, 230, 231, qui citent la loi salique. Cf. *Diplomata*, n° 177.

étaient, comme sous l'empire, susceptibles d'être possédés en propre[1].

Dans la langue du sixième et du septième siècle, plusieurs mots également expressifs désignaient cette pleine et absolue propriété. En général, on garda les noms de la langue latine, ainsi qu'il était naturel pour désigner une institution que les nouveaux venus trouvaient en vigueur chez les populations gallo-romaines. Dans les chartes, dans les formules et les actes législatifs, la propriété est presque toujours appelée *proprietas, potestas, dominatio* (l'ancien mot *dominium*)[2]; ces trois expressions sont toutes romaines et appartiennent à la langue du droit romain. Les lois des Francs désignent la terre possédée en propre par les expressions toutes latines de *hereditas* ou *terra aviatica*[3]. Les Burgondes et les Wisigoths, qui écrivent aussi en latin, se servent du mot *sors* qui était un des mots que la langue latine employait depuis longtemps pour désigner la propriété[4].

---

[1] Formules, nos 219, 231 : *Dono cum terris, silvis, aquis aquarumque decursibus.* — Loi salique, VIII : *Si quis in silva alterius.* — *Edictum Clotarii*, 21 : *In silvas privatorum absque voluntate possessoris ingredi non præsumant.*

[2] Formules, nos, 135, 159, 160, 164, 165, 219, 257.

[3] Loi salique, tit. LIX. — *Ibid.* (texte Hérold), tit. LXXII : *Si quis avitam terram suam.* — Loi des Ripuaires, LVI. — *Decretio Childeberti.*

[4] Loi des Burgondes, LXXVIII : *De* HEREDITATUM *divisione... Si quis* SORTEM *suam diviserit.* — XIV : HEREDITAS, *id est, terra quam pater* SORTIS JURE *accepit.* — I : *Terra* SORTIS TITULO *acquisita.* — Loi des Ripuaires, LX : *Si quis in* SORTEM *alterius fuerit ingressus.* — Loi salique, Addit. (Pertz, t. II, p. 12) : *In ipsam mansionem et* SORTEM. — Loi des Wisigoths, X, 2 : SORTES *romanæ et gothicæ.* — VIII, 8, 5 : SORTEM *suam claudere.* — X, 1, 7 : *Si vineam in aliena terra quis plantaverit in qua* SORTEM *non habet.* — Dans tous ces textes la seule idée qui s'attache au mot SORS est celle de propriété ou de patrimoine.

La langue germanique avait aussi des termes pour désigner le sol qui était devenu propriété privée. Elle l'appelait *terre salique*. Cette expression ne signifiait pas terre du Franc Salien, car elle était autant en usage chez les Ripuaires, chez les Alamans, chez les Bavarois et les Saxons, que chez les Francs[1]. Tous ces peuples appelaient terre salique la terre qui était possédée en propre et héréditairement[2]. Le mot se retrouve même dans la langue germanique du moyen âge, sous les formes de *sal-gut* ou *sal-land*, avec la même signification.

Les Anglo-Saxons appelaient cette propriété *boc-land*. L'un des termes les plus usités chez les populations gallo-franques, était celui de *alode*; ce mot qui en s'altérant est devenu alleu, est celui qui dans toute l'histoire de France jusqu'en 1789, a désigné la vraie propriété foncière.

Le mot *alleu* fait d'abord illusion. Comme il ne se montre à nous qu'à partir du sixième siècle, on est porté à croire que l'objet qu'il exprime ne date aussi que de cette époque. Comme d'ailleurs on ne le rencontre qu'après l'invasion germanique, il semble à première vue qu'il désigne une chose purement et exclusivement germaine. Si l'on se reporte aux documents, on s'aperçoit qu'il n'avait pas d'autre sens que celui d'héritage ou de propriété patrimoniale. Dans les codes des Francs, les mots *alodis* et *hereditas* sont synonymes[1]. Dans la loi des

---

[1] Voyez Guérard, Polyptyque d'Irminon, prolég., p. 491.

[2] *Terra salica* équivaut à *terra paterna*. La formule 136 rappelle le texte de la loi salique qui exclut les femmes de la succession; or, au lieu de dire *terra salica*, elle dit *terra paterna*.

[3] Les titres LXII de la loi salique et LV de la loi ripuaire sont intitulés

Bavarois, l'alleu est « la propriété, c'est-à-dire la terre qu'on a reçue de ses ancêtres. » Nous lisons dans un cartulaire : « Cette terre est ma propriété héréditaire, c'est-à-dire mon alleu. » Un ancien chroniqueur s'exprime ainsi : « L'héritage paternel que les gens de notre pays appellent alleu ou patrimoine[1]. » Un évêque écrit dans son testament : « Je lègue cette terre qui m'est échue par alleu de mes parents. » Rien n'est plus fréquent que de rencontrer cette expression : je tiens telle terre par alleu ; cela veut dire qu'on la tient d'héritage[2].

On a fait beaucoup d'efforts pour trouver l'origine de ce mot, afin de préjuger par là si l'institution qu'il désigne est romaine ou germanique, comme si le droit de propriété appartenait à une race plutôt qu'à l'autre. Les uns l'ont rattaché à la langue latine, les autres au celtique ; d'autres, avec plus de vraisemblance, le font dériver de radicaux germains. Quoi qu'il en soit de ces conjectures étymologiques, ce que l'on peut dire avec certitude, c'est que le mot alode ou alleu ne se trouve jamais dans les langues germaniques, qu'il ne se lit que dans des textes écrits en latin ; que, s'il se rencontre

---

De alode et dans les divers articles le mot *alode* est remplacé par *hereditas*. — *Alodis* se retrouve avec le sens manifeste d'héritage dans le *Capitul. add. ad legem salicam* (Pertz, t. II, p. 6) et dans les Formules, 124, 253, 337. Dans la formule 248 le même héritage est appelé tour à tour *alodis* et *hereditas*.

[1] *Terra quam antecessores mihi in alodem reliquerunt.* (Loi des Bavarois, XVII, 2.) — *Prædium meæ possessionis hereditariæ, id est alodum meum.* (*Charta ann.* 830, dans Ducange, v° *Alodium.*) — *Paterna hereditas quam nostrates alodium vel patrimonium vocant.* (Ibidem.)

[2] Aussi l'alleu s'oppose-t-il souvent à l'acquet : *Tam de alode quam de comparato* (Formules, 130, 136).

dans quelques-uns des codes des Germains, ce n'est que dans ceux qui ont été rédigés par l'ordre de princes qui régnaient en Gaule ; que c'est surtout dans ce pays qu'il a été usité ; qu'il a même été plus fréquemment employé dans l'Ouest, le centre et le Sud de la Gaule que dans le Nord et dans l'Est ; qu'on ne le trouve jamais dans la vallée de l'Elbe ; qu'on le rencontre quelquefois sur les bords du Rhin, plus souvent dans les pays de Tours, d'Angers, de Nantes, de Saintes, dans l'Ile-de-France et dans le Ponthieu, dans l'Auvergne, le Dauphiné et la Provence, dans le Languedoc et l'Aquitaine, et qu'il devient ainsi plus fréquent à mesure qu'on s'éloigne de la Germanie[1].

On peut observer encore que ce mot n'était pas particulier à la race franque ; beaucoup de chartes ou d'actes rédigés par des Francs désignent le patrimoine par le mot *hereditas*, tandis que d'autres actes, qui ont été rédigés par des Gallo-Romains et où les lois romaines sont citées, emploient le mot *alodis*[2].

---

[1] Le mot *alodis* se trouve dans les Formules d'Anjou, n°ˢ 1, 2, 4, 40 ; dans une formule rédigée en Auvergne *secundum legem romanam* (Rozière, n° 64) ; dans un recueil de formules d'Auvergne qui sont manifestement écrites par des Gallo-Romains (n° 163) ; dans un acte relatif à des propriétés situées dans le pays de Bourges et qui est rédigé *secundum jus prætorium* (n° 221) ; dans un cartulaire de Saintes ; dans une charte rédigée en Touraine ; dans une charte d'un duc de Provence ; dans des chartes du Vendômois et du Dauphiné (voy. Ducange).

[2] La charte de Théodéchilde, fille de Clovis (*Diplomata*, n° 177) emploie les mots *proprietas* et *hereditas* ; il en est de même des formules 229 et 230, dans lesquelles pourtant la loi salique est alléguée ; tandis que les formules 150, 219, 260, où est cité le code Théodosien, disent *ex alode*. Observons encore que l'Église, qui était fidèle à la vieille langue, se servait dans ses actes du mot *alodis* (Formule 327).

Plusieurs formules qui ont été employées dans l'Anjou au commencement du sixième siècle, fort peu de temps après l'établissement de quelques Germains dans l'Ouest, montrent que ce mot était déjà d'un usage ancien et vulgaire dans les pays d'Anjou et de Touraine[1]; elles ne laissent voir à aucun signe que ni le mot ni la chose fût une nouveauté ou une importation étrangère. Tous les termes qui composent ces formules appartiennent à la langue latine. Les hommes qui les écrivaient étaient certainement habitués à parler et à écrire en latin; c'étaient des praticiens; ils pesaient les mots et étaient attentifs à repousser ce qui eût été nouveau ou d'une interprétation difficile. Or aucun de ces hommes ne nous avertit que le mot alode n'appartienne pas à sa langue habituelle ou qu'il soit en dehors des traditions de la pratique. Ils disent indifféremment héritage, alode, propriété, comme si les trois termes, exactement synonymes, étaient d'un égal usage et faisaient partie du même idiome.

La nature de l'alleu apparaît dans les documents d'une manière bien nette. L'alleu n'était pas une terre; il était le droit en vertu duquel on possédait la terre[2]. Ce droit n'était ni affecté à une classe particulière de personnes ni réservé aux hommes de race germanique. Il était aussi souvent dans les mains d'un Gaulois que dans celles d'un Franc. Quiconque avait le droit de propriété

---

[1] La formule 260 appartient à l'Anjou et se rapporte à un acte passé, l'an 530, devant la Curie, en présence du *defensor* et des *principales*; elle est toute romaine; on y lit : *Ex alote parentum meorum.*

[2] Au sens littéral, *alodis* était l'héritage, *allodium* la terre possédée par héritage.

avait aussi l'alleu, car l'alleu et la propriété étaient une seule et même chose.

La terre allodiale n'était pas spécialement celle du guerrier ; on ne disait jamais qu'elle fût acquise par l'épée ; aucune expression de ce genre ne se rencontre dans les documents. Nous ne voyons jamais non plus qu'il s'y attachât l'idée d'une conquête. Les chartes et les actes nous disent tous que la seule origine de l'alleu était l'héritage.

L'alleu ne constituait aucun privilége ; nulle pensée de noblesse ne s'y ajoutait. Il n'était pas autre chose, au septième siècle, qu'un bien foncier, une part de sol sur laquelle l'individu humain exerçait un droit complet de propriété. Il pouvait appartenir aussi bien à un ecclésiastique qu'à un laïque, à un laboureur qu'à un soldat, à un pauvre qu'à un riche. On le rencontrait même dans les mains des femmes[1]. Nulle classe, nulle race, aucun sexe n'était exclu de cette possession.

Il ne faut pas d'ailleurs nous faire de l'alleu de ces temps-là l'idée qu'on s'en est faite plus tard. Au milieu de la féodalité, l'alleu apparaîtra comme une sorte d'exception rare et singulière ; on se le représentera comme une terre indépendante de toute espèce d'autorité, exempte d'impôts, franche de toute puissance publique ; on dira de lui qu'il est tenu de Dieu. Ces traits ne conviennent pas à l'alleu des premiers siècles du moyen âge. Il n'est pas encore une exception ; toute terre peut être possédée en alleu. Les documents marquent qu'il est exempt de toute redevance ayant un caractère privé, mais

---

[1] *Ex alode genitricis meæ.* (Formule 337.)

ils ne disent jamais qu'il soit exempt d'impôts ni indépendant des pouvoirs publics.

L'alleu du septième siècle a invariablement ces deux caractères essentiels : premièrement, il est héréditaire, transmissible à volonté, susceptible d'être donné, vendu, légué ; deuxièmement, il ne doit ni rente, ni service d'aucune sorte à un particulier, et n'est soumis à aucun domaine éminent[1].

C'est exactement sous les mêmes traits que la propriété nous était apparue dans les codes romains. Que l'on compare les formules et les actes de l'époque mérovingienne au Digeste et aux codes impériaux, on reconnaîtra que tous les attributs de la propriété romaine se retrouvent dans l'alleu, et l'on reconnaîtra aussi que l'alleu n'a aucun attribut qui ne fût déjà dans la propriété romaine.

C'est à dessein que nous ne parlons pas ici du bénéfice. Ce mode de possession du sol appartient à un ordre d'institutions que nous décrirons plus loin. Durant l'époque dont nous nous occupons en ce moment, le bénéfice n'existait, pour ainsi dire, qu'à l'état de germe ; il était l'exception et l'alleu était la règle. Deux siècles plus tard le bénéfice dominera et l'alleu sera devenu l'exception. La société se trouvera alors transformée.

---

[1] *Est naturaliter alodium* AB ANTIQUO *nullam omnino cuiquam reddens consuetudinem et a progenitoribus jure hereditario contingens.* — *Quod alodium pater ejus et prædecessores absque ullo servitio jure hereditario possederunt.* (Chartes de 1077 et 1078, citées par Ducange.)

CHAPITRE VI

Les différentes classes de la population.

§ 1. — DE LA SIGNIFICATION DU MOT FRANC AU SEPTIÈME SIÈCLE.

Le mot *Francia* avait désigné, au quatrième siècle, une partie de la rive droite du Rhin. Deux siècles plus tard, quand écrivait Grégoire de Tours, le même mot s'appliquait à l'Austrasie, c'est-à-dire à la rive gauche du fleuve. Cinquante ans après, il s'étendait à la Neustrie elle-même et à tout le pays jusqu'à la Loire.

La première chose à remarquer ici c'est que ce nom n'a pas été brusquement imposé au pays par des vainqueurs. Ce n'est pas Clovis qui a décrété que le pays s'appellerait France. Ni lui ni aucun des rois ses successeurs ne sont pour rien dans ce changement; c'est l'usage populaire qui a tout fait. Il est arrivé qu'un nom a prévalu dans la bouche des hommes et s'est insensiblement propagé.

Ce n'est pas non plus que la population du pays ait été transformée. Les Francs n'étaient pas assez nombreux pour couvrir toutes ces contrées, et la race gauloise n'a été ni massacrée ni expulsée. Les noms des villes, des rivières, des montagnes, des cantons sont restés les mêmes qu'au temps de l'empire. Le fond de la langue usuelle a peu varié. On retrouve beaucoup de tombeaux de cette époque; même dans la vallée du Rhin, les épitaphes sont latines. Ce n'est qu'au neuvième siècle que la langue germanique a pris le dessus dans cette contrée. Tout ce que racontent les chroniques de la période mérovingienne montrent que l'Austrasie elle-même ne différait pas beaucoup de ce qu'elle avait été sous l'empire. Il est singulier que presque rien n'ait été changé entre le cinquième et le septième siècle, si ce n'est le nom général du pays.

Encore le nom de Gaule ne disparut-il pas. Les deux termes restèrent également employés pour désigner la contrée. La différence entre eux fut que le mot Gaule était surtout une expression géographique, tandis que le mot France avait plutôt une signification politique.

Le nom des Francs eut la même destinée que le mot France. On est d'abord confondu quand on compare au petit nombre de Francs qu'il y avait au temps de Clovis, le nombre infini d'hommes qui s'appelaient Francs un siècle après lui.

Si ce mot avait été à l'origine le nom d'une race ou d'une tribu, il serait resté réservé aux hommes qui de génération en génération auraient continué la race ou la tribu. Mais il était seulement un adjectif de la langue germanique ; des guerriers, sortis de différents peuples, l'avaient adopté comme une épithète et s'en étaient fait une sorte de nom de guerre. Chacun d'eux était, de sa race, un Sicambre ou un Chamave ; tous ensemble étaient, par profession ou par état social, des Francs. Quiconque était admis dans leurs bandes, avait le droit de porter ce nom.

Rien ne s'opposait à ce qu'il s'étendît même à des Gaulois. Nous avons vu que les envahisseurs germains, fort peu nombreux quand ils passaient la frontière, grossissaient leurs rangs à l'aide des indigènes qui se joignaient à eux ; quand deux hommes avaient combattu et pillé côte à côte pendant plusieurs années, il devenait bien difficile de distinguer lequel était le Germain, lequel était l'indigène. Clovis avait eu des régiments romains dans son armée ; un historien du siècle suivant fait même observer que ces soldats, dont les familles se perpétuèrent, continuaient à former des corps de troupes organisés à la romaine[1]. Il n'est pas douteux qu'ils n'aient combattu dans les armées des fils et des petits-fils de Clovis ; nous ne voyons pourtant jamais que les chroniqueurs les distinguent des troupes franques. C'est que, dans l'armée d'un roi mérovingien, tout ce qui combattait, tout ce qui était guerrier, était Franc.

Les deux races s'unissaient par des mariages fréquents ; leur sang se confondait. Elles avaient le même costume, les mêmes occupations, les mêmes armes. Elles ne différaient même pas par les noms propres, puisque les Francs adoptaient volontiers des noms romains, et les Gaulois des noms de la langue germanique. Quelques familles, qui avaient conservé avec soin leur généalogie, pouvaient dire si elles étaient de race franque, de race romaine, ou de sang mêlé ; mais pour la plupart des hommes, il était impossible de reconnaître s'ils étaient des Gaulois ou des Francs.

Au milieu de cette confusion, une seule chose était claire et frappait les yeux, c'est que les rois s'intitu-

---

[1] Procope, *De bello gothico*, I, 12.

laient rois des Francs. Cela dut avoir une importance extrême dans une société aussi monarchique que l'était celle du sixième siècle. Représentons-nous, en effet, cette population où des hommes de toute origine sont confondus ; le titre de roi des Francs n'aurait eu aucune valeur, si ceux-là seuls les avaient reconnus pour rois qui eussent été manifestement de race franque. Il dut arriver dès la seconde ou la troisième génération que tous les sujets de ces rois furent réunis sous un même nom. On était réputé Franc parce qu'on obéissait à celui qui s'appelait roi des Francs, parce qu'on lui payait l'impôt et qu'on combattait pour lui, parce qu'on recevait de lui des faveurs, des grades, des fonctions, sans distinction de race. Il ne manquait pas de Gaulois qui tenaient des terres de la libéralité des rois mérovingiens et par chartes signées d'eux[1]. D'autres étaient comtes ou évêques, et les diplômes qui leur conféraient le comté ou l'évêché étaient revêtus du sceau du roi des Francs[2]. Il n'est pas douteux que ces propriétaires, ces courtisans, ces comtes, ces évêques, tout en étant Gaulois par la race, ne fussent Francs par la sujétion, par l'intérêt, par tous les liens moraux et politiques, et nous pouvons deviner quelle grande place ce nom prit insensiblement dans l'existence de tous les hommes.

Personne n'avait plus d'intérêt que les rois eux-mêmes à effacer la différence des races. Dans les partages

---

[1] Voyez *Diplomata*, passim.

[2] Les rois mérovingiens nommaient les évêques ou confirmaient au moins l'élection par un diplôme qu'on appelait *præceptio* ou *jussio*. (Grégoire de Tours, III, 2, 17 ; IV, 6, 7, 15, 18 ; VIII, 22 ; IX, 23 ; *Vitæ Patrum*, 6. — Concile d'Orléans de 511, can. 4.)

qu'ils se faisaient de la monarchie, nous ne voyons jamais que l'un d'eux visât à régner particulièrement sur les Francs. On n'aperçoit jamais que le lot où il y avait le plus de population germanique fût réputé le meilleur; si l'on peut discerner quelque préférence, c'est plutôt pour les provinces de l'Ouest et du Midi que pour l'Austrasie et la région du Rhin. En général, ces rois divisaient entre eux le territoire, sans distinguer qui l'habitait. Il leur paraissait naturel de régner à la fois sur les deux populations. Par le même motif, il dut paraître naturel aux populations de se confondre sous leur autorité.

Pendant les deux premières générations après Clovis, les partages furent faits sans aucune vue politique; mais dans les générations suivantes on peut remarquer, chez les rois comme chez les peuples, un penchant et une sorte d'effort général en vue de constituer des royaumes bien délimités. La région qui s'étendait depuis les Pyrénées jusqu'au Rhin, était trop vaste et trop diverse pour qu'il ne s'y formât pas des divisions pour ainsi dire naturelles et spontanées. Le climat, les productions, les intérêts, les relations commerciales, n'étaient pas les mêmes dans la vallée du Rhône, dans celle de la Garonne, dans celle de la Seine et du Rhin. Il se forma ainsi plusieurs groupes de populations, et peu à peu un nom s'établit pour chaque groupe. La région du Rhône, qui avait été pendant quatre-vingts ans le lot des rois burgondes, conserva le nom de Burgondie. Le pays au sud de la Loire reprit son vieux nom d'Aquitaine; le pays au nord du fleuve prit celui de France. Tout cet ensemble continuait à s'appeler Gaule ; seulement, chaque partie de la Gaule avait un nom particulier qui la distinguait des deux autres parties [1].

Au septième siècle, les mots Burgondie, Aquitaine, France, désignaient des territoires et non des races. De même, les noms de Burgondes, d'Aquitains et de Francs désignaient des corps politiques et presque des nations.

Le mot Franc avait encore un autre sens ; il était un adjectif qui s'appliquait à l'homme libre. Or la liberté dont les hommes avaient l'idée quand ils prononçaient ce mot, n'était pas celle qui consiste dans des droits politiques et qui s'oppose au pouvoir d'un roi ; il s'agissait uniquement de la liberté individuelle, c'est-à-dire de celle qui s'opposait alors à l'état de servitude. Il ne faut pas perdre de vue que nous sommes en présence d'une société à esclaves. Les chroniques, les lois, les actes privés font assez voir quelle place considérable l'esclavage tenait dans la vie civile, dans les habitudes, dans les intérêts, dans le droit. Ces témoins de l'état social du temps indiquent à peine la différence des races ; mais il y a une différence qu'ils signalent à tout moment et qu'ils marquent en traits profonds, c'est celle de la servitude et de la liberté. Des Germains aussi bien que des Gaulois étaient esclaves ; des hommes de race gauloise étaient aussi libres que des hommes de race franque ; ce qui les distinguait essentiellement et en toutes choses, ce n'était pas qu'ils fussent Gaulois ou Germains, c'était qu'ils fussent libres ou esclaves.

---

[1] Voyez surtout Frédégaire et ses continuateurs ; la Vie de S. Léger ; les chroniques de S. Bertin et de S. Waast.

Quand un terme de la langue est par lui-même assez vague et que l'emploi n'en est pas nettement délimité, sa signification se règle sur les pensées qui dominent dans l'esprit des hommes et varie avec leurs préoccupations ; peu à peu ce terme arrive à s'appliquer à l'idée qui est la plus forte sur leur âme ou à l'institution qui frappe le plus leurs yeux. C'est ainsi que le mot Franc en vint à désigner, dans la société mérovingienne, l'homme qui n'était ni esclave, ni lite ni affranchi, l'homme qui n'appartenait à personne et était le maître de lui-même [1].

Plusieurs textes d'une clarté parfaite, dans les lois, dans les chartes, dans les chroniques, montrent que le mot franc était souvent prononcé ou écrit par des hommes qui n'y attachaient pas d'autre idée que celle de

---

[1] La loi salique emploie tour à tour le mot franc avec ses deux significations. Il a un sens national dans le *Prologue;* dans le corps de la loi il signifie homme libre et est synonyme d'ingénu. Voyez le titre XXV qui interdit le mariage entre libre et esclave ; le premier et le deuxième texte portent : *Si quis ingenuus;* le troisième et le cinquième portent : *Si quis francus.* — Un article se trouve répété deux fois (XIV, 11, et XXVII, 3) ; il n'y a de différent que le mot *ingenuus* dans un titre, et *francus* dans l'autre. — Pour l'homicide, on lit, au titre XLIII : *Si quis ingenuus occiderit;* et dans le document appelé *Septem Septennas* on lit : *Si quis francus.* — Ailleurs encore on trouve dans certains textes : *Si quis ingenuus ingenuum castraverit;* et dans d'autres : *Si quis salicus salicum castraverit,* avec l'énoncé de la même peine. — Dans la *Decretio Childeberti* de 595, article 8, le mot *francus* est opposé à *debilior persona,* exactement comme, dans la *Constitutio* de 554, *ingenuus* est opposé à *persona servilis.* — Plus tard, la synonymie des deux termes apparaît encore mieux : *Si francus homo vel ingenua femina se in servitio implicaverit.* (3ᵉ capitulaire de 819, art. 6.) — *Si francus homo accepit mulierem et speral quod ingenua sit... Similiter si femina ingenua accepit servum.* (Capitul. de 757, art. 5.) — Un capitulaire de 803 parle des esclaves qui épousent des femmes libres et les font tomber en servitude : *Servi qui francas feminas acceperunt.*

liberté civile[1]. Cette signification lui est restée durant tout le moyen âge. Pendant une série de huit siècles, les expressions franc homme, franc bourgeois, franche terre, franc alleu, franche tenure, ont désigné l'homme ou la terre libre, non-seulement dans toute la France, mais même en Italie, en Espagne et en Angleterre.

L'histoire de ce mot est la meilleure preuve que la différence des races s'est de bonne heure effacée. Il y a eu des Gaulois francs, de même qu'il y a eu des Germains qui étaient colons, affranchis, esclaves. Les Francs, au septième siècle, n'étaient pas une race; ils étaient une classe.

Quant aux noms de Saliens et de Ripuaires, il y a ici un problème devant lequel on ne saurait passer sans s'arrêter un moment.

Le nom de Ripuaires n'est pas très-ancien ; on ne le trouve jamais employé ni sous l'empire ni sous les premiers mérovingiens. On a pensé qu'il avait existé des Francs Ripuaires qui auraient été établis sur la rive du

---

[1] Dans le 3ᵉ capitulaire de 819, la même chose est exprimée sous ces deux formes : *Si quis ingenuus ancillam in conjugium acceperit*, et *Si francus homo ancillam in conjugium sumpserit* — Le capitulaire de 861, art. 33, oppose le *francus homo* aux *coloni* et aux *servi*. — L'édit de Pistes de 864 parle des hommes libres qui se font esclaves : *Franci homines qui seipsos ad servitium vendiderunt*. — Dans une formule (n° 479), nous voyons un procès sur une question de liberté; on dit à un homme qu'il est colon et fils de colon ; il réplique qu'il est né de parents libres : *Ipse denegabat dicens quod de patre franco et de matre franca esset generatus*. — Il est dit dans une charte (Polypt. d'Irminon, append., p. 291) qu'on a comparu devant plusieurs témoins, les uns colons, les autres libres : *Coram testibus multis, francis videlicet atque colonis*. — Ailleurs (*Hincmari opera*, t. II, p. 335) nous voyons un homme qu'on veut contraindre à paraître en justice comme serf et qui répond qu'il est libre, *quod francus esset*. Voy. Guérard, Polypt. d'Irminon, p. 222.

Rhin et s'y seraient perpétués ; mais ce n'est là qu'une conjecture[1]. Il est impossible de trouver une seule mention de ces Francs Ripuaires au quatrième, au cinquième, au sixième siècle. Grégoire de Tours parle d'un groupe de Francs qui occupaient Cologne ; il ne dit pas qu'on les appelât Ripuaires[2]. Ce nom n'apparaît dans les documents qu'à partir du septième siècle, et c'est surtout au huitième qu'il a été fort usité. Jamais il n'est présenté comme un nom de race ; nul chroniqueur ne nous avertit que ces Ripuaires fussent les descendants d'une ancienne tribu franque. Ce nom ne paraît avoir eu qu'une signification géographique ; il s'appliquait à tout le pays situé entre la Meuse et le Rhin et à tous les hommes libres qui habitaient ce pays[3].

Le mot Saliens (*salii*) est plus ancien. Il y avait dans l'empire romain plusieurs troupes de soldats qui portaient ce nom et qui tenaient garnison en Gaule, en Italie, ou à Constantinople[4]. Il y avait aussi « une partie des Francs qu'on avait pris l'habitude d'appeler Saliens. » Ammien, qui fait cette remarque, rapporte un fait de guerre qui marque l'extrême faiblesse de ce petit groupe de Francs[5] ; ils furent exterminés ou pris par Julien, et on ne les voit plus jamais reparaître dans l'histoire. On a supposé qu'une tribu salienne était devenue puis-

---

[1] Il y avait en Gaule une *provincia ripensis*, c'était la vallée du Rhône. Le nom de Ripuaires ne se trouve pas dans la vallée du Rhin.

[2] Grégoire de Tours, *Hist. Franc.*, II, 40.

[3] *Provincia riparia, pagus ripuarius.* (Loi des Ripuaires, LXXXVIII.)

[4] *Notitia dignitatum*, t. I, p. 18, 19 ; t. II, p. 18, 24, 37.

[5] Ammien, XVII, 8 : *Petit primos omnium Francos, eos videlicet quos consuetudo Salios appellavit.* — Cf. Zosime, III, 6.

sante avec Clodion, Mérovée, Clovis ; mais aucun chroniqueur ne nous dit ni que ces personnages fussent des Saliens, ni que leurs sujets portassent ce nom. Grégoire de Tours n'emploie même jamais ce mot en racontant l'histoire des Francs[1]; Frédégaire ne paraît pas le connaître ; il ne se rencontre dans aucun document. Le code même qui est connu sous le nom de loi salique ne mentionne jamais ni une race ni un peuple qui se soit appelé Saliens.

Un autre terme est fréquent dans les textes, c'est celui de salique (*salicus*). Pour admettre qu'il y eût entre ces deux mots autre chose qu'une ressemblance apparente, il faudrait pouvoir constater qu'ils avaient la même signification. Or on ne trouve jamais le mot salique accompagné d'un de ces termes qui indiquent la naissance ou la race. Les chroniqueurs disent quelquefois qu'un homme est né Franc ; ils ne disent jamais qu'un homme est né Salique ; le nom de peuple salique ne se voit nulle part.

Ce mot apparaît toujours comme un simple adjectif. Tantôt, il est appliqué comme épithète à un code de lois ; on dit la loi salique et non pas la loi des Saliens. Tantôt, il est appliqué à des hommes, et il semble une appellation honorable ; il s'ajoute au titre de Franc ou d'homme libre (*francus ingenuus salicus*). L'idée qu'il présente à l'esprit est celle de liberté, d'indépendance, de dignité ; il s'y joint celle de possession du sol ; car ces deux idées, dans les mœurs du temps,

---

[1] Il appelle Clovis un Sicambre (II, 27). Fortunatus dit aussi de Caribert : *Cum sis progenitus clara de gente Sicamber.*

étaient inséparables. Propriétaire, homme libre, homme honorable, tout cet ensemble indivisible était exprimé dans le langage ordinaire par le mot salique. Il ne désignait pas la race, mais la position sociale des personnes[1].

Dans un décret de 595 nous lisons que, pour un même délit, l'esclave payera une amende de 3 sous d'or, le Romain en payera 7 et demi, le Salique en payera 15. Nous chercherons plus loin ce qu'il faut entendre par ce Romain ; quant au terme de salique, il n'est pas possible qu'il désigne un peuple salien ; car le décret est de Childebert II, roi d'Austrasie, et il est promulgué à Cologne où personne ne suppose qu'une tribu salienne ait jamais vécu[2]. Le mot salique ne peut avoir d'autre sens ici que celui d'une classe supérieure. Il était compris, en effet, dans tout l'État franc comme s'appliquant à l'homme parfaitement libre et sans dépendance d'aucune sorte[3]. De même qu'on appelait terre salique celle qui était tenue en toute propriété et n'était assujettie à aucun

---

[1] On a cherché l'étymologie du mot Salien ; il n'était pas difficile de trouver un nom de rivière qui lui ressemblât. Il y a, en effet, une Sala qui coule en Saxe, une autre Sala qui coule en Franconie, et l'Yssel qui s'est appelé Sala. Le savant Guérard a mieux vu la vérité quand il a dit que ce mot dérivait plutôt du radical *sala*, qui était fort employé dans la langue du sixième siècle et qui signifiait maison. Serait-ce une conjecture trop téméraire de penser que l'on a appelé *salici* ceux qui possédaient maison et terre? Ce terme aurait eu à peu près la même valeur que le mot bourgeois a eue au moyen âge. La loi salique serait la loi des propriétaires, comme il y a eu plus tard la loi des fiefs et les assises des bourgeois. Cette dénomination lui convient particulièrement ; à l'observer en détail, on voit qu'elle est bien une loi de propriétaires fonciers.

[2] *Decretio Childeberti*, ann. 595, art. 14.

[3] Comparer, dans la loi salique, les textes suivants : *Lex Emendata*, XXXI, 18 ; *Wolfenbuttel*, 94 ; *Hérold*, XXXII, 19 ; le rapprochement de ces trois textes montre la synonymie des mots *salicus* et *ingenuus*.

domaine éminent, de même on appelait homme salique celui qui était absolument maître de sa personne et n'était en puissance d'aucun autre homme.

A observer tous ces mots de la langue, on entrevoit déjà une société où les races étaient fort mélangées et par conséquent égales entre elles, mais où les rangs étaient fort inégaux et les distinctions sociales très-profondes. La suite de ces études va le montrer plus clairement.

§ 2. DU WERGELD.

Tacite rapporte que chez les Germains on rachetait l'homicide en livrant un certain nombre de têtes de bétail à la famille de la victime. Un usage analogue se retrouve en Gaule après l'invasion, soit qu'il ait été imposé au pays par les nouveaux venus, soit qu'il fût l'effet naturel du désordre social et de l'impuissance de l'autorité publique à punir les crimes.

Ce n'est pas que toutes les lois germaniques l'aient admis; les codes des Wisigoths et des Burgondes punirent de mort le crime d'homicide; plusieurs ordonnances des premiers rois Francs le frappèrent de la même peine[1]. Toutefois, le rachat du crime prévalut de plus en plus; la loi salique et la loi des Ripuaires autorisèrent formellement le coupable à échapper à toute péna-

---

[1] Loi des Burgondes, II : *Si quis hominem ingenuum cujuslibet nationis occiderit, non aliter admissum crimen quam sanguinis sui effusione componat.* — XXIX : *Si quis occiderit, occidatur.* — *Lex Wisigothorum* (antiqua), XI, 5, 11 : *Omnis homo si voluntate, non casu, occiderit hominem, pro homicidio puniatur.* — Decretio Childeberti, art. 5 : *Quicumque alium occiderit, vitæ periculo feriatur et nullo pretio se redimat.* Cette loi est rédigée en Austrasie et s'applique surtout aux Francs.

lité en indemnisant la victime ; cela s'appelait entrer en arrangement ou en composition, *componere*.

Le wergeld n'était pas la même chose que la composition. Aussi le trouve-t-on même dans les codes qui n'autorisent pas le rachat du crime.

Le vrai sens du mot wergeld nous est indiqué par les lois elles-mêmes. Elles traduisent ce terme de la langue germanique par l'expression latine *pretium hominis*. Le wergeld est donc le prix que vaut l'homme.

On lit dans le code des Burgondes : « Celui qui a tué un autre homme en se défendant n'est pas coupable ; il devra seulement payer aux parents la moitié du prix que valait la personne du mort[1], c'est-à-dire 150 pièces d'or s'il était noble, 100 s'il était de condition médiocre, 75 s'il était de condition inférieure. »

De même dans la loi lombarde le wergeld est appelé le prix de l'homme[2]. Plusieurs chartes s'expriment ainsi : « Si un homme a été tué, que l'on paye son prix qu'en langage vulgaire nous appelons wergeld[3]. » C'est en ce sens qu'une ordonnance de Childebert porte que si un maître refuse de produire son esclave au tribunal, il devra payer la valeur de cet esclave, son *wergeld*[4].

Le wergeld n'était donc pas une pénalité ; il n'était pas une amende ; il était moins encore le prix du sang

---

[1] *Medietatem pretii secundum qualitatem personæ occisi.* (Loi des Burgondes, II. Cf. *ibid.*, XLVIII.)

[2] Édit de Rotharis, 140, 142 : *Pretium quod valuit.*

[3] *Pretium, id est, wergeld.* — *Pretium ejus, quod wergeldum vulgari locutione vocant.* (Chartes citées dans Ducange.) — Cf. Édit de Rotharis, 11 : *Sicut appretiatus fuerit, id est, wergeld.*

[4] *Decretio Childeberti, ann.* 595, art. 10.

versé. On entendait simplement par ce mot le prix que l'homme valait de son vivant.

La loi des Burgondes prononce que si un homme a arraché les limites d'un champ, il aura la main coupée; puis, elle lui permet de racheter sa main en payant la moitié de ce que vaut sa personne[1]. Cela veut dire qu'il est condamné à une amende égale à la moitié de son propre prix.

C'est ainsi que le *wergeld* se rencontre dans bien des cas où il n'y a pas de meurtre. « Le ravisseur d'une jeune fille, dit la loi des Frisons, devra lui payer son *wergeld*, c'est-à-dire le prix qu'elle vaut suivant son rang de fille noble ou de fille simplement libre[2]. » — « Si un homme a consulté les sorciers, dit la loi lombarde, il payera une amende égale à la moitié de son prix. » — « Celui qui aura déchiré la lettre d'affranchissement d'un autre homme, dit la loi salique, payera le wergeld de cet homme. » — Celui qui a fait un faux serment, dit la loi des Frisons, payera son propre wergeld. » Nous lisons encore dans la loi salique que le comte qui aura négligé son devoir de justice, sera puni de mort, à moins qu'il ne rachète sa vie « ce qu'elle vaut[3]. » Le simple copiste qui a altéré un acte par ignorance est condamné par la loi lombarde à payer son propre wergeld[4].

Ce wergeld était indépendant de la pénalité; c'était au contraire la pénalité qui se réglait sur lui. En cas de

---

[1] *Medietatem pretii sui.* (Loi des Burgondes, 55, 4.)

[2] Loi des Frisons, IX, 8 : *Componat ei werigildum suum, sive nobilis sive libera fuerit.*

[3] Loi salique, 50 : *Quantum valet se redimat.*

[4] Lois de Luitprand, 84 et 91.

meurtre ou de blessure, la composition s'élevait en proportion du wergeld de la victime [1]. S'agissait-il, au contraire, d'un simple délit, l'amende s'élevait ou s'abaissait en proportion du wergeld du coupable.

C'était donc une règle dans les sociétés de cette époque que chaque homme eût son prix déterminé et fixé par la loi. Toutes les législations n'admettaient pas la composition, mais toutes avaient le wergeld, c'est-à-dire le tarif de chaque vie humaine [2].

Cette règle offre à l'historien un moyen sûr de connaître l'état social du temps. Si cette société avait été démocratique, la loi aurait attribué le même prix à toutes les existences. Puisque, tout au contraire, les prix sont fort inégaux et qu'il y a toute une échelle de valeurs diverses, c'est que la société est légalement partagée en classes inégales.

Nous allons examiner la nature de ces inégalités en observant sur quel principe elles étaient fondées.

[1] En cas de meurtre, le chiffre de la composition est le même que celui du wergeld du mort, ou bien il en est un multiple. En certains cas, le coupable est condamné à payer trois fois ou même neuf fois le wergeld de la victime. (Loi des Ripuaires, 63; loi des Alamans, cap. add. 23.)

[2] Il ne faut pas écrire *wehrgeld*, comme si la racine était *wehr*, guerre. Ce mot, qui signifie le prix de l'homme, est composé de *geld* et d'un ancien radical *wer*, analogue au latin *vir*, à l'anglo-saxon *were*, au vieux français *ber*, et qui signifie l'homme. — Les lois anglo-saxonnes, au lieu de dire prix de l'homme ou *wergeld*, disent simplement l'homme, *were*. La loi salique fait de même; au lieu du mot *wergeld*, elle emploie parfois *leudis* qui veut dire un homme ou une vie : « Si quelqu'un a été jeté dans un puits et qu'il soit mort, la composition sera de toute la valeur qu'avait sa vie : *Tota leude sua componatur*; s'il n'est pas mort, on ne payera que la moitié de son prix : *Medietatem leudis suæ* (tit. XLIV, 11).

§ 5. DE CEUX QU'ON APPELAIT HOMMES ROMAINS.

On lit au titre 41 de la loi salique : Si l'homme tué était un *libre franc*, la composition sera de 200 sous d'or; s'il était un *homme romain*, elle sera de 100 sous[1]. Ces deux chiffres représentent sans contredit la valeur que chacun des deux hommes avait de son vivant. Le premier était évalué le double du second.

La même inégalité est marquée dans d'autres articles du même code. Il coûte 62 sous d'or de dévaliser un *Franc*, et il n'en coûte que 30 de dévaliser un *Romain*. Qui a vendu comme esclave un homme libre doit payer 200 pièces d'or; il n'en paye que 62 s'il a vendu un *Romain*[2]. Dans la loi des Ripuaires, les chiffres qui se rapportent à l'*homme romain* sont invariablement inférieurs de moitié à ceux qui s'appliquent au *Franc*.

Dans ces textes, les mots *franc* et *romain* ont été interprétés et traduits comme s'ils désignaient les hommes de race franque et les hommes de race gauloise. Nous avons vu, en effet, que les Gaulois, au temps de l'empire, s'appelaient romains. Dans les codes des Wisigoths et des Burgondes, le mot romain s'applique incontestablement à la population indigène[3]. En raisonnant d'après cette analogie, on est d'abord porté à penser que le même mot a la même signification dans la loi salique. On conclut de là naturellement que la personne du Gau-

---

[1] Loi salique, 41 : *Si quis ingenuo franco... occiderit, solidos* 200 *culp. judicetur... Si vero romano possessore, solidos* 100.

[2] Loi salique, édit. Merkel, tit. XIV et XXXIX.

[3] Il en est de même dans les formules de Marculfe.

lois n'était estimée que la moitié de celle du Franc, que ce Gaulois était réputé un être inférieur, qu'enfin la loi elle-même le plaçait dans la situation d'un vaincu vis-à-vis d'un conquérant et d'un maître.

Rien ne paraît à première vue plus légitime que cette conclusion. Toutefois, si l'on y réfléchit, l'esprit se trouve assailli de tant d'objections qu'il lui devient impossible de l'admettre.

Première objection. Nous possédons sur l'état social de ces mêmes siècles beaucoup d'autres documents que la loi salique et la loi des Ripuaires. Nous avons un véritable historien, Grégoire de Tours, et plusieurs chroniqueurs comme Frédégaire; nous avons un poëte, Fortunatus, qui, très-mêlé à la vie de son temps, a su la bien voir et la décrire; nous avons des vies de saints qui, écrites pour le peuple, présentent avec une clarté naïve les traits de chaque existence; nous avons des lettres intimes, des actes de testament et de donation, des diplômes de toute nature, des formules de jugement. Parmi ces monuments si nombreux et si divers, nous ne trouvons pas un seul mot qui marque une inégalité entre les Francs et les Gaulois. Ces chroniques, ces lettres, ces actes nous peignent en traits nets et précis la vie privée et la vie publique de cette époque : nous y apercevons tous les rapports qu'il y avait entre les hommes; nous y distinguons les rangs que les lois et les mœurs établissaient entre eux, mais nous n'y voyons jamais que le Gaulois fût inférieur au Franc.

Nous y lisons qu'il y avait des esclaves gaulois et des esclaves germains, des hommes libres gaulois et des hommes libres germains, des nobles gaulois et des nobles francs. Les mêmes degrés de l'échelle sociale existent pour l'une et pour l'autre race, et à chacun de ces degrés les deux races nous apparaissent comme parfaitement égales. Rien n'indique un ancien vaincu ni un ancien vainqueur. Aucun de ces documents ne nous laisse voir, fût-ce par une simple allusion, qu'une des deux populations fût subordonnée à l'autre. Il y a des récits de procès, de jugements, de condamnations; on n'y aperçoit jamais que l'indigène fût traité autrement que le Germain. On voit des hommes des deux races qui sont frappés de la peine de mort, des hommes des deux races qui sont autorisés à racheter le crime par la composition; rien ne nous avertit que cette composition fût plus ou moins élevée suivant la race de la victime. Il serait bien étrange qu'une inégalité de cette nature, si humiliante pour la vanité, si blessante pour l'intérêt, eût été inscrite dans les lois sans qu'il en parût rien dans la vie réelle des hommes.

Grégoire de Tours n'est pas un historien qui se plaise dans le vague et dans les abstractions; ses personnages vivent, ils agissent, ils parlent. Comment se fait-il que jamais un de ces Francs ne parle à un Gaulois sur le ton du mépris, qu'aucun de ces Gaulois n'ait l'accent de la haine et de la rancune? Je vois bien des Gaulois qui sont obséquieux et serviles envers les rois; je n'en vois pas qui le soient envers les Francs. Gaulois et Francs sont en contact et en dialogue, sans que jamais l'un paraisse inférieur à l'autre. Les hommes des deux races sont également soldats; ils rendent la justice ensemble et siégent dans les mêmes tribunaux; il n'est pas rare que le Gaulois soit revêtu de dignités administratives et même de commandements militaires; les Francs alors lui obéissent, le suivent, le servent. Tout ce que raconte Grégoire de Tours, tout ce que ses personnages font et tout ce qu'ils disent, est le contraire de ce qui se ferait et de ce qui se dirait si une race était placée légalement au-dessous de l'autre.

Deuxième objection. Si l'on admettait comme vraie l'inégalité de valeur entre le Franc et le Gaulois dans l'ordre judiciaire, il resterait à se demander comment cette inégalité inscrite dans la loi aurait pu passer dans la pratique. Il est reconnu, en effet, que les Francs étaient jugés d'après la loi franque et les Gaulois d'après la loi romaine. Jamais les Germains n'ont prétendu imposer aux indigènes l'usage des lois germaniques. Puisque les Gaulois, soit dans leurs procès entre eux, soit même dans leurs procès avec les Francs lorsqu'ils étaient défendeurs, étaient jugés d'après les lois romaines, on ne voit pas comment l'inégalité du wergeld aurait pu être appliquée, et l'on se demande à quoi il eût servi aux Francs de décréter l'infériorité de la population indigène dans des codes qui n'étaient pas faits pour elle.

Troisième objection. Si la race germanique s'est considérée comme supérieure à la population indigène, on s'étonne que cette prétention ne se montre que dans les lois des Francs. Il n'en paraît rien dans les codes des Burgondes, des Wisigoths, des Ostrogoths. Ces codes indiquent la valeur de chaque homme; ils ne disent nulle part que l'indigène valût moins que le Germain.

Ils proclament, au contraire, par les expressions les plus nettes et les plus énergiques que les deux populations étaient sur le pied d'une égalité parfaite[1].

L'inégalité n'aurait donc été imaginée que par les Francs ! Mais ici même se présente une autre difficulté. Toute la législation de la société franque n'est pas contenue dans les codes salique et ripuaire. Il y a eu, en outre, une série de lois édictées par les rois mérovingiens. Nous possédons des décrets de Clotaire Ier, de Chilpéric, de Childebert II, de Clotaire II. Le style et les considérants de ces actes législatifs marquent bien qu'ils s'adressaient à toute la population du royaume sans distinction de races. Aucun de ces actes ne subordonne le Franc au Gaulois. Si le législateur parle des Romains, c'est pour les mettre au même niveau que les Francs et leur assurer le bénéfice de leurs lois. L'infériorité de la population indigène ne se trouverait donc pas dans la législation mérovingienne tout entière, mais seulement dans une partie de cette législation, et il arriverait ainsi que les deux éléments du droit franc seraient en désaccord sur ce point si grave.

Les codes salique et ripuaire ne contiennent aucun terme de mépris pour la population indigène. Ils ne disent jamais pour quel motif elle serait traitée en inférieure. Ils n'ont pas un mot qui indique que les Francs fussent des conquérants et des maîtres.

---

[1] Loi des Burgondes, 13 : *Si quis tam burgundio quam romanus....* — 15 : *Quod inter Burgundiones et Romanos æquali conditione volumus custodiri.* — 26 : *Optimati burgundioni vel romano nobili ; de mediocribus personis tam burgundionibus quam romanis.* — 2° addit., 12 : *Vel romanus comes vel burgundio.* — Cf. Loi des Wisigoths, III, 1, 1.

Ajoutons encore une remarque; au temps de Charlemagne, il n'y avait certainement aucune inégalité entre les races qui occupaient la Gaule; cette vérité est hors de contestation. Si les articles des vieilles lois franques avaient établi une inégalité de cette sorte, ils auraient disparu du texte revisé par Charlemagne; ils continuent pourtant d'y figurer. Pour qu'on ne les effaçât pas, il fallait sans nul doute qu'ils ne fussent pas en désaccord avec l'état social et les institutions de l'époque; il fallait, par conséquent, qu'ils signifiassent autre chose qu'une inégalité de races qui n'existait nulle part.

Si la loi salique et la loi des Ripuaires avaient prononcé que les indigènes fussent une race inférieure, si elles avaient voulu dire que le Gaulois ne valût que la moitié du Franc, ces deux lois seraient en contradiction formelle avec tous les monuments de ces trois siècles, avec l'histoire et les faits, avec les actes et les chartes, avec les autres codes germains et même avec toutes les autres lois franques[1].

En présence d'une telle contradiction, il est sans doute d'une bonne méthode historique de se demander si ces articles des deux codes francs ont vraiment la signification qui leur est attribuée. Il est prudent d'écarter d'ici toute idée préconçue, toute vue systématique. On doit se poser tout d'abord cette question : les mots *franc* et *romain* désignent-ils dans ces codes l'homme d'origine franque et l'homme d'origine gau-

---

[1] Aussi M. Guizot, ce puissant et clair esprit, s'est-il refusé à voir dans les différences du *wergeld* le signe d'une inégalité entre les deux races. (Voy. *Essais sur l'Histoire de France*, IV, 2.)

loise? Pour la résoudre, il faut observer attentivement tous les textes des lois franques qui sont relatifs au wergeld et les rapprocher de ceux qui, dans les autres codes germaniques, se rapportent au même objet.

Dans tous les codes que les Germains ont rédigés, le principe de la distinction entre les hommes est la naissance, *nativitas;* aussi le wergeld est-il souvent nommé *pretium nativitatis* [1]. Mais il faut bien remarquer que ce qu'ils entendaient par la naissance, ce n'était ni la race ni ce qu'on appelle de nos jours la nationalité ; c'était la condition sociale où l'on était né, c'est-à-dire l'état de servitude, de liberté, ou de noblesse. Voilà ce qui déterminait la qualité de la personne et son prix [2].

Le code des Burgondes, par exemple, reconnaît bien qu'il y a des Gaulois et des Germains ; mais cela n'est jamais un principe d'inégalité. Au contraire, il partage toujours la société en trois classes absolument distinctes : les libres, les affranchis, les esclaves (*ingenui, liberti, servi*) ; chacune de ces classes se divise elle-même en plusieurs degrés. La proportion entre elles est marquée par les différences des chiffres d'indemnité ou d'amende. Celui qui a lié et enfermé un homme libre, doit payer 12 pièces d'or ; il n'en paye que 6 si l'homme est un affranchi, que 3 si l'homme est un esclave. Un coup porté à un homme libre se paye une pièce d'or ; le

---

[1] *Inæ leges,* c. 17 : *Pretium nativitatis, seu wera.* — *Leges Canuti* : *Wera, id est, pretium nativitatis.* — *Leges Henrici I,* c. 68 : *Natalis sui pretio.* — 3ᵉ capitulaire de 813 : *Si quis comes occisus fuerit, in tres wirgildos sicut sua nativitas est componatur.* — Le mot *generositas* a le même sens dans l'Édit de Rotharis, c. 75.

[2] Loi des Burgondes, 2 : *Pretium secundum qualitatem personæ.*

même coup porté à un affranchi est taxé une demi-pièce ; un tiers seulement, s'il est porté à un esclave. Le coup qui a cassé une dent est puni de 15 *solidi* si l'homme frappé est noble, de 5 *solidi*, s'il est simple homme libre, de 3 *solidi*, s'il est un affranchi, de 2 *solidi*, s'il est un esclave. L'injure faite à une femme libre est punie d'une amende de 12 sous ; de 6, si elle est adressée à une femme affranchie ; de 3, s'il s'agit d'une femme esclave [1].

La loi des Wisigoths évalue la vie de l'homme libre à 300 pièces d'or ; et elle ajoute : « pour l'affranchi, le prix n'est que la moitié. » Chez les Alamans, le prix de l'homme libre est de 160 sous ; celui de l'affranchi est de 80 et celui de l'esclave de 40. Chez les Bavarois, l'homme libre vaut 160 sous ; l'affranchi en vaut 80 ; l'esclave de 20 à 40 ; l'adultère avec une femme libre est puni d'une amende de 160 pièces ; l'amende n'est que de 40 s'il s'agit d'une affranchie ; de 20, si c'est une esclave [2].

Dans la loi des Frisons, l'homme libre est estimé 53 pièces d'or ; le lite, qui est une sorte d'affranchi, 27 ; l'esclave est évalué suivant son âge et sa force. Cette loi dresse un long tarif de ce que vaut chaque sorte de coup, et elle termine en disant : « ces chiffres s'appliquent aux hommes libres ; pour les nobles, il faut les multiplier par trois ; pour les lites, il en faut prendre

---

[1] Loi des Burgondes, titres, II, X, XXVI, XXXII, LX.

[2] Loi des Wisigoths, VIII, 4, 16 : *Pro libertis medietas hujus compositionis solvatur.* — Loi des Alamans, 17, 68, 79 ; Loi des Bavarois, III, 13 ; IV, 11 ; V, 18 ; VII, 1.

la moitié. » La loi des Thuringiens évalue le noble trois fois plus que l'homme libre et le libre deux fois plus que l'affranchi, qui vaut lui-même à peu près le double de l'esclave[1].

A tous ces codes germains si l'on compare la loi salique, on y trouve des distinctions de même nature. Il n'y a presque pas un article où elle ne sépare l'homme libre de l'esclave. La peine qu'elle prononce varie toujours suivant la classe à laquelle appartient la victime ou le coupable. Pour le même vol, l'homme libre paye 15 sous d'or, l'esclave n'en paye que trois. S'agit-il d'un homicide, la valeur de l'homme est estimée à 600 pièces d'or s'il était antrustion ou comte du roi, à 200 s'il était libre, à 30 s'il était esclave[2].

Dans cette énumération des classes, dans cette échelle sociale que présente la loi salique, une chose me frappe, c'est qu'il manque une classe et un échelon. L'homme que les autres codes appellent *libertus* ne se trouve pas dans celui-ci. Je vois le noble, le libre, l'esclave ; je ne vois pas l'affranchi. Il y a bien le lite; mais celui-ci est un Germain; on y trouve aussi la classe des hommes qui ont été affranchis suivant le mode germanique; mais ceux qui ont été tirés de la servitude suivant les modes romains et devant l'Église n'y sont pas mentionnés. Il n'est pas douteux qu'il n'y eût dans l'État franc un grand nombre de ces hommes; nous le savons par les chroniques, par les testaments et les actes, nous le savons par

---

[1] Loi des Frisons, tit. I; cf. *Epilogus*. — *Lex Angliorum et Werinorum, id est Thuringorum*. tit. I et IX.

[2] Loi salique, titres XI, XII, XXXV, XLI, LIV.

les lois franques elles-mêmes et surtout par celle des Ripuaires. Il ne se peut pas que cette classe ait été oubliée dans les tarifs du wergeld; pourtant le nom du *libertus* ne se rencontre pas[1].

C'est l'expression *romanus homo* qui en tient lieu. Il est facile de voir que cet *homme romain* occupe dans la loi salique la place exacte qu'occupe l'affranchi dans les codes des Wisigoths, des Burgondes, des Alamans et des Bavarois. Il vaut la moitié de l'homme libre. Si un homme libre a été dévalisé, la peine est de 62 solidi; elle est de 30 s'il s'agit d'un homme romain. Le meurtre de l'homme libre est payé 200 solidi; celui de l'homme romain, s'il n'est pas tributaire (terme que nous expliquerons plus loin) est payé 100 solidi; c'est le prix de l'affranchi.

La valeur est triplée pour l'un et pour l'autre s'ils sont antrustions, convives du roi, comtes; mais l'inégalité que la condition native a mise entre eux subsiste toujours; l'affranchi, quelles que soient les fonctions que les rois lui veuillent confier, garde la tache indélébile de l'esclavage et ne vaut jamais que la moitié de l'homme libre.

La loi salique contient encore un autre mot pour désigner l'affranchi, c'est celui de *puer*. L'expression *puer regius* signifie, non pas l'esclave, mais l'affranchi du roi[2]. Or, si on compare les textes de la loi salique, on

---

[1] On trouve le mot chapitre 26, mais seulement dans le titre, et les dispositions de ce chapitre ne visent que le lite et le *denarialis*.

[2] Cela a été démontré par Pardessus, *Loi salique*, p. 459 et 531, et par M. Deloche, *la Trustis et l'antrustion royal*, p. 326.

observera que le même personnage est appelé tantôt *romanus homo* et tantôt *puer regius*[1]. On remarquera encore que le *puer* est en plusieurs passages assimilé à l'affranchi tabulaire, qui est lui-même assimilé à l'homme romain[2]. Les trois expressions étaient donc synonymes.

L'article 42 de la loi salique prononce que la valeur des *liti*, des *romani*, et des *pueri* est la même ; elle est la moitié de celle des hommes libres, et à peu près le double de celle des esclaves. Ailleurs les femmes *lites* et *romaines* sont placées sur la même ligne[3].

Si l'on trouvait le terme *romanus* accompagné d'un de ces mots qui indiquent la race ou la nationalité, on pourrait croire qu'il désigne la population gauloise. Dans les codes des Burgondes et des Wisigoths il n'y a pas moyen de se tromper ; chaque fois que ce mot se présente, le sens en est clair et la phrase ne manque jamais d'opposer le noble romain au noble burgonde, l'homme libre romain à l'homme libre burgonde, l'esclave romain à l'esclave barbare. Tout autre est l'emploi de ce mot dans les deux codes francs ; le *Romain* n'apparaît jamais qu'à la place précise où les autres codes nomment l'affranchi.

Si le terme de *Romain* désignait les indigènes, nous trouverions, comme dans tous les autres codes, des Ro-

---

[1] Comparez le titre XLI : *Romanus homo conviva regis*, à la *Recapitulatio legis salicæ*, 33 : *Antrustio puer regius*. *Antrustio* correspond à *conviva regis*, et *puer regius* à *romanus homo*.

[2] Voyez entre autres l'article 53 de la Loi des Ripuaires.

[3] Loi salique : 42 : *De romanis vel letis et pueris, hæc lex ex medietate solvatur*. — 75 (édit. Merkel, p. 37) : *Hæc lex de militunias vel letas sive romanas in medietate convenit observari*.

mains nobles, des Romains libres, des Romains esclaves; car toutes ces classes existaient, les chroniques en font foi, dans l'État mérovingien. La loi salique ne connaît qu'une seule catégorie de *Romains;* ce sont toujours des hommes qui ne sont ni libres ni esclaves, c'est-à-dire des affranchis. L'idée qui s'attache à ce terme est celle d'un état social et non pas d'une nationalité.

La loi des Ripuaires est plus claire encore, sur ce point, que la loi salique. La condition de celui qu'on appelle un homme romain s'y montre dans un jour complet.

L'inégalité des rangs a le même principe dans ce code que dans les autres codes germaniques; c'est la naissance qui détermine la valeur pécuniaire de chaque homme. « Si un clerc a été tué, y est-il dit, la composition sera suivant ce qu'était sa naissance. » S'agit-il ici de race gauloise ou de race franque? Nullement; la loi s'explique : « Suivant ce qu'était sa naissance, c'est-à-dire suivant qu'il est né serf, ou lite, ou homme libre[1]. » On ne saurait exprimer plus nettement que les distinctions entre les personnes ne se règlent pas sur la race, mais sur la condition sociale.

La loi des Ripuaires sépare, en effet, dans tous ses articles, les hommes libres des esclaves, et entre eux elle place toujours une classe intermédiaire qui est celle des affranchis. Passons en revue tous les articles où cette classe est mentionnée sous ses différents noms.

---

[1] Loi des Ripuaires, 35 : *Si quis clericum interfecerit, juxta quod fuit nativitas ejus componatur; si servus, sicut servum; si litus, sicut litum; si liber, sicut alium ingenuum.*

Le meurtre d'un homme libre est puni de 200 sous d'or ; celui d'un esclave, de 36. Entre l'homme libre et l'esclave se place *l'homme qui appartient au roi ou à l'Église* et dont le meurtre est payé 100 pièces d'or[1]. Le sens de ces expressions n'est pas douteux ; elles désignent ceux qui ont été affranchis ou par le roi ou par l'Église et qui restent soumis au patronage de l'un ou de l'autre. Ces affranchis ne valent, comme dans tous les codes germaniques, que la moitié des hommes libres. Les indemnités qu'ils reçoivent et les amendes qu'ils payent ne sont aussi que de moitié. Cette règle universelle est nettement exprimée par la loi. « Dans toute composition où le Ripuaire doit payer 15 solidi, l'homme du roi et l'homme de l'Église n'en payent que la moitié[2]. » Partout l'amende de ces deux hommes est la moitié de celle du « franc », de même que, dans les lois des Burgondes et des Wisigoths, l'amende de l'affranchi est la moitié de celle de l'homme libre. La loi des Ripuaires, énumérant dans son article 36 les différentes classes de la société, compte : 1° l'homme libre ; 2° le lite, l'homme du roi et l'homme de l'Église ; 3° l'esclave.

Au titre 58 apparaît pour la première fois l'expression d'homme romain : « Si le coupable est un affranchi, soit homme du roi soit homme romain, on lui accordera un délai de sept jours ; si c'est un franc, on lui en accordera quatorze[3]. » Un peu plus loin la loi interdit « à

---

[1] Loi des Ripuaires, titres VII, VIII, IX, X.
[2] Loi des Ripuaires, 10 : *In compositione unde Ripuarius 15 solidis culpabilis judicetur, regius et ecclesiasticus homo medietatem componat.*
[3] Loi des Ripuaires, 58, 8 : *Si tabularius est, vel regius seu romanus*

l'homme de l'Église, à l'homme romain et à l'homme du roi » d'épouser une femme libre. Ailleurs l'expression homme romain se trouve encore placée entre celles d'homme de l'Église et d'homme du roi. La loi punit l'homme libre qui manque au service militaire d'une amende de 60 pièces d'or, et elle ajoute : mais si le coupable est un homme romain, un homme de l'Église ou un homme du roi, il ne payera que 30 pièces. Mêmes dispositions à l'égard de ceux qui reçoivent un banni dans leur maison : le Ripuaire paye 60 solidi ; l'homme du roi, romain, ou de l'Église n'en payé que 30[1]. Ainsi, dans cette loi des Ripuaires, l'homme romain n'apparaît jamais seul ; il est toujours placé entre deux autres affranchis et son wergeld, c'est-à-dire sa valeur personnelle, est toujours égal au leur.

La législation franque n'a jamais interdit le mariage entre Gaulois et Germains ; on sait par un grand nombre de traits épars dans les chroniques et dans les Vies des Saints que ces mariages étaient fréquents. Quand nous lisons dans la loi des Ripuaires que l'homme de l'Église, l'homme romain et l'homme du roi ne peuvent pas épouser une femme libre, il ne faut pas entendre que cette loi interdise le mariage entre les deux races ; elle ne veut pas dire autre chose que ce que disent tous les

---

homo, qui hoc fecit, super septem noctes; si francus, super quatuordecim, etc. Il faut noter que tous les articles relatifs à l'homme romain se trouvent réunis sous un même titre : *De tabulariis*. Or le *tabularius* était l'homme qui avait été affranchi *per tabulas*, suivant le mode romain. La lecture des vingt et un articles de ce titre montre bien que le *romanus*, le *regius* et l'*ecclesiasticus* sont tous les trois également des *tabularii*.

[1] Loi des Ripuaires, 65 et 87.

autres codes germaniques quand ils défendent à l'affranchi d'épouser une femme libre[1].

De l'étude attentive de tous ces textes nous croyons pouvoir conclure que les codes francs appellent romains, non pas tous les affranchis indistinctement, mais tous ceux qui ont été affranchis suivant les modes romains et d'après les lois romaines[2]. C'est parce qu'ils sont dans la condition d'affranchis, et non parce qu'ils peuvent être de race gauloise, que la loi leur attribue une valeur moindre qu'aux hommes libres. Il devait certainement se trouver parmi eux des hommes des deux races; car il y avait autant d'esclaves germains que d'esclaves gaulois, et le mode d'affranchissement dépendait, non de la race de l'esclave, mais de la volonté du maître.

La dénomination de romains pour désigner une classe d'affranchis peut surprendre au premier abord; elle n'était pourtant pas nouvelle; elle venait des meilleurs temps de l'empire. On peut lire chez les jurisconsultes

---

[1] Loi des Ripuaires, 58, 11 : *Si ecclesiasticus, romanus vel regius homo ingenuam ripuariam acceperit, aut si romana, vel regia, seu tributaria ingenuum ripuarium in matrimonium acceperit, generatio eorum ad inferiora declinetur.* Comparez la Loi des Wisigoths, III, 2, 2 : *Si mulier ingenua liberto se conjunxerit.* — Loi salique, XIV, 7 : *Si ingenua puerum regium aut litum secuta fuerit, ingenuitatem suam perdat.*

[2] Il est si vrai que le *civis romanus* de la Loi des Ripuaires est un affranchi, que cette loi parle de son ancien maître, *dominus ejus* (tit. LXI, § 3). On sait qu'en droit romain le maître pouvait par un double affranchissement élever l'affranchi à la condition d'homme libre; il en était de même dans le droit des Francs. Le maître qui avait fait d'abord de son esclave un affranchi, pouvait ensuite faire de cet affranchi un homme libre, en usant de la formalité du denier devant le roi. Cet article montre que tout esclave, sans distinction de race, pouvait devenir un romain, et que tout romain, encore sans distinction de race, pouvait devenir un *denarialis*. (*Lex Ripuar.*, tit. LXI et LVII.)

Gaïus et Ulpien « qu'en dehors des hommes libres il y a deux sortes d'affranchis, ceux qu'on appelle citoyens romains et ceux qu'on appelle latins[1]. » Le nom de citoyen romain s'appliquait donc déjà à des hommes qui n'étaient que des affranchis et qu'une barrière insurmontable séparait des véritables hommes libres.

Entre l'époque de Gaïus et celle où la loi des Ripuaires fut rédigée, la distinction entre les deux classes d'affranchis ne s'effaça pas ; nous la retrouverons tout à l'heure ; le nom de latin seul disparut, et il résulta de là que tous les affranchis s'appelèrent des romains ; ces deux termes devinrent équivalents dans le langage ordinaire. Observons les formules d'affranchissement qui se sont conservées pendant la période mérovingienne, nous y lisons toujours que le maître fait de son esclave un citoyen romain[2] ; cela signifie seulement qu'il fait de lui un affranchi[3]. La loi des Ripuaires elle-même emploie cette forme de langage : si quelqu'un, dit-elle, a fait de son esclave un affranchi et un citoyen romain, celui-ci vaudra 100 pièces d'or, la moitié de ce que vaut un homme libre[4]. Ainsi le nom de romain que l'affranchi

---

[1] Gaius, I, 10 : *Libertinorum tria sunt genera, aut cives romani, aut latini, aut dedititiorum numero.* — Cf. Ulpien, 1. — Nous ne parlons pas des affranchis *dédilices* ; ils ont disparu avant la fin de l'empire.

[2] Formules (édit. de Rozière), n° 71 : *Ab omni jugo servitutis absolutum fore civemque romanum appellari.* Cf. 62-88. Les diverses catégories d'affranchis sont énumérées dans la formule 64. On trouve aussi le féminin *civis romana* pour désigner une affranchie.

[3] Il est vrai que le maître dit quelquefois en affranchissant son esclave : *Vitam ducat ingenuam ;* mais nous verrons plus loin qu'il ne faut pas prendre cette formule à la lettre.

[4] Loi des Ripuaires, 61 : *Si servum suum libertum fecerit et civem romanum.*

avait eu sous l'empire, lui demeura attaché. Comme les formes de l'affranchissement se perpétuèrent, les noms aussi restèrent les mêmes.

Croire que ces *romains* dont parlent les lois franques sont les hommes de race gauloise, c'est commettre la même erreur que si un traducteur de Gaïus ou d'Ulpien traduisait le mot *latini* par hommes du Latium.

Les termes du langage, et surtout ceux qui désignent les conditions sociales, ont une signification de convention qui change avec le temps. Lorsque la loi des Ripuaires fut écrite, c'est-à-dire au septième siècle[1], quatre générations d'hommes s'étaient succédé depuis l'établissement des Francs en Gaule; les deux populations s'étaient mêlées par le sang et par toutes les habitudes; elles s'étaient confondues à tel point qu'une loi qui les aurait distinguées n'aurait pas été applicable. A cette époque aussi le mot romain avait cessé de désigner une race; il avait perdu, dans l'usage habituel des hommes, son sens ethnique[2]. Mais en même temps que

---

[1] Il n'est pas de notre sujet de rechercher à quelle époque les Francs ont songé à se donner des lois, ni s'ils les ont d'abord rédigées en langue germanique ou en langue latine; ce qui est certain, c'est que les lois salique et ripuaire, sous la forme où elles nous sont parvenues, ne sont pas antérieures aux premières années du septième siècle. Elles renferment sans doute des articles d'une époque plus ancienne; mais ce n'est pas dans ces anciens articles que l'on rencontre l'expression *romanus homo*. La loi des Burgondes, qui donne au terme de *romain* son sens ethnique, a été rédigée entre 471 et 517, c'est-à-dire, plus d'un siècle avant la rédaction que nous avons des lois franques. On conçoit que dans cet intervalle le sens d'un mot ait pu se modifier.

[2] Ce n'est pas qu'on ne le trouve encore employé comme nom de nation. L'article 36 de la loi des Ripuaires vise le meurtre commis contre un étranger, et elle distingue l'étranger Franc, c'est-à-dire l'homme de

la distinction des races s'effaçait, les distinctions sociales et l'inégalité des conditions allaient croissant. Aussi arriva-t-il que les mots de romain et de franc, s'éloignant de leur sens littéral, s'appliquèrent, non à des races qu'on discernait à peine, mais à des classes qui devenaient de jour en jour plus séparées et plus inégales.

§ 4. DE LA CONDITION DES AFFRANCHIS ; DE CEUX QUE LA LOI SALIQUE APPELLE POSSESSEURS, ET DE CEUX QU'ELLE APPELLE TRIBUTAIRES.

L'étude que nous venons de faire sur le sens de quelques mots de la langue du septième siècle, touche aux principales institutions de l'ordre social de ce temps-là. On y reconnaît que les codes francs partageaient les hommes en classes. Ces codes, que l'on peut comparer d'ailleurs avec les chroniques et les actes, permettent de compter combien de rangs et d'échelons il y avait dans la société fort aristocratique de la période mérovingienne.

Au plus bas degré étaient les esclaves. On voit par les actes de testament qu'ils portaient indifféremment des noms latins ou germains. Quelle que fût leur race, on ne les distinguait que par leurs aptitudes et leur profession ; la valeur de chacun d'eux était proportionnelle à la valeur du travail qu'il pouvait produire. L'esclave barbare n'était pas traité autrement que l'esclave gaulois ; mais

---

Neustrie, l'étranger qui appartient au royaume de Burgondie ou aux pays des Alamans et des Bavarois, et enfin l'étranger Romain. — Nous avons vu que le mot *francus* avait aussi la double signification d'homme libre et d'homme du royaume franc ; il a ce second sens dans l'article 41 de la Loi salique : *Si quis ingenuum Francum aut barbarum qui lege salica vivit;* si l'on a tué un ingénu du pays Franc ou un étranger vivant suivant la Loi salique.

celui qui exerçait, par exemple, le métier d'orfévre, avait un wergeld bien supérieur à celui qui ne savait que travailler aux champs.

Au-dessus des esclaves s'élevaient les affranchis. Ils étaient de plusieurs sortes. On les distinguait, d'abord, suivant qu'ils avaient été tirés de servitude par l'un des modes germaniques ou par l'un des modes romains.

Dans l'affranchissement par les modes germaniques il y avait deux degrés. Au plus bas étaient placés ceux qu'on appelait lites; ils avaient encore un pied dans l'esclavage; ils servaient héréditairement l'ancien maître et ses fils[1]. Plus haut étaient les hommes affranchis par la formalité du denier et qu'on appelait pour cette raison *denariales;* ils jouissaient d'une liberté presque complète[2].

Quant aux modes romains d'affranchissement, tels ils étaient sous l'empire, tels ils subsistèrent sous les Mérovingiens. Un maître pouvait affranchir son esclave, 1° par un acte public, devant le roi, devant le comte ou devant la curie; 2° par un acte privé, tel qu'un testament; 3° par un acte accompli dans l'église en présence des prêtres. L'affranchi s'appelait un tabulaire, à cause des tablettes ou de la charte qui constatait qu'il cessait

---

[1] Loi salique, 28, 44, 52; Loi des Ripuaires, 62; Loi des Frisons, 1. — Voyez Naudet, *Mém. de l'Acad. des inscriptions*, t. VIII; Pardessus, Loi salique, p. 461-483; Guérard, Polypt. d'Irminon, prolég., p. 256-275; Deloche, *la Trustis*, p. 332-343.

[2] Loi salique, 30; Loi des Ripuaires, 57, 58, 61, 62; 4ᵉ capitulaire de 803. Les autres lois germaniques ne mentionnent pas le *denarialis*, mais elles signalent, sous un autre nom, une classe analogue d'affranchis; le code des Wisigoths les appelle *liberti idonei*, celui des Lombards, *fulfreal* ou *amund.* Cf. Loi des Burgondes, 57.

d'être esclave; il s'appelait aussi un romain, à cause du mode romain d'affranchissement.

Il faut noter que les formalités germaniques n'étaient pas réservées aux esclaves germains, ni les formalités romaines aux esclaves gaulois. Les actes de testament prouvent que des esclaves d'origine barbare pouvaient devenir affranchis tabulaires; et nous voyons, d'autre part, dans les lois franques que le Ripuaire pouvait affranchir son esclave suivant les modes romains[1]. Le maître choisissait le genre d'affranchissement qui lui convenait, sans qu'on lui demandât jamais à quelle race appartenait son esclave.

L'affranchi ne devenait pas l'égal des hommes libres. Dans toute l'antiquité, une barrière infranchissable avait séparé l'homme qui était né dans l'esclavage de celui qui était né libre. Cette barrière, que l'empire romain avait maintenue, resta debout dans la période mérovingienne. Nous avons vu que les lois franques n'accordaient à l'affranchi que la moitié de la valeur de l'homme libre[2].

Quand on lit les testaments et les formules d'affranchissement, il semble d'abord que le maître donnât à son esclave une liberté entière. « Tu seras, lui disait-il, un citoyen romain; tu vivras comme si tu étais né ingénu. » Si pourtant on y regarde de près, on s'aperçoit que cet affranchi ne devenait pas complétement maître de sa personne. L'acte d'affranchissement portait tou-

---

[1] Le titre LXI de la Loi des Ripuaires montre que le même esclave pouvait devenir successivement un *romanus* et un *denarialis*.

[2] Il y a une exception à faire pour le *denarialis*.

jours qu'il devait avoir un patron[1]; or ce patron était pour lui un maître autant qu'un protecteur.

La loi des Ripuaires distingue trois sortes d'affranchis d'après la nature du patronage auquel ils étaient assujettis. Elle les appelle hommes de l'Église, hommes du roi, ou simplement hommes romains.

Lorsqu'un esclave avait été affranchi dans l'Église, en présence de l'évêque et des prêtres, il avait ordinairement pour patron l'évêque lui-même. Il lui devait le respect, l'obéissance, et même, la plupart du temps, des services corporels et une redevance pécuniaire. La loi des Ripuaires le dit formellement : « Quand un esclave a été affranchi dans l'Église, par des tablettes signées de la main de l'évêque, il est placé, lui et toute sa postérité, sous la tutelle de l'Église ; il doit donc, lui et sa postérité, s'acquitter envers l'Église de la redevance de son état et du service d'affranchi[2]. »

D'autres affranchis obtenaient de leurs anciens maîtres le droit de choisir le patron qu'ils voulaient. Ceux-là choisissaient volontiers le roi lui-même; sa protection était efficace et son autorité éloignée. Un testament de l'année 696 porte ce qui suit : « J'affranchis tels et tels esclaves, à la condition qu'ils rendront à ma sœur, tant qu'elle vivra, le service d'affranchis ; après sa mort, ils auront la faculté de choisir pour patron le défenseur

---

[1] Formules, nos 62-87.
[2] Loi des Ripuaires, 58 : *Tam ipse quam procreatio ejus sub tuitione Ecclesiæ consistant et omnem reditum status aut servitium tabularii Ecclesiæ reddant.* — Diplomata, n° 559 : *Omnes liberti nostri ad Ecclesiam S. Petri aspiciant et obsequium et impensionem ad Ecclesiam facere debeant.* On appelait ces hommes *homines ecclesiastici.*

de tous les chrétiens, c'est-à-dire le roi[1]. » Cette protection royale entraînait une sujétion d'une nature presque domestique. L'homme était attaché au roi comme un client à son patron, presque comme un serviteur à son maître. Il devenait homme du roi. Ses biens ne lui appartenaient pas par un plein droit de propriété; il ne lui était pas permis d'en disposer par testament, et s'il mourait sans laisser de fils légitime, tout ce qu'il possédait était dévolu au roi[2]. De même l'homme de l'Église avait, à défaut de fils, l'Église pour héritière.

Les affranchis qui n'appartenaient ni à l'Église ni au roi, avaient ordinairement pour patron leur ancien maître lui-même et ses héritiers, de père en fils. Ils vivaient dans leur maison et continuaient à les servir[3]. Quelquefois ils étaient attachés à la terre, à tel point que le patron les vendait ou les léguait avec elle. Nous avons des actes dans lesquels un homme vend ou donne ses affranchis[4]. Le pouvoir du patron allait, en certains cas, jusqu'à replacer son affranchi dans l'état de servitude[5]. Si l'affranchi mourait sans enfants, le patron héritait. Si l'affranchi était assassiné, l'indemnité était payée au patron ou partagée entre lui et les enfants de la victime.

Ce patronage conférait une telle autorité et procurait

---

[1] *Diplomata*, n° 437.

[2] Loi des Ripuaires, 57. On l'appelait *homo regius* ou *puer regius*.

[3] Ce service d'affranchi est ordinairement désigné dans les actes par les mots : *libertinitatis obsequium, servitium ingenuitatis, onus patronatus*.

[4] *Diplomata*, n° 439 : *Trado servos utriusque sexus et liberos qui obsequium ibi faciunt*. Dans un grand nombre d'actes on voit vendre ou léguer des terres, *una cum ingenuis, libertis, colonis et servis*.

[5] Loi des Burgondes, 40; Loi des Wisigoths, V, 7; *Diplomata*, n° 559.

de tels profits que les lois prononçaient une forte amende contre celui qui enlevait un affranchi à son patron légitime [1].

La loi salique distingue les affranchis romains en deux catégories; elle appelle les uns possesseurs et les autres tributaires. Pour avoir l'explication de ces termes il faut observer les règles relatives à l'affranchissement. Les jurisconsultes de l'empire romain enseignaient qu'il y avait plusieurs manières de tirer un esclave de la servitude et qu'il y avait aussi plusieurs degrés dans la liberté à laquelle on l'appelait. Le maître avait toujours le droit de mettre des conditions à la liberté. Il pouvait exiger, pour tout l'avenir, le service et le travail de son affranchi; il pouvait fixer le nombre de jours de corvée qui lui seraient dus, ou remplacer la corvée par une somme d'argent. S'il accordait à son affranchi la jouissance d'un champ, ce champ était assujetti à une redevance perpétuelle; la redevance s'appelait *tribut* et l'homme *tributaire*. Il n'avait qu'une liberté fort incomplète et il vivait, lui et sa postérité, sur un champ dont il ne pouvait jamais avoir la propriété. C'est cette classe d'affranchis qui est mentionnée par la loi salique sous le nom de *romains tributaires* [2]?

---

[1] Loi des Ripuaires, 58, §§ 12 et 13.

[2] Celui que la Loi salique appelle *romanus homo tributarius* est appelé simplement *tributarius* dans la Loi des Ripuaires, et est placé au niveau des lites (tit. LXII) : *Si quis servum suum tributarium aut litum fecerit.* — L'expression *romani tributales* se rencontre dans un cartulaire de l'église de Salzbourg (Polypt. d'Irminon, p. 368) : *Ii qui dicuntur romani tributales.* Il est clair que, dans cet exemple, il ne s'agit pas d'hommes de race romaine, mais d'anciens affranchis soumis à la redevance.

Il existait un genre d'affranchissement plus favorable. Dans la société romaine, le maître avait pu exempter son affranchi de tout service de corps et de toute redevance, en n'exigeant de lui que le respect et la gratitude. Il en fut de même dans la société gallo-franque. On voit souvent dans les actes que le maître déclarait l'affranchi libre de tout service et de toute redevance; il ajoutait même que cet affranchi jouirait de ses biens en toute sécurité, sans en payer aucun fermage, qu'il pourrait les laisser à ses enfants, même les vendre ou les léguer à des étrangers[1]. Lorsque des clauses de cette sorte étaient écrites, l'affranchi était maître de son bien et la loi pouvait l'appeler un *romain propriétaire*.

La différence que la loi salique marque entre l'affranchi tributaire et l'affranchi possesseur est la même que Gaïus et Ulpien avaient marquée entre celui qu'on appelait un latin et celui qu'on appelait un romain[2].

On sent assez qu'en parlant de cet homme romain pos-

---

[1] Formules, 72, 74 : *Suum peculiare quod nunc habet aut adipisci valuerit, liberam disponendi habeat facultatem.* — 66 : *Peculiare suum in perpetuum habeat et inde faciat quidquid placuerit.* — 84 : *Testamentum etiam faciendi licentiam habeat.* — Diplomata, n° 452.

[2] Dans cette société, on ne pouvait être vraiment libre que si l'on possédait le sol. Le titre LVII de la Loi burgonde rappelle un trait des habitudes romaines, lorsqu'il dit que l'affranchi n'est pas tout à fait hors de l'autorité du maître, si celui-ci ne lui a pas donné une *tertia;* ce mot, fréquemment employé dans les actes, désigne un lot de terre. Grégoire de Tours (III, 15) raconte qu'un esclave, nommé Léon, a sauvé le neveu de son maître; celui-ci veut lui assurer un affranchissement complet, aussi lui donne-t-il une terre en toute propriété, *terram propriam*. L'homme absolument affranchi est donc toujours un propriétaire, et c'est à ce signe qu'on le reconnaît; aussi la Loi salique, dans le texte revisé par Charlemagne, le définit-elle ainsi : *Romanus homo possessor, id est, qui res proprias possidet.*

sesseur la loi salique n'entend pas parler de ces riches gaulois, propriétaires de nombreux et vastes domaines, entourés de clients et de fermiers, dont les chroniques nous décrivent la brillante existence. Il ne s'agit ici que du modeste et humble affranchi, qui du moins vit sur un champ qui est à lui et qui n'en doit ni rente ni corvée. Il ne vaut que la moitié de l'homme libre, mais il vaut plus que l'affranchi soumis à redevance.

On peut s'étonner de la grande place que les affranchis tiennent dans les codes des Francs. Il paraît bien à la manière dont les lois s'en occupent que ces hommes étaient fort nombreux dans la société du septième siècle. Cela s'explique si l'on songe que la condition d'affranchi était héréditaire[1]. C'était une classe où l'on entrait facilement, mais d'où l'on avait beaucoup de peine à sortir. Elle s'accroissait donc en nombre à chaque génération.

Fort au-dessus de toutes ces catégories d'affranchis s'élevaient les vrais hommes libres (*ingenui*). Seuls ils étaient membres de la nation; seuls aussi ils s'appelaient Francs. A eux seuls appartenaient les droits civils et le peu qu'il y avait de droits politiques en ce temps-là.

On voudrait pouvoir dire dans quelle proportion numérique ils se trouvaient à l'égard des classes inférieures. Ils n'avaient pas été très-nombreux sous l'empire; ils le furent moins encore sous les rois francs. Plusieurs do-

---

[1] Loi des Ripuaires, 58 : *Ipse tabularius et procreatio ejus tabularii persistant.* Voy. *Diplomata*, passim.

cuments induisent à penser que, dès la fin du sixième siècle, ils formaient une sorte d'aristocratie dans la société. On voit aussi dans les chroniques, et même dans les lois, qu'ils ne pouvaient pas suffire à composer les armées et qu'il fallait remplir les rangs à l'aide des différentes classes d'affranchis[1].

§ 5. DE LA NOBLESSE DANS LA SOCIÉTÉ GALLO-FRANQUE.

Deux sortes d'hommes sont fréquemment mentionnées au septième siècle sous les noms de *leudes* et d'*antrustions*. C'est plus loin, quand nous essayerons de décrire les origines du régime féodal, que nous parlerons d'eux et que nous observerons ce qu'ils étaient; il suffit de dire ici qu'ils n'étaient pas une classe noble.

Il s'en faut en effet beaucoup que le mot *leude* désignât une caste supérieure. Il appartenait à la langue germanique, et loin d'être un titre d'honneur il marquait l'infériorité. Il avait à peu près le même sens que le mot *homme* avait pris dans les derniers siècles de l'empire; de même que les Romains disaient : les hommes d'un sénateur, de même les Germains disaient : les leudes d'un chef[2]. Dans l'un et l'autre cas il s'agissait d'hommes attachés à la personne d'un autre et placés dans la dépendance.

Être le leude du roi, c'était lui appartenir; c'était

---

[1] La Loi salique (tit. XXVIII) parle des lites qui allaient à l'armée avec leurs maîtres. — Cf. Grég. de Tours, V, 27; VII, 42.

[2] Grégoire de Tours, II, 42 : *Leudes Ragnachari*. Cf. II, 25. Frédégaire, chr., 27. On disait de même, en employant le mot latin, *homines regis*. (Grég. de Tours, VII, 13; VIII, 11.) — Voy. plus haut, p. 222, n° 2.

être un serviteur et avoir un maître. Il est vrai que cette sujétion était volontaire, et c'est en quoi elle différait de celle des esclaves et des affranchis; elle se contractait par un engagement libre et était réputée fort honorable; elle n'en était pas moins une sujétion rigoureuse. Le titre de leude pouvait être porté indifféremment par les plus grands et les plus petits[1]; mais pour les uns comme pour les autres il désignait toujours l'état de subordination. Au lieu d'être un symbole de noblesse, il était quelquefois employé comme terme de mépris[2].

La loi salique mentionne des hommes qui « sont dans la truste royale » ou qui sont antrustions du roi. Elle leur attribue une valeur pécuniaire trois fois plus élevée qu'aux simples hommes libres; elle ne dit pourtant pas qu'ils soient des nobles et elle n'indique jamais qu'ils forment un ordre dans la société. Toute noblesse se reconnaît surtout à ce signe qu'elle est une illustration héréditaire; or la qualité d'antrustion ne passait pas du père au fils. Elle était conférée par le roi à qui il voulait, même à des affranchis[3], et pouvait être reprise par lui à son gré. Elle était une distinction toute personnelle qui commençait et qui finissait avec la faveur du roi.

Les lois franques signalent aussi des comtes et des ducs; mais ce n'est pas encore là que se trouve la noblesse. Le comte ou le duc, à cette époque, est un fonc-

---

[1] Frédégaire, 58 : *Leudes tam sublimes quam pauperes.*
[2] Grégoire de Tours, VIII, 9.
[3] *Si quis romanum vel litum in truste dominica.* (*Recapitulatio legis salicæ.* (Pardessus, p. 358.)

tionnaire. Il est nommé par le roi qui peut le choisir dans les plus basses classes de la société. Le duc Gontran Boson, dit Grégoire de Tours, était fils d'un meunier; le même écrivain cite deux comtes qui étaient nés dans l'esclavage; les lois reconnaissaient formellement qu'un affranchi pouvait être élevé au rang de comte[1]. Loin que cette dignité fût héréditaire, elle n'était pas même viagère; le comte et le duc pouvaient être destitués par le roi et replongés dans le néant.

On ne trouve rien dans les codes francs qui se rapporte à une classe noble; mais dans les chroniques et dans les chartes cette classe apparaît sans cesse. Tous les écrits du temps montrent des mœurs fort aristocratiques. Les Vies des Saints qui ont été écrites à cette époque manquent rarement de dire si le personnage était de naissance noble ou seulement de naissance libre. On aime à vanter les aïeux du saint homme; on se plaît à dire qu'avant de devenir noble par ses vertus il l'était déjà par sa famille[2]. Le poëte Fortunatus, dans ses vers, n'oublie jamais de rappeler les nobles ancêtres de ceux à qui il s'adresse. Dans les actes et les formules, comme dans

---

[1] Grégoire de Tours, IV, 47; V, 49; VII, 14. Loi salique, 57.

[2] *Parentes Gregorii fuerunt rebus locupletes et natalibus illustres.* (V. S. Gregorii, ab Odone.) — *Marculfus abbas ex nobilissimis ditissimisque Baiocassinis civibus exortus.* (V. S. Marculfi.) — *Ansbertus nobili erat ortus genere, sed repudiato stemmate patrum....* (Bouquet, t. III, p. 616.) — *Desiderius parentibus honestissimis et apud gallicanas familias prœ cœteris generositate ornatus* (V. Desiderii Caturc.) — *S. Leodegarius terrena generositate nobiliter exortus.* (V. Leodegarii.) — *S. Drausius superbo natus sanguine spectabilem lineam traxit de parentum nobilitate.* (V. S. Drausii.) — *S. Gallus ita de primoribus senatoribus fuit ut in Galliis nihil inveniatur nobilius.* (Grégoire de Tours, V. Patrum, VI.)

les lettres, on voit percer presque à chaque ligne le respect pour la noblesse de naissance[1]. Les hommes qui les écrivent ont toujours une attention particulière à séparer la noblesse de la plèbe. Un certain Widérad nous avertit qu'il a signé son testament « en présence des nobles et du peuple. » Un biographe rapporte que Brunehaut excitait contre un évêque « les nobles et les plébéiens[2]. »

Grégoire de Tours n'introduit jamais un personnage sans dire s'il est un noble, un simple homme libre, un affranchi ou un esclave. Il ressemble en ce point à Tacite. Du deuxième au sixième siècle les mœurs n'ont pas changé, et un historien qui veut décrire les habitudes de ses contemporains doit se préoccuper comme eux du rang et de la condition sociale de chaque personne. Grégoire de Tours nous dira, par exemple, d'une femme gallo-romaine nommée Tetradia, qu'elle était noble du côté maternel, mais d'une condition inférieure par son père[3].

On peut voir aussi chez cet historien par quelles expressions les hommes de la classe supérieure étaient désignés de son temps. Il les appelle, tantôt les grands (*proceres*), tantôt les nobles (*nobiles*)[4], ici les hommes de bonne naissance (*meliores natu*)[5], là les sénateurs

---

[1] Une formule de supplique à un grand personnage (n° 666) porte : *Domino... nobilitatis prosapia decorato.*

[2] *Diplomata*, 514 : *Astante nobili et vulgari populo.* — *Vita Desiderii Vienn.* : *Alloquitur nobiles et ignobiles, plebeios et militares.*

[3] Grégoire de Tours, X, 8 : *ex matre nobilem, ex patre inferiorem.*

[4] Grégoire de Tours (*V. Patrum*, 9) distingue bien les nobles des hommes libres : *Erant non quidem nobilitate sublimes, ingenui tamen.*

[5] Grégoire de Tours, III, 50; V, 35; VI, 45; VII, 19 et 52.

(*senatores*), ailleurs enfin les seigneurs (*seniores*)[1].

Quelques actes législatifs des rois mérovingiens se rapportent à cette noblesse; il est digne de remarque qu'ils la désignent par des expressions purement latines qui étaient déjà employées avec la même signification dans les lois des empereurs. Ces expressions sont celles d'hommes puissants ou d'hommes honorables[2].

L'existence de cette classe supérieure est signalée de la façon la plus claire dans les codes des Burgondes, des Wisigoths, des Ostrogoths, des Alamans, des Bavarois, des Frisons et des Saxons. Elle n'est pas particulière à la Gaule; on la trouve dans toute l'Europe[3].

Il serait impossible de comprendre les institutions du moyen âge et particulièrement la noblesse féodale, si l'on ne se rendait compte de la nature de cette noblesse du sixième et du septième siècle.

Nous avons vu précédemment qu'il existait une classe noble dans la société de l'empire romain; elle se composait des grands propriétaires qui joignaient à leur richesse l'exercice des dignités et des hautes fonctions publiques. Il résultait du concours de ces deux choses une illustration qui était héréditaire.

---

[1] Le mot *seniores* est employé pour désigner la haute classe par Grégoire de Tours, IV, 27; V, 31; VI, 31; VII, 33; VIII, 31. Frédégaire, 58, et 89. Loi des Wisigoths, III, 1, 5. Formules d'Anjou, 32.

[2] *Si ingenuus aut honoratior persona.* (*Præc. Childeberti.*) — *Si quislibet de potentibus.* (*Decret. Clotarii.*) — *Episcopi vel potentes.* (*Decr. Clotarii II, ann.* 615.) — Cf. code des Wisigoths, II, 4 : *Si honestior persona fuerit.* Les mots *potentes* et *honestiores personæ* étaient déjà employés dans le code Théodosien pour désigner la classe supérieure.

[3] Voyez Loi des Burgondes, 26; Loi des Alamans, 25-27; Loi des Frisons, 1; Lois des Anglo-Saxons, *passim*.

Nous avons vu, d'autre part, que la race germanique n'avait aucune antipathie pour les distinctions sociales. Dans l'ancienne Germanie l'inégalité des classes avait été profondément marquée ; on avait compté des esclaves, des lites, des hommes libres, des nobles. La noblesse était attachée à la naissance ; elle tirait son origine des plus vieux âges de la nation, et elle avait un caractère sacré.

Mais les agitations et les guerres civiles qui avaient déchiré la Germanie dans les trois siècles qui précédèrent les invasions, avaient eu pour effet d'épuiser et de détruire la caste noble. A peine en restait-il quelques familles chez les Bavarois et les Saxons. Il n'y a pas d'indice qu'il en subsistât chez les Francs, à part la famille régnante. La noblesse du septième siècle n'est donc pas issue de l'antique noblesse de la Germanie.

Il est difficile de croire qu'elle ait eu pour origine l'invasion elle-même. Que tous les Francs se soient faits nobles par droit de conquête, c'est une conjecture qu'on a pu faire, mais il n'y a pas dans les documents un seul mot qui la confirme. Une noblesse semblable existait chez les Alamans qui n'avaient rien conquis[1] ; il en existait une aussi chez les Burgondes et les Wisigoths, et elle était composée de Romains aussi bien que de Germains[2]. Tous les Francs, d'ailleurs, n'étaient pas nobles, et beaucoup d'entre eux étaient relégués dans les der-

---

[1] Les Alamans distinguaient les hommes libres en trois classes : les *primi*, les *medii*, et les *minoflidi*.

[2] Loi des Burgondes, 26 : *Optimati Burgundioni et nobili Romano.* — *Edict. Theodorici*, 44 : *Potens Romanus et potens Gothus.*

nières classes[1]. Enfin, la lecture des chroniques ne montre jamais que l'idée de noblesse fût liée dans la pensée des hommes à l'idée de conquête ; il est parlé sans cesse de nobles de naissance ; il n'est jamais dit qu'on fût noble parce qu'on était fils de vainqueurs.

On ne voit même pas que cette noblesse eût un caractère particulièrement militaire. Il s'en faut beaucoup que tous les nobles qui paraissent dans les chroniques et dans les Vies des Saints fussent des guerriers. Un tout autre caractère s'attache à cette noblesse et en paraît inséparable : c'est que le noble est toujours riche, surtout riche en terres ; on n'en aperçoit aucun qui soit pauvre.

La richesse foncière était, sinon la condition unique, au moins la condition première de cette sorte de noblesse. L'homme ne devenait pas noble par cela seul qu'il était riche ; mais il le devenait certainement si la richesse était ancienne dans sa famille, et surtout si quelqu'un de ses ancêtres avait été élevé aux grandes dignités de l'État.

Il y avait des nobles de race franque. Une richesse de deux ou trois générations et quelques commandements militaires suffisaient à établir une illustration qui passait du père au fils. C'est pour cela que le poëte Fortunatus, qui écrivait à la fin du sixième siècle, fait l'éloge d'une jeune fille franque « qui descend d'un sang noble. » L'auteur de la Vie de Sainte Salaberge parle « de femmes nobles parmi les Sicambres. » Saint Landelin, sainte Gertrude, saint Ragnobert descendaient

---

[1] On distinguait parmi les Francs des *majores* et des *minores*, des *meliores* et des *minoflidi*. (Pertz, t. II, p. 4 ; t. III, p. 36.)

« des familles les plus nobles parmi les Francs. » Saint Trudon « était issu d'une ancienne famille noble, et ses parents étaient riches en argent et en terres[1]. »

Il y avait aussi des nobles de race gallo-romaine. L'Italie, l'Espagne, la Bourgogne, avaient conservé sous la domination des rois barbares une noblesse indigène, ainsi que l'attestent les codes des Goths et des Burgondes. Il en fut de même dans le pays soumis aux rois francs. On y distinguait même deux degrés de noblesse, comme au temps de l'empire. Les notables des cités formaient un ordre assez semblable à celui des anciens décurions ; ils administraient les affaires locales, nommaient encore certains magistrats parmi eux, exerçaient enfin une sorte d'autorité judiciaire ; on leur donnait le titre de *viri magnifici*[2]. Au-dessus d'eux s'élevait une classe que l'on continuait à désigner par le nom d'ordre sénatorial et qui comprenait les familles les plus riches et les plus nobles de la population gallo-romaine.

Le titre de sénateur romain ne périt pas après l'établissement des Germains dans l'empire. Les Burgondes sont les maîtres depuis soixante ans, et nous trouvons encore au milieu d'eux des sénateurs gaulois[3]. Un évêque de Vienne, Avitus, ministre du roi Sigismond, se vante encore d'être « sénateur romain en même temps qu'évê-

---

[1] Fortunatus, *Carm.*, IV, 26. — *Vita Landelini* : *Claro stemmate ortus ex progenie celsa Francorum et nobilissima.* — *Vita Gertrudis* : *Edita ex antiquo Francorum genere claro.* — *Vita Salabergæ* : *Clarissima, nobilis natalibus.* — *Vita Ragnoberti* : *Quos ex Francorum genere alta ortos progenie nobilitatis videret.*

[2] Grégoire de Tours, IV, 16 : *Virum magnificum, civem Arvernum.* Formules, n° 62 : *In præsentia sacerdotum atque magnificis viris.*

[3] Grégoire de Tours, II, 33. Cf. III, 15 ; *Vitæ Patrum*, VI.

que ¹. » Un évêque de Metz, nommé Agiulfe est appelé aussi sénateur par l'historien, et nous savons en effet qu'il descendait d'une famille sénatoriale du Midi. Plusieurs personnages du sixième siècle portent ce titre de sénateur, et ils le possèdent par droit de naissance ². On voit même des femmes qui portent le titre de *senatrix* ³.

Ces familles, en dépit des désordres du temps et des violences dont elles étaient parfois victimes, conservaient leurs titres et leurs arbres généalogiques (*stemmata*). Des hommes qui signent le testament de saint Remi mettent à côté de leur nom l'épithète de clarissime; deux siècles plus tard un personnage qui rédige un acte de donation se qualifie *vir illuster* et nomme sa femme *femina clarissima*. Un autre s'appelle *vir spectabilis* ⁴. Les titres romains restaient encore en faveur.

Le nombre d'hommes qui sont appelés nobles dans les chroniques et qui appartiennent manifestement à la race gallo-romaine, est considérable. Un biographe rapporte que « Paternus, citoyen de Poitiers, était issu d'une grande famille et fils d'une mère très-noble nommée Julita. » Il ajoute qu'une naissance si élevée le destinait naturellement aux grandes fonctions de l'État. N'est-il pas digne de remarque qu'un chroniqueur, qui écrivait 80 ans après Clovis, regardât encore les nobles gaulois

---

[1] Avitus, *Lettres*, 51 : *Senator ipse Romanus*.

[2] Grégoire de Tours (VI, 39) dit d'un évêque, son contemporain : *Est vir valde nobilis et de primis senatoribus Galliarum*.

[3] *V. S. Desiderii Caturc.*, 16 : *Bobila senatrix romana*. — *V. S. Apollinaris Valent.* — *V. S. Lupicini*, 10.

[4] *Diplomata*, nᵒˢ 118 et 453.

comme destinés aux plus hauts emplois et nés pour commander [1]?

On pourrait compter, en effet, combien de nobles gaulois furent élevés aux premières dignités par les rois francs ; c'est « le noble Mummolénus, » qui fut ambassadeur de Childebert ; c'est Valentinus, qui « issu de nobles parents et de race romaine, » fut maire du palais sous le roi Théodebert ; c'est « le sénateur Hortensius » qui fut comte d'Auvergne sous Thierry Ier ; c'est « le sénateur Grégorius » qui, avant d'être évêque, fut comte d'Autun ; c'est un autre sénateur nommé Ennodius qui fut un des grands de la cour de Childebert Ier ; c'est Génésius « homme de haute naissance et de grande richesse » qui gouverna l'Auvergne sous Childéric II. Pareils exemples abondent dans les chroniques [2].

La noblesse gallo-romaine restait donc en possession d'une grande partie des dignités publiques. Elle y joignait presque toutes les dignités de l'Église, et réunissait ainsi dans ses mains la richesse territoriale, l'exercice de l'autorité, l'épiscopat. La population gauloise lui obéissait, la population franque la respectait. Elle était vis-à-vis des rois mérovingiens ce qu'elle avait été vis-à-vis des empereurs. Ses droits n'étaient pas inscrits dans les lois ; mais elle avait en elle tous les éléments de force. Elle était volontiers docile, souvent obséquieuse, toujours puissante. Au lieu de faire oppo-

---

[1] *Vita S. Paterni* (Bouquet, t. III, p. 424) : *S. Paternus... generosis parentibus exortus, in administrationem publicam procreatus.*

[2] Grégoire de Tours, *Vitæ Patrum*, IV, 3. Fortunatus, *Carm.*, VII, 14. *Vita Leodegarii*, ab Anon., 5. *Vita S. Præjecti* (Bouquet, III, 595).

sition aux rois, elle partageait avec eux le gouvernement, et il fallait que les rois prissent parmi elle leurs fonctionnaires, ainsi qu'avaient fait les empereurs.

Les documents permettent de reconstituer l'histoire de plusieurs de ces familles et de se faire ainsi une idée de l'état social de cette époque.

« Saint Bonitus, dit un biographe, était issu d'une illustre lignée, en Auvergne ; son père s'appelait Théodatus, sa mère Syagria ; il appartenait à la noblesse, au sénat romain. Tout jeune, il se rendit à la cour du roi Sigebert II, et entra à son service. Il devint référendaire, puis préfet de la province de Marseille [1]. »

Désidérius était né à Alby, vers la fin du sixième siècle « d'une des familles les plus nobles de la Gaule. » Son père s'appelait Salvius, sa mère Harchénéfride ; il eut deux frères nommés Rusticus et Syagrius. Le premier fut successivement archidiacre de Rhodez, évêque de Cahors, et enfin premier chapelain du roi. Syagrius servit longtemps dans le palais, fut l'un des *domestici* de Clotaire II, et devint comte d'Alby et recteur de Marseille. Quant à Désidérius, il consacra sa jeunesse à l'étude des lettres « ce qui est la meilleure voie pour arriver aux dignités du royaume ; il se livra aussi à l'étude des lois romaines [2]. » Au sortir d'une jeunesse si bien employée, il fut admis dans le palais de Clotaire II et fut nommé tréso-

---

[1] *Vita Boniti* (Bouquet, III, 622) : *Inclyta Bonitus progenie Arvernicæ urbis oriundus fuit... e senatu romano, nobili prosapia... Regis ad aulam processit seque Sigeberti principis ministerio tradidit...*

[2] *V. Desiderii* (Bouquet, III, 527 ; Patrolog. lat., t. 88) : *Post litterarum studia, quæ florentissima sunt, adductis inde conturbernii regalis dignitatibus ... Deinde legum Romanarum indagationi studuit.*

rier du roi. « Il vécut au milieu de l'opulence et de l'éclat de la cour. » Sous Dagobert Ier, il dirigea toute l'administration des finances du royaume. Il devint ensuite recteur de Marseille en remplacement de son frère Syagrius ; enfin il succéda à son autre frère dans l'évêché de Cahors. C'est là qu'il termina sa vie, sans cesser de correspondre avec tous les grands personnages du royaume. Très-riche par sa famille, devenu plus riche encore par les fonctions qu'il avait remplies, possesseur de plus de quarante domaines, il occupa sa vieillesse à bâtir des églises, à fonder des monastères, à construire des monuments d'utilité publique et à relever les murailles de sa cité épiscopale.

Voici une autre famille gallo-romaine, qui aurait eu, s'il faut en croire les chroniques, le triple bonheur d'être alliée à un empereur romain, de s'unir par mariage à la famille mérovingienne, et d'être enfin la souche de la dynastie carolingienne. Au temps de l'empereur Honorius, un noble gaulois nommé Tonantius Ferréolus était préfet du prétoire des Gaules. Sa noblesse était déjà assez ancienne ; il avait un arbre généalogique et comptait plusieurs ancêtres qui avaient été revêtus des dignités romaines. Sa femme Papianilla appartenait à l'illustre famille Syagria et était fille d'un consul. Son fils nommé comme lui Tonantius Ferréolus, et comme lui grand propriétaire, fut gouverneur des Gaules dans l'année même où Attila fut vaincu à Châlons. Il se signala par une bonne administration des finances qui lui permit de diminuer les impôts, et par l'adresse avec laquelle il sut manier le roi des Wisigoths Thorismond.

Il était parent par sa mère de l'empereur Avitus. Il vécut jusqu'à 485, et vit par conséquent une suite de rois burgondes et wisigoths ; il ne paraît pas qu'il ait été ministre d'aucun d'eux, comme le furent tant d'autres Gaulois. Sa vieillesse s'écoula au sein de ses riches domaines, dans le commerce des lettres, et surtout au milieu d'une nombreuse et belle bibliothèque[1]. Son fils s'appelait aussi Ferréolus ; on ne sait rien de lui, sinon qu'il était fort riche et qu'il avait les titres de sénateur et d'homme noble. Il laissa six enfants, qui naquirent et vécurent sujets des rois francs ; ils s'appelaient Déotarius, Firminus, Gamardus, Agiulfe, Ragenfrid et Ansbertus[2]. Le premier fonda un monastère et y mourut ; le second fut évêque d'Uzès ; Agiulfe fut évêque de Metz. Ragenfrid qui, suivant un usage assez fréquent, portait deux noms et s'appelait aussi Pœonius, eut un fils nommé Mummolus qui devint patrice du royaume de Bourgogne et fut l'un des meilleurs généraux des rois mérovingiens. Quant « au sénateur Ansbertus, » la chronique dit qu'il surpassa en bonheur tous ses frères ; car il épousa la fille du roi des Francs Clotaire Ier, nommée Blithilde[3]. De cette union entre le sang des Ferréoli et celui des Mérovingiens, naquirent trois fils et une fille qui s'appelaient Arnold, Ferréolus, Modéric et Tarsitia[4].

---

[1] Sidoine Apollinaire, *Lett.*, I, 7 ; II, 9 ; VII, 2 et 12. Cf. *Histoire littéraire de la France*, t. II, p. 540.

[2] Voyez Pertz, *Monum. Germaniæ*, t. II, p. 309-310.

[3] *Prosapia regum Francorum* (Pertz, *ibid.*) : *Ansbertus, qui fuit ex genere senatorum, vir nobilis et multis divitiis pollens accepit filiam Chlotarii regis, nomine Blithild.*

[4] *Chlotarius primus genuit filiam nomine Blithildem, quam Ansbertus,*

Ce Ferréolus, le quatrième du nom, fut évêque d'Uzès comme l'un de ses oncles ; Modéric eut aussi un évêché, et Tarsitia mourut religieuse. L'aîné Arnold fut père d'Arnulf qui devint évêque de Metz. Les chroniqueurs ne manquent pas de vanter « la noblesse et l'opulence de cet Arnulf, » et ce qui ne laisse pas de paraître singulier c'est qu'ils le louent moins d'être le petit-fils de la mérovingienne Blithilde, que « de descendre d'une antique race de sénateurs qui surpassait en noblesse toute la France et même la Gaule entière [1]. » Il fut tout-puissant sous Dagobert Ier et partagea la direction des affaires avec Pépin de Landen. Il laissa un fils nommé Anségise qui épousa Begga et fut père de Pépin de Héristal. Les Carolingiens descendent de cette lignée, et l'on sait qu'ils en tenaient un patrimoine considérable composé de domaines situés au sud de la Loire. — Cette généalogie d'une famille gauloise est mentionnée dans sept documents de nature diverse, et elle fut acceptée comme vraie par les rois carolingiens. Si l'on doute qu'elle soit exacte, elle prouve au moins deux choses : l'une, qu'une telle généalogie semblait possible, c'est-à-dire qu'on ne trouvait rien d'étonnant à ce qu'une famille gallo-ro-

---

vir senatoriæ dignitatis, meruit uxorem, ex qua genuit Arnoldum, Ferreolum ac Modericum. (*Ex chronico Centulensi,* Bouquet, III, 351.) — Suivant une autre chronique, Blithilde aurait été la sœur et non la fille de Clotaire. (*Chronicon Virdunense;* Bouquet, III, 358.) — Cf. Sigebert de Gembloux (Bouquet, III, 541) : *S. Arnulfus, filius Arnoldi, filii Ansberti ex Blithilde, filia Clotarii primi.* — Voyez encore : *Carmen antiquissimum de origine gentis Carolinæ,* dans Pertz, t. II, p. 313.

[1] *Vita S. Clodulfi* (Bouquet, III, 542) : *Arnulfus, ex antiquo senatorum genere patre Arnoaldo procreatus, Franciam omnem, imo totam Galliam nobilitate ac generositate superavit.*

maine fût restée riche et noble sous les rois francs ; l'autre, qu'une telle généalogie semblait honorable et que les Carolingiens se flattaient de descendre, non d'une antique famille germaine, mais d'une noble maison de sénateurs gallo-romains unie par mariage à la famille régnante.

Il ne faudrait pas conclure de tout cela que la noblesse gauloise fût plus estimée que la noblesse franque; il faut seulement croire que les hommes nobles qui nous sont signalés par toutes les chroniques de cette époque, pouvaient aussi bien appartenir à la population gauloise qu'à la population franque. Il est impossible de dire si dans cette noblesse il y avait plus de sang germanique ou plus de sang gaulois ; ce qu'on peut affirmer, c'est que pour être réputé noble, il n'était pas nécessaire d'être un Germain.

On ne s'attend sans doute pas à ce que cette noblesse pût être aussi fortement constituée au septième siècle qu'elle devait l'être au onzième. Se figurer les nobles de l'époque mérovingienne comme les barons du temps de Louis VI ou comme les gentilshommes du temps de Louis XIV, serait se tromper beaucoup. La noblesse n'était pas encore l'institution fondamentale de la société. Elle n'avait pas ses priviléges assurés par les lois ; elle n'avait pas ses règles fixes, ses conditions immuables, ses droits et ses devoirs bien marqués ; elle était encore incertaine et flottante. Il eût été difficile à un contemporain de la définir ; elle n'était pas encore un état légal.

Nous verrons au onzième siècle ce qu'on peut appeler pour cette noblesse l'âge de maturité ; elle aura alors ses lois, ses règles, ses prérogatives également acceptées du gouvernement et des populations, ses priviléges utiles et ses titres, sa puissance et ses honneurs. Longtemps après, au dix-septième siècle, on verra son âge de caducité; alors, la puissance aura glissé de ses mains, mais elle conservera du moins ses honneurs, ses titres, ses règlements, ses priviléges de vanité et son blason. A l'époque dont nous parlons ici, elle est encore dans une sorte d'enfance; rien de fixé, rien de bien arrêté; ses règles sont vagues; son caractère indécis. Elle n'est encore ni proprement militaire ni essentiellement féodale. Elle ne fait que naître, et comme la société autour d'elle est pleine de troubles, sa destinée dépendra des éléments qui y prévaudront. Elle est comme un être qui arrive à la vie, et dont on ne distingue pas encore les organes, parce que ses organes se développeront plus tard suivant le milieu où il devra vivre.

FIN DE LA PREMIÈRE PARTIE
(60 av. J.-C. — 650 après J.-C.)

NOTES ET ÉCLAIRCISSEMENTS

N° 1. Si les Gaulois avaient un conseil fédéral.

Les mots *concilium Gallorum* se trouvent plusieurs fois dans le livre de César. Il en faut chercher le sens, et, comme la vérité historique ne se dégage que d'une étude scrupuleuse des textes, il est nécessaire d'examiner tous ceux où cette expression se rencontre.

Au chapitre xxx, livre I, César rapporte qu'après sa victoire sur les Helvètes, des envoyés de presque toute la Gaule, chefs de cités, se rendirent vers lui pour le féliciter et lui demandèrent « qu'une assemblée de toute la Gaule fût convoquée, en faisant savoir que c'était la volonté de César qu'elle eût lieu. » Avec l'assentiment du général romain, « ils fixèrent un jour pour cette réunion. » — Il ne se peut agir, dans ce passage, d'une assemblée régulière, légale, périodique : si une telle institution avait existé, l'autorisation de César n'était pas nécessaire, puisque César n'avait pas encore commencé la conquête du pays et n'y exerçait aucune espèce de domination. Ces Gaulois le priaient, au contraire, de prendre l'initiative de la convocation d'une sorte de congrès, *ut liceret id ex voluntate Cæsaris facere;* et la suite du récit montre assez quelles étaient leurs vues.

Ailleurs César mentionne des assemblées de Gaulois qu'il convoquait lui-même et devant lui, *principibus cujusque civitatis ad se evocatis* (V, 54). Assurément, ce n'étaient pas là des assemblées nationales. Il s'agit, au contraire, d'un usage tout romain. C'était la règle qu'un gouverneur de province réunît, deux fois par an, le *con-*

ventus ou *concilium provincialium;* là, il recevait les appels, prononçait sur les différends, répartissait les impôts, faisait connaître les ordres de la République ou les siens. C'est cette habitude romaine que César transporta dans sa province de Gaule. Deux fois par an, il appelait à lui les chefs des cités; dans la réunion du printemps, il fixait le contingent en hommes, chevaux et vivres, que chaque cité devait fournir pour la campagne; à l'automne, il distribuait les quartiers d'hiver et déterminait la part de chaque cité dans la lourde charge de nourrir ses légions (V, 27 ; V. 41). Il n'y avait que les peuples alliés ou soumis qui envoyassent à ces assemblées; César le dit lui-même; l'an 53, « il convoqua, suivant sa coutume, une assemblée de la Gaule ; tous les peuples s'y rendirent, à l'exception des Sénons, des Carnutes et des Trévires, dont l'absence pouvait être regardée comme un commencement de révolte » (VI, 3). Nous devons nous représenter le général romain présidant cette assemblée qui n'est réunie que par son commandement; il siége sur une estrade élevée et prononce ses ordres, *ex suggestu pronuntiat:* il transfère l'assemblée où il veut; il la déclare ouverte ou levée, suivant qu'il lui plaît (VI, 3 et 4). Parfois, du haut de ce tribunal, la foule des Gaulois étant à ses pieds, il exerce son droit de justice et prononce des arrêts de mort (VI, 44). De telles réunions ne ressemblent en rien à des assemblées nationales.

On ne doit pas douter d'ailleurs que les États gaulois ne pussent s'adresser des députations et former entre eux des congrès. Ainsi, en 57, les peuples Belges tiennent un *concilium* pour lutter contre César; mais ce *concilium* est si peu une assemblée régulière du pays, que les Rèmes, qui sont Belges, n'y figurent pas et ne savent que par ouï-dire ce qui s'y passe (II, 1-4). — Ailleurs (V, 27), Ambiorix dit qu'une ligue, *conjuratio,* s'est formée entre presque tous les peuples et qu'une résolution commune a été prise, *esse Galliæ commune consilium.* Ce sont là des réunions qui n'ont pas les caractères d'une institution régulière et avouée. « Elles se tenaient la nuit, dans des lieux écartés, au fond des forêts » (V, 53; VII, 1). La réunion de guerriers qui se tint, l'an 52, dans le pays des Carnutes, et dont les membres prêtèrent un serment sacré sur les insignes militaires, n'est pas présentée par César comme un conseil commun de la nation, et l'on ne voit jamais que Vercingétorix agisse au nom d'une assemblée.

L'institution d'un conseil fédéral n'est jamais mentionnée par César, et l'on sent assez que, si ce conseil avait existé, il apparaîtrait vingt fois, par des actes ou par des protestations, dans cette histoire de la conquête. Dira-t-on que c'était César qui l'empêchait de se réunir? Mais, dans le livre où il décrit en historien les institutions de la Gaule, il n'aurait pas pu oublier celle-là. Strabon et Diodore en auraient fait mention. On la verrait se montrer avant la conquête, à l'occasion de l'affaire des Helvètes, par exemple. Aucun écrivain ne parle de cette assemblée; aucun événement ne nous la fait apercevoir.

N° 2. Sur un passage de l'historien Zosime et sur ce qu'on a appelé la république armoricaine.

L'abbé Dubos a soutenu qu'avant l'invasion des barbares une partie de la Gaule s'était séparée de l'empire et s'était donné un gouvernement républicain. Cette assertion est assez grave pour qu'on se demande sur quel fondement elle s'appuie.

Il n'allègue qu'un seul texte, celui de Zosime, livre VI, chapitre v, et ce texte doit être examiné de près. L'historien grec rapporte qu'en 408 l'usurpateur Constantinus s'était emparé du pouvoir dans la Gaule, et qu'un autre usurpateur, Gérontius, s'élevait contre lui; toutes les troupes gauloises se trouvaient alors en Espagne ou dans le midi de la Gaule avec Gérontius, et les corps barbares qui servaient dans le pays rejoignirent celui-ci; la Gaule était donc absolument sans défense : « Alors les barbares d'au delà du Rhin, se ruant partout sans rencontrer d'obstacles, contraignirent (κατέστησαν εἰς ἀνάγκην) les Bretons et plusieurs peuples de la Gaule à être en dehors (ἀποστῆναι) de l'autorité romaine et à se suffire à eux-mêmes (c'est le sens propre des mots καθ' ἑαυτὸν βιοτεύειν), sans plus recevoir d'ordres du gouvernement romain. Les Bretons, prenant les armes et combattant vaillamment pour leurs propres intérêts, délivrèrent leurs villes des barbares (ἐλευθερῶσαν τῶν ἐπικειμένων βαρβάρων τὰς πόλεις); en même temps, l'Armorique et plusieurs provinces de la Gaule, faisant comme les Bretons, se délivrèrent de la même manière, chassant les fonctionnaires romains et établissant chez elles le gouvernement qui leur convenait. »

Tel est ce passage. Il y faut remarquer deux choses : l'une, que cette séparation n'a pas été volontaire, mais forcée; l'autre, que par cette délivrance dont il parle, Zosime n'entend pas dire que les peuples se soient délivrés de l'autorité romaine, mais des barbares. Sa pensée est celle-ci : Presque toute la Gaule et l'île de Bretagne sont absolument dégarnies de troupes impériales; les Germains se ruent partout; par suite de leurs incursions, ces deux pays se trouvent séparés de l'empire et sans communications avec l'empereur Honorius; les populations ainsi abandonnées à elles-mêmes, résistent pourtant et finissent par se délivrer des barbares. L'historien ajoute, à la vérité, qu'elles ont chassé les fonctionnaires romains; mais il faut faire attention qu'il ne se peut agir ici que des fonctionnaires nommés par l'usurpateur Constantinus; or ce personnage représentait si peu l'empire, qu'il appelait lui-même les Germains. Si les villes voulaient rester romaines, il leur fallait d'abord se débarrasser de ces fonctionnaires et repousser l'autorité de l'usurpateur Constantinus; c'est précisément ce que Zosime dit qu'elles firent.

Tous ces événements, obscurs dans le récit trop bref de Zosime, deviennent clairs, si on les observe dans les autres écrivains contemporains qui les ont racontés. D'ailleurs le récit de Zosime qui s'arrête à l'année 410, est continué, pour les années suivantes, par Paul Orose, Olympiodore, Sozomène et Renatus Frigéridus cité par Grégoire de Tours (II, 9). Nous y voyons que les cités du nord de la Gaule restèrent séparées de l'empire, c'est-à-dire de l'autorité d'Honorius, aussi longtemps que Constantinus et ses barbares furent les maîtres de la partie méridionale et coupèrent toutes relations avec l'Italie. Cela dura jusqu'en 411. Enfin Honorius envoya en Gaule une armée commandée par un Romain nommé Constantius, « et l'on sentit alors, dit Orose (VII, 42), quelle force trouve l'empire, lorsque ses troupes sont commandées par un Romain, au lieu des maux qu'on avait soufferts tant qu'on avait eu des généraux barbares. » En vain Constantinus fit-il venir d'au delà du Rhin une nouvelle armée de barbares (Sozomène, IX, 14); cette armée fut vaincue et détruite par le général de l'empire. Les usurpateurs firent leur soumission, « et à partir de ce moment, toute la contrée rentra sous l'autorité d'Honorius et obéit à ses fonctionnaires » (*id.*, 15). Un contemporain ajoute que, tous les usurpateurs ayant péri, « la paix et l'unité furent rendues à l'empire » (Orose, VII, 42).

La scission entre le nord de la Gaule et l'empire a donc été involontaire et n'a duré que trois ans. En 417, Rutilius qui était Gaulois, parle, dans son *Itinerarium* (v. 213), de son ami Exupérantius qui était, cette même année, gouverneur de l'Armorique. Sidoine (*Lettres*, V, 9) dit formellement que toute la Gaule obéissait aux préfets de Valentinien III. Grégoire de Tours et tous les hagiographes montrent en maints passages que le nord de la Gaule est resté romain, et aucun d'eux ne signale, fût-ce par une allusion, l'indépendance de l'Armorique.

N° 3. Du Defensor civitatis.

Comme nous nous écartons, au sujet de ce magistrat, de l'opinion ordinairement reçue, nous devons présenter les documents sur lesquels nous nous sommes appuyés.

Il n'y a dans les codes que quatre lois qui soient relatives à l'élection du *Defensor*. La première est de Valentinien II : *Hi instituantur defensores quos decretis elegerint civitates* (Code Théod., I, 29, 6, éd. Hœnel, p. 176, c); la seconde est d'Honorius : *Defensores ita præcipimus ordinari ut reverendissimorum episcoporum necnon clericorum et honoratorum ac possessorum et curialium decreto constituantur* (Code de Just., I, 55, 8); cette énumération comprend toutes les classes supérieures; il n'y est pas question de la *plebs*. La troisième est de Majorien; elle mentionne la plèbe, mais après les *honorati* et les *municipes : municipes, honoratos plebemque commoneat ut adhibito consilio sibi eligant defensorem*. Ce texte peut indiquer une élection qui serait faite par la cité entière, mais non pas une élection purement plébéienne. La quatrième est de Justinien : *In unaquaque civitate defensor decreto factus omnium possessorum in civitate consistensium* (novelles, XV) ; ici le défenseur apparaît comme l'élu des seuls propriétaires. Nous ne pensons pas que ces documents permettent de regarder le *Defensor* comme choisi exclusivement par les classes inférieures; des quatre textes que nous avons, trois le montrent élu par les classes élevées ou moyennes ; un seul y joint la plèbe.

On a dit que le *Defensor* avait dû être choisi parmi les plébéiens ; cette opinion ne nous paraît pas conforme aux textes. Une loi de 365 porte que « les défenseurs des cités ne doivent pas être pris dans le corps des décurions ni dans celui des *cohortales*, mais parmi les personnes dignes d'une telle charge, *non ex decurionum seu ex cohortalium corpore, sed ex aliis idoneis personis* (code de Just., I, 55, 2). » Cette loi signifie qu'il faut choisir ces magistrats dans des classes plus élevées que celles des décurions et des *cohortales*. Nous avons montré, en effet, que les décurions n'étaient qu'une classe moyenne, et qu'au quatrième siècle elle était méprisée. Ainsi, dans une loi du code Théodosien (XVI, 5, 52), ils ont six classes avant eux, les *illustres*, les *spectabiles*, les *senatores*, les *clarissimi*, les *sacerdotales* et les *principales*, et ils n'ont après eux que les *negotiatores* et les *plebeii*. C'était dans la catégorie des *principales* qu'il fallait choisir le défenseur de la cité. La loi qui défend de le prendre parmi les simples décurions a le même sens que celle par laquelle Constantin interdisait de choisir un simple décurion pour *curator civitatis* (code Théod., XII, 1, 20). Il fallait être passé par toutes les charges municipales et avoir rang de *principalis* pour arriver à ces hautes fonctions qui n'avaient rien au-dessus d'elle dans la cité. Cela est clairement expliqué par une novelle de Justinien ; cet empereur se plaint que, depuis quelque temps, la magistrature du *Defensor* ait été avilie, et il attribue cet avilissement à ce qu'on a, depuis quelque temps, pris l'habitude de choisir le *defensor* parmi les hommes obscurs, *viri obscuri*; il prescrit qu'on revienne aux anciennes règles, et que le *defensor* soit toujours pris parmi les hommes les plus nobles, *nobiliores* (Novelles, XV).

Comme toutes les magistratures municipales, celle de *defensor* était gratuite et fort coûteuse ; aussi la loi obligeait-elle à être défenseur malgré soi et à tour de rôle, comme elle avait obligé à être duumvir (code de Just., I, 55, 10) ; de telles dispositions n'auraient pu s'appliquer à une magistrature démocratique.

On a conjecturé que le *defensor* était un chef plébéien placé vis-à-vis des duumvirs qui étaient les chefs de la curie ; mais il n'y a pas un seul texte ni une seule inscription qui montre que ces deux magistratures aient existé en même temps, ni à plus forte raison qu'elles aient été rivales. Partout le *defensor* apparaît à la place des duumvirs et avec les mêmes attributions.

Que le *defensor* ait eu pour mission spéciale de défendre les classes pauvres et qu'il ait été une sorte de tribun du peuple, c'est ce qui n'est marqué ni dans les lois ni dans les écrits du temps. Il n'avait pas à protéger les plébéiens contre les décurions et les *principales*, puisqu'il était élu par ceux-ci, ni contre les magistrats municipaux, puisqu'il était lui-même le chef suprême de la cité. Il était un protecteur pour toute la population indistinctement (code de Just., I, 55, 8 et 9).

Ce qui a fait illusion, c'est que ce magistrat est quelquefois appelé *defensor plebis*; mais il faut songer que le mot *plebs* avait quelquefois, au cinquième siècle, le sens de circonscription rurale. Le *defensor plebis* ou *loci* était le chef de ce qu'on a appelé plus tard une paroisse; il ressemblait d'ailleurs dans sa circonscription à ce qu'était le *defensor civitatis* dans la cité.

On a dit que l'évêque était devenu partout le Défenseur; cela ne se voit dans aucun document. Il semble même qu'il y avait incompatibilité entre la dignité d'évêque qui était viagère et celle de *defensor* qui était annuelle; l'évêque ne pouvait que perdre à revêtir une magistrature qu'il aurait dû bientôt déposer.

N° 4. Sur la justice chez les Germains.

Tacite dit que la justice est rendue dans les cantons par des *principes* qui ont été désignés dans l'assemblée publique de l'État. Il ajoute que chacun de ces *principes* est entouré d'une centaine de compagnons tirés de la population libre du canton, *centeni ex plebe comites* (Germanie, 12). On a pensé que ces cent hommes libres formaient une sorte de grand jury tout-puissant, qui jugeait en souverain, qui prononçait la sentence, et dont le *princeps* n'était qu'un président. Tacite ne dit pas cela. Il exprime les attributions de ces *comites* par les deux mots *consilium* et *auctoritas*. Or il faut observer quelle signification avaient ces deux termes dans la langue que Tacite parlait. *Consilium* était le terme précis qui désignait officiellement la réunion des assesseurs dans un tribunal romain (Pline, lettres, IV, 22 : *interfui principis cognitioni, in consilium assumptus*. Fronton, *ad amicos*, I, 1 : *Qui consilio judicis adsunt. Rufus legatus cum consilio collocutus*, inscription de Tarragone, citée plus haut). Les assesseurs étaient désignés indifféremment par les mots *assessores, consiliarii, comites* (Digeste, I, 22).

Quant au mot *auctoritas*, il a été traduit comme s'il avait le sens vague d'autorité. Qui ne sait pourtant que Tacite a l'habitude de donner aux termes qu'il emploie un sens précis et concret? L'expression *auctoritas* était usitée dans la société romaine, particulièrement dans la langue officielle de la justice et de l'administration, pour désigner les hommes qui signaient un arrêt, une sentence, un décret. Lorsque, par exemple, Tacite et deux ou trois de ses collègues mettaient leur nom en tête d'un sénatus-consulte avec la formule *scribendo affuerunt*, ils étaient *auctoritas*; cela signifiait qu'ils étaient signataires et garants de l'arrêt du sénat (voyez un passage de Cicéron, *de Oratore*, III, 2, où cette signification du mot est nettement marquée). C'est en ce sens qu'il applique le même mot aux *comites* du juge germain; il veut dire qu'ils font auprès de ce juge le même office que font dans les tribunaux romains les *consiliarii*, et ceux qui sont *auctoritas*. Ils ignorent l'écriture; mais ils sont là pour être témoins et pour pouvoir dans la suite affirmer la sentence comme s'ils l'avaient signée. Le *princeps qui jura reddit* est étranger au *pagus*; il est de toute nécessité qu'il soit entouré d'hommes de ce pagus, qui puissent, dans le présent, lui servir de conseillers, et, dans l'avenir, rappeler sa sentence et s'en porter garants.

Voilà, si nous ne nous trompons, ce que Tacite a voulu dire. Quant à l'institution du jury ou d'une justice démocratique chez les Germains, ni Tacite ni aucun autre écrivain n'en a parlé.

N° 5. Si les Germains ont enlevé aux Gaulois la propriété du sol.

Il n'y a pas un seul texte qui indique que les Francs aient dépossédé les indigènes. Quant aux Visigoths et aux Burgondes, il se trouve dans leurs codes deux articles qui ont paru être une allusion à un partage des terres. Il faut examiner de près le sens de ces deux articles, et chercher s'ils sont des preuves suffisantes pour affirmer que les conquérants se soient emparés du sol des vaincus.

Notons d'abord qu'il n'y a pas dans ces codes un seul mot qui marque que les indigènes fussent des vaincus ni les Germains des conquérants. L'expression de terre enlevée aux vaincus, ni celle de terre distribuée à des vainqueurs ne se rencontrent jamais.

Le titre 54 du code des Burgondes, promulgué suivant toute apparence en 501, rappelle un édit royal en vertu duquel « le peuple burgonde a reçu le tiers des esclaves et les deux tiers des terres. » Ce passage, s'il était isolé, semblerait être l'édit lui-même qui aurait décrété la spoliation des propriétaires gaulois. Mais il convient d'observer que les termes mêmes de l'article montrent qu'il est l'œuvre du roi Gondebaud ; à supposer que cet édit fût de la première année de ce long règne, encore serait-il postérieur à l'établissement des Burgondes dans le pays ; la mesure qu'il établit n'est donc pas un fait de conquête. Qu'on lise d'ailleurs l'article tout entier, et l'on remarquera deux choses : l'une, qu'il vise des terres sur lesquelles le Burgonde n'a aucun droit de propriété, sur lesquelles il a seulement l'*hospitalité*, et que la loi même continue d'appeler « les terres de son *hôte* » ; l'autre, que cet édit a pour but, non pas d'assurer aux Burgondes la possession de ces terres, mais au contraire de les en déposséder pour la plupart et de les contraindre à les rendre aux Gallo-Romains, *sine dilatione restituant*. Loin que cet édit de Gondebaud prononçât la confiscation des propriétés, il en était tout l'opposé. Nous chercherons tout à l'heure quel pouvait en être le sens ; au moins est-il certain qu'il ne pouvait pas être un décret de confiscation.

Quant à l'article de la loi des Wisigoths (X, 1, 8), il commence ainsi : « Le partage fait entre un Goth et un Romain au sujet d'une portion de terres ou de forêts ne sera modifié pour aucun motif, si toutefois il est prouvé que ce partage a été fait authentiquement. » *Divisio facta inter Gothum et Romanum de portione terrarum sive silvarum nulla ratione turbetur, si tamen probatur celebrata divisio*. Ces termes sont clairs ; *portio* est un mot employé dans la langue du sixième et du septième siècle pour désigner une propriété ; on en peut voir cent exemples dans les actes de vente ou de donation ; la *villa* était un très-grand domaine ; la *portio* était un domaine moins étendu. *Celebrata divisio* est l'expression consacrée pour signifier un acte régulier et authentique de partage ; on lit dans Sidoine Apollinaire (*lett.*, IV, 24) : *consortes habeo, coheredes, necdum celebrata divisio est*, j'ai des cohéritiers et l'acte de partage n'est pas encore passé. — On voit clairement que le législateur wisigoth n'a pas en vue dans cet article une confiscation générale ni un partage de toutes les terres du pays ; il vise un certain partage qui a pu être fait entre un Goth et un Romain d'un domaine particulier ; il exige même que ce partage ait été fait par acte authentique. Il ne s'agit pas ici d'une spoliation universelle; il s'agit d'un contrat régulièrement conclu entre deux hommes.

Voulons-nous savoir quelle était la nature de ce contrat? Il faut regarder d'abord dans quel milieu et, pour ainsi dire, dans quel courant d'idées la loi qui le concerne se trouve placée. Elle fait partie d'un chapitre intitulé : *Des partages et des terres données à condition*. Les sept premiers articles sont relatifs à des terres partagées entre frères, entre cohéritiers, entre voisins. Plus loin vient une suite de cinq articles qui ont trait aux terres données sous condition, c'est-à-dire affermées de différentes manières, *terrœ quœ ad placitum canonis datœ sunt*. Ces deux sortes d'actes, qui ne se ressemblent pas, sont pourtant réunis sous la même rubrique; le législateur a peut-être vu un lien entre eux ; dans le premier cas, il s'agit d'un partage qui divise le domaine entre deux hommes qui en sont propriétaires à titre égal; dans le second, il s'agit d'une autre sorte de partage qui se fait à l'occasion d'un domaine entre deux hommes dont l'un en reste propriétaire, et dont l'autre en devient usufruitier sous des conditions déterminées.

C'est entre ces deux séries d'articles que se trouve celui qui vise un partage fait entre un Goth et un Romain. Il y est dit que « les deux tiers appartiendront au Goth, le tiers au Romain, sans que l'un ni l'autre puisse prétendre davantage. » Cette phrase, qui probablement était claire pour les contemporains, parce qu'elle se rapportait à des relations et à des conventions que tout le monde connaissait, est obscure pour nous. L'idée qui nous vient d'abord à l'esprit, est que la propriété a été partagée et que le Goth a eu les deux tiers du sol. Cette interprétation ne soutient pourtant pas l'examen. En effet, si c'est la propriété qui a été autrefois partagée, il y a eu, à partir de ce jour, deux domaines distincts et deux propriétaires à titre égal ; les lois ordinaires de la propriété les régissent; le législateur n'a donc nul besoin d'avertir (et cela si longtemps après l'établissement, car cette loi n'est pas de celles qui sont qualifiées *antiquœ*) qu'aucun des deux propriétaires ne doit empiéter sur le bien de l'autre; le titre 3, *de terminis et limitibus*, suffit à interdire cette sorte d'empiétement. Si le législateur croit devoir introduire un article si spécial, c'est qu'il a affaire à des relations d'une nature toute particulière.

Les *tiers* dont il s'agit ici sont donc autre chose qu'une fraction du sol. La pensée se reporte alors vers les articles qui suivent et où l'on voit le législateur régler les rapports entre un propriétaire et un tenancier ; on songe aussi que, dans la langue de cette époque et des siècles suivants, le mot *tertia* était souvent employé pour désigner, non le tiers du sol, mais un prix de fermage, qui était apparemment du tiers des fruits. Cela se voit maintes fois dans les actes et dans les lois ; Sidoine Apollinaire, par exemple, nous apprend qu'il a hérité d'une terre *in usum tertiæ*, c'est-à-dire affermée au tiers, et qu'il offrait de la compter, dans sa part d'héritage, comme si elle avait été affermée à moité, *sub pretio medietatis*; il faisait ce sacrifice à ses cohéritiers, afin d'entrer plus vite en possession (*Lettres*, VIII, 9). La loi des Wisigoths, une page plus loin que l'article que nous examinons, mentionne l'homme qui paye la redevance appelée *tertia* ; la loi des Burgondes en parle également (*terram sine tertiis habere*, tit. 79). Serait-il téméraire de penser que c'est un contrat de cette nature que le législateur a eu en vue, et que, lorsqu'il fixe la part du Goth aux deux tiers, il entend que ce Goth, qui est un tenancier, jouira des deux tiers des fruits et qu'il en laissera le tiers au Romain propriétaire ?

Ces obscurités s'éclaircissent un peu, si l'on rapproche de cet article les dispositions analogues du code des Burgondes.

Un premier fait à constater c'est qu'il n'y a aucun texte qui montre que ces Burgondes se soient établis dans le pays par conquête. Les chroniqueurs contemporains ne parlent que de leurs désastres; écrasés par Aétius, en 434, ils sont presque exterminés par les Huns l'année suivante (Chroniques d'Idace, de Prosper Tyro, de Cassiodore, de Maxime), et c'est après ces grands coups qui les avaient accablés, qu'on donna à ce qu'il restait d'eux la Sabaudie à *partager* avec les indigènes : *Reliquiis datur Sabaudia cum indigenis dividenda*. Peu après, Marius d'Avenches dit qu'ils partagèrent les terres avec les grands propriétaires gaulois, *terras cum gallicis senatoribus diviserunt*. De quelque façon qu'on entende ce *partage*, il est difficile d'y voir un fait de conquête; car ces Burgondes, en l'état que les chroniqueurs décrivent, étaient bien loin de ressembler à des conquérants.

Frédégaire, qui vivait au milieu des Burgondes, rapporte que ce fut sur l'invitation expresse des Gallo-Romains que ces hommes entrèrent dans la province lyonnaise ; il ajoute qu'ils s'y établirent à titre de *tributaires*, c'est-à-dire de cultivateurs sujets à redevance : *per legatos invitati a Romanis vel Gallis qui Lugdunensem provinciam manebant, ut tributarii cum uxoribus et liberis consederunt* (*Fredeg. fragm.* dans dom Bouquet, t. II, p. 462). Cette assertion paraîtra invraisemblable à quiconque a dans l'esprit l'idée préconçue que les Germains fussent des conquérants; elle étonnera moins, si l'on songe à tous les faits complexes que nous avons décrits dans la vie du cinquième siècle, et si l'on se rappelle toutes les formes sous lesquelles les Germains se présentaient pour entrer dans l'empire. Les propriétaires gaulois pouvaient avoir besoin de bras, soit pour cultiver leurs terres, soit pour les défendre. Qu'une ville ou une province attirât une troupe de barbares et se l'attachât par un traité particulier, cela se voyait tous les jours en ce temps-là, ainsi qu'on peut le constater dans plus d'une lettre de Sidoine et dans l'*Eucharisticum* de Paulin (v. 396).

Cela même se trouve confirmé par un article de la loi burgonde (tit. 79), qui fut écrit 40 années environ après l'établissement. On y rappelle « qu'il est souvent arrivé autrefois qu'un propriétaire du pays invitât un homme de naissance barbare à s'établir à demeure sur sa propriété, et qu'il en détachât volontairement un lot de terre pour le donner à habiter à ce barbare : *si quis barbaræ nationis personam ut in re sua consisteret invitasset et ei terram ad habitandum voluntarius deputasset*. Il s'agit ici d'une opération que nous retrouverons fort en usage au douzième siècle; le propriétaire qui avait beaucoup de terres et peu d'hommes, appelait sur son domaine des *hôtes*, à chacun desquels il donnait un *hospitium* et un champ, non en toute propriété, mais en jouissance perpétuelle moyennant redevance. C'était une façon particulière d'exploitation du sol, et il n'est pas douteux qu'elle ne fût connue au temps de l'empire ; les *hospites* sont déjà signalés comme une classe de tenanciers par Ulpien (*Digeste*, XLIII, 19, 1, § 7, et VII, 8, 2 et 4).

La redevance de l'*hôte* burgonde paraît avoir été ordinairement du tiers des fruits (tit. 79). Il cultiva son lot ou le fit cultiver par les serfs qu'il y trouvait établis et que la loi romaine défendait d'en séparer. Il jouit des deux tiers des fruits de son travail et du tiers des revenus divers que les esclaves produisaient soit par leur travail agricole ou industriel, soit par leur pécule et leur héritage.

Un autre article de la loi marque bien la nature de ce contrat. On lit au titre 67 : « Ceux qui occupent en tenure un champ ou un lot de colon, devront, suivant la mesure de leurs terres labourables et au prorata de ce qu'ils occupent, partager aussi entre eux les bois, le Romain pourtant se réservant toujours la moitié de ces bois. » Ce passage vise manifestement des Germains qui ont été établis comme tenanciers et colons sur la terre d'un propriétaire gallo-romain; quand on dit que ces tenanciers partagent entre eux les bois, nous devons certainement entendre qu'ils n'en partagent que les produits, le propriétaire gallo-romain conservant sur le tout son domaine éminent.

On peut deviner et la loi même nous apprend à quelles difficultés ce contrat d'hospitalité donna lieu dans une époque si troublée. Quelquefois la redevance n'avait pas été fixée, ou le propriétaire restait plusieurs années sans l'exiger (tit. 79); d'autres fois le barbare refusait de la payer ou contestait sur la somme. Les conflits étaient incessants; beaucoup de propriétaires s'efforçaient d'éloigner ces hôtes incommodes, qui s'obstinaient à rester. C'est pour mettre fin à ces luttes que le roi Gondebaud promulgua l'ordonnance qui se trouve rappelée au titre 54. Il y décidait deux choses : l'une, que tout Burgonde qui avait obtenu du roi le don d'une terre en propre, devrait quitter la terre où il était hôte et la restituer au propriétaire romain ; l'autre, que celui qui faute de propriété resterait hôte, aurait une part fixe, qui consisterait dans les deux tiers des fruits du sol et dans le tiers du produit des esclaves ; il était sous-entendu que le reste formerait la part du propriétaire. C'est à peu près ce que fixait aussi la loi des Wisigoths (X, 1, 8). Plus tard, une ordonnance insérée dans la loi des Burgondes (tit. 79) décida que, si la redevance du tiers était restée impayée durant 15 ans, sans réclamation du propriétaire, le champ en serait dégrevé en vertu du principe de prescription.

Ce qui frappe le plus les yeux en tout cela, c'est la netteté avec laquelle la loi burgonde sépare toujours le droit de propriété du droit d'hospitalité. Partout où il est parlé de *tiers* et de *partage*, le Burgonde n'est qu'un hôte, *hospitalitas ei fuit delegata*. Ailleurs, il est propriétaire, et il n'est plus question de partage. Quand il est propriétaire, il a la jouissance complète ; là où il est hôte, il ne jouit que des deux tiers.

Un procès peut surgir au sujet de la propriété ou des limites d'un champ. Si le Burgonde ne l'occupe qu'à titre d'hôte (*hospitalitatis jure*), la loi lui interdit d'intervenir dans le procès ; les débats ne regardent que le propriétaire romain et passent par-dessus la tête du Burgonde (tit. 55, art. 1). Au contraire, si le Burgonde possède une terre en propre, il peut paraître en justice et défendre son bien ; on lui permet même de le défendre suivant le droit romain (tit. 55, art. 2). La distinction entre la propriété et l'hospitalité est profonde.

Quant à cette propriété du sol, la loi indique par quel moyen les Burgondes l'ont obtenue: c'est toujours « par le don royal, » *nostra largitate :* ce qui signifie qu'elle vient toujours du domaine fiscal, dont les rois ont aliéné des parties en faveur de leurs guerriers ou de leurs courtisans, par des concessions particulières et individuelles. Jamais la loi ne fait mention de propriétés acquises en vertu de la conquête, par la dépossession des vaincus, en vertu d'un tirage au sort. Le mot *sors,* qui est souvent employé dans ce code, n'a pas d'autre sens que celui qu'il avait alors dans la langue latine, il signifie héritage ; l'expression *jure sortis* est synonyme de *hereditas,* ainsi qu'on le voit au titre 14, art. 5; l'expression *terra sortis titulo acquisita* désigne le patrimoine et s'oppose à l'acquet, *labor,* comme on peut s'en convaincre en lisant l'article Ier du code.

La confiscation du sol d'un pays et la dépossession de tout un peuple serait un événement assez grave pour qu'il nous fût connu par des textes clairs et précis, surtout quand il s'agit d'une époque qui nous a laissé un si grand nombre de documents écrits. Qu'on lise Sidoine Apollinaire ; on n'y trouvera pas un mot qui soit l'indice d'une spoliation générale. Il a été témoin de l'établissement des Goths ; il en a même été victime, car il a été frappé par eux d'une sentence d'exil. On voit (*Lettres,* VIII, 9) qu'il implore auprès du roi barbare la permission de rentrer dans sa ville natale ; il félicite un ami qui, plus heureux que lui, a déjà obtenu la permission de revoir ses domaines ; mais on ne voit nulle part qu'il ait à déplorer, ni pour lui, ni pour aucun de ses riches amis, la confiscation des deux tiers du sol.

Il existe un petit livre qui a été écrit en ce temps-là et qui est singulièrement instructif, c'est l'*Eucharisticum* de Paulin de Pella (publié à Breslau par L. Leipziger, 1866, et à la suite d'Ausone, t. I, dans la coll. Panckoucke). Ce Paulin appartenait à une très-riche et très-noble famille d'Aquitaine ; né vers 382, il parvint à la vieillesse ; à l'âge de plus de 80 ans, c'est-à-dire en 463, il écrivit en vers l'histoire de sa vie. Témoin de l'entrée des Wisigoths en Gaule et de leur établissement, il a décrit les désordres et les souffrances de cette malheureuse époque; mais il n'a dit nulle part que les Germains aient dépossédé ses compatriotes et se soient partagé le sol. La troupe des Goths, dans un premier séjour qu'elle fit en Aquitaine, vers 412, avant de se rendre en Espagne, fut logée chez les habitants en vertu des règles de l'*hospitalitas militaris* qui étaient usitées dans l'empire. La maison de Paulin eut le privilége de n'en pas recevoir; mais cette faveur même lui devint funeste; la troupe, au moment de quitter la ville, pilla tout; les maisons qui avaient reçu des hôtes Germains furent défendues par eux; celle de Paulin, n'ayant personne pour la protéger, fut mise à sac (v. 285-288). — Peu après, un désastre le frappa personnellement. Il avait pris parti pour l'usurpateur Attalus, le protégé d'Alaric, et avait été élevé par lui à la dignité de comte des largesses (v. 295); il avoue dans ses vers qu'il avait été, en ce temps-là, du parti des Goths « comme tant d'autres l'ont été après moi et le sont encore sans s'en repentir. » Son malheur était d'avoir été leur allié lorsqu'ils soutenaient Attalus, au lieu de l'être lorsqu'ils soutinrent Honorius. Les Goths, qui avaient élevé Attalus au trône et l'en avaient ensuite précipité, poursuivirent tous ses amis, et celui-là surtout qui avait été un de ses ministres. Paulin fut donc persécuté « comme comte de ce même prince par l'autorité duquel il avait été l'allié des Goths » (v. 315); ses biens furent confisqués, et lui-même condamné à l'exil. Il songea à se retirer en Épire, où il possédait un immense patrimoine (v. 415-425); mais là encore la sentence de confiscation avait été prononcée; on frappait, en effet, en lui le ministre d'un usurpateur; on le frappait en vertu des lois romaines, et il n'eut pas lieu d'être surpris « que des mains romaines achevassent en Épire ce que des mains barbares avaient commencé en Aquitaine » (v. 424). — Il paraît toutefois que la confiscation ne fut pas complète; le récit de Paulin montre, en effet, d'une part, qu'il vécut à Marseille avec un grand train de maison et un nombreux domestique (v. 460, 479, 480, 537), et d'autre part, qu'il lui était permis de recevoir les revenus, au moins en partie, de ses terres d'Aquitaine (v. 506). Cela prouve que ces terres n'étaient pas devenues la propriété des guerriers wisigoths. Peut-être étaient-elles en séquestre entre les mains du fisc, qui, suivant l'humeur du roi (v. 514), permettait ou refusait qu'on en envoyât le revenu à l'exilé. Ce qui paraît plus probable, d'après le vers 502, c'est que le chef wisigoth avait établi sur ces terres quelques guerriers, à titre de colons, *gothico consorte colono*. Paulin conservait son droit de propriété ; les colons, gardant pour eux les deux tiers des fruits, faisaient parvenir le tiers restant (fort inexactement sans doute) à Paulin. Celui-ci réussit assez bien à se faire payer tant qu'un de ses fils vécut à Bordeaux ; les sommes ne lui parvinrent plus dès qu'il n'eut plus personne pour représenter ses intérêts (v. 505-515). Il vécut dans cette situation 53 ans (rapprocher les vers 473 et 478), relégué à Marseille, entouré de nombreux serviteurs, qu'il employait à la culture (v. 536), mais s'appauvrissant insensiblement et réduit à s'endetter (v. 560-574). Enfin, vers l'an 463, un bonheur inespéré s'offrit à lui : un Wisigoth voulut devenir propriétaire d'une de ses terres situées près de Bordeaux ; peut-être était-ce celui-là même qui l'occupait à titre d'hôte ; il l'acheta et en envoya le prix à Paulin (v. 575-579). La somme, nous dit celui-ci, n'était pas celle qu'il eût exigée à une autre époque ; elle était du moins assez considérable pour qu'il pût payer ses dettes (v. 580) et retrouver quelque opulence. Paulin appelait ce domaine *agellus*, comme Ausone appelait *herediolum* une propriété de 1,000 *jugera* (*Idyll.*, 3). Dans un temps de grande propriété, mille arpents passaient pour un coin de terre.

Cette histoire d'un homme nous enseigne l'histoire de toute une génération. Nous y voyons le mal que firent deux fléaux réunis, la lutte des compétiteurs qui se disputaient la pourpre, et l'entrée de troupes germaines qui étaient avides et brutales. Nous n'y apercevons pas que les rois barbares aient décrété une confiscation générale du sol ; mais nous y voyons que, pour des raisons politiques ou pour des prétextes qu'il était toujours facile de trouver, on éloignait un grand propriétaire de ses domaines et on y faisait vivre des guerriers. Ceux-ci n'étaient jamais considérés comme propriétaires ; ils étaient hôtes, presque fermiers ; mais la meilleure part des fruits, et la plus sûre, était pour eux. Quant au droit de propriété, il fallait qu'ils l'achetassent.

C'est ainsi, si nous ne nous trompons dans ces recherches fort difficiles, qu'il faut entendre le *partage* dont il est parlé dans les lois des Burgondes et des Goths, et dans la chronique de Marius d'Avenches. Il s'agit d'un partage de jouissance et non de propriété ; et ce partage même n'a pas été un fait général ; il a eu lieu aux dépens de beaucoup de propriétaires, mais non pas de tous, et il n'a guère frappé que ceux contre qui les rois avaient un prétexte plausible.

Il faut d'ailleurs ajouter que les rois burgondes se sont appliqués à faire cesser cette étrange situation, et qu'ils ont donné à leurs guerriers des terres en propre, aux dépens de leur fisc, afin de les obliger à quitter les domaines de leurs hôtes. Si les rois wisigoths n'ont pas fait les mêmes efforts, le même résultat a été certainement obtenu, en ce qui concerne la Gaule, par la bataille de Vouglé. Quant aux Francs, on ne voit à aucun signe, ni qu'ils aient confisqué la terre, ni qu'ils aient usé de l'*hospitalité*.

Qu'il y ait eu beaucoup de violences et de spoliations partielles, cela ne fait aucun doute. Un chroniqueur raconte, par exemple, qu'une troupe d'Alains au service de l'empire fut établie sur le territoire d'une cité par un ordre formel du gouvernement romain, et que, mal reçue par les habitants, elle les chassa et s'empara de leurs terres. Pareils faits durent être fréquents; mais il y a loin de là à une confiscation universelle et légale du sol.

Nous pensons donc que, sauf des exceptions qui durent être assez nombreuses, la terre est restée aux mains des familles gallo-romaines. C'est une vérité par laquelle l'esprit est saisi, quand on lit les vies des saints et les chroniques. Grégoire de Tours, qui écrit un siècle après l'établissement de Clovis, signale presque à chaque page « des sénateurs gaulois » qui possèdent de nombreux et vastes domaines dans toutes les parties de la Gaule. L'invasion germanique n'a ni dépossédé les indigènes, ni morcelé la grande propriété.

TABLE DES MATIÈRES

LIVRE PREMIER

LA CONQUÊTE ROMAINE

Introduction.	1
Chapitre I. — Du gouvernement et de l'état social des Gaulois.	4
— II. — De la clientèle chez les Gaulois.	14
— III. — Du parti démocratique chez les Gaulois.	19
— IV. — Comment la Gaule fut conquise par César.	22
— V. — Si la Gaule a cherché à s'affranchir.	37
— VI. — De quelques effets de la domination romaine.	46
— VII. — Que les Gaulois devinrent citoyens romains.	51
— VIII. — De la transformation intellectuelle des Gaulois.	56

LIVRE II

L'EMPIRE ROMAIN

Chapitre I. — La monarchie romaine.	65
— II. — Comment le régime impérial fut envisagé par les populations.	79
— III. — De la centralisation administrative.	97
— IV. — De quelques libertés provinciales sous l'empire romain ; les assemblées et les députations.	105
— V. — Du régime municipal en Gaule sous l'empire romain.	122
— VI. — De quelques règles de ce régime municipal.	130
— VII. — Si ce régime municipal est tombé en décadence.	140

Chap. VIII.	— De la législation impériale.	153
— IX.	— Comment les hommes étaient jugés sous l'empire romain.	161
— X.	— Les charges de la population; les impôts.	171
— XI.	— Les charges de la population; le service militaire.	181
— XII.	— Du droit de propriété dans l'empire romain.	187
— XIII.	— Les différentes classes de la société :	
	1° Les esclaves.	197
	2° Les affranchis.	202
	3° Les serfs de la terre.	212
	4° Les colons.	215
— XIV.	— Les classes moyennes.	223
— XV.	— La noblesse dans l'empire romain.	230
— XVI.	— De la prépondérance de l'aristocratie foncière dans l'empire romain.	255
— XVII.	— Si la société était corrompue.	272

LIVRE III

L'INVASION GERMANIQUE

Chapitre I.	— Les anciens Germains.	283
— II.	— Les Germains au cinquième siècle.	305
— III.	— Cause principale des invasions germaniques.	317
— IV.	— Du succès des invasions germaniques.	325
— V.	— Des Germains établis dans l'empire comme laboureurs.	344
— VI.	— Des Germains établis dans l'empire comme soldats.	334
— VII.	— Établissements des Wisigoths et des Burgondes.	351
— VIII.	— Relations des Germains avec la population gauloise.	361
— IX.	— Comment l'autorité impériale disparut.	369
— X.	— Comment les rois francs sont devenus maîtres de la Gaule.	377
— XI.	— Que la population gauloise n'a pas été réduite en servage.	395
— XII.	— S'il est vrai que la propriété du sol ait été enlevée aux Gaulois.	400
— XIII.	— Que les Gaulois n'ont pas été traités comme une race inférieure.	408
— XIV.	— Des conséquences de l'invasion germanique.	414

LIVRE IV

LE ROYAUME DES FRANCS

Chapitre I. — Du pouvoir monarchique sous les mérovingiens... 423
— II. — L'administration mérovingienne. 435
— III. — Des impôts et du service militaire sous les mérovingiens. 442
— IV. — La justice sous les mérovingiens. 443
— V. — Le droit de propriété; l'alleu. 458
— VI. — Les différentes classes de la population :

§ 1. De la signification du mot Franc au septième siècle. 471
§ 2. — Du wergeld.. 482
§ 3. — De ceux qu'on appelait *hommes romains*. 486
§ 4. — De la condition des affranchis; de ceux que la loi salique appelle possesseurs et de ceux qu'elle nomme tributaires.. 503
§ 5. — De la noblesse dans la société gallo-franque. 511

Notes et éclaircissements : Si les Gaulois avaient un conseil national, p. 527. — Sur un passage de Zosime et sur ce qu'on a appelé la république armoricaine, p. 529. — Sur le *Defensor civitatis*, p. 531. — Sur la justice chez les Germains, p. 533. — Si les Germains ont enlevé aux Gaulois la propriété du sol, p. 534.

PARIS. — IMP. SIMON RAÇON ET COMP., RUE D'ERFURTH, 1.

www.ingramcontent.com/pod-product-compliance
Lightning Source LLC
Chambersburg PA
CBHW060759230426
43667CB00010B/1635